Karl Heinz Hanisch

Knaurs Gartenbuch

Leben mit einem Garten

Mit 270 meist farbigen Fotos und Zeichnungen

Droemer Knaur

Gesamtauflage 50.000

Illustrationen von Fritz Windscheif
Umschlaggestaltung: Atelier Blaumeiser
Repro: Findl, Baumann und Semmler, München
Satz und Druck: Druck- und Verlags-Gesellschaft mbH, Darmstadt
Aufbindung: Großbuchbinderei Wennberg, Leonberg
Printed in Germany · 3 · 10 · 77
ISBN 3-426-02245-1

Inhalt

Tabellen

Eine notwendige Bemerkung zuvor

Ursprünglich wollte ich die Geschichte vom Leben in einem Garten von Gottfried Kandel erzählen lassen, seines Zeichens verheirateter Musiklehrer und begeisterter Sonntagsgärtner, auch unter Glas. Dieser freundliche Herr, ständiger und nicht ganz humorloser Kolumnist in der Zeitschrift »Mein schöner Garten«, lebt freilich nur in meiner Phantasie. Und so hätte ich ihn, selber wie ein Marionettenspieler im Verborgenen bleibend, durch die verschiedenen Kapitel meines Buches geführt. Dieser Kunstgriff wäre meinem Plan entgegengekommen, ein Buch von der kleinen Welt zwischen dem Haus und der Hecke am Zaun einmal ganz anders zu schreiben.

Ich möchte nur ein einziges von zahllosen möglichen Beispielen nehmen, um klarzumachen, was ich meine. Das wichtigste Buch für denjenigen, der ein tieferes Interesse an den Gewächsen hat, die man ihrer Schönheit wegen unter Glas und im Freien anbaut, heißt »Pareys Blumengärtnerei«. Die einzelnen Gattungen und Arten sowie ihre Pflegeansprüche sind darin, erschöpfend zwar, aber doch nur ganz knapp und unter Zuhilfenahme von Abkürzungen, beschrieben. Dennoch brauchten die Verfasser für die beiden Bände 1781 Seiten. Allein der in einem dritten Band enthaltene Index, das Inhaltsverzeichnis gewissermaßen, enthält 222 engbedruckte Seiten. Die Baumschule Rudolf Schmidt in Rellingen/Holstein gibt einen Katalog mit 408 Seiten heraus. Und 120 briefbogengroße Seiten braucht Julius Wagner in Heidelberg, um Saatgut von Gemüse und Sommerblumen anzubieten. Tatsächlich ist die Erlebnisvielfalt in einem Garten derart groß, daß es niemals möglich sein wird, sie etwa in einem Buch auch nur annähernd zu erfassen.

Aus dieser Fülle wählen wir beispielsweise die Baumpäonie alias *Paeonia suffruticosa* aus; ich wüßte keinen Strauch in der Welt, der während der Blütezeit prächtiger wäre. Überall steht geschrieben, daß man diesen Strauch an eine geschützte, warme Stelle und so tief pflanzen soll, daß sich die Veredlungsstelle zwecks eigener Wurzelbildung im Erdboden befindet, der ein wenig kalkhaltig

sein soll. Daneben ist dann meist ein Farbbild dieser Päonie zu sehen, ein meterhoher, weit ausladender Strauch mit vielleicht hundert Pfingstrosen; irgendwann erwischt ja ein Fotograf so herrliche Motive, zumeist in ländlichen Gärten. Genau nach den Anweisungen an die richtige Stelle und in den vortrefflichsten Boden habe ich dreimal eine Baumpäonie gepflanzt, doch obwohl sie fürsorglich behandelt wurde, ist kein einziger dieser Sträucher gediehen. Im Sinne unserer Lehrbücher habe ich gewiß nichts falsch gemacht, und dennoch reihte sich eine Enttäuschung an die andere.
Der meiner Phantasie entsprungene Gottlieb Kandel hätte es mir ermöglicht, ihn auch über die Freuden und Kümmernisse anderer Sonntagsgärtner berichten zu lassen, die mir täglich in vielen Briefen geschildert werden. Es wäre Ihnen sicherlich ein Trost gewesen, daß auch in anderen Gärten mehr Moos als Rasen wächst und der Siebenschläfer die Erdbeeren klaut.
Dann aber merkte ich beim Schreiben, daß immer weniger der Gottlieb Kandel erzählte und ich geradewegs in die Geschichte des eigenen Gartens hineingeriet, wobei mir endlich bewußt wurde, daß sich größere Freuden gar nicht erleben und törichtere Fehler gar nicht machen lassen, als sie von mir – reuevoll teilweise – zugegeben werden. So trieb ich meinen Kandel also hinterher aus den ersten Kapiteln hinaus.
Immerhin habe ich in meiner Jugend, wenn auch mehr oder weniger auf die Heranzucht von Alpenveilchen, großblütigen Chrysanthemen und Hortensien beschränkt, die Gärtnerkunst erlernt. Auch später und bis auf den heutigen Tag sind die Beziehungen zu diesem Beruf und seiner erstaunlichen Vielseitigkeit nie abgebrochen. Wenn *mir* also derartige Fehler und Mißgeschicke unterkommen – so meine Gedanken –, wie tröstend und vor allem lehrreich müssen diese Eingeständnisse dann für Sie, lieber Leser, sein.
Und so ist die nach fünfzehn Jahren erzählte Geschichte von Haus und Garten entstanden, darin ich mit meiner Frau lebe. Daß sich in einer so langen Zeit mancherlei Ansichten ändern und die Erinnerungen vielleicht nicht ohne Widersprüche sind, wird man gewiß verstehen.

Karl Heinz Hanisch

Das Grundstück

Ein Stück Bergwiese, auf welcher Zwetschen und Äpfel wuchsen. Daß ein Birnbaum fehlte, hätte nachdenklich stimmen müssen.

Ein Grundstück am Hang

Endlich hatten wir ein Grundstück in Aussicht. Bis dahin aber waren Wochen und Monate vergangen, in denen wir mit der Bahn, dem Bus, im Auto, auf Fahrrädern umhergefahren und zu Fuß gewandert sind. Denn nach Möglichkeit wollten wir am Wasser wohnen, weil nämlich in meiner Heimat allein derjenige etwas gilt, der ein Wassergrundstück hat. Auch wenn es nur an einem verwachsenen Graben liegt, durch den sich ein Kahn in den irgendwo vorbeifließenden Fluß oder den nächstgrößeren See schieben läßt. Sodann sollte das Land platt und eben sein, weil es sich bequemer graben und hacken läßt, den Boden wollten wir leicht und locker, wie ich es ebenfalls von zu Hause gewohnt war, wo man gar nicht erst zu graben brauchte und der eiserne Rechen genügte, sollte nach dem Abernten der frühen Möhren erneut etwas angesät werden, Spinat beispielsweise oder Brokkoli.
Was wir aber auch in jenen Wochen und Monaten angesehen haben, es konnte uns nicht gefallen, es sah zu geplant, zu zellenartig aneinandergereiht aus. Endlich aber hatten wir ein Grundstück in Aussicht, denn wenn wir uns auf einen Balkonstuhl stellten, konnten wir es von unserer damaligen Wohnung aus sehen. Es lag so nahe, daß man bequem hätte einen Stein hinüberwerfen können, was allerdings nicht ging, weil ein großer Lindenbaum im Wege stand.
Wasser gab es allerdings nicht, selbst eine Leitung fehlte, und nur der Regen oder der Tau sorgte für gelegentliche Feuchtigkeit. Erst später stellte sich heraus, daß der Boden für eine Ziegelei geeigneter gewesen wäre. Ebenso war von bequemer Ebene, auf der es sich so schön lustwandeln läßt, keine Spur zu sehen, weil es sich eben nicht um ein Grundstück, sondern um ein Bergstück gehandelt hat und heute noch handelt. Das gemütliche Tal ist weiter unten. Wer über die steile Straße hier heraufkommt, der spricht nicht viel. Es ist eine stille Gegend, und Ruhberg heißt der Höhenrücken, von dem

wir damals tatsächlich ein Stück bekommen haben. Der bewaldete Berg sitzt gewissermaßen in der Landschaft und hält unseren Haus- und Baumgarten auf den Knien.

Schatten hat auch Vorteile

Damals ging die Sonne sommertags zweimal auf. Einmal erglänzte sie um vier Uhr in der Früh. Wenn sie dann um den Berg herum war, ging sie um sechs Uhr morgens nochmals auf. Sie lachen nun von wegen damals und denken, daß sich doch am Sonnenlauf nichts geändert hat. Nein, und sie würde auch in diesem Sommer noch um vier Uhr aufgehen, wenn ich einen größeren Feuerplatz hätte.

Denn in dem kleinen Kamin auf Rädern läßt sich so viel Holz gar nicht verbrennen, wie im Nordosten an Ebereschen und wilden Kirschen heranwächst. Aber auch mit dem zweiten Morgen um sechs Uhr ist es vorbei, weil die Bäume des Berges in den Jahren ein ganz hübsches Stück höher geworden sind. Denn es handelt sich um Fichten, die ja ohnehin immer hoch hinauswollen, und so kann man heute von einem *Zweimorgengrundstück* nicht mehr reden.

Im Winter freilich haben wir unsere Vorteile, da dann Haus und Garten völlig mit dem Schatten unseres Waldberges gesegnet sind. Meinen Rhododendronsträuchern und Azaleen bekommt der winterliche Schatten gut, weil es sich gewissermaßen um eine Gardine vor dem Schlafzimmerfenster handelt und keine Sonne die Ruhe des tiefen Schlafes stört. Wo empfindlichere Bäume und Sträucher, Immergrüne und Rosen zumal, durch den manchmal heftigen Sonnenschein im Februar aus dem Schlaf geweckt werden, da gerät gleich das Blut in Wallung, daß es ihnen zu Kopfe steigt und die Leitungsbahnen in der Rinde prall von Saft sind.

Sie wissen ja, was mit einer Seltersflasche passiert, die Sie bei nächtlichem Frost vor der Tür stehen lassen: Sie geht kaputt, weil sich das gefrierende Wasser ausdehnt. So geht es auch mit den Zellwänden der Pflanzen, wenn sie wegen des winterlichen Sonnenscheins vorzeitig in Saft stehen. Sie müssen sich dann im März schleunigst neue Rosen kaufen, wenn es im Sommer an Blüten nicht mangeln soll. Wir haben mit unserem Grundstück also den Winterschutz der Rhododendronsträucher und Rosen gleich mitgekauft, was recht praktisch ist, von den Fenstern in unserem Haus ganz abgesehen, die zwischen Weihnachten und Fastnacht viel weniger geputzt zu werden brauchen, weil der Schatten den Schmutz nicht so unangenehm auffallen läßt. Da wir gerade beim Winterschutz sind, der im Grunde genommen ja nur bezweckt, die Sonne wie durch eine Schlafzimmergardine von den Pflanzen

So etwa sahen die Wiese und der untere Steilhang aus, als mit dem Bau des Wohnhauses die Geschichte des Gartens begann, die in diesem Buch erzählt wird.

fernzuhalten, muß ich Ihnen die Geschichte von meinem Feigenbaum erzählen. Damals, als mein Gärtnerleben anfing, wußte ich das von der Sonne, dem Saft und den zerplatzenden Zellwänden natürlich nicht, und weil wir ein paradiesähnliches Leben führen wollten und auch geführt haben beziehungsweise uns noch immer daran erfreuen, mußte bald ein Feigenbaum her, den ich in ein Fünfzigliterweinfaß gepflanzt habe, das für diesen Zweck vorher leergetrunken worden war.

Obwohl nun die Feigenbäume keine feigen Bäume sind und vor ein paar Frostgraden keine Angst haben, rollte ich den schönen Baum doch in jedem November – ab dieser Zeit fand das Paradies ohnehin unter Dach und am Ofen statt – in die Autogarage. Allmählich aber, bildete ich mir ein, mußte der arme Feigenbaum das Wurzeldrücken haben. Weil er trotz Mairol und getrocknetem Kuhmist zu kleine Blätter bekam, die den paradiesischen Mindestnormen nicht mehr entsprachen, pflanzte ich ihn in den geschützten Winkel unseres Hauses mitten in den Rasen. Mein Freund Kork beschimpfte mich zwar und sagte, daß der zu dicht umwachsene Gartenraum in seiner Wirkung beeinträchtigt werde, aber Malia und ich hatten doch unsere Freude an dem mehrstämmigen, immer höher werdenden Baum, der sich in jedem Frühjahr mit seinen großen Blättern wie mit grünen Fahnen beflaggte, und sogar zuckersüße Feigenfrüchte haben wir geerntet.

Damals habe ich auch gelesen, was ein Professor von seiner Versuchsstation berichtet hat, daß nämlich die Feigenbäume bis zu 10 Grad Frost aushalten

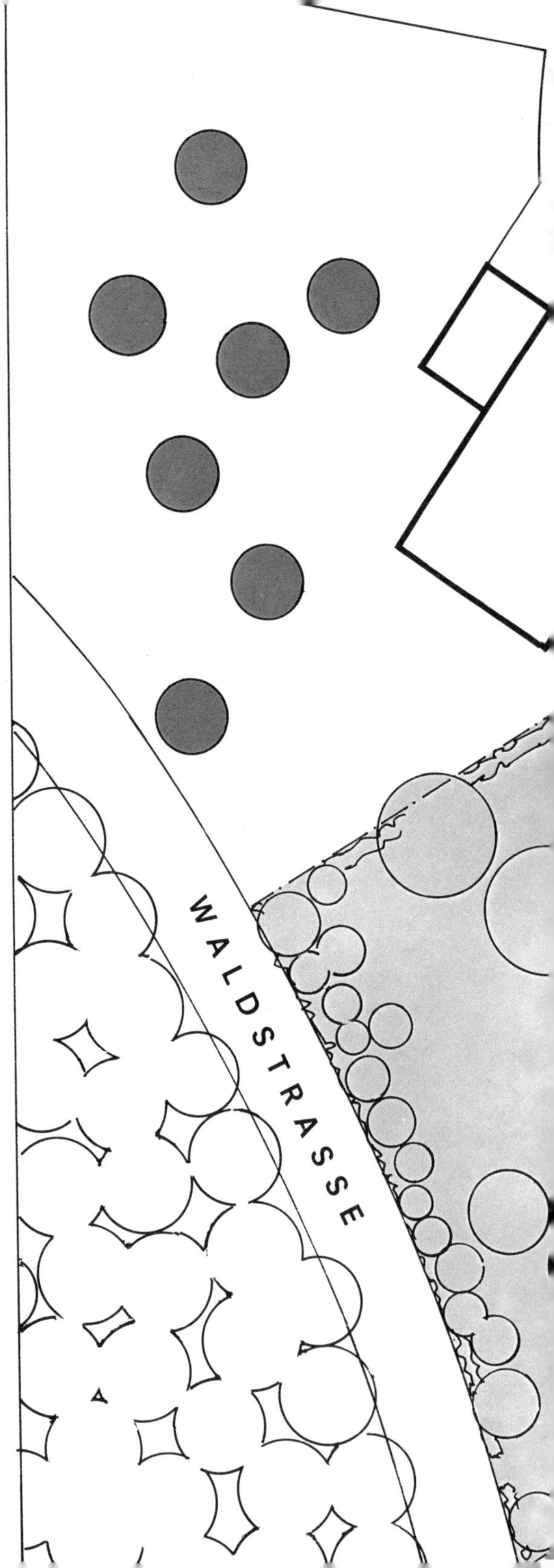

Lageplan des beschriebenen Gartens. Der Höhenunterschied zwischen der Privatstraße und dem an der Südostgrenze vorbeiführenden Holzabfuhrweg beträgt acht Meter. Der im Süden und Südosten immer höher werdende Fichtenbestand eines Bergwaldes beeinträchtigt die Lichtverhältnisse sehr.

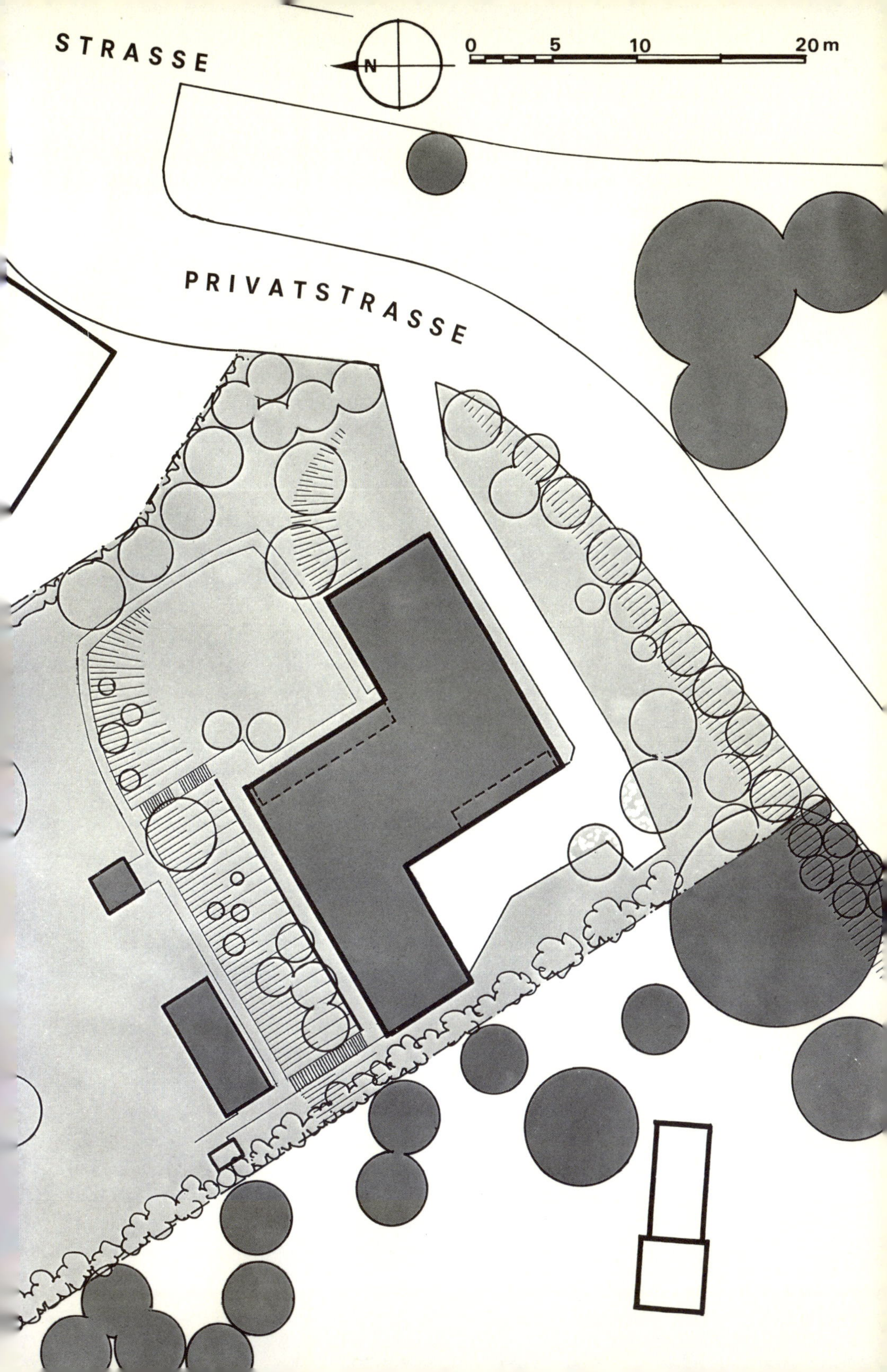
STRASSE
N
0
5
10
20 m
PRIVATSTRASSE

können, was genauso richtig und falsch ist wie das Märchen von den heutigen Nordland-Feigen, die niemals erfrieren sollen. Unser schöner Feigenbaum ist justament in einem Winter kaputtgegangen, der gar keiner war. Nur zu Anfang Dezember, es muß um Sankt Nikolaus gewesen sein, hat der Winter ein paar Tage und Nächte zeigen wollen, was für ein Kerl er ist. Von dieser Anstrengung hat er dann einen Kater bekommen, der ihn bis zum Frühjahr nicht mehr verlassen hat, so daß wir nur nasses Wetter hatten. Weshalb nun ist unser Feigenbaum eingegangen, obwohl sich der Winter bei seinem Kälteversuch im Dezember nicht sehr muskulös erwies? Für mich ist die Sache ganz einfach erklärbar. Denn der Herbst war nur eine etwas feuchtere Fortsetzung des Sommers, so daß unser Feigenbaum gar nicht auf den Gedanken kam, sich auf den Winterschlaf vorzubereiten: Er stand also noch voll im Saft, als plötzlich und bei Nacht der Winter über uns herfiel.

Man muß seine Gartenpflanzen ab August auf Abend einstimmen, was natürlich mit der Mondscheinsonate selbst bei offener Gartentür nicht zu machen ist, sondern nur durch den Entzug aller Dünger, die dazu bestimmt sind, die Pflanzen besser wachsen zu lassen. Und man muß um einen trokkenen Herbst mit viel Sonnenschein beten, wodurch die Rinde der Bäume und Sträucher nebst aller Rosen und des Feigenbaums zäh, hart, trocken und holzig wird und der Winter dann seine Macht über den Garten verliert, sofern im Januar und im Februar rechtzeitig die Schlafzimmergardine vor die Sonne beziehungsweise vor die empfindlicheren Pflanzen gezogen wird.

Sie haben gewiß schon von dem berühmten Rosenzüchter Wilhelm Kordes gehört, der ein lehrreiches Buch über die Rosengärtnerei geschrieben hat, in welchem auch zu lesen steht, daß er im September, sofern es viel geregnet hat und der Boden durch und durch naß ist, je Quadratmeter Rosenbeet eine Handvoll Kalisalz ausstreut. Sie kennen doch die ewig verstopften Salzstreuer in luftfeuchten Gegenden, wo man zum Frühstück stets einen Zahnstocher braucht, weil sonst das Ei nicht schmeckt. Salz zieht die Feuchtigkeit an. Und aus keinem anderen Grund streut dieser Wilhelm Kordes sein Kalisalz zwischen die Rosen: damit es die Feuchtigkeit an sich zieht, die alsdann den Rosenwurzeln nicht mehr zur Verfügung steht. So hören die Pflanzen allmählich auf, weiter zu wachsen, ihre Rinde wird hart und fest, siehe oben. Alle Regeln haben ihren tiefen Sinn, und wer den Sinn der Regeln kennt, hat Glück mit dem Garten.

Was man vom Unkraut lernen kann

Bei unserem *Zweimorgengrundstück*, wie wir es damals genannt haben, handelte es sich also um ein Stück Bergwiese, auf welcher Zwetschen und

Apfelbäume standen, aber nirgendwo ein Birnbaum. Auch in der Nachbarschaft dieser Hanglage unterhalb des Bergwaldes wuchsen keine Birnbäume, bis wir dann bald eine ›Gräfin von Paris‹ gepflanzt haben, der es indessen nicht gut bei uns gefallen hat.

In klugen Büchern ist der Garten oft wie ein Volkswagen beschrieben, den man in seine Einzelteile zerlegen und an jedem beliebigen Ort wieder zusammenbauen kann, aber von einem solchermaßen entstandenen Garten kann man nicht mit Sicherheit sagen, daß er läuft und läuft und läuft. Allenfalls läuft er ins Unkraut, dem dann nicht mehr Herr zu werden ist. Sie können gar nichts Gescheiteres tun, als sich erst einmal umzusehen, bevor Sie Ihren Garten anlegen, was da so ringsherum alles wächst. Sogar den Unkräutern ist anzusehen, um was für einen Boden es sich handelt, und vielfach sind ja unsere Gartenpflanzen nur etwas verwöhntere Gevatter der wilden Flora. Nehmen Sie nur die Primeln, die bei mir gar nicht gepflegt zu werden brauchen, auch die bunten Sorten und diejenigen mit großen Blüten nicht, die kräftig wachsen, weil nämlich in den nahen Wiesenmulden und an den Bächen die gelben Schlüsselblumen zu Hause sind, und zwar so viele, daß die Schulkinder sie armweise pflücken.

Aber wir waren bei den Zwetschen und Apfelbäumen, die rundliche Kronen haben, beim Apfelbaum sogar in die Breite gehen, daß manche schirmartig wachsen oder mit den herabhängenden Zweigen wie Glocken aussehen. Es ist schon etwas daran, was mir mal ein Gärtner erzählt hat, daß nämlich die Form der Früchte bei manchen Bäumen der Kronenform ähnelt, wie der Apfelbaum rundlich im Aufbau und der Birnbaum länglich ist, daß er im Frühling wie ein weißer Blütenturm aussieht. Und ähnlich auch die Wurzeln, die beim Apfelbaum kein Kellergeschloß voller Humus erwarten, weil sie sich mit einer geringen Erdschicht begnügen. Doch die Birnen wollen tief in den Boden hineinwachsen, und wenn sie sich bald an einer Gesteinsschicht die Wurzeln krumm stoßen, dann machen sie nicht mehr richtig mit.

Das haben die Bauern, von denen meine Wiese einmal bepflanzt worden ist, ganz genau gewußt, weshalb sie eben keinen Birnenbaum gesetzt haben. Es mußte erst ein Sonntagsgärtner meiner Couleur kommen, der die Mutter Natur nicht wie ein lebendiges Weib mit Bauch und Busen angesehen hat, sondern wie einen Baukasten, wo man alles so ineinanderstecken darf, wie man es gerade möchte. Deshalb ist es auch mit der ›Gräfin von Paris‹ nichts geworden. Erst jetzt scheint eine ›Williams Christbirne‹ besser voranzukommen, weil sie weiter unten steht, wo vom Bau des Hauses her viel Boden aufgeschüttet worden ist. Ihre Wurzeln werden sich nicht so bald am Gestein stoßen.

Ich habe in dieser Hinsicht noch mehr böse Erfahrungen gemacht, beispielsweise mit Rosen an einem Hang. Schließlich hat sich die Schneeheide dort gut ausgebreitet, weil sie die dünne Humusdecke über dem Stein von Hause aus gewohnt ist, denn sie stammt aus dem Alpenland.

Eine Wiese mit Gefälle

Als wir das Grundstück kauften, war unten an der Straße eine bis zwei Meter ansteigende Böschung, auf welcher ein Maschendrahtzaun dafür sorgte, daß sich die Buben der Nachbarschaft nicht mit unreifen Äpfeln den Magen verdarben. Dahinter stieg die Wiese mit Schafgarbe und Butterblumen ganz sachte bergan, und wenn die Obstbäume ihre Schatten über die flimmernden Gräser warfen, sah das wunderschön aus. Es würde daraus zwar kein ebener Garten entstehen, wie wir es ursprünglich gewollt hatten, doch dramatisch waren, so schien es mir, die Höhenunterschiede keineswegs. So habe ich tatsächlich gedacht, und daß die Wiese auch noch zur Seite hin ein erhebliches Gefälle hatte, merkte ich eigentlich erst, als es zu spät war.

Mein Freund Kork, der Architekt, hat damals einen Nivellierapparat empfohlen, den man sich hätte ausleihen können. Auch ein Landschaftsgärtner hätte uns den Gefallen getan, das Gelände höhenmäßig zu vermessen. Doch auch mit Nivelliertafeln könnte man leicht zum Ziel kommen, hat Kork gesagt, aber ich wollte nichts nivellieren, sondern endlich mit dem Hausbau sowie mit dem Garten anfangen. Daß auch eine lange Latte, eine Wasserwaage und drei bis vier Pflöcke auf einem verhältnismäßig kleinen Grundstück dasselbe erreichen, das sagte er mir nicht.

Aber was soll's. Es ist doch schön in unseren zugewachsenen Gartenräumen, und was den Holzwuchs betrifft, ist es fast zu schön. Aussicht? Die Welt ist eigentlich nicht mehr so schön, daß man dauernd eine gute Aussicht haben müßte, weshalb bei mir die Einsicht den Vorrang hat; aber nicht die Einsicht durch Nachbarn oder Spaziergänger, die möglicherweise von mir erwarten, daß ich eine Krawatte umbinde, um eine Blattlaus vom Rosenstrauch zu verjagen, sondern die eigene Einsicht in das Leben, das Glück, in den Lauf der Welt.

Das Haus

Als ob der Architekt ein Schneider wäre.

Unser Haus im Garten hat seine ersten Züge von meinem Freund Kork bekommen. Wir müßten das Haus selbstverständlich nach oben stellen, meinte er, und zwar so dicht an den Wald, wie es die Polizei, die Baupolizei also, erlaubt. Dann hätten wir die schöne Aussicht, und wir könnten beinahe jeden Abend sehen, wie der europäische Abend ins atlantische Wasser watet, um nach Amerika zu schwimmen. Kork ist längere Jahre Werbetexter gewesen, und da hat er sich eine so exaltierte Sprache angewöhnt.

Doch wir wollten das mit der Aussicht nicht, die Einsicht war uns lieber. Es gibt ja nicht nur sonnige und freundliche Zeiten im Jahr, sondern monatelang ist es dunkel, und Wolken drohen am weiten Himmel, als ob es Fäuste wären. Auch die gläsernen Wände, wie sie damals modern waren, haben wir rundweg abgelehnt, denn wenn wir drinnen sind, wollen wir nicht draußen sein. *Ein* großes Fenster ja, sonst wollten wir die Mode nicht mitmachen.

Dann hieß es, wir sollten das Haus unten an die Straße stellen. Dazu müssen Sie wissen, daß es sich um eine Privatstraße handelt, die zu einer alten Villa führt, und die Leute in dem Kutscherhaus sind auf der einen Seite unsere Nachbarn. Unterhalb der Villa ist eine große Obstplantage, und man weiß nie, was einmal daraus gemacht wird. Dann könnte es mit der stillen Straße vorbei sein. Insofern hatte Kork recht, daß es damals möglich gewesen wäre, das Haus mit der einen Breitseite unmittelbar an die Straße zu stellen. Gewiß, wenn ich unseren jahrelangen Ärger mit dem Steilhang bedenke, der ja durch die Erdmassen der Baugrube noch viel höher geworden ist, als Sie das auf den alten Bildern sehen . . .

Jede Lust hat ihren Preis

Schließlich wollte Kork auch von einem Flügelhaus nichts wissen. Wir sollten lieber zwei Stockwerke übereinander bauen, die sich über Winter viel einfacher warm halten lassen als ein langgezogenes Haus, wo der Ostwind sich über die vielen Wände freut, die er auskühlen kann. Sie stimmen ihm nachträglich zu, wie ich Ihrem Gesicht ansehe. Ich sagte Kork aber, daß ich kein Haus baue, um zu sparen, weil ich dann ja auch keinen Wein trinken dürfe und sogar der Schlips überflüssig sei, weil der Hemdenkragen ohnehin zugeknöpft werde. Für Malia und mich sollte es eine Lust sein, in diesem Haus zu leben, und jede Lust muß man sich nun mal etwas kosten lassen.

So sieht ein vorüberfliegender Vogel den Garten auf der früheren Bergwiese.

Finden Sie nicht, daß die Natur uns Menschen zuweilen beschämt? Es gibt doch zum Beispiel keine vernünftige Begründung dafür, daß die Zentifolie, unsere uralte Rose also, hundert Blütenblätter hat. Es heißt immer, die Natur sei voller Vernunft, wobei es ihr darauf ankomme, die Art zu erhalten. Da müßte die Zentifolie und jede andere Rose doch ihre Blütenblätter wie ein Weihnachtsstern auseinanderspreizen, daß es der Biene ein leichtes ist, dorthin zu gelangen, wo die Erhaltung der Art anfängt. Statt dessen schmückt sich die Rose mit so vielen Blütenblättern, daß die Insekten sich wie in einem Labyrinth vorkommen müssen und viele von ihnen die Honig-

tränke überhaupt nicht finden, die sie für ihren Liebesdienst entschädigt, der natürlich ohne diesen Honig gar nicht erst stattfindet. Es kann also nur die Lust am Überfluß gewesen sein, die die gefüllte Rose entstehen ließ, und bei den Päonien, den Chrysanthemen sowie vielen anderen Blumen ist es ebenso. Es gibt keine Lust, die uns nicht vorher oder hinterher etwas abverlangt. So dachten Malia und ich damals über unser Haus im Garten, als uns Kork riet, für den Bau einen Platz unmittelbar an der Straße vorzusehen und auf das Flügelhaus zugunsten eines zweistöckigen Hauses zu verzichten.

Ein maßgeschneidertes Haus

Wir waren dann froh, in Peter Green einen anscheinend sehr vernünftigen Architekten bekommen zu haben. Er kam mir wie ein Schneider vor, der erst einmal genau Maß nimmt. Was dieser Mann nicht alles wissen wollte! Wann ich morgens aufstehe, wollte er wissen. Und ob ich mich als derartiger Frühaufsteher sogleich waschen und rasieren oder erst eine Tasse Kaffee kochen würde, um damit die Arbeit zu beginnen. Wann meine Frau künftig ihr Tagewerk zu beginnen gedenke, und ob ich in einem hellen, sonnigen Zimmer besser Klavier spielen könne oder ob mir Schatten lieber sei. Schließlich hat er ein Schlafzimmerchen für Malia aufgezeichnet, für mich auch, und dazwischen befand sich das Bad.

Dieser Peter Green hat ganz genau herausbekommen, daß ich morgens gern sehr früh aufstehe, um Briefe zu schreiben, Notenbücher nachzusehen und mir hier und da neue Lieder einfallen zu lassen, damals wenigstens, als der Herr Kandel noch ganz und gar kein Gärtner war. So konnte ich seinem Plan zufolge direkt aus meinem Schlafkämmerchen in eine kleine Schreibstube gehen, die er als »Dickung« bezeichnete, denn unser Architekt war Jäger. In einem Eckchen dieser Dickung war eine Nische vorgesehen. Da könnten ein paar Gläser, Flaschen und ein elektrischer Kocher für den Tee in der Morgendämmerung stehen, aber es dürfe sich selbstverständlich auch um Kaffee handeln, sagte er. Man könne ja nicht die ganze Familie in Bewegung bringen, um vor dem Aufstehen eine Tasse Tee zu trinken.

Das mit der Dickung und der kleinen Kochecke fanden wir gut. Dafür wollte Malia aber die vorgesehene Eßnische nicht haben, und da hatte sie ganz recht. Was soll der Sauerkrautgeruch im Wohnzimmer und überhaupt: Wir wollten lieber eine Eßstube haben. Ein langer Tisch mußte hineingehen, an welchem schon mal zehn oder zwölf Menschen sitzen könnten. Und zwischen der Eßstube und der Küche sollte eine Schrankwand sein, sie mußte sich von beiden Seiten öffnen lassen; sehr praktisch fände sie das.

Es fing also mit den Schlafkammern, der Dickung zum Schreiben, mit dem

Musik- und Wohnzimmer, der Küche und der Eßstube an. Das andere würde sich ergeben, sagte Peter Green, bis wir in Streit gerieten, weil Freund Kork dem Architekten etwas gesagt haben mußte . . .
Das mit der besseren Aussicht schlug ich abermals in den Wind. Außerdem wäre mein Garten dann eine offene Bühne, und ich könnte nicht einmal Abonnementsgebühren einnehmen, da doch das Leben oftmals auch Komödien spiele, sagte ich, und auch Malia wollte draußen so allein sein können wie in ihrem Schlafzimmer. Ich kann die Leute nicht verstehen, die ihre Häuser so in den Garten stellen, wie es die Fürsten früher mit ihren Schlössern nur deshalb getan haben, um von anderen Herren und Herrschern ob ihres Reichtums bewundert zu werden. Ihnen fiel das leicht, weil sie die Pracht für ihr Wohlergehen gar nicht brauchten, denn sie hatten genügend Säle im Schloß und genug Pferdekutschen, um damit in die Fasanerie oder in ein geheimes Lustschlößchen auf dem Lande zu fahren, wo die Enten im Teich wuselten und alle Sträucher wachsen durften, wie sie es wollten.
Aber bei mir muß Schloß und Lustschlößchen, wuselnde Ente im Schilf, wucherndes Buschwerk, Fasanerie, Gemüsegarten und Rosenbusch alles in einem verhältnismäßig winzigen Garten untergebracht werden, zum Teufel also mit allen Plänen, die das Verborgensein in Frage stellten.
Aus diesen Gründen haben Häuser, die jemand hoch aus dem Boden herausbaut und mit ringsum aufgeschütteter Erde umgibt, ihre Probleme. Man bekommt in den meisten Fällen die Freiraumgestaltung nicht in den Griff. Der Erdkragen wird mit Steinen bespickt, dazwischen kommen Blaukissen, Steinphlox, Gänsekresse und ein paar Bergkiefern, deren Lebenshoffnung nach jedem Gewitterregen, der immer mehr Boden herunterspült, geringer und geringer wird. Unser Haus sollte also keinen Kragen bekommen und so tief stehen, als käme es aus dem gewachsenen Boden heraus.

Den Bedürfnissen der Bewohner angepaßt

Die Garage wollte der Architekt unbedingt unten an die Straße stellen, weil wir dann über eine Treppe hätten hinaufgehen können, und allmählich hätte sich oben ein schöner Platz gestalten lassen. Wissen Sie, er mag ja recht gehabt haben, aber ich brauche nun mal einen Hof, auf dem ich einiges anstellen kann. Damals fuhr ich einen Diesel, den mußte ich morgens vor die Haustür fahren können, wo er sich langsam warm tuckerte, während wir frühstückten. Auch Koffer und Einkaufstaschen wollten wir vor der Haustür abladen und regelrecht vorfahren können, wenn es darum ging, Großmutter und Großvater unser neues Haus zu zeigen. Falsch? Aber es ist Ihnen ja meine grundsätzliche Einstellung bekannt.

Was heißt modern? Wir leben in der Gegenwart. Niemand kann für sich privat das 18. Jahrhundert veranstalten, das geht einfach nicht. Der Postbote guckt ganz bestimmt dumm, sollte er vor jeder Ecke mit dem Horn blasen müssen. Und weil ein Haus, wenn es ein gutes Haus ist, in jedem Fall um das ganze, eigene Leben seiner Bewohner herumgebaut und auf sie wie ein Anzug vom Schneider zugeschnitten wird, darum ist jedes Haus – wenn es so, wie ich sagte, geplant und gebaut wird – auch ein modernes Haus.

Unser Haus mußte, wie Peter Green es an einem Sonntag aufgezeichnet hat, den Plänen zufolge ein gutes Haus werden. Ich sehe die Zeichnung direkt noch vor mir. Mit seinem weit ausgezogenen Dach lehnte es sich richtig ein wenig schwarzwäldlerisch gegen den Berg; nach vorn guckte es aus seinen großen Fenstern in die Welt. Und vom Walde her, dachte ich damals, könnten die Wildschweine und Hirsche bequem auf das nicht sehr schräge Dach steigen und zuhören, wie vorn auf der Terrasse die Gedichte von Baudelaire gelesen wurden.

Erst Erfahrung macht klug

Menschen, die in Gefahr sind, von der Gartenlust überwältigt zu werden, sollten besonders sorgfältig planen.

Eine zweite Tür im Garten

Leider muß ich einige Fehler gestehen, unter denen wir heute noch, also fünfzehn Jahre später, zu leiden haben. Denn bei Haus und Garten ist es so, daß nie mehr oder erst viel später getan wird, was nicht sofort gemacht worden ist.

Was haben wir im Laufe der Jahre nicht alles bergauf geschleppt! Es waren ja nicht nur die Lärchenbäume mit ihren Wurzelballen, nicht nur die vielen Weidenkörbe mit Rittersporne
n, Phlox und Helenium, die Akeleien, Gemswurz und Elfenkraut, von den zahllosen Farnen und ihren schweren Wurzelklumpen abgesehen. Wie viele Baumpfähle, Tomatenstangen, wie viele Düngersäcke und Torfballen hatten wir mühsam hinauf in den Garten zu tragen! Hinzu kamen die schweren Bohlen, um mit dem Schubkarren besser über den umgegrabenen Boden fahren zu können.

Dann mußten wir innerhalb des Gartens noch einen kleineren, umzäunten Garten anlegen, damit uns die Wildkaninchen nicht alles Gemüse auffraßen. Das bedeutete also, Kies, Betonsäcke, eiserne Türen, Zaunpfosten und Maschendraht hinaufzuschleppen. Die schweren Bretter und Balken für das Mistbeet, die dazugehörigen Glasfenster, Hunderte von Tonschalen und Blumentöpfen, die Konstruktionsteile von zwei Gewächshäusern, Eisenbahnschwellen für den Treppenbau, Steinplatten für Wege und Plätze: Immer hieß es Ärmel aufkrempeln, tief durchatmen und hinauf!

An Fichtengrün gab es nie Mangel, um über Winter die Rosen und jungen Rhododendronsträucher einzudecken. Denn gleich hinter unserer oberen Grenzhecke fängt der Wald an, und stets waren irgendwo Bäume geschlagen worden, so daß genug Nadelzweige umherlagen. Ich konnte die langen Zweige mit einem Strick zusammenbinden, und weil es immer bergab geht, bereitete das Herunterziehen auch aus dem höheren Wald keine allzu große Mühe. Schwierig wurde es erst, wenn ich unten an unserer Einfahrt ankam,

denn dort hieß es wieder: Ärmel hochkrempeln, tief durchatmen und die Bündel bergauf tragen! Mit der guten, schwarzen, duftenden Walderde, die im Laufe der Zeit für neapolitanische Alpenveilchen oder Wildorchideen aus dem Himalaja benötigt wurde, war es ebenso.
Und nun endlich, da alles fertig ist, habe ich oben zum Wald hin eine Tür bauen lassen, damit künftig angelieferter Torf und Dünger bequem bergab gerollt oder getragen werden kann!

An die Wäsche sollte man denken

Bei uns heißt es heute noch: An alles ist gedacht worden, aber wo im Sommer die Wäsche trocknen soll, das weiß niemand. Zwar bin ich, als unser Haus im Rohbau fertig war, auf eine tolle Idee gekommen. Ich ließ an der Hofseite neben dem Hauseingang, also im Winkel zur Autogarage, Haken für die Wäscheleine einschlagen. Zur Not könnte Malia die Leine, dachte ich mir, bis zur Ecke der Garage spannen. Eine passende Befestigungsmöglichkeit würde dann ein Holzpfahl bieten, später der herangewachsene Stamm der ›Williams Christbirne‹, die schräg gegenüber dem Küchenfenster gepflanzt werden sollte.
Wir waren damals zu viert, und wer in einem Ferienland lebt, der bekommt oft Übernachtungsbesuch. So tief aber läßt sich ein Holzpfahl gar nicht in den Boden schlagen, daß er das Gewicht von mehreren nassen Bettüchern auf der Wäscheleine aushält, und erst jetzt, nach fünfzehn Jahren, ist die ›Williams Christbirne‹ bereit, die Wäscheleine zu tragen – wenn sie mit den Früchten keine große Last hat.
Ich habe, als sich der Stamm der damals noch jungen ›Williams Christbirne‹ als ungeeignet erwies, auf die verschiedensten Arten das Problem zu lösen versucht. Genial war die Idee von Schwager Ernst, der im Ruhrgebiet mit einer Röhrenfabrik liiert ist. Eines Tages brachte er im Lastwagen sechs Wäschepfähle aus Eisen an. Dazu gehörten halbmeterlange Rohre mit größerem Durchmesser. Diese kürzeren Rohre sollte ich im Boden einbetonieren, so daß Malia im Bedarfsfall die Wäschepfähle nur hineinzustecken und hinterher wieder herauszuziehen brauchte. Vor zwei Jahren bin ich froh gewesen, diese dicken Rohre und Wäschepfähle aus Eisen endlich auf billige Weise loszuwerden, denn wir haben sie nie gebraucht und nie gebrauchen können, weil sie viel zu schwer gewesen sind.
Also blieb es bei dem unzureichenden Wäscheleinendreieck vor der Haustür, und wenn ich ganz schnell mit dem Auto wegfahren muß, dann muß Malia die Wäsche eben vorübergehend abnehmen oder unter Zuhilfenahme einer Stange in die Höhe halten.

Die Garage reicht nicht aus

Auch an andere Fragen des Haushalts sollte man denken, wenn man einen Garten plant, an das Teppichklopfen, das Putzen von Gemüse und das Ausschneiden von wurmstichigem Obst, an den Kompostplatz, das trockene Abstellen von Holzpantinen und Gummistiefeln sowie das Aufhängen von Jacken und Hosen, wenn sie vom Regen durchnäßt oder von Erde verschmiert sind und nach Rauch stinken, weil kurz zuvor noch Kartoffelkraut zu verbrennen war.

Denn die Arbeit in einem Garten kann einen immer mehr gefangennehmen. Ein Gärtner ist wie ein Wanderer im Gebirge, der wegen der erwarteten Aussicht einen Berg ersteigt, um dann gleich auf den nächsten und etwas höheren Berg zu klettern, weil die Welt dahinter möglicherweise noch wunderbarer ist. Er fängt, wenn er gescheit ist, mit bescheidenen Ringelblumen und Frühkartoffeln an, worauf sich bald der Wunsch nach rötlich überflammten Christrosen unter einem duftenden Seidelbast einstellt. Es folgen persische Irisarten in einem Kieselbeet und salzkrustige Saxifragen in den Gesteinsfugen einer Stützmauer, bis er schließlich zu kunstvoll in den Initialen seines Namens gezogenen Obstspalieren und zu einem Gewächshaus kommt, in dem die Cattleyen aus südamerikanischen Urwäldern blühen und die Nachkommen exotischer Venusschuhe von den Inseln der Südsee nie so recht wachsen wollen.

Ich will nicht sagen, daß diese Entwicklung allgemeingültig ist. Bei mir jedoch hat es sich vor fünf Jahren als nachteilig erwiesen, daß ich beim Bau des Hauses nicht an die Möglichkeit gedacht habe, ein Gewächshaus anzubauen. Denn wie es auch immer sei: Der Anschluß an das Heizungssystem des Wohnhauses ist die beste, einfachste und billigste Möglichkeit, die Miniaturgärtnerei mit der vor allem im Winter erforderlichen Wärme zu versorgen. Wer also nicht ganz sicher ist, gegen die vielen gärtnerischen Verführungskünste gefeit zu sein, sollte rechtzeitig, wenn der erste Plan für sein Haus gemacht wird, daran denken.

Den größten Fehler aber macht derjenige, der seinem Architekten vertraut, von dem die Autogarage gleichzeitig als Handwerkskammer für den Garten ausgewiesen wird. Es gibt zweierlei Menschen im Garten, so wie es zweierlei Freunde der klassischen Musik gibt; der eine ist passiv und hört sich Schallplatten an, während der andere, obwohl es ihm anfangs Mühe bereitet, selber die Appassionata auf dem Klavier spielt.

Auch die Gartenzeit von Frühling bis Herbst läßt sich wie mit einer Nadel abspielen, ohne sich bücken zu müssen, wenn an der Grenze nur ein paar robuste Sträucher stehen, und Rasenmäher kann man sogar schon mit

Kurzwellenfunk steuern. Ebenso ist es möglich, einen richtigen Gärtnersmann zu bezahlen, der den Flieder abschneidet, wenn er verblüht ist, und vielleicht läßt man ihn auch einige Blumenbeete anlegen, sofern er den Sommer über Zeit hat, das Unkraut auszuhacken und den Maulwurf zu verjagen. Man selbst aber, sozusagen als Grammophonspieler der Gartenlust, macht keinen Finger krumm.

Ein Stückchen Land dagegen mit Zwergobst, Seidelbast und Anemonen, mit Artischocken, einer Igelfamilie, wilden Orchideen und Rhabarber nebst Alpenstauden zwischen den Treppenstufen, mit Regenwürmern im Erdbeerbeet, mit Duftrosen und zwei Vogelnestern im Ebereschenbaum: ein solcher Garten muß mit eigenen Händen gepflegt werden.

Sofern Ihnen die geistig armselige Welt des funkgesteuerten Rasenmähers nicht genügt: Mißtrauen Sie Ihrem Baumeister, wenn er sagt, daß man alles Gartengerät in der Garage unterbringen kann. Sie merken zwar selbst bald, daß viel gekauftes Werkzeug unnütz ist. Aber was kommt außer Düngersäcken und überwinternden Dahlienknollen im Laufe der Zeit nicht alles dazu, daß manchmal kein Auto mehr in die Garage geht. Ich selbst bin bald nicht mehr aus meiner Garage herausgekommen, als sich das Vogelschutznetz an den Haken meiner Schuhe verfing, ich gegen die Strohmatten stolperte und das angelehnte Frühbeetfenster in Scherben fiel, während meine Halt suchenden Arme gleichzeitig die Tomatenpfähle umrissen, so daß siebzehn leere Blumentöpfe aus dem Regal kugelten, aus welchem gleichzeitig der Seeigelkaktus zu Boden stürzte, dem es über Winter zu warm im Wohnhaus ist, und erst dahinter stand die Mistgabel, die ich holen wollte.

Es ist eine Freude, mit der leichten Hacke den Boden vom Sellerie wegzuziehen, damit er weniger Wurzeln und dickere Knollen bekommt, um gleich darauf die Wasserschosse aus der Krone des ›Schönen aus Boskoop‹ zu schneiden, vom Umgraben ganz zu schweigen, wobei man sich mit der philosophischen Frage befassen kann, weshalb der liebe Gott gleichzeitig lästige Quecken und den hochgeschätzten Regenwurm erschaffen hat. Aber das Werkzeug muß leicht und stets bei der Hand sein, weil nämlich die Arbeit, so der Spaten erst gesucht werden muß, zu einer Last wird.

Doch bleibt es in keinem Haushalt bei dem Seeigelkaktus, dem es in der Stube über Winter zu warm ist, so daß er sein Gedächtnis daran verliert, daß es sich bei ihm um eine Pflanze handelt, die im Frühling zu blühen hat. Auch von anderen Kakteen ist kein Flor zu erwarten, wenn sie im Winter nicht kühl genug stehen. Aber, wie gesagt: Es bleibt nicht dabei.

Irgendwann findet sich, vielleicht als lebendiges Souvenir an die Reise nach Ibizza, ein Feigenbaum ein. Oder es kommt Josef Raff, Schloßgärtner von der Mainau, zur Silberhochzeit mit einem Renaissance-Kübel aus gebranntem Ton, in welchem sich nebst herabhängenden rosa Geranien ein porzellanblau blühender *Plumbago* befindet, den man ja nicht einfach dem Winter überantworten kann. Doch diesem schönen Blütenstrauch wäre es in der Stube gleichfalls zu warm. Eines Tages betrachtet man den Oleander mit seinen Weidenblättern und dem üppigen Flor gefüllter Blüten in Rot, Rosa, Weiß und Gelb als unentbehrlich, denn er bringt mittelmeerländisches Fluidum neben die Haustür. Alle diese Pflanzen, zu denen außer den Geranien noch die Fuchsien und der Korallenbaum gehören, müssen im Winter hell und kühl stehen, womit eine Temperatur von etwa 8 Grad gemeint ist. Ohne diese nur mäßige Wärme in der dunklen Jahreszeit blühen sie nämlich nicht. Wo aber findet man in modernen Häusern einen hellen Platz, der über Winter derart kühl gehalten werden kann? Es ist schließlich nicht jedermanns Sache, das Schlafzimmer in eine Orangerie zu verwandeln, ganz abgesehen von dem Platz, der dann für die Morgengymnastik fehlt.

Ein Vorratskeller wäre besser

Zu diesen Pflanzen und zu den Knollen der Dahlien, Gladiolen, des Indischen Blumenrohrs und der über Sommer so süß duftenden *Acidanthera* kommen noch die Ernten des Herbstes, insbesondere die Äpfel. Bei uns sind von allen Herrlichkeiten nur zwei Apfelbäume mit zusammen drei Sorten übriggeblieben, weil auf dem ältesten Baum zweierlei Früchte wachsen. Zwar haben wir wochenlang täglich Fallobst, aus dem die Maden herauszuschneiden sind, doch muß durchschnittlich noch ein ganzer Zentner irgendwo gelagert werden, weil wir so viele Äpfel nicht auf einmal aufessen können.
In unserem Vorratskeller aber ist es nicht kühl genug und viel zu eng. Ein Vorratskeller ist ein weiterer schwacher Punkt für Architekten, die ein Haus für Gärtnersleute bauen. Wenn es darum geht, den Joghurt einen Tag länger aufzubewahren und Weißwein nur für eine einzige Woche frisch zu halten, dann reichen diese modernen Keller aus, auch eine ungarische Salami läßt sich als eiserne Reserve noch aufhängen. Wohin aber in einem Gartenhaushalt mit den Winterkartoffeln, da ich sie ja nicht bis über Weihnachten pfundweise ausgraben kann, nachdem der Schnee weggeräumt worden ist. Wohin mit den drei Dutzend Sellerieknollen in diesem Herbst, die zwar nicht von Marktgärtnerqualität sind, aber als eigene Ernte doch von besonderer, zumindest eingebildeter Delikatesse. Wohin mit den roten Rüben, wohin mit den Möhren, wenn sich der Mangold schon mit dem Schnee draußen abfindet und der winterharte ›Weiße Elefant‹ unter den Sorten des Porrees desgleichen.
Dann passiert es, daß ich tatsächlich einmal die Zeit finde und die Geduld

aufbringe, die Johannisbeerbüsche mit dem Vogelschutznetz zu verschleiern – was in diesem Jahr der Fall war –, so daß Malia nichts anderes übrigblieb, als fünfundfünfzig Gläser voll Marmelade einzukochen. Ich hatte es mit den frühen und späten Sorten sehr gut gemeint, aber gegen Mitte August mochten wir nun wirklich keine Johannisbeeren mehr.

Unersetzbar: der Werkzeug- und Geräteschuppen

Obwohl das wichtigste, aber auch langweiligste Thema des Hausgartens erst später behandelt wird, will ich vom grünen Rasen doch hier schon sagen, daß der Abstellraum für die sperrige Mähmaschine bei mir das vorrangige Problem darstellt. Es ist zwar schweißtreibend, in unserem am Berg gelegenen Garten den Rasen zu schneiden, und es dauert gut und gern, wenn es bis in die vielen Winkel hinein richtig gemacht wird, seine geschlagene Stunde. Das aber gehört nun mal zum grünen Sport, und gesund ist es zweifellos. Schlimm ist es nur, den Mäher um die Hausecken herum bis zum Rasen zu bringen, um nach zehn Minuten mit erlahmtem Arm und ziemlich atemlos festzustellen, daß er wieder mal nicht anspringt.
Ist der Starrsinn des Mähers, nachdem die Zündkerze dreimal herausgedreht und von Öl gereinigt wurde, siegreich gebrochen und der Rasen gemäht worden, muß er wieder über Stufen und um Ecken herum in seine provisorische Unterkunft geschoben werden. Gehässigerweise hinterläßt er auf den Wegplatten eine grüne Spur matschiges Gras, die man wieder wegfegen muß, denn so sehr jemand den noch dampfenden Mäher auch auskratzt, niemals wird er ihn frei von zerhauenem Gras bekommen. Die praktische Unterbringung des Rasenmähers, über den ich noch immer jeden Tag stolpere, blieb bei uns ungelöst. Bei der Unterbringung von Werkzeug, Blumentöpfen, Düngersäcken und Winteräpfeln nebst Feigenbaum, ›Maréchal Niel‹-Rose und Fuchsien sind wir der größten Nöte behoben, was mit einem humanen Beschluß der Deutschen Demokratischen Republik in Zusammenhang steht. Vor einer Reihe von Jahren wurde es dort den Rentnern gestattet, besuchshalber in den Westen zu fahren. So verbrachte also mein Onkel Heinrich ein paar Sommerwochen bei uns, und weil es sich bei ihm um einen gelernten Zimmermann handelt, baute er einen Werkzeugschuppen aus Holz.
Ein paar Jahre später, bevor das größere Orchideengewächshaus errichtet wurde, bekamen wir ein kleineres Glashaus, in welchem jetzt über Sommer die schönsten Tomaten, Paprikas und Peperonis heranwachsen, während die ›Maréchal Niel‹-Rose, die Fuchsien und der porzellanblaue *Plumbago* darin den Winter zubringen, umduftet von den Äpfeln unserer beiden Bäume, soweit sie wegen der Würmer nicht zu Mus verarbeitet worden sind.

Wer sein Haus in einem Garten baut, der denke beizeiten an einen von außen bequem zugänglichen Raum, der sich gleichzeitig als Werkstatt und als Werkzeugkammer eignet. Neuerdings bietet der Fachhandel Werkzeugschuppen unterschiedlicher Größe an, die sich wie Kleingewächshäuser ohne technische Kenntnisse leicht zusammenbauen lassen.

Niemand kann wissen, wenn er sich ein Haus im Garten baut, ob ihn nicht eines Tages die Lust überfällt, sich in stärkerem Maße der fröhlichen Gärtnerei hinzugeben. Er sorge deshalb dafür, daß der Architekt einen leicht zugänglichen Raum für das Werkzeug, für die zu überwinternden Pflanzen, für Rasenmäher und Düngersäcke einplant; nach Möglichkeit sollte dieser Raum auch geeignet sein, über Winter darin zu arbeiten, weil immer mal der Spaten mit einem neuen Stiel zu versehen und dem Rechen zwei abgebrochene Zähne zu ersetzen sind.
Wie wenig an diesen Raum für das Werkzeug gedacht wird, ist daran zu sehen, daß neuerdings sogar von Versandgeschäften die verschiedenartigsten Geräteschuppen angeboten werden. Teilweise handelt es sich um Konstruktionen aus leichtem Aluminium. Man bekommt dieses Häuschen, in längliche Kartons verpackt und mit genauen Bauanleitungen versehen, per Bahnfracht und Spediteur bis vor die Haustür gebracht. So bedarf es nur noch eines einfachen elektrischen Heizlüfters mit Thermostat, um dieses Gartenhaus, das sich im Sommer auch zum Spielen für die Kinder eignet, auf einer Mindesttemperatur von 5 Grad Celsius zu halten, damit Oleander, Korallenbaum und Fuchsien während des kalten, nordischen Winters nicht in Trübsinn verfallen oder gar gänzlich das Zeitliche segnen.

Der Garten

Allerlei Möglichkeiten, einen Gartenraum zu gestalten.

Ich hätte anders planen sollen

Beim Haus und den Nebengebäuden sollte man so planen und bauen, daß selbst in geheimsten Gedanken keine Veränderungen nötig sind. Für den Garten trifft dies nicht zu, von den großen Bäumen und den Erdbewegungen einmal abgesehen. Macht es doch viel Spaß, die grüne Welt immer wieder anders und neu zu erschaffen. Denn es kommen immer wieder neue Liebhabereien auf, von denen man im Jahr zuvor noch keine Ahnung hatte.

Bei mir ist es in den vergangenen fünfzehn Jahren so ziemlich alles gewesen, was man als Gärtner in seinem Garten überhaupt machen kann. Die schönen Blütengehölze haben dabei ebensowenig gefehlt wie Einlegegurken, Alpenstauden, Wildorchideen, Edelobst und Rhododendronarten aus dem Himalaja, echte Teerosen, Zentifolien und Fleischtomaten der bislang besten Sorte namens ›Pyros F1‹, gezüchtet von Julius Wagner in Heidelberg.

Doch gibt es auch heute immer wieder neue Ideen. Erst kürzlich habe ich Bilder von Arbeiten eines belgischen Gartenarchitekten gesehen. Hinreißend schön fand ich in der grünen Grenzpflanzung eines ganz kleinen Gartens zwei aufrecht stehende, über mannshohe, hellfarbige Steinplatten. In diese Steinplatten mit ihren unregelmäßigen Rändern waren kreisrunde Löcher geschnitten, der Durchmesser mag einen Meter betragen haben. Diese kreisrunden Öffnungen in dem verwunschenen Grün kamen mir wie Fenster in eine ferne Wunderwelt vor. Und nun überlege ich, wie sich auch bei mir zwei derartige Guckfenster in das Eibengebüsch gegenüber meiner Schreibstube einbauen lassen. Auch wenn ich dann keinen Meter weiter sähe als jetzt, lebte ich doch in der Einbildung, dies zu können.

Denn wir haben zwei entscheidende Fehler gemacht, als wir unser Haus in den Gartenraum einplanten. Es wäre richtiger gewesen, das Haus so weit in die Nordwestecke unseres Grundstücks zu rücken, wie es zulässig war. Vielleicht hätte es tatsächlich direkt an die kleine Privatstraße gestellt werden

müssen. So wäre der innere Gartenraum weiter, eindeutiger und sehr viel besser benutzbar geworden.
Er ließe sich viel leichter pflegen, als es jetzt der Fall ist, wo ringsum zu viele Räume und Pflanzungen immer wieder andere Überlegungen für die praktische Arbeit verlangen. Eine einzige zusammenhängende Rasenfläche von hundert Quadratmetern bereitet viel, viel weniger Mühe, als das bei zwei Flächen von jeweils fünfzig Quadratmetern der Fall ist.
Der zweite Fehler war, daß wir die Räume beider Flügel unseres Hauses in eine Ebene gelegt haben. Für das Leben innerhalb der Wohnung ergeben sich zwar Vorteile, weil niemals Treppen im Wege sind, so daß ich auch halb schlafend in dunkler Nacht ungefährdet ins Wohnzimmer tapsen kann, um den Stecker aus dem Fernseher zu ziehen, wenn ein Gewitter aufkommt. Aber insgesamt sind die Nachteile doch unverkennbar. Wäre der zum Berg hin gerichtete Flügel nur um zwei Stufen angehoben worden, hätten sich die Konflikte mit dem Hang neben meiner Schreibstube nicht ergeben.

Probleme der Hangbepflanzung

Die Schwierigkeiten bestehen bei uns nicht darin, daß zuweilen heftige Regenfälle den Humusboden abschwemmen. Ich habe sehr schnell gelernt,

Idee eines belgischen Gartenarchitekten: Kreisrunde Öffnungen in großen Steinplatten erwecken die Illusion von Tiefe und Ferne.

was man tun muß, um einen steilen Hang vor dem Abschwemmen zu sichern und ihn so zu bepflanzen, daß man seine Freude daran hat. Entlang meiner Schreibstube besteht die Bepflanzung des Hanges aus kleinblättrigen Rhododendronarten, Waldgräsern, Farnen, Lilien und Dickbeeren. Diese Pflanzen schneiden mir den Blick in den oberen Teil des Gartens ab. So hat der bekannte Gartenarchitekt Karl Plomin auch gemeint, ich müsse versuchen, die Pflanzen am oberen Rand niedriger zu halten, um eine Verbindung und einen Zusammenfluß mit dem darüberliegenden, sacht ansteigenden Gartenteil zu erzielen. In diesem Teil und bis hinauf zum Waldrand liegt nämlich eine ganz andere Welt, die ich besonders gern habe und von welcher ich scherzhaft sage, es sei meine Ranch. Dort stehen meine beiden Gewächshäuser, dort befindet sich der Schuppen, dort liegt, von mir wiederum scherzhaft als Acker bezeichnet, der gegen die vielen Wildkaninchen nochmals mit einem Maschendrahtzaun geschützte Gemüsegarten, der mir wegen der schnell heranwachsenden Pflanzen besonders viel Gärtnerspaß bereitet.
In der südlichen Gartenhälfte ist die Hanglösung gewiß gut gelungen, weil dort auch der darüberliegende Gartenteil in das Ganze einbezogen worden ist. Vor allem vom Wohnzimmer aus hat man ein wunderschönes Bild vor Augen, zumal im zeitigen Frühjahr, wenn die Schneeheide blüht, und nochmals im April beim Anblick des Rhododendronflors. Es sind Spielarten des kriechenden Rhododendron, die dort stehen, und sie sind in zehn Jahren noch keinen Meter hoch geworden. Ich muß sehr darauf achten, daß der Höhenwuchs an diesem Hang – vor allem in seinem oberen Bereich – in Grenzen bleibt. Was dort alles schon an Bergkiefern stand, die als extrem zwergwüchsig und niedrig angepriesen waren. Alle habe ich ausroden müssen. Es gibt dort nur noch eine einzige Bergkiefer, ein Zufallstreffer. Diese Kiefer hat tatsächlich nur ganz kurze Triebe in jedem Jahr, sie sind nur so lang wie zwei Fingerglieder, und sie liegt da oben wie ein breites, dunkelgrünes, im Mai hellgrünes Kissen.
Seitlich der kleinen Rasenfläche, etwas zur Grenzhecke hin, steht ein riesiger Rosenbusch. Es ist die Kletterrose ›Feuertanz‹ mit roten Blüten, die einmal im Jahr in schier erdrückender Menge erscheinen, worauf dann im August und im September nur noch ein paar Feuerfunken folgen. Man kann eine Kletterrose frei wachsen lassen. Es ist jedoch gut, sie von Anfang an durch einen eisernen Reif zu stützen. Zwar werden die alljährlich neu austreibenden Ruten von dem alten, allmählich vertrocknenden Holz getragen. Gibt es aber einen besonders heftigen Schneefall oder einen wilden Hagelschlag, wie wir ihn hier schon erlebt haben, ist es mit der Pracht vorbei. Der einmal niedergedrückte Rosenstrauch baut sich niemals wieder so schön auf, und wenn man ihm das alte, stützende Holz wegschneidet, weil das zeitweilig einen ordentli-

cheren Eindruck macht, verliert er vollends seinen Halt, und es ist vorbei mit ihm. Aus diesem und einem weiteren Grund kommt der Rosenstrauch in diesem Winter weg. Zwar sah es, vor allem aus dem Wohnzimmer, immer ganz wundervoll aus, wenn er dort oben in Blüte stand. Nur war diese Rose zu hoch geworden und – was am wichtigsten ist – die dunkelrote Farbe eignet sich nicht für diesen Platz, weil rote Farben die Entfernungen in unserer Einbildung kürzer machen und es in diesem Fall darauf ankommt, die Illusion von Weite zu erzeugen. Ich pflanze also einen anderen Rosenstrauch dorthin, die Sorte ›Schneewittchen‹. Sie ist von etwas niedrigerer, im Wuchs stets eleganter Gestalt, weiß, halbgefüllt und unermüdlich in ihrem Blühen bis an den Rand des Winters.

Das Vermessen eines Hangs

Das Haus hätte also mit dem zum Berg hin gerichteten Flügel um zwei Stufen höher gestellt werden müssen. Man soll eben nicht nur über den Daumen peilen, sondern richtig messen, was an sich ganz einfach ist. In den klugen Büchern war von Nivellierapparaten und Höhentafeln zu lesen, was mich ängstlich machte, denn woher einen solchen Apparat nehmen, vom Unverständnis mit dem Umgang ganz abgesehen. Auch fürchtete ich, daß alles wieder Geld kostet. So wurde eben nach dem Augenmaß gearbeitet, doch der blühenden Bergwiese mit ihren malerischen Obstbäumen war nicht anzusehen, wie steil sie in Wirklichkeit ist.
Dabei ist es ganz einfach, sich auf zweitausend Quadratmetern über die unterschiedlichen Höhen klarzuwerden. Ich brauche außer der möglichst langen Wasserwaage eigentlich nur ein paar drei Meter lange Dachlatten und vier

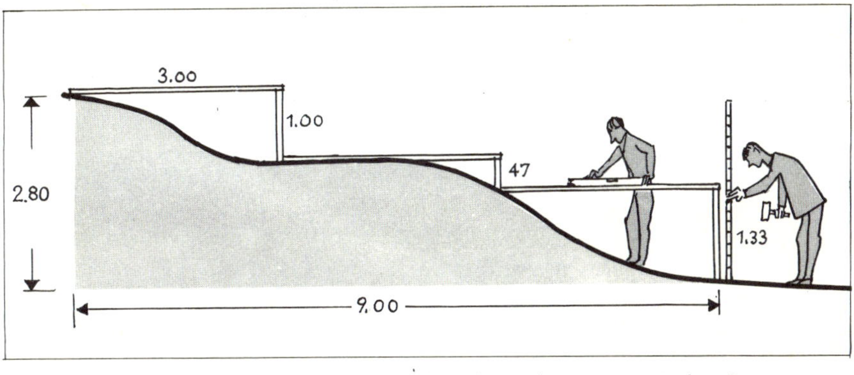

Im kleinen Garten bedarf es nicht unbedingt komplizierter optischer Instrumente, um die Höhen zu vermessen. Es geht auch mit einigen Pflöcken, Dachlatten, mit der Wasserwaage und dem Zollstock.

oder fünf Pflöcke, je nach Länge des Grundstücks beziehungsweise nach dessen Tiefe. Ich lege meine Dachlatte nun mit einem Ende auf den oberen Rand des Grundstücks. Kurz vor dem unteren Ende der Latte schlage ich einen Pflock so lange in den Boden, bis die Wasserwaage auf der Dachlatte zwischen dem oberen Grundstücksrand und dem Pflock, auf dem sie liegt, die Waagerechte anzeigt. Mit dem Zollstock messe ich, wie weit der Pflock aus dem Boden herausragt. Dann lege ich die Dachlatte auf den Erdboden neben den Pflock und schlage drei Meter weiter unten den nächsten Pflock in den Boden. So geht es weiter bis ganz nach unten.

Bei mir fällt das Gelände nicht nur vom Wald zur Straße ab, sondern nochmals diagonal von der Südostecke nach Nordwesten. Ich hätte also auch diese Diagonale auspflocken und vermessen sollen, weil mir dann von vornherein die nicht unerheblichen Höhenunterschiede klargewesen wären.

Man ist nun mal gescheiter, wenn man vom Rathaus zurückkommt, als wenn man hingeht. Denn in Wirklichkeit geht es so zu, und nicht nur bei mir. Ein ernstzunehmender Plan für den Garten ist nie erstellt worden, weil ich es selbst nicht konnte und für einen Fachmann hat das Geld gefehlt. Es sollte aber nicht fehlen, weil der Fachmann mit einer überlegten Planung manche spätere Ausgabe an Geld und Schweiß einspart, aber wem sage ich's.

Ein Garten mit Räumen

Eines war mir jedoch klar, und das ist nach dem Augenmaß auch richtig gemacht worden: Das Grundstück fällt vom Wald her über drei hängige

Die natürliche Perspektive läßt sich noch verstärken, wenn man große und großblättrige Bäume in den Vordergrund pflanzt, kleinbleibende und feinblättrige Gehölze dagegen nach hinten setzt.

Man versucht stets, einen kleinen Gartenraum größer erscheinen zu lassen, als er in Wirklichkeit ist. Am bekanntesten ist der Trick mit der Bodenerhebung kurz vor der hinteren Grenze. Nur müssen die Sträucher dahinter so gepflanzt sein, daß die Kontur der Bodenwelle sie überschneidet; man darf also aus der Hauptblickrichtung nicht sehen, wie die Sträucher aus der Erde kommen *(oben)*.
Ein weiterer Trick ist die Einplanung von Gehölzgruppen, die wie die Versatzstücke eines Bühnenbildes angeordnet sind. Hinter diesen Gruppen, die ein Stück des Gartens abriegeln, entstehen nicht sofort einsehbare Räume. Der Betrachter vermutet dahinter Fernen, die es gar nicht gibt *(unten)*.

Terrassen zur Straße hin ab. Und das Fallende dieser Geländestufen mußte jeweils vor Beginn der nächsten Stufe abgefangen werden, zumindest durfte der Garten nicht optisch abrutschen. Schön wären Mauern gewesen, wie man sie hier in den Weinbergen findet. Woher aber die vielen Steine nehmen, und wenn es sie irgendwo gegeben hätte, wie teuer wäre der Transport gewesen. Auch mit Erdmodellierungen war nicht viel zu machen, weil gerade an den Hangstellen nach zwei Spatenstichen bereits Gestein kam.
Also blieben nur entsprechende Pflanzungen übrig. Auf diese Weise entstanden im Laufe der Jahre geschlossene Räume. Allzu viele Räume rings um das Haus und bis zum Waldrand hinauf, es ist eine geradezu labyrinthische Welt, und wenn in unserem Haus zehn Familien lebten, so fänden sie im Garten alle ihre umfriedete Wohnstube im Grünen.
Valery Stevenson in England schreibt: »Ein Garten, in dem ich nicht Versteck spielen kann, ist keiner.« Diesem Satz zufolge verfügen wir geradezu über einen Mustergarten, denn ich muß oft lange suchen, ehe ich Malia finde, wenn sie sich irgendwo mit einem Buch hingelegt hat und eingeschlafen ist.

Unser ganzes Leben könnte sich sommertags und auch nachts im Freien abspielen, fänden wir doch genug Räume zum Lesen, zum Schreiben, zum Schlafen, zum Kochen und Abendessen, wenngleich nicht gesagt werden kann, ob die Mücken immer damit einverstanden wären. Unser Badezimmer brauchen wir in warmen Sommerwochen ohnehin kaum, weil das Waschen am Regenwasserfaß und mit dem Schlauch auf dem taunassen Rasen viel lustiger ist.
Nur könnten die Räume in einem spannungsvolleren Verhältnis zueinander stehen, wäre das Haus, wie gesagt, damals in die Nordwestecke des Grundstücks gerückt worden. Auch hätten sich die verschiedenen Tricks der Gartengestaltung wirkungsvoller anwenden lassen. Jetzt freue ich mich, die Bilder mit den runden Gucklöchern in den senkrecht stehenden Steinplatten gesehen zu haben. Damit wird die Enge, die sich durch das herangewachsene Eibengebüsch eingestellt hat, mit Sicherheit und nicht unbeträchtlich – in meiner Einbildung – ausgeweitet.

Tricks für die Gartengestaltung

Heutzutage scheinen die Leute, die sich ein Haus bauen, sehr viel mehr Geld zu haben als früher. So gehen die Architekten denn zuweilen an die Gestaltung des grünen Raumes, als handele es sich um Hindernisse für eine Panzerschlacht. An Steinen für Mauern und an Beton wird nicht gespart, womit ich keineswegs etwas gegen Beton sagen will, der mir in den Gärten jedoch allmählich langweilig wird.
Ein berühmter Gartengestalter, der mit sehr viel einfacheren Mitteln große Wirkungen erzielte, war Hermann Mattern, von dem ich, und nicht nur auf diesem Gebiet, viel gelernt habe. Von seinen Freunden und Kollegen unter den Gärtnern wurde Mattern zuweilen als »Mulden-Hermann« bezeichnet, weil er Gärten oder Gartenteile oftmals ausmuldete und das somit gewonnene Erdreich woanders aufhügelte. Selbstverständlich wird die Gartenfläche auf diese Weise größer, ich brauche nur an die Wellglasabdeckung eines Gewächshauses zu denken, das schneller auskühlt, da die Abstrahlungsfläche für Wärme größer ist, als wenn es mit glattem Glas gedeckt wäre. Die *Ausmuldung* bewirkt, daß mir Teile des Gartens viel größer und erlebnisreicher erscheinen, weil sie schräg vor meinen Augen liegen wie ein aufgeschlagenes Buch.
Hinzu kommt ein weiterer Trick, der verblüfft und der mich immer wieder begeistert hat. Nehmen wir an, es handelt sich um einen kleinen Gartenraum, der flach ausgemuldet und kurz vor seiner hinteren Grenze, in der Hauptblickrichtung von den Fenstern und von der Terrasse aus, aufgehügelt wird.

Teil eines von bepflanzten Trockenmauern umgebenen Senkgartens, der eine optimale Nutzung auch kleinerer Gartenräume zuläßt.

Zieht sich diese *Bodenwelle* etwa im Abstand von drei Metern vor der Grenze entlang, so verbleibt bis zum Zaun ein schöner Pflanzstreifen. Auf diesen Pflanzstreifen kann ich geeignete Bäume und Sträucher setzen. Es muß aber alles so gemacht werden, daß man nicht sieht, wo diese Sträucher und Bäume hinter der Bodenwelle aus der Erde kommen. Die Anhügelung darf also nicht zu flach sein. Man muß den Eindruck haben, als würde der Höhenwuchs der Grenzgehölze von der oberen Linie der Bodenwelle geschnitten.
Das gelingt auf die Dauer nicht, wenn man falsche Bäume und Sträucher pflanzt, die zu gewaltig werden. Es gilt also, die Gehölze mit Bedacht zu wählen und dabei diejenigen Arten zu bevorzugen, deren typischer Habitus nicht durch einen gelegentlichen Rückschnitt zerstört wird. Auch ist die Wirkung nicht so überzeugend, wenn die Aufhügelung von verschiedenen Blütenstauden überwuchert wird, so daß man die Konturen nicht mehr klar erkennt. Am ratsamsten ist es, diese Bodenerhebungen nur mit Gras einzusäen, das ständig kurzgehalten wird.
Von den Schülern Hermann Matterns ist es Gottfried Kühn in Köln, der diese Kunst der Raumausdehnung mit dem optisch wirksamen Mittel der geschickten Bodenmodellierung am besten beherrscht.

Eine weitere Möglichkeit der Ausweitung – konkret und in der Einbildung zugleich – ist der sogenannte *Senkgarten,* wie ich ihn in höchster Vollendung bei Karl Foerster in Bornim, dem berühmten Staudenzüchter, gesehen habe. Teile des Gartens werden dabei um etwa einen Meter tiefer gelegt und von Bruchsteinmauern, Treppen und terrassierten Beeten umgeben. In die Fugen der Mauern kommen Polsterpflanzen und alpine Gewächse, von denen ich die salzkrustigen Saxifragen und die vielen Formen der Donnerwurz besonders schätze. Es sind also senkrechte oder beinahe senkrechte, bepflanzte Mauern, mit denen die Fläche des Gartens vergrößert wird.
Wer innerhalb des vertieften Raums noch ein Wasserbecken für Seerosen, Binsen und Froschlöffelkraut anlegt, der kann wirklich den Garten durch alle Jahreszeiten erleben. Denn besonders an den nach Süden gerichteten Mauern, deren Steine schon im Februar von der Sonne aufgeheizt werden, daß sie wie die Kacheln eines Ofens die Wärme bei Nacht abgeben, entwickelt sich sehr zeitig ein interessanter Blütenflor. In diesem Zusammenhang gleich ein Wort über Steine und ihren Nutzen. Größere Findlinge, mit der flachen Seite zu einem Drittel in den Erdboden eingegraben, wirken in Südlagen und besonders auf Hängen wie Kachelöfen. Frühblühende Wildalpenveilchen, Zwiebeliris und Wildkrokusse sollte man nach Möglichkeit in der Nähe derartiger Heizkörper pflanzen, weil man dann besonders früh im Jahr etwas von der Blüte hat.
In seinem letzten, plattebenen Garten in Berlin hat Hermann Mattern noch eine weitere Gestaltungskunst praktiziert, um das Gefühl der Enge aufzuheben. Überzeugend nachmachen läßt sich das aber nur dann, wenn der möglichst überdachte Platz für den Aufenthalt im Freien so liegt, daß die Blickrichtung über den Garten hinweg zum Hause geht. Mattern hat die senkrechten Linien des Hauses im Garten weitergezogen. Die seitliche Tür findet ihre Fortsetzung in einem geraden Weg aus quadratischen Kalksteinplatten, natürlich kann man auch Sandstein oder Pflaster nehmen. Das etwas über meterbreite Stück Mauerwerk zwischen der Tür und der äußeren Kante des ersten Fensterladens findet seine Fortsetzung in einem ebenso breiten, langgestreckten Staudenbeet. Der etwa vierzig Zentimeter breite Fensterladen verlängert sich in einem Pfad, der ebenfalls aus Kalksteinplatten gelegt ist. Dann kommt in der Breite des Fensters wieder ein Pflanzstreifen, wieder ein Plattenpfad und schließlich, von einem mit Kaiserwinden überrankten Rohrmattenzaun begrenzt, ein Stück niedriger Blumenwiese. Die *Fortsetzung architektonischer Elemente* in der Anlage des Gartens ist ein gutes Mittel, das bedrückende Gefühl von Enge aufzulösen.
Im Grunde genommen ist es eine Übernahme dessen, was die Baumeister und Gartenkünstler im Zeitalter des Barock gemacht haben, man kann es in den

Schloßanlagen bewundern. Die mit farbigem Kies ausgelegten und von niedrig geschnittenem Buchsbaum eingefaßten Ornamente der Broderien sind nichts anderes als die Fortsetzung beziehungsweise Vergrößerung der prächtigen Schloßfassade im Garten mit anderen Mitteln.

Einen nicht gar zu kleinen *See* müßte man haben. Wenn sich Haus und Bäume darin spiegeln, dann wirkt alles noch viel gewaltiger, die Welt wird geradezu verdoppelt. Es gibt viele Schlösser und Landsitze, bei denen man die Größe bewundert, obwohl sie gar nicht so mächtig in ihren Ausmaßen sind. Wer aber Haus und Garten am Berghang hat, muß auf den See verzichten und sich mit der Regentonne am Haus begnügen, die aber gleichfalls wie ein Auge in weite Ferne gerichtet ist, wenn sich bei Tage die vorüberziehende Wolke und bei Nacht ein Stern darin spiegelt.

Von der Spiegelung der Wolke und des Sternes abgesehen, hat das Regenfaß aber mit der optischen Ausweitung des Gartens nichts zu tun. Dagegen ließe sich der Vergrößerungseffekt des Wassers durch Spiegel verhältnismäßig leicht erreichen. Ich habe mich stets gewundert, daß sich die Gartenkunst so wenig der *Spiegelungen* bedient. Heute braucht man gar kein brüchiges Glas mehr dafür, weil es entsprechend beschichtete Kunststoffe gibt, die sich wie Tücher zusammenrollen und aufspannen lassen.

Es gibt noch weitere Kunstgriffe, die in Wahrheit gar keine sind, weil sie zu den unbewußten Eindrücken jedes Spaziergangs gehören. Ich denke da an einen ganz einfachen Vers Erich Kästners. Der Dichter läßt einen großen Baum vor sich hinsprechen: »Ach Gott, mir tun die kleinen Bäume am Ende der Allee entsetzlich leid.«

Dies ist ein weiterer gestalterischer Trick zur optischen Raumausweitung. Bestimmte architektonische Formen des Hauses – die Tür, ein Mauerstück, Fensterläden und das Fenster selbst – finden ihre Fortsetzung in der Ebene des Gartens.

Bei mir ist das alles etwas anders, weil es bergauf geht, und selbst eine *Catalpa* statt des Katsurabaumes vor meiner Schreibstube könnte nicht sehr weit sehen, wenn sie Augen hätte. In einem ebenen Garten jedoch, wollte ich den Eindruck von Weite erzielen, müßte die *Catalpa* gleich vorn am Haus stehen, und in klimatisch begünstigten Gebieten, wo also Wein gedeiht, käme dafür die *Paulownia* in Frage, die im April zur Blütezeit immer so aussieht, als habe man bei Nacht blaue Hyazinthen auf die noch blätterlosen Zweige gesteckt. Diese beiden Bäume nehme ich für diesen Zweck, weil sie fast *suppentellergroße* Blätter haben.
Wenn ich nun vor die hintere Grenze des Gartens *kleinblättrige* Bäume oder Sträucher setze, ich denke an Birken, an Weißbuchen oder den von mir geschätzten Katsurabaum, so wäre die *Catalpa* beziehungsweise die *Paulownia* in der Lage, ähnlich selbstbewußt auf ihre großen Blätter zu sein. Und dies nur, weil die so viel kleineren Blätter eine Entfernung vortäuschen, die in diesem Ausmaß gar nicht vorhanden ist.
Einen ähnlichen Trick wandten die mittelalterlichen Kirchenbaumeister an, von denen die Perspektive in den Kathedralen dadurch künstlich verstärkt wurde, daß sie die Steinplatten des Bodenbelags etwas rhombisch geschnitten haben.
Der Eindruck räumlicher Tiefe ist auch mit *Farben* zu erzielen. Ich habe bereits berichtet, daß ich oben über dem Heidehang den riesigen Busch der Kletterrose namens ›Feuertanz‹ gegen das weiße ›Schneewittchen‹ austausche. Die rote Farbe ist nämlich angriffslustig, sie kommt auf einen zu, sie springt einen geradezu an. Im Gegensatz dazu weicht die blaue Farbe vor dem Betrachter zurück, sie flieht, sie läuft davon und zaubert somit Ferne in den Garten, selbst wenn er klein ist. Auffallend ist dies bei blauen Rittersporen, wenn die mannshohen Blütentürme nicht gar zu vereinzelt stehen.
Ganz allgemein gilt, daß man mit der Intensität von Farben eine Tiefenwirkung erzielen kann. Oben, kurz vor dem Waldrand, steht in unserem Garten ein alter Zwetschenbaum, ich kann seine mächtige Krone hier von meinem Arbeitstisch aus sehen. Zur Blütezeit im Frühling sieht dieser Baum vor dem dunklen Hintergrund des Fichtenwaldes so aus, als wäre er mit weißem Staub überpudert worden, zwischen den auch noch etwas Grün geraten ist, aber eben ein ganz helles Grün. Man möchte nicht glauben, welche Weite diese Baumkrone in den ansonsten recht eng wirkenden Raum zaubert. Leider hält der Spaß nicht lange an, bald werden die Früchte des Baumes immer größer und im Herbst wissen wir nie, wohin mit der Ernte, wir haben bereits zehnjährigen Pflaumensaft im Keller, der aber leider nicht besser wird, wie das beim Saft der Burgundertraube der Fall ist.
Es müssen jedoch nicht unbedingt Blütenfarben sein, mit denen man Räum-

lichkeit erzielt, es geht auch mit den verschiedenen Tönungen des Grün. Bei den Nadelbäumen etwa wirken blaue Atlaszedern und Silbertannen heller als Schwarzkiefer und Serbische Fichte. Dabei besagt die Regel, daß man hellaubige Gehölze in den Vordergrund und diejenigen mit dunklem Laub in den Hintergrund pflanzen soll, weil sie den Eindruck von Tiefe verstärken.

Ich weiß, daß *silberumrandete, weiß panaschierte* oder gar *goldblättrige Gehölze* bei den Profis unter den deutschen Gärtnern nicht sehr geschätzt sind. Diese Pflanzen passen nicht in ihre Vorstellungen von Natürlichkeit, die sie im Hausgarten anstreben, ohne sie jemals zu erreichen und erreichen zu können, weil es sich in jedem Fall um eine künstlich geschaffene Welt handelt. Die Franzosen sind da anders. Beispielsweise findet man den weißbunten Eschenahorn häufig in Gärten und Anlagen, und er wirkt immer heiter und freundlich.

Obgleich man mich schon oft deswegen ausgelacht hat, will ich nicht verhehlen, daß mir in manchen südfranzösischen Kleinstädten die kugelrund geschnittenen Straßenbäume – abwechselnd mit ganz dunklem und ganz hellem Laub – sehr gut gefallen. Sicher wirkt das künstlich. Aber in der Straßenenge, dem Gewimmel von Menschen und Autos, inmitten der Farben von Plakaten und Schaufenstern vermitteln diese aneinandergereihten Baumkronen eine gewisse Ruhe. Andererseits geben die hellen Bäume der Straße eine gewisse Fröhlichkeit, auch wenn es regnet.

Man kennt auch goldfarbige Spielarten mancher Nadelbäume, so der Eibe und vor allem des breitwachsenden Chinesischen Wacholders, die man bei uns nicht sehr schätzt. Valery Stevenson, mit der ich öfter zu tun habe, schreibt dazu: »Man muß den grauen, regnerischen Winter hier in England kennen, um diesen Goldwacholder zu lieben, der selbst an den düstersten Tagen so aussieht, als würde er von der Sonne beschienen.«

Es gibt also allerlei Möglichkeiten, mit modellierter Erde, mit Spiegeln aus Glas oder Kunststoff, mit bühnenähnlichen Versatzstücken aus Buschwerk, mit unterschiedlich großem Laub sowie Farben und dem Wechsel von Hell und Dunkel einen Gartenraum zu gestalten.

Das Werkzeug

Die Frage, ob ein Garten viel Mühe und Arbeit macht, ist eine Frage nach dem Werkzeug.

Was braucht man an Werkzeugen, um einen normalen Hausgarten, auch in schwierigerer Lage als bei mir, anzulegen und zu bewirtschaften? Unsere rührige Industrie ist darauf bedacht, in jedem Jahr mit Neuerungen aufzuwarten, weil die vielen Ausstellungen und Gartenfachmessen sonst sinnlos wären. Doch gibt es bei den elementaren Arbeitsgeräten für den Garten schon seit Jahren so gut wie überhaupt nichts Neues. Sosehr sich die Erfinder auch ihre Köpfe zerbrechen, es fällt ihnen nichts ein.

Die genialste Neuerung brachte in den zwanziger Jahren ein Mann heraus, dessen Nachkommen heute das wohl größte Unternehmen für technischen Gartenbedarf leiten. Es war Gregor Wolf. Dieser Gregor Wolf erkannte, daß die Schlaghacke, mit der die Menschen seit Urzeiten den Boden bearbeiteten, nicht nur sehr viel Kraft erfordert, sondern infolge einseitiger Belastung auch zu Körperschäden führen kann. Der einfallsreiche Mann entwickelte also die Urform der Wolf-Geräte: die an einen Metallbogen geschweißte, mit der Feile immer wieder zu schärfende Hacke, die nicht mehr geschlagen, sondern wie ein breites, schneidendes Messer durch den Boden gezogen wird.

Dieses erste Wolf-Gerät ist im Laufe der Jahre verbessert und vervollkommnet worden, aber die Grundidee blieb stets gleich. Wer die Reihen seiner Möhren und Schwarzwurzeln in einem Abstand anlegt, daß die Hacke dazwischenpaßt, der braucht sich vor dem Unkraut nicht sonderlich zu fürchten. Um die fünf Trittpfade zwischen meinen zehn Meter langen Gemüsebeeten unkrautfrei zu halten, brauche ich je Woche im Sommer vielleicht zehn Minuten. Die flach durch den Boden gezogene Hacke schneidet die Unkräuter von ihren Wurzeln ab, worauf sie in der Sonne vertrocknen. Bei feuchter Witterung kommt erst nach acht Tagen wieder ein Neuwuchs auf.

Über Kummer mit den Gartengeräten – oft selbst verschuldet – weiß jeder Gärtner zu berichten. Es macht keine Mühe, einen wegen Pilzbefalls welk gewordenen Ast des Essigbaums abzusägen. Aber das Suchen nach der Säge kann ärgerlich sein, und wenn man sie gefunden hat, ist sie meistens stumpf. Die zersägten Stücke meiner im letzten Herbst gefällten Lärchenbäume liegen noch immer oben unter dem Zwetschenbaum, und Malia konnte in diesem Sommer nicht ihren Liegestuhl in den Schatten seiner Krone stellen. Das Holz wäre längst und ohne sonderliche Mühe kleingemacht worden, aber ich muß meine Axt noch schärfen lassen, und vor allem fehlt es an einem breiten Hauklotz, den man in keinem Fachgeschäft kaufen kann, der aber fürs Holzhacken unerläßlich ist.

Das allerwichtigste Werkzeug ist und bleibt der *Spaten*. Bei Stuttgart gibt es ein Museum, in dem man sich davon überzeugen kann, daß sich die Form des Spatens seit der Steinzeit nicht verändert hat. Vor einigen Jahren gab es noch Spaten, bei denen Blatt und Haltezwingen zusammengenietet waren. Die

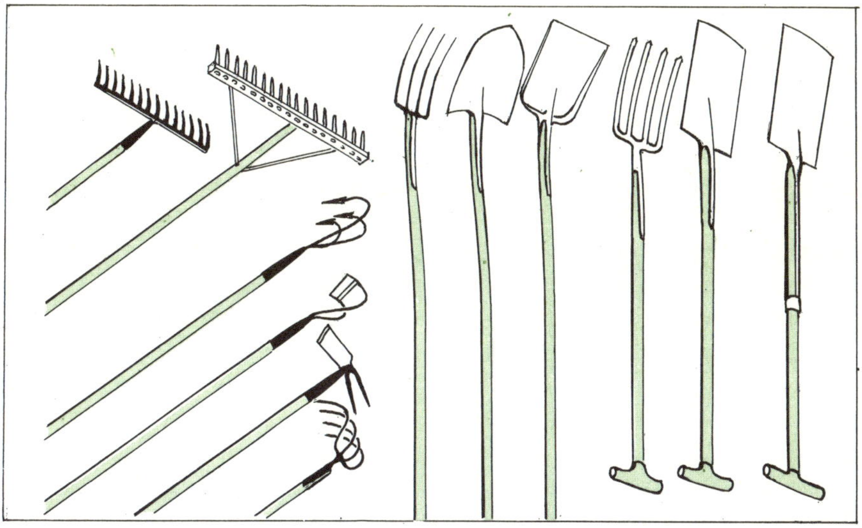

Der eiserne Rechen ist im Garten unentbehrlich. Wer es noch nicht recht beherrscht, größere Flächen – beispielsweise für einen Rasen – glatt zu harken, der sollte sich einen möglichst breiten Rechen aus Holz zulegen; mit ihm geht es einfacher. In den Breiten verstellbare Grubber und Zieh-Hacken sind Geräte, mit denen sich mühelos die Gemüsebeete lockern und von Unkraut freihalten lassen. Hier und da braucht man die kleine Doppelhacke, wogegen der ganz unten abgebildete Krail ein Universalgerät ist, mit dem sich Rechen, Grubber und Hacken ersetzen lassen. Die Mistgabel gehört ebenso zur Ausstattung wie – je nach Boden – entweder die spitze Schaufel für schwere Erde oder die flache Sandschaufel. Mit der Grabegabel sticht man in Staudenpflanzungen nicht zuviel kaputt, und außerdem dient sie zum Ernten von Schwarzwurzeln und anderen Wurzelgemüsearten. In den meisten Fällen genügt ein leichterer oder mittelschwerer Spaten. Es kann aber auch sein, daß man gelegentlich den schweren, bruchsicheren Rodespaten braucht.

dabei unvermeidlichen Nahtstellen wirkten beim Graben bremsend, außerdem setzte sich an ihnen stets Erde fest. Heute besteht der Metallteil jedes Spatens aus einem einzigen Stück. Sache der Gewohnheit ist es, ob man sich einen Spaten kauft, dessen Stiel mit einem runden Knauf, mit einem querstehenden Griff oder mit einer Halterung versehen ist, die einem D ähnelt. Für mich selbst wäre ein runder Knauf völlig unmöglich, weil ich seit meiner Kinderzeit den querstehenden Griff oder das D gewohnt bin.

Mit einem einzigen Spaten, wie es ihn – nicht zu leicht, nicht zu schwer – in den Fachgeschäften zu kaufen gibt, komme ich nicht aus. Ich brauche außerdem einen ganz leichten Spaten zum Pflanzen von Stauden und Rosen, zum nochmaligen Aufgraben der im Herbst umbrochenen Erde, zum Ausstechen der Gänseblümchennester im Rasen und zur Jagd auf den Maulwurf. Unübertrefflich für diesen Zweck ist der vor einigen Jahren herausgekommene Nirosta-Spaten, den ich auch nicht dauernd abwischen muß, was bei allen anderen Spaten zu geschehen hat, wenn sie nicht rosten sollen. Freilich, das Abwischen der Spaten ist eine Spielerei, wenn nur immer gleich der alte Sack oder das Büschel trockenen Heidekrautes zur Hand wäre.

Es bleibt in einem Garten nicht aus, daß hier eine zu wild gewordene *Rosa multiflora* und dort ein lebensmüder Pflaumenbaum auszuroden ist. Auf die fälschliche Ansicht, daß Stauden für immer an demselben Platz verbleiben können, komme ich noch zurück. Schon vom Phlox sagte Karl Foerster, daß er wie ein Landpfarrer öfter versetzt werden muß, soll er immer wieder groß in Form kommen. Nun grabe man aber mal einen fünfjährigen Phlox aus, von der *Rosa multiflora* gar nicht zu reden.

Ein leichter Spaten kann sich zwar nicht kaputt*lachen*, obwohl er es angesichts mancher Unvernunft gern tun würde, aber er zerbricht trotzdem. Ich brauche für meinen immer wieder zuwachsenden Garten am Berg einen sehr viel schwereren Spaten, der ein kräftiges Rückgrat hat und infolgedessen nicht gleich vor der *Rosa multiflora* kapituliert oder vor dem Pflaumenbaum. Und diese schweren Grabegeräte gibt es nur an einer einzigen Stelle in Deutschland, nämlich in Pinneberg bei Friedrich Meyer, dessen Geschäft es ist, die holsteinischen Baumschulen mit Werkzeug zu versorgen. Richtiger gesagt: Es gibt bei Friedrich Meyer auch ganz leichte Spaten, aber am wichtigsten sind die kraftvolleren Rodespaten und Aushebespaten, durchweg aus schwedischem Stahl und kaum teurer als die Geräte aus dem Warenhaus oder Gartencenter.

Nach dem Spaten am wichtigsten ist für mich der *Krail*, von dem niemand richtig weiß, ob er mit einem a oder mit einem e geschrieben wird. Ich habe auch schon Kräul gelesen, abgeleitet vermutlich von Kraulen, was gar nicht

2△ 3▽

5△

1 Der mäßig wachsende Katsurabaum am Haus, vorn kriechender Rhododendron.

2 Obstwiese am Berghang vor dem Hausbau.

3 So sah es in unserem ersten Winter aus . . .

4 . . . so im Sommer nach fünfzehn Jahren.

5 Der junge Silberahorn; vorn Pampasgras.

6 Der Silberahorn, rechts, wird viel zu groß.

7 Der Ahorn wich dem Katsurabaum.

8 So sieht es heute im Sommer aus.

9 Links der neue, schirmartig ausgebreitete Hausbaum, rechts ein Blumenhartriegel.

4▽

6▽

7△

8△ 9▽

10 Hier sind die Verhältnisse gut. Der kleine Gartenraum wird nicht durch zu große Bäume zerstört.

11 Drei der berühmtesten Rosen, die rote ›Lilli Marlen‹, die weiße ›Schneewittchen‹ und dahinter die höhere ›Queen Elizabeth‹.

12 Niedrige Pflanzung aus Polsterstauden und Tulpen. Die Grenze zwischen der Rabatte und dem Rasen wird immer ein Problem bleiben. Ein Plattenweg wäre gut.

13 China-Wacholder im Rasen. Von Gräsern und Stauden umwachsener Anbau des Hauses.

10△ 11▽

12△ △13

14 Weshalb eine Straße bauen, wenn es auch mit Steinplatten und Gras geht.

15 Winkel mit dem vielfach anwendbaren Karlsruher Gartenstein und vielen Stauden.

16 Noch sieht er gut aus, dieser Gartenhof mit seinen Staudengräsern. Doch der Silberahorn ist bald schon viel zu groß.

17 Der Strauch hinter den Rosen ist ein *Cotoneaster watereri* ›Pendula‹. Links die ährenförmigen Blüten der *Salvia nemorosa*.

18 Steinplatten, fingerbreit tiefer als die Grasnarbe, ersparen den Kantenschnitt.

14△ 15▽ 16▷

17△ 18▽

so falsch ist. Es handelt sich um eine wie eine Hacke umgebogene schmale Mistgabel, ein Gerät also mit vier runden Zinken, das aber nicht mit der Kartoffelhacke verwechselt werden darf, wie sie in Norddeutschland üblich ist. Mit diesem Krail läßt sich im Frühjahr das im Herbst zuvor umgegrabene Land zerkrümeln und saatfähig machen, er eignet sich zum Auflockern der Staudenpflanzungen, er ist – für mich jedenfalls – beim Kampf gegen das Unkraut nicht zu ersetzen, und im Herbst kann ich damit die Äste des Apfelbaums herunterziehen, wenn ich schnell ein paar Berlepsch pflücken will, wofür es sich nicht lohnt, eigens die Leiter zu holen.
Wie der leichte Nirosta-Spaten stets neben der Tür steht, so hängt der Krail bei mir immer greifbar in der Regenrinne oder am Ast des Katsurabaumes, denn ich brauche ihn bei fast jedem Gang durch den Garten so selbstverständlich, wie der Eichkater seinen großen Schwanz braucht, will er vom Ebereschenbaum auf meine Lärchen springen. Es ist allerdings ein Gerät, das seine Talente nur in Gärten mit schweren Böden entfalten kann. Wo Sandboden ist, braucht man keinen Krail, denn da genügt die Harke oder der Rechen.

Wenn der umgegrabene und im Winter durchgefrorene Boden im Frühjahr vom Krail zerkrümelt ist, *harke* ich die Beete glatt. Wer sich auf diese Kunst noch nicht versteht, sollte die ersten Versuche nur mittags machen, wenn die Sonne hoch steht. Es ist keineswegs beglückend, bei schräg fallendem Licht die vielen Mulden in einem Beet zu sehen, von dem man meint, man habe es glatt geharkt. Es dauert lange, bis man das richtige Harken erlernt hat, denn nur die Übung macht den Meister auch in dieser Kunst.
Sicherlich ist es nicht schlimm, wenn Gemüse- und Blumenbeete ein paar Mulden haben, denn der Sommer geht darüber hin, und im Herbst wird erneut umgegraben. Verhängnisvoll jedoch ist bei der Anlage von Rasenflächen, wenn der Boden nicht völlig glatt ist. Und da die meisten neuen Gärtner erst einmal den Rasen aussäen, ehe sie darüber nachdenken, was mit dem Garten anzustellen ist, liegen die Teppiche aus Gras so krumm und schief.
Am leichtesten arbeitet es sich zunächst mit einer Harke, die möglichst breit ist: Sie kann überhaupt nicht breit genug sein. Am allerbesten sind hölzerne Harken. Leider sind sie schwer zu bekommen, am ehesten noch auf dem Lande. Wer die fingerlangen Zähne dieser breiten, hölzernen Harke halbiert – wonach sie selbstverständlich wieder anzuspitzen sind –, der hat das sicherste Werkzeug zur Herstellung einer plattebenen Rasensaatfläche zur Hand. Daß die Fläche mehrmals über Kreuz geharkt werden muß, ist klar.
Außer dieser breiten Harke aus Holz für den Anfänger und aus Metall für

den Fortgeschrittenen kommt man ohne eine zusätzliche, schmalere, eiserne Harke mit spitzen Zähnen nicht aus. Welche Neuerungen zur Pflege des Rasens und vor allem zur Verhinderung von Mooswuchs mir auch in den vergangenen fünfzehn Jahren empfohlen wurden: Ich habe alles wieder weggeworfen, und als einziges Werkzeug blieb der schmale, eiserne Rechen mit spitzen Zähnen übrig, um dem Rasen im Frühling zu einer stärker durchbluteten Haut zu verhelfen.

Über die Verbesserung der *Hacke* habe ich bereits geschrieben. Ohne die altbekannte Schlaghacke geht es aber dennoch nicht, sofern man Frühkartoffeln und Buschbohnen anbaut, die gehäufelt werden müssen, und auch die Gurken wachsen freudiger, wenn sie auf einem mit der Hacke angehäuften Wall stehen, der sich an allen Seiten leichter erwärmt.

Die bekannte *Grabegabel* wird von den Fachleuten sehr empfohlen, die damit überall im Garten herumstochern, vorzugsweise in den Staudenpflanzungen und zwischen den Rosen. Die Wurzeln der Pflanzen würden von diesem Werkzeug immer noch am wenigsten verletzt, sagt man. Wo immer die Grabegabel aber bei mir zwischen den Rhododendronsträuchern und den Farnen in den Boden gestochen wird, spieße ich entweder eine Lilien- oder eine Narzissenzwiebel auf. Deshalb unterbleiben diese Auflockerungen bei mir, da ja auch an den Rhododendronhängen des Himalaja niemand mit der Grabegabel herumwütet. Ich brauche die Gabel nur bei der Ernte von Lauch und besonders von Schwarzwurzeln, wobei der Leser nicht gleich den Hut zu ziehen braucht, denn die Gabel ist bei mir nicht wegen der Länge meiner Schwarzwurzeln nötig, sondern weil sie vielfach krumm sind.

Wenn der Verkäufer im Fachgeschäft sagt, die Grabegabel sei als Mehrzweckgerät auch für Tätigkeiten verwendbar, die man üblicherweise mit der *Mistgabel* ausführt, so soll das niemand glauben. Für den Mist zwar ist die gleichnamige Gabel selten zu gebrauchen, weil der moderne Gärtnersmann diese Mangelware sogar auf Händen tragen würde, aber das gelbe Kraut von Kartoffeln und von Buschbohnen, die im Herbst abgeschnittenen Horste von Astern, Helenium und Margeriten, dazu noch das dünne Fallholz der Lärchenbäume, die Brennesseln, das Franzosenkraut und die weißen Wurzelfäden des neben der Himbeerreihe ausgegrabenen Giersch, das ist ohne die Mistgabel, die man auch Forke nennt, nicht zu meistern. Doch nicht nur zum Transport – am besten auf dem gebeugten Rücken – braucht man die Forke mit ihrem langen Stiel, auch beim Verteilen dieser Reste des Gartensommers auf dem meist langgestreckten Komposthaufen leistet sie hervorragende Dienste. Vom erforderlichen Umsetzen dieser Brutstätte neuer Gartenerde noch gar nicht zu reden.

Auf den Stahlbesen, dessen Breite verschieden eingestellt werden kann, läßt sich in Gärten mit Rasenflächen kaum verzichten. Obwohl der Walzenmäher mit seinem scherenscharfen Schnitt manche Vorteile hat, setzt sich von den Motorgeräten für den Hausgarten doch der Sichelmäher durch, den es in zahlreichen Fabrikaten gibt. Moderne Gießkannen sind meist aus unverwüstlichem Kunststoff. Dennoch sollte man versuchen, eine Schneider-Kanne aus Zinkblech zu bekommen, die es in verschiedenen Größen und in unübertrefflicher Qualität gibt.

Sodann kann auf die *Schaufel* nicht verzichtet werden, die für Gärten mit sandigen, leichten Böden vorn breit sein soll. In meiner schweren Erde bewährt sich die spitz zulaufende Schaufel besser, die erfreulicherweise einen langen Stiel hat, so daß ich bei einer Arbeitspause bequem mein Kinn auf die über dem Knauf zusammengefalteten Hände stützen kann – eine Stellung, von der meine Frau lachend sagt, daß sie neuerdings besonders häufig zu beobachten sei.

Man schaufelt den Komposthaufen um, man schaufelt Torf, man mischt Erde für Pflanzenkübel und Blumenkästen, man schaufelt Sand, man schaufelt Schnee: Man kann auf eine vernünftige Schaufel keinesfalls verzichten.

Das also sind Handwerkszeuge, die man unbedingt haben muß, um in einem Garten mit halbwegs normalem Boden überhaupt erst einmal den Frühling mit Kaiserkronen und Kopfsalat, den Sommer mit Resedakraut, Bleichsellerie und der ›Jungfer im Grünen‹ sowie den Herbst mit ein paar Kaktusdahlien veranstalten zu können.

Niemand wird im Sommer stundenlang mit der *Gießkanne* in den Garten gehen wollen, um den Rasen und die vor Trockenheit bereits trauernden Tomaten zu gießen. Weil wir aber bei diesem Stichwort sind: Ganz ohne Gießkanne geht es keinesfalls. Den Saaten ist im Frühjahr das direkt aus der Leitung kommende Wasser zu kalt. Dem Blumenkohl und dem heranwachsenden Helenium kann man mit aufgelöstem Dünger zu flotterem Wachstum verhelfen, wobei gleichzeitig die schwarzen Läuse das Weite suchen, weil ihnen offensichtlich der Saft von Pflanzen, die sich in zügigem Wachstum befinden, nicht schmeckt. Azaleen und fast alle Zimmerpflanzen, die ab Juni in die Sommerfrische des Gartens kommen, bevorzugen weiches Regenwasser, das aus dem Faß zu schöpfen ist. Ganz abgesehen von dem bereits erwähnten sommerlichen Badevergnügen bei uns. Man kommt ohne Gießkanne nicht aus.

Es gibt die verschiedenartigsten Kannen, neuerdings vor allem aus Kunststoff. Wichtig ist, daß größere Kannen eine ovale Form haben, damit sie sich besser tragen lassen. Ich schätze am meisten die Schneider-Kannen aus Zinkblech, die in verschiedenen Größen zu kaufen sind. In letzter Zeit ist zu hören, daß die Produktion dieser Kannen eingestellt werden soll, weil sie für den Hersteller den Nachteil haben, niemals kaputtzugehen. Ich kann dies nur bestätigen, denn meine fünf verschiedenen Schneider-Kannen purzeln hier schon seit fünfzehn Jahren herum, ohne daß ihnen die Absicht anzumerken wäre, irgendwann ihren Dienst aufkündigen zu wollen.

Wie schon gesagt: Man wird den ganzen Garten nicht mit der Gießkanne beregnen wollen und folglich braucht man einen *Wasserschlauch*. Unmöglich ist es, alle angebotenen Schläuche zu testen, weil es schon wieder Neuerungen gibt, ehe der Test fertig ist. Ich selbst habe meinen durch Leinwand verstärkten Gummischlauch seit fünfzehn Jahren, und es besteht keine Aussicht, daß man mir während der nächsten fünfzehn Jahre einen neuen Schlauch verkaufen kann. Nur an den Anschlußstellen wird der Gummi im Laufe der Zeit brüchig, so daß ich alle zwei Jahre je fünf Zentimeter abschneiden muß. Der fast schwarze Schlauch, den ich täglich und nicht so sanft wie ein Schlangenbändiger in die Dressur nehme, ist an zwei Seiten mit einem wellenförmig verlaufenden gelben Band verziert, weshalb er auch Goldschlange heißt.

Wer einen Schlauch kauft, soll um die allerbeste Qualität bemüht sein, weil es nicht zu den reinsten Vergnügungen des Gärtners gehört, beim Wässern des neugepflanzten Goldregens über den schlechten Wasserdruck zu schimpfen, während in Nähe der Anschlußstelle, vielleicht von einem immergrünen Kirschlorbeer verborgen, der Schlauch wegen durchlöcherter Haut eigene Fontänenkünste veranstaltet.

Den *Schlauchwagen*, so beredt er auch angeboten wird, sollte man sich sparen. Ich hatte so ein Monstrum, das dauernd umkippte und quietschte und es niemals verstanden hat, mich von seiner Daseinsberechtigung zu überzeugen. Denn das ringförmige Zusammenlegen des Schlauches ist müheloser als das Aufrollen auf den Schlauchwagen.
Ein zu langer Schlauch ist nicht zu empfehlen. Besser sind mehrere Stücke von maximal jeweils zehn Meter Länge. Dabei kommt es auf die Anschlußstücke an. Welches System Sie wählen, bleibt gleich. Ich selbst habe Bajonettverschlüsse, die zwar äußerst solide sind, aber den Nachteil haben, oft derart fest zusammenzusitzen, daß es starker Kräfte bedarf, sie auseinanderzubringen. Mir scheint, die Gardena-Steckverschlüsse sind derzeit am besten.

Wer einen Schlauch hat, braucht auch einen Mechanismus, um für sich ganz privat einen Sommerregen veranstalten zu können, selbst wenn derselbe nicht im Wetterbericht vorgesehen ist. Vor allem dann ist ein *Regner* vonnöten, wenn gerade Rasen angesät worden ist und die zartgrünen Keimlinge in Gefahr geraten, von der Sonne ausgedörrt zu werden. Es gibt Dutzende von Fabrikaten, deren ebenso viele Hersteller natürlich die eigenen Erzeugnisse am meisten preisen. Ich hatte schon die verschiedensten Regner in Betrieb, und wenn sie über Winter nicht verrostet sind, dann haben sie alle funktioniert. Nur mit den kreisenden Regnern konnte und kann ich mich nicht anfreunden, weil meine Pflanzungen schließlich nicht kreisförmig angelegt sind. Sehr zufrieden bin ich mit dem Gardena-Viereckregner, der acht Meter

Die Schubkarre mit Gummirad, Körbe aus Weidengeflecht oder Kunststoff und der Pflanzspaten sind unentbehrliche Geräte für die Gartenpraxis. Der Griff des Pflanzspatens sollte rot angestrichen sein, damit man ihn im grünen Garten wiederfindet. Regner gibt es viele. Am einfachsten ist der Umgang mit dem Viereckregner, weil sich bei ihm die beregneten Flächen nicht so sehr überschneiden. Außerdem läßt sich dieser Regner am Wasserschlauch wie auf Schlittenkufen durch die Beete ziehen.

im Quadrat auf der einen wie auch auf der anderen Seite beregnet; aber ich kann ihn auch nur auf eine von beiden Seiten einstellen. Bei meinem Gemüsegarten, der von dem künstlichen Regen ziemlich durchweicht wird, hat dieser Regner noch den Vorteil, daß er auf seinen beiden Füßen wie auf Schlittenkufen steht und ich ihn ferngesteuert am Schlauch vom hinteren Teil des Gemüsegartens über den Weg nach vorn ziehen kann, ohne die nasse und weiche Erde betreten zu müssen.

Im Laufe der Zeit, wenn der Garten ins Grün und vor allem ins Holz wächst, braucht man noch weitere Werkzeuge. Dazu gehört die *Kreuzhacke,* auch der Pickel genannt. Es ist völlig unmöglich, die bereits erwähnte, zu groß gewordene *Rosa multiflora* mit ihrem riesigen Wurzelwerk aus dem Boden zu bekommen, wenn keine Kreuzhacke zur Verfügung steht. Vielfach braucht man dieses Werkzeug schon zu Beginn des Gärtnerlebens, wenn es darum geht, den tennenharten Boden aufzuhauen, den die Bauleute zu hinterlassen pflegen. Die Kreuzhacke muß so stark sein wie nur irgend möglich, und es genügt nicht, daß sie wie eine einfache Hacke auf dem Stiel sitzt, sondern sie muß den dicken Stiel zusätzlich mit eisernen Zwingen umfassen. Auf der einen Schlagseite ist diese Hacke spitz oder in Form eines schmalen Beiles ausgebildet, während die Schneidekante auf der anderen Seite quer steht.

Daß die *Axt* im Haus den Zimmermann ersetzt, wußte Friedrich Schiller bereits, und da es im Garten immer irgend etwas zu zimmern gibt, kann niemand auf eine Axt verzichten. Nur wüte man mit diesem gefährlichen Gerät nicht drauflos, wenn es monatelang im trockenen Schuppen lag. Dann kann das Holz des Stieles so einschrumpfen, daß sich schon beim dritten Schlag die eiserne Axt selbständig macht. Man muß sie im Zweifelsfalle erst ein paar Stunden ins Wasser legen.
Ebenso wie die Axt braucht man das kleinere, leichte *Beil* für die verschiedensten Arbeiten, bestimmt aber dafür, ausgesägte Zweige des Weinlaubahorns und Taschentuchbaums zu zerhäckseln, damit das Holz im Kompost schneller zu Erde wird.

Die übliche scharfe *Bügelsäge* gehört wie die Axt in jeden Gartenhaushalt, besonders aber die *Baumsäge.* Nur mit ihr ist es beispielsweise möglich, die inneren, dicken, stacheligen und unnützen Stämme der großen Rosensträucher wegzusägen, und zwar so tief, wie die Säge nur anzusetzen ist. Bei der Baumsäge ist wesentlich, daß sich wie bei einer Zimmermannssäge das Sägeblatt seitlich verstellen läßt, damit man auch in spitze Astwinkel hineinkommt.

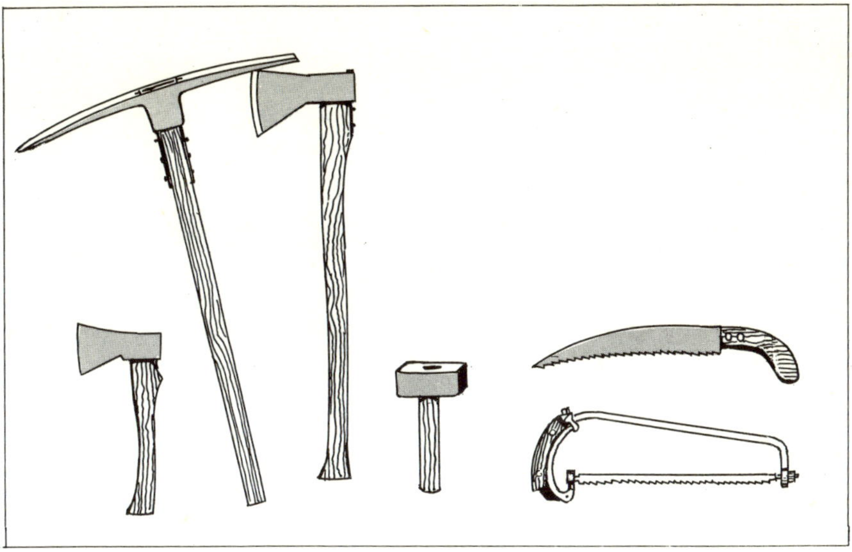

Beil, Kreuzhacke oder Pickel, Axt, Fäustel und verschiedene Sägen braucht man nach einigen Gartenjahren ganz bestimmt, wenn es darum geht, Bäume auszulichten oder Sträucher, die man zu Anfang fast immer zu dicht pflanzt, mit ihren Wurzeln auszuroden. Der Fäustel dient vor allem zum Bau von Mauern, Terrassen und Plattenwegen.

Sodann braucht der Gärtnersmann zwei Arten von Scheren, die Hecken- und die Rosenschere. Bei mir hat eine altmodische *Heckenschere* mit hölzernem Griff mindestens vier oder fünf Neuerungen überlebt, die mir leichter, handlicher vorgekommen waren, sich aber angesichts meiner Weißbuchen oder gar des wilden Baumwuchses der oberen Gartenhecke bald in ihre Bestandteile auflösten. Wichtig bei der Heckenschere ist eine zweimarkstückgroße Einkerbung ganz unten an den beiden Messern, um damit auch etwas dickere Zweige durchschneiden zu können.

Von den *Rosenscheren* und den dauernd benötigten Messern möchte ich nur sagen, daß die billigsten Ausführungen am besten sind. Zumindest bei mir verschwinden diese Werkzeuge nach einigen Wochen, um irgendwann hinter einem Holzstoß, zwischen abgestellten Blumentöpfen oder in den Taschen von Hosen, die selbst mir zu unansehnlich geworden sind, wieder aufzutauchen. Bei den *Messern* ist das nicht so schlimm, weil zwischenzeitlich ein neues Messer gekauft werden kann, das gut schneidet, bis es sich vorläufig hinter den erwähnten Holzstoß, zwischen die Blumentöpfe oder in die Hosentaschen zurückzieht. Auf diese Art und Weise bin ich an glücklichen Tagen des Wiedersehens Besitzer von mindestens 6 Messern, die ich dann

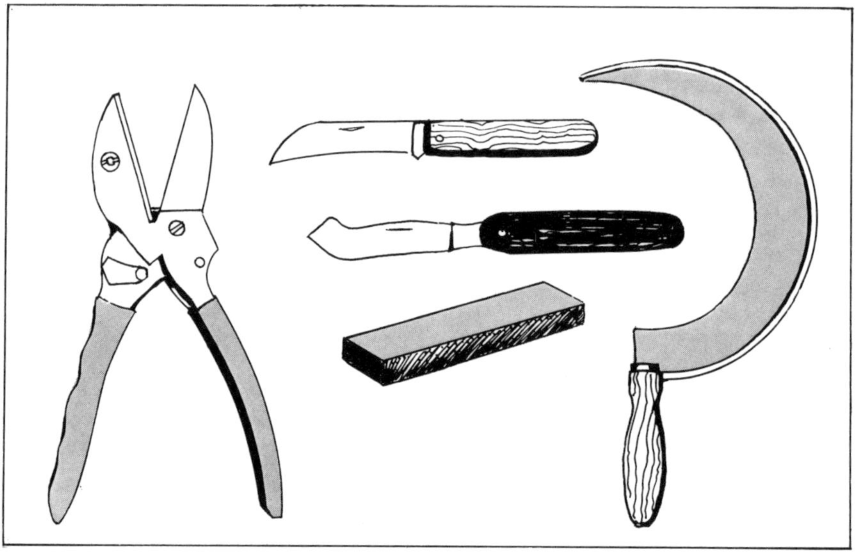

Die neueste Schere der Firma Wolf-Geräte ist so konstruiert, daß ihre Messer nicht mehr gegeneinander drücken, was oft zu Quetschungen führt. Vielmehr haben die Klingen einen ziehenden Schnitt, was sich vor allem bei Pflanzen mit noch grünem Holz als vorteilhaft erweist. Ein Messer, ganz gleich welcher Art, muß der Gärtnersmann natürlich in seiner Tasche haben, und weil es scharf zu sein hat, gehört ein Abziehstein dazu. Auch auf die Sichel ist nicht ganz zu verzichten.

alle mit in die Stadt nehme, um sie für ein paar Mark schleifen zu lassen. Denn mit der eigenen Messerschleiferei ist es nie etwas geworden, sooft ich sie angefangen habe. Allenfalls ziehe ich ein Messer auf dem Stein und dann am Lederriemen ab, wenn ich für Stecklinge eine besonders scharfe Schneide brauche.

Neuerdings sind Handscheren auf den Markt gekommen, die man insofern als ideal bezeichnen darf, als mit ihnen die Zweige nicht mehr abgequetscht werden, weil die gegeneinanderstehenden Messer einen ziehenden Schnitt haben. Die Farbe der Griffe wird man hoffentlich bald ändern. Einstweilen ist die Herstellungsfirma auf starken Absatz bedacht. So hat man die Scheren grasgrün gefärbt. Man kauft sie und findet sie bald nicht mehr wieder. Alle kleinen Arbeitsgeräte für den Garten müssen leuchtend rot sein, auch die Pflanzspaten.

Zumindest in meinem eigenen Garten, in dem es an steilen Hangstellen wilden Graswuchs und viel Bärenklau gibt, ist ohne *Sichel* nicht auszukommen.

Es gibt noch einiges Handwerkszeug, das derjenige braucht, der einen Gar-

ten neu anlegt und sich dabei auch mit dem Bau von Treppen, Mauern und plattenbelegten Terrassen zu beschäftigen gedenkt.
Da wäre zuerst einmal der sogenannte *Fäustel,* ein etwas schwererer Hammer mit viereckigem Eisenkopf. Mit ihm lassen sich Höhenpflöcke einschlagen, Steine formen, Wegeplatten halbieren und Pflaster festklopfen, wenn man ihn umdreht und mit dem Ende des Stiels auf den Stein schlägt.
Die *Maurerkelle* ist wie kein anderes Werkzeug geeignet, eine kleinere Sandfläche zu glätten, um dann die Platte aufzulegen.
Schließlich noch die allerwichtigsten Meßinstrumente, die man immer benötigt und mit denen man im kleinen Bereich des Hausgartens alles machen kann. Da ist eine möglichst lange *Wasserwaage* und ein *Zollstock,* den man am besten gleich in drei Ausführungen kauft, weil er ebenso abenteuerlich wie das Taschenmesser des Gärtners veranlagt ist und häufig durch Nichtanwesenheit auffällt.
Abgerundet wird unsere Ausrüstung durch ein möglichst großes, rundes *Handsieb*, viele *Schnüre* zum Abstecken der Beete und Wege, *Körbe* jeder Art und Größe, *Karrendielen*, *Dachlatten* und viel, viel *Sand*.

Terrassen, Wege, Treppen

Das Verlegen von Steinplatten für Wege und Terrassen erfordert viel Sand. Auch werden Treppen gebaut.

Was tun mit der Muttererde?

Samt und sonders standen die beschriebenen Werkzeuge noch nicht zur Verfügung, als wir unseren Garten gestalteten, erst nach und nach stellten sie sich ein. An das wichtigste Hilfsmittel habe ich damals nicht gedacht: einen weichen Bleistift. Da reicht gewiß Augenmaß und Daumen, sagte ich mir, aber es wäre doch besser gewesen, wenigstens die Wege und die wichtigsten Bäume mit ihrem mutmaßlichen Breitenwuchs aufzuzeichnen. Niemand soll sich einbilden, er könne ohne Skizze und ohne Metermaß junge Pflanzen so in den Boden bringen, daß man sie fünfzehn Jahre an derselben Stelle stehenlassen kann.

Ehe es mit dem Ausschachten der Baugrube losging, war die Muttererde seitlich auf einem Hang zusammengeschoben worden. Die Regeln, wie diese Erde zu behandeln ist, waren und sind mir bekannt. Man soll sie möglichst flächig aufsetzen und mit wilden Lupinen oder mit Landsberger Gemenge einsäen, das in jedem Samenfachgeschäft zu kaufen ist. Es sind dies Schmetterlingsblütler, in der Lage, den Stickstoff der Luft zu binden, so daß die später mit umzugrabende Pflanze den Boden mit Nährstoffen anreichert. Nackt daliegender Boden hat das Bestreben, sich mit Schatten zu versorgen, weshalb er irgend etwas wachsen läßt, was im allgemeinen als Unkraut bezeichnet wird, sofern es nicht von dem dazugehörenden Gärtner selber gesät oder gepflanzt worden ist. Wenn jemand auf dem zusammengeschobenen Mutterboden Lupinen oder das Landsberger Gemenge aussät, dann ist der Erde Genüge getan. Breitlappige Kräuter, wie man sie gewöhnlich auf den Erdhaufen neben Baustellen sieht, kommen erst gar nicht auf.

Ich hatte unbedingt vor, diese Regel zu beherzigen, aber es blieb bei dem Vorsatz. Wie es bei fast allen Menschen der Fall ist, die vor und beim Bau ihres Hauses gar keine Zeit und Lust haben, ihre Gedanken auf die Pflege der Muttererde zu verschwenden. Außerdem war ich beruflich viel unterwegs.

Das Keimen und Heranwachsen der Lupinen oder des Landsberger Gemenges wäre gewiß nicht in der rechten Ruhe vor sich gegangen. Denn es ist zweifelhaft, ob Schmetterlingsblütler mit beiseite geworfenen Gerüstbrettern, Leitern, Stützbalken mit aufgestapelten Zementsäcken, Gipsermatten und schließlich mit herumtollenden Kindern zurechtkommen.
Unsere Muttererde ist also nicht sehr sorgsam behandelt worden. Ob daraus Nachteile erwachsen sind, vermag ich nicht zu sagen. Wuchs doch alles, was ich sehr bald pflanzte, gut. Schließlich ging das Wachstum sogar in beängstigender Geschwindigkeit vonstatten. Und gegenwärtig ist es so, daß die Vegetation bereits den vierten Gang einlegt, kaum daß der Schnee vom Dach des Hauses getaut ist.
Wir haben die Erde zuerst mit Schubkarren und dann mit Schaufeln auf dem Hof zwischen unseren beiden Hausflügeln und auf dem mittleren Hang verteilt, der zum Rasenplatz vor den beiden Kinderzimmern und zur Autoeinfahrt hin abfällt. Die Arbeit war zwar schweißtreibend, doch hat sie viel Spaß gemacht, weil es ein angenehmes Gefühl war, über den rohen, steinigen und merkwürdig roten Urboden eine Haut aus dunkler, fruchtbarer Erde zu legen – und es war *unsere* Erde. Wir hatten Glück, da sich die Baumaschinen wegen des Geländes nur dort bewegten, wo ohnehin kein Rasen und keine Pflanzung vorgesehen war. So ist auch der Boden nicht unnötig zusammengepreßt und verdichtet worden, was leider auf vielen Baustellen passiert. Wenn es sich dann noch um einen schweren, lehmigen oder gar tonigen Boden handelt, gehen die schönen Ahorne und Schneekirschen, Schwarzkiefern und Rosen sowie fast alle anderen Gewächse bald ein, weil sie sich nicht daran gewöhnen können, mit ihren Wurzeln dauernd im Wasser zu stehen, das durch den verdichteten Boden nicht abfließen kann.
Man muß in derartigen Fällen den Boden halbmetertief – besser noch etwas tiefer – auflockern. Man sollte einen landschaftsgärtnerischen Profi mit dieser Arbeit betrauen, sofern er die geeignete Maschine mit Tiefendorn besitzt. Ansonsten bleibt nichts anderes übrig als das Rigolen. Dies ist eine Tätigkeit, die es nicht nur schlanken Gärtnern erlaubt, schon zum Frühstück beliebig viel fetten Speck mit Spiegeleiern zu essen. Denn die Gefahr, nach sechs Stunden Rigolen auch nur ein einziges Gramm zuzunehmen, besteht selbst dann nicht, wenn man stündlich eine Vesperpause einlegt und mittags Schweinshaxe mit Kraut ißt.

Das Rigolen

Seit den Zeiten des Ökonomierats Johannes Böttner d. Ä. haben alle Autoren von Gartenbüchern voneinander abgeschrieben, wie das Rigolen vor sich geht. Dazu gibt es dann, graphisch immer schöner, immer komplizierter und immer unverständlicher, jene berühmten Zeichnungen mit gebogenen Pfeilen, die an die ersten Karteneintragungen auf der Infanterieschule erinnern. Rigolen ist nichts anderes als das Auflockern des Bodens bis zur Tiefe von drei Spatenstichen. Wesentlich ist dabei, daß die oberste Schicht, die Erde des ersten Spatenstichs, letztlich wieder obenauf liegt. Denn wer wird auf die Idee kommen, den von Mikroorganismen belebten, fruchtbaren und meist dunkleren Boden der Oberschicht unten einzugraben?

Beim Rigolen hebe man zunächst einen Graben aus, der zwei Spatenstiche tief und ebenso breit ist. Die oberste Mutterbodenschicht in der Tiefe eines Spatenstiches kommt auf einen Haufen, die übrige Erde auf einen anderen. Nunmehr grabe ich die unterste Bodenschicht, so tief sich der Spaten hineinstechen läßt, locker auf. Dies ist besonders für Rosengärten zu empfehlen. Dann wird von dem anschließenden Graben, der ebenso lang und breit abzustecken ist, abermals die oberste Bodenschicht in Spatenstichtiefe beiseite gelegt. Die mittlere Schicht, die Erde in Tiefe des zweiten Spatenstiches, kommt auf den gelockerten Untergrund des ersten Grabens.

Alsdann stecke ich ebenso den dritten Graben ab, dessen oberste, spatenstichtiefe Schicht aber nicht mehr beiseite gelegt zu werden braucht, denn ich kann damit sogleich den ersten Graben wieder auffüllen. Auf diese Weise geht die Verschiebung der Erde, denn etwas anderes ist es nicht, ganz folgerichtig weiter. Die zweite Schicht des dritten Grabens kommt auf den gelockerten Untergrund des zweiten Grabens und darüber dann wieder die Mutterbodenschicht des nächstfolgenden, also des vierten Grabens, und so geht es weiter.

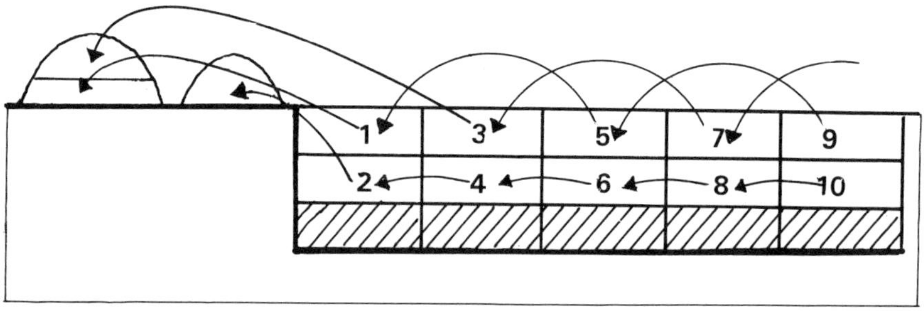

Wer einen von Baufahrzeugen oder durch andere Einflüsse total verfestigten Boden vorfindet, der soll ihn tief lockern. Bei größeren Flächen lohnt es sich, ein Unternehmen des Landschaftsbaues damit zu beauftragen, das über die geeigneten Maschinen verfügt. Sonst hilft nur das recht beschwerliche Rigolen. Es kommt darauf an, den Boden drei Spatenstiche tief aufzulockern, ohne dabei seine Schichtung zu verändern.

Am Ende des Unternehmens bringt man die aus den ersten zwei Gräben ausgeworfene Erde wieder in der Reihenfolge ein, daß der mittlere Boden in der Mitte und die dunkle Muttererde obenauf liegt.
Man kann das, wenn der Boden nicht derart tiefgründig gelockert werden muß, auch mit einer Tiefe von nur zwei Spatenstichen machen. Das heißt dann nicht mehr Rigolen, sondern Holländern; warum, weiß niemand.
Das einfache Umbrechen nur der obersten Bodenschicht wird als Graben oder auch Umgraben bezeichnet, es ist am leichtesten und dennoch eine kleine Kunst, wenn das Land mit seinen groben Schollen hinterher glatt daliegen soll. Man lasse einen Mann oder eine Frau, die noch niemals einen Garten hatten, ein Stückchen umgraben, und es wird auf jeden Fall ein Heiterkeitserfolg.

Entwässern des Bodens

Wir hatten also in unserem Garten mit der Bodenverdichtung durch Baumaschinen keine Last; es war auch nicht erforderlich, irgendwelche nassen Stellen zu entwässern. Derartige Naßstellen gibt es in Gärten recht häufig. Früher mußte man die bekannten kurzen Drainrohre aus Ton eingraben, um das Wasser tiefer gelegenen Abflüssen zuzuleiten. Heute hat man es mit dem sogenannten Styromull sehr viel einfacher. Styromull ist ein flockiger Polystyrolschaum, der Luft enthält und absolut kein Wasser aufnimmt. Man braucht nur einen entsprechend tiefen Graben zu ziehen, das Styromull einzuschütten und alles wieder mit Erde zuzudecken. Da das weiße Gekörn nicht zerfällt, ist für einen ständigen Wasserabfluß gesorgt.
Leider ist dieses für den Garten nützliche Material in kleineren Mengen schwer zu bekommen. Es ist nämlich so leicht, daß man einen Plastikbeutel mit Styromull in Größe eines normalen Kartoffelsackes mit dem kleinen Finger hochhheben kann. Der Einzelhandel braucht viel Lagerraum dafür, den er natürlich lieber für wertvollere Güter nutzt, denn an Styromull für den Bedarf von Sonntagsgärtnern ist kaum etwas zu verdienen.

Eine Terrasse und Wege entstehen

Das Legen der Steinplatten für die Terrasse des Hauses war die erste landschaftsgärtnerische Handwerksarbeit in unserem Garten. An sich waren damals ja unregelmäßige Platten in Mode, weil sie angeblich natürlicher in ihrer Wirkung sind. Mir schien jedoch, daß wir um unser Haus natürliche Linien genug hatten. Auch schwärmte ich damals für wild anmutende, ineinander verflochtene und verwobene Pflanzungen aus Stauden und Gräsern.

Diese Wildheit bedurfte und bedarf meiner Ansicht nach einer Bändigung durch strenge Formen. Sodann sind die Platten vor dem Haus, zumal zwei unserer Türen nach draußen in den hinteren Garten führen, gewissermaßen die Fortsetzung der Zimmerfußböden. Und diese Fußböden bestehen schließlich nicht aus malerisch zusammengefügten Baumscheiben, sondern aus akkurat rechtwinklig geschnittenen Dielen.

Es kamen also für die Terrasse nur rechtwinklig geschnittene Platten in Frage. Am liebsten wären mir Platten aus reinem Sandstein gewesen, aber sie waren zu teuer. Doch gab es Platten aus sogenanntem Kunststein, einer Mischung aus Beton und Rotsandsteinmehl. Abgesehen davon, daß es sich bei Zement, Sand und zermahlenem Rotsandstein durchaus um natürliche Stoffe handelt, diese Kunststeinplatten haben auch niemals unnatürlich ausgesehen. Inzwischen sind sie von graugrüner Patina überzogen, und in den Fugen hat sich Sternmoos angesiedelt, so daß ich mir keinen schöneren Platz denken kann. Leider hörte ich im vergangenen Jahr, daß man diese Platten nicht mehr herstellt, sie sind jetzt nur noch aus natürlichem und entsprechend teurem Sandstein oder aus grauem Zement zu haben. Dafür verfügt man heute über eine ganze Reihe von Formsteinen, mit denen sich Wege und Plätze in den verschiedensten Musterungen legen lassen, so daß für jeden Geschmack etwas Passendes zu finden ist. Die Zeichnungen auf dieser und der gegenüberliegenden Seite sollen einen Hinweis geben.

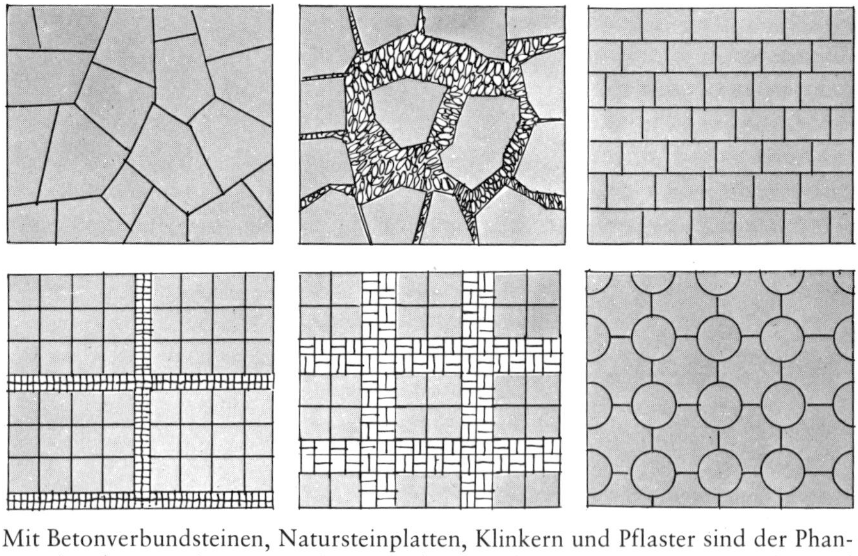

Mit Betonverbundsteinen, Natursteinplatten, Klinkern und Pflaster sind der Phantasie bei der Gestaltung von Plätzen und Wegen keine Grenzen gesetzt (*oben* und folgende Seite).

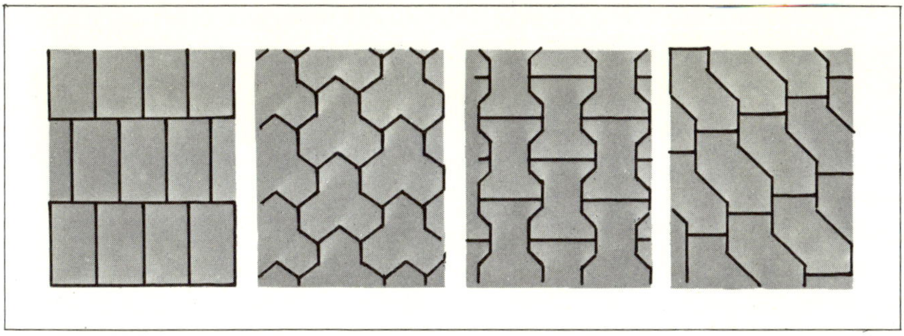

Wer Wege und Plätze im Garten baut, verwende ein Material, das in der jeweiligen Gegend oder doch in der Nähe abgebaut bzw. hergestellt wird. Das paßt stilmäßig fast immer besonders gut, und außerdem ist der Transport viel billiger. Meine Feststellung, daß es keine Betonplatten mit eingemischtem Rotsandsteinmehl mehr gibt, bezieht sich auf das Gebiet am Oberrhein.

Ich bestellte damals in der erforderlichen Menge drei unterschiedlich große Plattentypen in Abmessungen von 50 × 50, 50 × 75 und 50 × 25 cm. Einige Male haben wir die kleinsten Platten halbiert, so daß Quadrate von 25 × 25 cm entstanden.

Das Halbieren der Platten mit dem bereits genannten Fäustel ist recht einfach. Man markiere die Trennlinie mit einem Nagel oder mit dem Bleistift. Dann schlage man mit der eisernen Kante des Hammerkopfes zunächst ganz vorsichtig, dann etwas fester Schlag neben Schlag auf dieser Linie entlang. Hat man das einmal hin und einmal zurück gemacht, bricht die Platte an der gewünschten Stelle durch. Wichtig dabei ist, daß die zu halbierende Platte auf einem glatten Untergrund liegt und dafür eignet sich am besten Sand.

Ich habe zwei Tage lang eine Platte nach der anderen verlegt, wobei sich immer derselbe Vorgang wiederholte. Einmal habe ich zuviel Sand untergeschaufelt, die Platte mußte also wieder weg. Danach lag sie regelmäßig zu tief. Einen Teil der Platten wollte ich mit dem Fäustel in den Sand einschlagen, worauf sie in Stücke zerbrachen. Ich mußte erst lernen, entweder nur mit dem Stiel des Hammers zu klopfen oder aber ein Stückchen Brett auf die Platte zu legen und auf Holz statt unmittelbar auf den Stein zu schlagen. Nach zwei Tagen war der Platz fertig, ich selber war es auch. Legen Sie mal Platten, ohne daran gewöhnt zu sein! Meine Frau meinte, daß der Platz sehr vorteilhaft sei, weil wir mit Sicherheit von Ameisen verschont blieben, die es nicht schätzen, dauernd auf der einen Seite der Platte hinauf-

und gleich darauf auf der anderen Seite wieder hinunterklettern zu müssen. Außerdem sei fast jede Platte – sie führte es mir mit leichten Schritten vor – wie eine Wippe. Da rief ich den Landschaftsgärtner Seiterle an, daß er die Platten erneut verlege.

Die belächelten Platten kamen also wieder weg. Dann scharrte der Gärtner den – wie er sagte – viel zu spärlich verwendeten Sand beiseite. Und statt gleich mit dem Verlegen anzufangen, schlug er mit der Kreuzhacke den harten Untergrund auf, denn er ähnele einem mittleren Gebirge, wie er sagte. Nachdem die aufgeschlagenen Erdbrocken herausgeschaufelt waren, ging Seiterle daran, an den Kanten des geplanten Platzes verschiedene Pflöcke einzuschlagen. Auch in die flache Grube, etwa in Meterabständen, kamen Pflöcke. Diese Pflöcke hatten rot angestrichene Köpfe, jeweils zehn Zentimeter hoch, und in Höhe der Unterkante dieser Markierung sollten die Platten liegen, wurde mir gesagt. Die Pflöcke wurden mit Hilfe einer Meßlatte und der Wasserwaage in eine gleichmäßige Höhe gebracht, dann ging es zunächst an eine noch feinere Einebnung des Untergrundes.

Nun karrten wir gemeinsam Sand heran, viel Sand, den der Gärtner gleichmäßig in der flachen Grube verteilte. Man dürfe die Sandfläche eigentlich gar nicht betreten, wurde ich belehrt. Wäre nicht auf der einen Seite die Wand unseres Hauses, könnte man die ganze Fläche mit einer Bohle wie mit einem glatten Kamm abziehen und einebnen, aber das sei in diesem Fall nicht möglich. So müsse der Sand eben mit Hilfe der Höhenpflöcke gleichmäßig ausgebracht werden. Als alles glatt war, legte der Gärtner die Platten einfach auf, was nicht mehr Mühe zu bereiten schien, als wenn ein ausgerollter Kuchenteig mit Apfelstücken belegt wird. Kaum daß hier und da eine Platte mit dem Stiel des Fäustels festzuklopfen war oder mit der Maurerkelle etwas Sand unter eine Ecke gestreut werden mußte. Hinterher streuten wir etwas Sand auf die Platten, beregneten sie mit dem Wasserschlauch, damit der Sand vom Wasser in die Fugen gespült wurde, und bis heute, also fünfzehn Jahre lang, hat die Terrasse alles ausgehalten, was ihr zugemutet worden ist, sogar den Transport meiner zweiten Frau mit einem Gewicht von neun Zentnern, denn sie ist aus Marmor.

Es handelte sich um eine von vier lebensgroßen Brunnenfiguren, die von einem Abbruch übriggeblieben war und monatelang traurig hinter einer Baubude stand. Bis ich die Erlaubnis bekam, die hübsche Venus zu erlösen, was mit fünf starken Männern und einem Lastwagen erfolgt ist, der die steinerne Schönheit bis unten vor unsere Einfahrt gebracht hat. Von dort mußten wir sie mühsam und Schritt für Schritt, immer Holzrollen unter das schmale Podest schiebend, um das Haus herum neben die Tür meiner Schreibstube rollen.

19 Nadelgehölze sind auch im Winter voller Reiz. Nur dürfen es keine riesigen Arten sein. In der Bildmitte die skurrile *Chamaecyparis obtusa* ›Nana Gracilis‹ wird im Alter allenfalls mannshoch.

20 Zwischen Bergkiefern und verschiedenen Wacholdern steht ganz links die in die Breite gehende Nestfichte, botanisch heißt sie *Picea abies* ›Nidiformis‹; ideal auch für kleinere Gärten am Haus.

21 Vor allem vom Wacholder gibt es Arten, die ganz flach über den Boden wachsen und einen dichten, immergrünen Teppich bilden.

19△ 20▽

21▽

22 Kiefern, Wacholder, Birken, Schneeheide und neben der Garage herabhängender, kriechender *Cotoneaster:* Das dürfte in ein paar Jahren viel zu dicht sein.

23 Säulenförmig wachsende Wacholder, die es in den verschiedensten Spielarten gibt, und der berühmte, in die Breite gehende Chinesische oder Pfitzer-Wacholder; von ihm gibt es auch gelbnadelige Sorten.

24 Größerer Gartenraum mit Lebensbaum und Blaufichte. Diese Fichte, fälschlich oft als Tanne bezeichnet und auf dem unteren Bild näher zu sehen, soll man stets nur als veredelte Bäumchen pflanzen.

22△ 23▽

24 △

25 Rotbuchenlaube im westfälischen Bauerngarten der Gruga in Essen. Es gibt keinen besseren Beweis für die Eignung dieses Baumes als Heckenpflanze, die sich durch entsprechenden Schnitt in jeder gewünschten Form halten läßt. Die herbstbraunen Blätter, werden erst im Frühjahr abgeworfen.

26 Wir kommen gottlob mehr und mehr davon ab, kleine Vorgärten mit riesigen Zäunen einzufrieden. Geeigneter sind niedrige Hecken. Und wenn sie, wie diese Berberitze, sogar dornig sind, bekommen zumindest kurzbeinige Hunde Respekt vor ihnen, und hübsch sieht es auch noch aus.

25△ 26▽

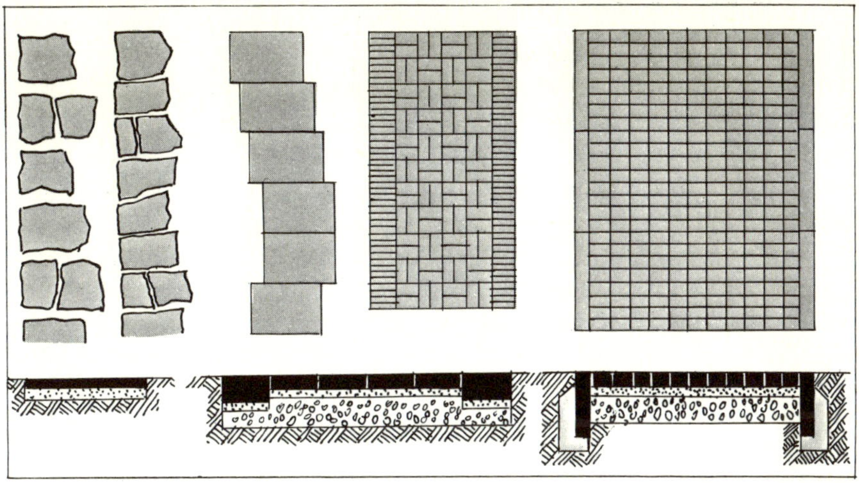

Einfache Trittpfade aus Naturstein- oder Betonplatten legt man auf Sand. Breitere Wege erfordern darüber hinaus einen Unterbau aus Schotter. Um ihnen eine zusätzliche Festigkeit zu geben, grenzt man Klinkerwege gern mit hochkant gestellten Steinen und gepflasterte Wege (ganz *rechts*) mit Kantensteinen ein.

Es kommt beim Verlegen von Platten also auf den Sand an. Wer es aus Gründen falscher Sparsamkeit versäumt, sich rechtzeitig Sand in ausreichender Menge zu beschaffen und die Platten auf Erde verlegt, der wird niemals recht zufrieden mit dem Weg sein. Bei schwereren Böden kommt hinzu, daß sie Regenwasser nur schwer durchsickern lassen. Ich habe im Laufe der Jahre noch viele Platten verlegt. Stets war die eingebrachte Sandschicht so dick, wie meine Hand breit ist. Stets habe ich sie vorher in der entsprechenden Höhe mit einem Brett glattgezogen, und so mache ich es heute noch. Bei der Bemessung der Höhe ist zu berücksichtigen, daß der Sand von dem Gewicht der aufgelegten Platten um etwa drei Zentimeter zusammengedrückt wird.

An die Schnittkante des Rasens denken!

Auch das Verlegen einzelner Trittplatten im Rasen geht am besten mit Sand. Wer bequem über diese Platten laufen will, der halte vom Mittelpunkt der einen bis zum Mittelpunkt der anderen einen Abstand von sechzig Zentimetern ein. Unbedingt sollte man an den unausbleiblichen Einsatz des Rasenmähers denken. Das lästige Schneiden der Graskanten kann nämlich unterbleiben, wenn Platten und Wege eine Daumenbreite unter der Höhe der Grasnarbe liegen. Dann rollt man den Mäher mit dem einen seiner beiden Räder über die Platten, und schon ist die Rasenkante geschnitten.

Es hat mich viele Bemühungen und Enttäuschungen gekostet, bis ich endlich auf die einzig richtige Bepflanzung des Hanges in meinem Garten gekommen bin, der unten allmählich in den Rasen überläuft: Schneeheide in verschiedenen Sorten.
Nun mußte verhindert werden, daß Heide und Rasen ineinander verwachsen. Weil bereits die Nahtstelle zwischen Heide und Rasen im schräg ansteigenden Gelände liegt, war mit Wegeplatten nichts zu machen. Aber es waren noch Pflastersteine übrig, die ich für den Bau der Autoauffahrt geschenkt bekommen hatte. Ich baute also in den Hang einen Streifen aus zwei nebeneinandersitzenden Pflastersteinen ein. Diese Trennlinie, über die ich gleichfalls den Rasenmäher schieben kann, hat sich seither hervorragend bewährt: Gras und Heide sind nie zusammengewachsen.
Bei den Modellierungen unserer Gartenoberfläche im Bereich des Hauses ist von mir ein schwerer Fehler gemacht worden, wie sich allerdings erst in den letzten Jahren herausstellt. Ich habe nämlich einen Kamin auf Rädern erfunden, der sich auf dem viereckigen, mit Platten ausgelegten Platz vor meiner Schreibstube früher gut ausnahm. Inzwischen sind aber der rotblütige *Cornus* aus Florida und der Katsurabaum herangewachsen, deren Blätter es gar nicht schätzen, wenn in ihrer unmittelbaren Nähe das Feuer im Kamin brennt. Auch der Rasen mag es nicht, von einem Kamin dauernd mit glühender Asche bepudert zu werden, ganz abgesehen von der nach unten abstrahlenden Hitze, die ihm ebensowenig sympathisch ist. Zuerst versuchte ich es mit einer entsprechenden großen Platte aus Eternit, die ich zum Schutz auf den Rasen legte. Eine Stunde später, als es schon dunkel war, stürzten unsere Nachbarn voller Angst aus den Türen, weil sie meinten, wir würden uns gegenseitig totschießen. Genauso knallte es nämlich, als die Hitze die Eternitplatte in Stücke zerspringen ließ.
Gewiß würde sich mit vier Steinplatten von jeweils fünfzig Zentimetern im Quadrat ein guter Kaminplatz in den Rasen legen lassen. Dieser grüne Teppich fängt aber viel zu früh an, sich hangaufwärts zu bewegen. Sicherlich hätten wir auch den mit Platten belegten Platz vor dem nach Süden gerichteten Hausflügel breiter machen sollen. Dann wäre es damals schon aufgefallen, daß die Rasenfläche zu zeitig damit beginnt, in die Höhe zu steigen. Auf dem breiteren Platz stünde der Kamin ohne Gefährdung der herangewachsenen Bäume heute noch gut. Der breitere Platz diente auch unserem menschlichen Wohlergehen besser. Es sieht zwar gut aus, mit einem größeren Kreis von Freunden sommernachts an einem Tisch zu sitzen, der auf dem Rasen steht. Nur wird der Rasen sehr schnell feucht und kalt, was bei Steinplatten, von denen die Sonnenwärme des Tages ein Weilchen gespeichert wird, keineswegs der Fall ist.

Ärger hat man stets, wenn Rasen und Pflanzungen ineinanderwachsen. Bewährt hat sich an diesen Nahtstellen ein wenigstens 30 cm breites Band aus Trittplatten oder Pflastersteinen. Dieses Band sollte etwa daumenbreit unter der Höhe der Grasnarbe liegen. Gräser und Pflanzen kommen sich dann nicht mehr ins Gehege. Der Rasenmäher läßt sich mit einem seiner Räder über das Band aus Trittsteinen oder Pflaster rollen, und somit entfällt jeder zusätzliche Kantenschnitt.

Treppen

Wer einen großen Garten hat und ihn mit Bäumen, Sträuchern, Stauden und Blumen, gar noch mit Obst und Gemüse sowie einem Gewächshaus zu nutzen gedenkt, muß überall mit dem Schubkarren hinkommen können. Niemand macht sich zu Beginn des grünen Abenteuers eine Vorstellung davon, was alles im Laufe der Jahre transportiert werden muß. Außerdem ist man fast immer allein. Ebenso weiß kein Mensch, welchen Liebhabereien er sich einmal hingeben wird. So bin ich eines Tages darauf gekommen, daß ein Gärtner letztlich an denjenigen Pflanzen die größte Freude hat, die in

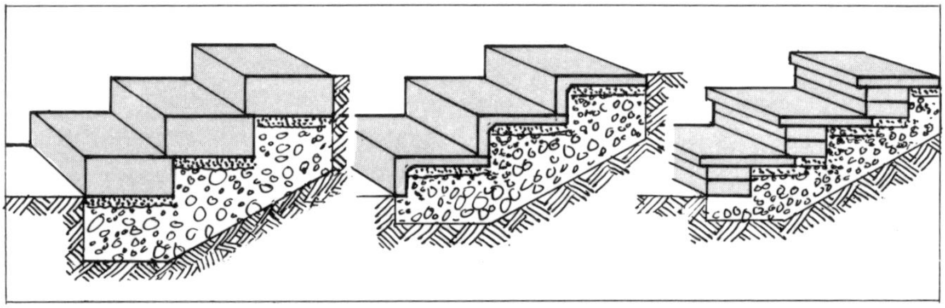

In unserem Garten liegen alle Treppenstufen trocken, also ohne Zement auf Sand. Der überall feste, steinige Untergrund läßt eine solche Bauweise zu. Wo dies nicht der Fall ist, sollte man erst eine 40 cm starke Schotterschicht einbringen und die Treppenstufen dann auf eine 5 cm starke Schicht aus Magerbeton legen. *Links* auf der Zeichnung sind handelsübliche Blockstufen, in der *Mitte* Winkelstufen und *rechts* Legestufen abgebildet.

dem jeweiligen Boden und Klima am willigsten gedeihen, und das sind bei mir u. a. alle Arten der Gattung Rhododendron. An sich ist es ein Kinderspiel, selbst mannshohe Rhododendronsträucher zu verpflanzen, wie noch zu berichten sein wird. Aber ohne Schubkarren geht es nicht, sofern man allein ist.

In dieser Hinsicht habe ich keinen Fehler bei der Gartenplanung gemacht, denn wenn es zuweilen auch über Umwege geht, es existiert doch eine Rollbahn für den Schubkarren durch den ganzen Garten.

Anders verlief die Geschichte unserer Treppe. Zunächst war an der Nordostecke unseres Hauses für eine Überwindung des recht steilen Hanges zu sorgen. Hier verläuft der bis heute am meisten benutzte Weg, denn über ihn geht es hinauf zum Kompost und in den Gemüsegarten, wo auch im Winter noch Schnittlauch und andere Kräuter zu schneiden sind. Vor fünfzehn Jahren hatte ich kein Geld für Treppenstufen. Dafür gab es genug mitteldicke Baumstämme und Äste. So baute ich eine etwas im Bogen laufende und deshalb flache Treppe aus Baumstämmen. Diese Stämme wurden jeweils durch zwei tief in den Boden geschlagene Pflöcke festgehalten und hinten mit Erde verfüllt. Das ging ganz ausgezeichnet, und erst zwölf Jahre später fingen die hölzernen Stufen an, morsch zu werden und zusammenzufallen. Im vergangenen Jahr, als oben das neue Orchideenhaus entstand, kam an die Stelle der hölzernen Treppe ein solider Aufgang aus Betonstufen, die ich fertig gekauft habe, das Stück für achtzehn Mark.

Die Stufen haben eine Höhe von 15, eine Tiefe von 40 und eine Breite von 100 Zentimetern. Die Auftrittsfläche der Stufen auf der fertig verlegten Treppe hat eine Tiefe von 34 Zentimetern, jede Stufe liegt also 6 Zenti-

meter auf der unteren Stufe auf. Es ging mit der untersten Stufe los, die wir trocken, also ohne Zement oder Mörtel, auf den festgestampften Boden legten. Dann hinterfüllten wir die Stufe mit Erde, stampften diese fest und ebneten mit der Wasserwaage das Bett für die nächste Stufe. Dabei gaben wir jeder Stufe ein leichtes, kaum zu erkennendes Gefälle nach vorn, damit das Regenwasser leichter ablaufen kann. Diese Treppe hat in der Zwischenzeit schon Wolkenbrüche überstanden und sich in jeder Weise bewährt.
Den Bedarf an Stufen errechnet man wiederum mit Hilfe von zwei Dachlatten, der Wasserwaage und dem Zollstock. Sofern man zu zweit ist, kann man sich mit einer einzigen Dachlatte behelfen, ein Brett oder die Bohnenstange eignen sich jedoch ebensogut. Man muß zuerst die Höhe messen, die die Treppe überwinden soll. Also hält man an der obersten Stelle des Hanges die Dachlatte genau waagerecht. Der Helfer mißt mit dem Zollstock den Abstand zwischen der Dachlatte und dem Erdboden an derjenigen Stelle, an welcher die Treppe anfangen soll. Bei mir waren es genau zwei Meter und fünfundzwanzig Zentimeter. Diese Höhe geteilt durch fünfzehn, die Höhe einer Stufe, ergab den Bedarf von fünfzehn Treppenstufen, die wir dann verbaut haben.
Eine weitere Treppe befindet sich bei unserer Sitzterrasse. Anfangs war sie aus Trittplatten gebaut. Diese verliefen diagonal den Hang hinauf, um die

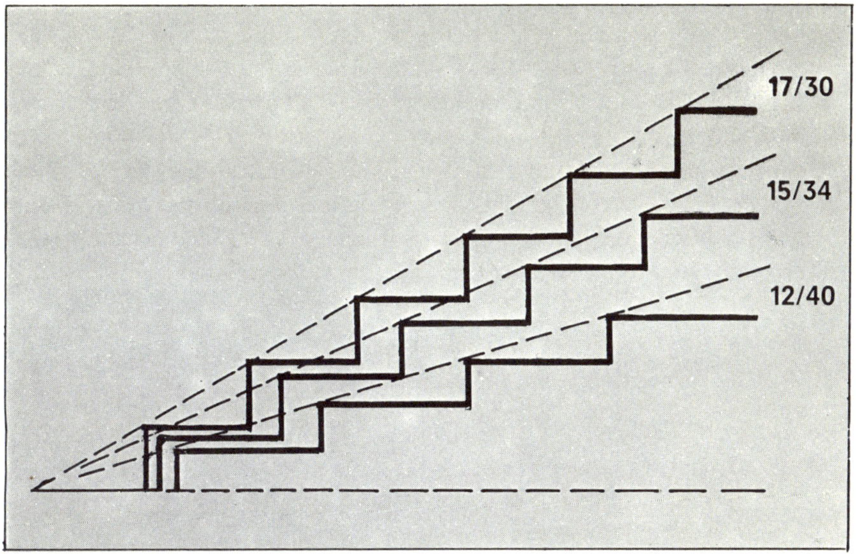

Es ist eine alte Erfahrung, daß man auf Treppen stolpert, wenn die doppelte Höhe der Stufen zusammen mit der Breite der Auftrittsfläche nicht 64 cm ergeben.

Höhe am leichtesten zu überwinden. Aber es war ein unerfreulicher Weg. Mal waren einzelne Platten vom Regen unterspült, dann waren sie glatt vom Algenbewuchs, und wenn sie nicht von allein zu wackeln anfingen, entdeckten die Maulwürfe ihr Vergnügen daran, sich unter diesen Platten mit Höhlenbauten zu beschäftigen.

Bis ich auf die Idee mit den alten Eisenbahnschwellen kam, die ich das Stück für neun Mark kaufen konnte. Ich ließ die Schwellen im Sägewerk in zwei Hälften zersägen. Hätte ich mich mit einer Zimmermannssäge an diese Arbeit gemacht, wäre die Treppe womöglich heute noch nicht fertig, denn das Holz ist hart wie Eisen. So entstanden Treppenstufen mit einer Breite von einem Meter und dreißig Zentimetern, einer Höhe von fünfzehn und einer Tiefe von zwanzig Zentimetern. In dieser zu schmalen Auftrittsfläche lag die Schwierigkeit beim Bau der Treppe aus Eisenbahnschwellen.

Ich konnte die Stufen nicht wie bei der Treppe aus Beton aufeinanderlegen, nicht einmal wenige Zentimeter. Das bescheidene Werk ist trotzdem gut gelungen. Die Schwellen liegen nur auf dem harten, teilweise steinigen Untergrund. Hinten und an den Seiten sind sie von festgestampfter Erde umgeben. Die etwa zweifingerbreiten Erdstreifen hinter jeder Stufe, mit denen ich die Auftrittsfläche vergrößern wollte, sind dicht mit Fetthenne, Donnerwurz und Rosettensteinbrech überwachsen. Leider haben die Amseln in gewissen Zeiten des Jahres nichts anderes im Sinn, als sich ausgerechnet auf diese bewachsenen Erdfugen zu stürzen und die Pflanzen herauszuschnäbeln. Im unteren Teil der Treppe liegen die Stufen leider nicht so fest, weil zwar der Maulwurf das Spiel aufgegeben hat, dafür aber scheinen die Mäuse das Holz der Eisenbahnschwellen als sicheres Dach über ihrem Zuhause außerordentlich zu schätzen.

Für das Bauen mit Eisenbahnschwellen – und mit Balken überhaupt – gibt es ein billiges und sicheres Hilfsmittel, den Zimmermannshaken. Das sind flache Eisenbügel mit zwei Spitzen, mit denen sich ohne weiteres auch hölzerne Treppenstufen an den Stirnseiten aneinanderketten lassen.

Gartentreppen aus Natursteinen und aus runden Betonsteinen, immer nach der Formel verlegt: 2 × Steigung und 1 × Auftritt = 64 cm.

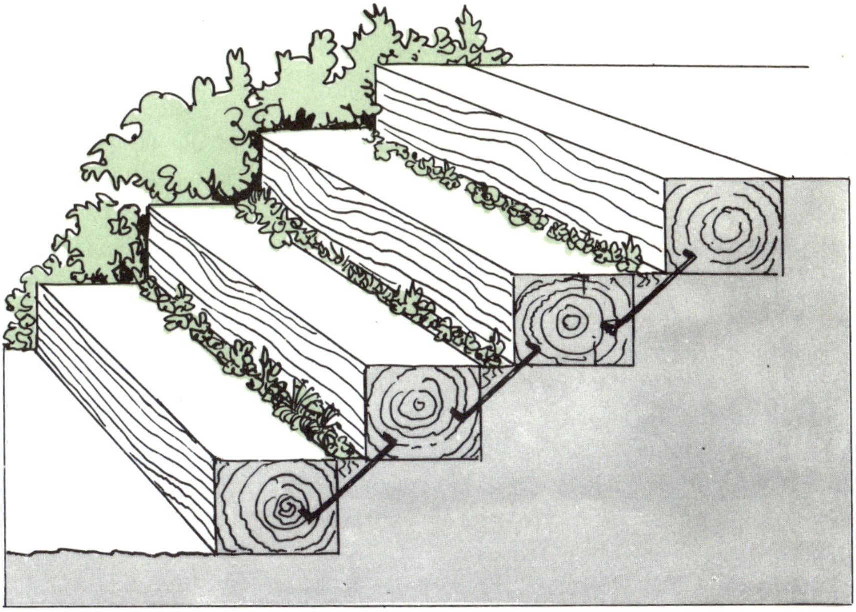

Einfache und billige Treppe aus halbierten alten Eisenbahnschwellen. Die Auftrittsfläche dieser Schwellen ist freilich etwas kurz. Aber man kann einen mit Gräsern und alpinen Stauden besiedelten Erdstreifen belassen und die hölzernen Stufen mit Zimmermannshaken gegenseitig befestigen.

Hecken

Wer eine Hecke pflanzen will, der gehe erst zu seinem Nachbarn, um das schwierige Problem der Gartengrenze zu besprechen.

Von Nachbarn und vom Nachbarrecht

Hecken ist in meinem Wörterbuch gleich zweimal aufgeführt: Einmal ist der bepflanzte Hag gemeint, im anderen Fall handelt es sich um eine Tätigkeit, nämlich das Vermehren. Obwohl diese Tätigkeit meist hinter oder im Schutz des dicht bepflanzten Hags stattfindet, findet doch auch in der Hecke selbst eine ständige Vermehrung statt. Ich meine damit die von Jahr zu Jahr länger werdenden Seitenzweige und das immer dicker wachsende Holz der Äste und Stämme, wodurch Arbeit und gelegentlich auch Ärger des armen Gärtnersmannes beträchtlich vermehrt werden.

Denn schneiden Sie mal eine Hecke, wenn Sie rückwärts beinahe den Drahtzaun umdrücken und vorn aufpassen müssen, sich mit der langen Schere nicht die Hemdenknöpfe oder die Nasenspitze abzuschneiden. Am Drahtzaun wuchert außerdem noch eine Waldrebe namens *Clematis tangutica*, die verboten werden müßte; an ihren bastigen Fangseilen kann man ziehen soviel man will, sie werden nur länger und reißen nicht. Dabei habe ich mir die Schlingen der *Tangutica* selbst gelegt. Der Zaun sei nicht mehr schön, sagte ich damals zu unserer Nachbarin, ich würde ihr eine Waldrebe schenken, die ich beim Kauf meiner Heckenpflanzen gratis bekommen habe, und diese Waldrebe überwachse den rostigen Maschendrahtzaun sicherlich sehr schnell. Das hat sie dann auch getan, wobei ihr allerdings der Zaun nur als Anlauf genügte, um sich alsbald in meine Hecke hineinzuhangeln. Was immer ich auch mit der Schere in all den Jahren für einen Kampf geführt habe: Die Waldrebe blieb unbesiegt.

Hinter mir also die *Tangutica* und vorn die Weißbuchen: Ich komme mir wie in einem grünen Schornstein vor. Und alles nur wegen des Nachbarrechts, demzufolge es möglich sein muß, beide Seiten einer Hecke vom eigenen Grundstück aus zu beschneiden.

Wer eine Hecke anlegen will, der gehe erst zu seinem Nachbarn oder lade ihn

samt Nachbarin zu einem Dämmerschoppen ein, bei welcher Gelegenheit sich das schwierige Problem der Gartengrenze am besten besprechen läßt. Wir sind alles nette Leute, werden wir dem Nachbarn sagen, und wir möchten in Frieden leben, uns einfrieden gewissermaßen, wofür wir eine Hecke brauchen, einen bepflanzten Hag, der rechte Behaglichkeit schafft, und weil eine Hecke auf beiden Seiten grün ist, geht von beiden Seiten ein Behagen aus. Bedenken Sie nur, werden wir fortfahren, daß die Hecke den Wind aufhält und auf diese Weise der kostbare Tau am Sommermorgen nicht so schnell wegtrocknet. Auch die Singvögel können sich schnell verstekken, wenn eine Katze naht, und eine etwas gelehrt klingende Vokabel wie Kleinklima wirkt in Gesprächen mit Nachbarn immer gut, da es von einer Hecke erzeugt wird und den Gewächsen eines Gartens äußerst nützlich ist.
Gewiß, gewiß, würde man die Nachbarin lächelnd abwehren, Sie haben einen schönen, langhaarigen Hirtenhund und wissen nicht, ob auch wir bald auf den Hund kommen, weil wir ja recht einsam leben, aber damit sich die Tiere nicht ins Gehege kommen, könnten wir ja den Maschendrahtzaun von der Hecke umwachsen lassen, denn die Weißbuchen oder Eiben mit ihren Ästen kommen da ohne weiteres durch. Außerdem hätten wir eine angenehme Grenze, weil eine Hecke den Garten zwar abschließt, aber keine harte Trennung bedeutet. Mit solchen Ausführungen werden wir den Nachbarn für unsere Vorstellungen zu gewinnen versuchen, um auf dem komplizierten Gebiet des Nachbarrechts zu einer gütlichen Einigung zu kommen, was in jedem Fall die beste Lösung ist.
Das Nachbarrecht ist Sache der einzelnen Bundesländer, weshalb die Bestimmungen auch in jedem Land etwas anders formuliert sind. Im Inhalt aber gleichen sie einander ziemlich. Ich kann nicht sagen, daß dieses Recht, soweit es mich betrifft, ohne Weisheit sei, im Gegenteil. Ich gebe gerne zu, daß sich für Hecken keine besseren Bestimmungen ausdenken lassen. Alle mit genauen Zahlen versehenen Verordnungen laufen darauf hinaus, daß ich meine Hecke auf beiden Seiten vom eigenen Grundstück aus muß beschneiden können. Darüber kann man sich nur durch das gegenseitige Einvernehmen mit dem Nachbarn hinwegsetzen. Sonst kommt, wie bei mir geschehen, irgendwann der Tag, an dem der etwas ungehaltene Nachbar sagt: »Mein lieber Herr, ich kann ja verstehen, daß Sie sich nicht in jeder Woche zwischen Zaun und Hecke hindurchzwängen wollen, aber sehen Sie sich das an: Da verfilzen sich im Maschendraht die Brennesseln und das Franzosenkraut, die Ackerwinden und die wilden Wicken sind überhaupt nicht mehr zu vertreiben, und wenn im Spätsommer die madigen Äpfel von Ihrem Baum fallen, dauert es höchstens eine Woche, bis selbst die herumwimmelnden Wespen an den stinkenden Matsch nicht mehr herangehen.«

Soll man gemischte Hecken pflanzen?

Vor fünfzehn Jahren hat mir Freund Kork geraten, ich solle an die Grenze Sauerkirschen pflanzen, am besten Schattenmorellen, als Büsche natürlich und nicht als Bäume. Diese Schattenmorellen würden dem Garten eine gewisse Heiterkeit geben, denn der Wald oben sei ohnehin schon düster genug. Dazu muß man wissen, daß Schattenmorellen überhaupt nichts mit Schatten zu tun haben, da es sich nur um eine Verballhornung des eigentlichen Sortennamens handelt, nämlich ›Château de Morello‹. Ich wollte aber keine Sauerkirschen, sondern eine richtige, dichte, wie eine Mauer geschnittene Hecke, weil sie für mich eine Philosophie enthält, daß nämlich manches Schöne um so schöner wird, je weniger man davon sieht.
Das beste Talent für Hecken, wußte ich, hat die Eibe. Schneiden Sie mal ringsum alle Äste einer Eibe ab, bis nur noch der armdicke Stamm ein Stück aus dem Boden guckt. Unversehens fängt dieser Stamm eines Tages an, hellgrün auszutreiben, als bekäme der eiserne Hahn oben auf dem Standbild der Bremer Stadtmusikanten plötzlich Federn.
Kork meinte damals, wenn ich schon die Schattenmorellen nicht pflanzen wolle, dann müsse ich meinem Ruf entsprechend originell sein und versuchen, eine bunte Reihe immer anderer Gehölze vor die Grenze zu setzen. Es gäbe doch beinahe um jeden Garten eine geschorene Wand. Aber ich wollte keine Hobby-Heckenpflanzen wie Schattenmorellen und gemischte Sträucher, sondern Profis, und wenn die Eiben zu teuer sind, sagte ich mir, dann eben Hainbuchen, die man auch Weißbuchen nennt und von denen man weiß, daß ihnen nicht alles Grün gleich zu Kopfe steigt, denn sie treiben auch in Bodennähe wieder aus.
Eine gemischte Pflanzung hatte ich am Waldrand oben gleich mitgekauft: die ältere Grenzhecke. Diese Hecke zieht sich, auch bei den Nachbargrundstükken, am Weg entlang, und ich muß sie vertragsgemäß zumindest einmal im Jahr, also im Winter, beschneiden. Da wachsen Ahorn, Weißdorn, Buchen, Holunder und Linden, aber nicht einträchtig beieinander, sondern eine will höher hinaus als die andere. Eher bringt man Schafe, Grillen und Waldohreulen in eine Harmonie, als daß es gelingt, unterschiedliche Bäume in die Raison einer Hecke zu bringen; der Holunder und vor allem die Robinien mit ihren Stachelzweigen treiben es am schlimmsten.
Von Jahr zu Jahr hoffe ich, daß dieser Wildhecke endlich die Speisekammer im Boden zugesperrt wird, aber nein, sie treibt womöglich von Jahr zu Jahr noch heftiger, die Robinien haben es in diesem Jahr auf zwei Meter lange Ruten gebracht, und irgendwelche Dünger hat diese Hecke noch nie bekommen – auch nicht in homöopathischen Dosierungen. Mit der Hecken-

schere ist da oben gar nichts zu machen, ich brauche eine Astschere, also eine Schere mit zangenartigen Messern an langen Stielen. Ast um Ast muß ich damit abschneiden, was jedesmal eine Geduldsprobe ist, aber schließlich ist auch die Geduld eine Tugend, die ihr gelegentliches Training braucht. Es genügt nicht, nur die langen Ruten abzuschneiden, ich muß sie auch einkürzen, weil hinterher die ärgerlichste Arbeit kommt, nämlich das Wegräumen des abgeschnittenen Holzes.

Leider habe ich damals den Ärger mit einer gemischten Hecke noch nicht gekannt, so daß mir beim Pflanzen der Grenzhecke zum Nachbarn ein Fehler unterlaufen ist. Weil die Hainbuchen so teuer waren, habe ich die Hecke mit dem viel billigeren Feldahorn strecken wollen, und so etwas Dummes soll man niemals tun. Der Feldahorn treibt sehr viel längere Ruten als der in seinem Temperament ausgeglichenere Weißbuchenbaum. Schneide ich ihn ein paar Jahre lang auf die Höhe der Weißbuchen zurück, entsteht unter der Schnittstelle ein dichtes Gequirle von Holz, das bald nicht mehr zu meistern ist. Im Laufe der Zeit habe ich die Feldahorne herausgenommen. Es hätte wenig Sinn gehabt, an deren Stelle ebenfalls Weißbuchen zu setzen, weil sich die alten Pflanzen mit ihren Wurzeln sofort in die mit Humusboden gefüllten neuen Pflanzlöcher gestürzt hätten. Da wären die jungen Heckenpflanzen womöglich gar nicht erst gewachsen. Es machte aber auch nichts aus, weil die älteren Weißbuchen die entstandenen Lücken bald dicht geschlossen haben.

Mit Ballen oder ohne Ballen?

Mir gefallen Rotbuchen ebenfalls gut, womöglich noch besser als Weißbuchen. Als Hecken gepflanzt, behalten Rotbuchen ihr braunes Laub auch den Winter über, und erst beim neuen Austrieb im Frühling fällt es ab. Wo immer ich derartige Rotbuchenhecken gesehen habe, in Holstein zumal, bin ich von ihnen begeistert gewesen, besonders im Mai, wenn über dem jungen Grün ein silberseidiger Glanz liegt. Ich habe aber auch gesehen, daß diese Hecken, wenn sie älter werden, einen doppelten Durchmesser haben als Hecken aus der geschmeidigeren Weißbuche. So entschloß ich mich also für dieses Gehölz, einen glattrindigen Baum aus der Familie der Birkengewächse, der in der botanischen Stammrolle als *Carpinus betulus* eingetragen ist.

Ich nehme nun einen Baumschulkatalog zur Hand. Unter *Carpinus betulus* steht in der ersten Rubrik: leichte Heister, einmal verpflanzt. Unter Heister versteht man ein Gehölz, dessen Stamm bis zum Erdboden verzweigt ist. Mit dem Verpflanzen verfolgt der Baumschulgärtner einen doppelten Zweck. Einmal will er das Bäumchen in einen weiteren Stand bringen, weil sich zu

eng stehende Gehölze gegenseitig in die Höhe schieben, wobei sie dann vor lauter Eifer, höher hinaus ans Licht zu kommen, nicht mehr an die unteren Verzweigungen denken. Zweitens bleibt es nicht aus, daß die sehr langen Wurzeln beim Verpflanzen mit der Schere gekürzt werden müssen. An den Schnittstellen bilden sich dann junge, anfangs faserige Wurzeln.
Diese einmal verpflanzten leichten Heister bietet der Katalog in Größen bis zu 125 cm an, was für meine Zwecke zu niedrig ist. In der nächsten Rubrik stehen nicht mehr leichte Heister, sondern bereits reguläre Heckenpflanzen in Größen von 175 bis 200 cm, sie sind zweimal verpflanzt und ohne Ballen. Der Stückpreis für eine solche Pflanze beträgt 14 Mark. In der nächsten Rubrik kostet die gleiche Heckenpflanze, diesmal jedoch mit einem sogenannten Ballen, 25 Mark. Der Preis liegt also um 11 Mark höher. Einen Ballen haben diejenigen Gehölze, die der Gärtner in der Baumschule nicht mit den nackten Wurzeln, sondern mit einer sorgsam umstochenen, rundlichen und meist etwas flachen Erdkugel verpflanzt, die in günstigen Fällen von den Wurzeln völlig durchfilzt ist. Diesen Ballen sichert man mit einem sogenannten Ballentuch, das entweder aus Juteleinen oder neuerdings gelegentlich aus Kunststoff besteht. Nicht aber, daß man den Baum nun einfach am Stamm fassen und über den Rasen zerren darf. Trage so eine Ballenpflanze lieber auf dem Arm, damit das Erdreich nicht auseinanderbricht und auf diese Weise dann auch die dünnen Wurzeln zerreißen.
Ich habe die Weißbuchen für meine Hecke mit Ballen gepflanzt, es war eine einfache Geschichte. Erst hob ich im Meterabstand von der Grenze einen Graben aus, der selbstverständlich etwas breiter als die Ballen der Weißbuchen war. Die Grabensohle aufgelockert, etwas Torf eingestreut, die Pflanzen zu drei Stück auf den Meter hineingestellt, rechts und links bis zur halben Höhe der Ballen torfvermengte Erde eingefüllt, mit den Füßen festgetreten, den Hahn leicht aufgedreht und mit dem Schlauch durchdringend gewässert, die Erde vollends hineingeschaufelt, an beiden Seiten einen Wall aufgehügelt und nochmals durchdringend gewässert, fertig. Man muß aufpassen, daß die Ballen nicht zu flach in den Boden kommen, eher dürfen sie eine Kleinigkeit tiefer stehen. Auch das Ballentuch ist zumindest aufzuknoten, ehe die restliche Erde in den Pflanzgraben kommt. Sofern das Tuch aus Juteleinen oder Draht besteht, kann es im Boden verbleiben. Tücher aus Kunststoff zieht man vorsichtig unter dem Wurzelballen hervor.
Wenn ich es recht bedenke, hätten meine Heckenpflanzen keinen Ballen zu haben brauchen. Bei dem Rhododendronstrauch ist der Wurzelballen nötig, denn seine Blätter sind auch im Winter grün, sie verdunsten also Wasser, und auch beschneiden kann ich diesen Blütenstrauch nicht gut, um auf diese Weise die Verdunstungsfläche der Blätter zu verringern. Dasselbe gilt für

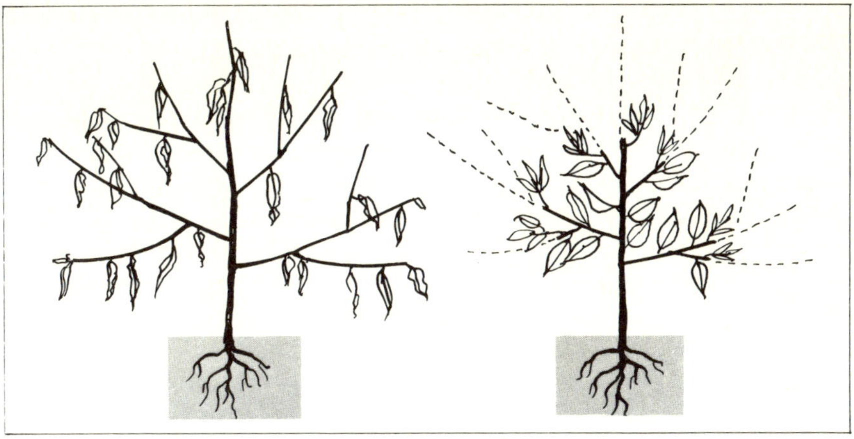

Man muß beim Pflanzen und beim Verpflanzen um einen Ausgleich von Krone und Wurzel bemüht sein. Wenn es sich nicht um Ballenpflanzen handelt, ist eine Reduzierung der Wurzeln unvermeidlich. Diese verringerte Wurzelkraft ist aber nicht mehr in der Lage, alle Knospen an der bisherigen Krone mit Wasser und Nährstoffen zu versorgen, die Pflanze macht also schlapp. Nimmt man jedoch die Hälfte der Zweige weg, dann sind die verringerten Wurzeln fähig, alle Knospen der Krone zu ernähren.

Lebensbäume und andere Nadelgehölze sowie für Heckensträucher, die wie der Kirschlorbeer über Winter ihre grünen Blätter behalten. Mein Katsurabaum hat zwar im Winter kein Laub, weil er es im Herbst, wenn es herrlich gelb geworden ist, abwirft, aber ich mußte ihn trotzdem mit Ballen pflanzen. Sonst hätten es die Wurzeln nicht geschafft, die vielen Blattknospen der Zweige mit Wasser zu versorgen, und ein Rückschnitt des zur Pflanzzeit schon etwas älter gewesenen Baumes hätte ihn um seine elegante Gestalt gebracht. Es ist nun mal nicht möglich, alle Bäume und Sträucher einfach mit der Säge oder der Schere kleiner zu machen, ohne gleichzeitig ihre Schönheit zu beeinträchtigen.
Eine Hecke indessen muß ich stets beschneiden, und je öfter ich das tue, um so dichter wird sie. Auch die Heckenpflanzen aus der Baumschule haben meist viel zu lange Seitenzweige. Ließe ich sie in ihrer ganzen Länge, so entwickelten sich wahrscheinlich nur an den Enden der Zweige neue Triebe und Blätter. Ich bekäme so eine recht fadenscheinig wirkende Gartenmauer. Also muß ich die Seitenzweige und die Spitzenverlängerung stark, meistens zur Hälfte, einkürzen, damit an den Schnittstellen im Frühling der Neutrieb erfolgt. Wenn aber so viele Blattknospen wegfallen, dann sollten es wohl die wenigen Wurzeln ballenloser Weißbuchen schaffen, den Rest mit Wasser zu

versorgen. Das sollte ihnen gerade dann möglich sein, wenn die Pflanzung im Herbst erfolgt ist und sie über Winter Zeit genug hatten, sich mit der Bildung von Faserwurzeln zu befassen.
Ich habe seither aufgepaßt und festgestellt, daß Weißbuchenhecken auch dann gewachsen sind, wenn die Pflanzen keine Ballen gehabt haben. Natürlich ist man mit Ballen sicherer, absolut sicher sogar, und es muß jemand schon Gewalt anwenden, um eine mannshohe Hainbuche mit festem Wurzelballen daran zu hindern, im kommenden Frühling auszutreiben, ob zurückgeschnitten oder nicht. Wenn ich aber nochmals eine Hecke anzulegen habe, kommen dafür nur ballenlose Pflanzen in Frage – sofern es sich um Gehölze handelt, die über Winter ihre Blätter abwerfen.
Es wird immer gesagt und geschrieben, man solle Ballenpflanzen zunächst ein paar Stunden ins Wasser stellen, ehe sie in den Boden kommen. Ich habe mich in meinem Garten sehr viel mit Ballenpflanzen beschäftigt, weil ich von den Rosen später auf das Steckenpferd des Rhododendronsammelns umgesattelt bin, aber ich habe noch nie einen Ballen ins Wasser gestellt, weil mir das unsinnig zu sein scheint. Kommt ein Ballen wirklich staubtrocken an, so daß das Wasser nur abperlt und nicht aufgesogen wird, dann mag man ihn in eine Wanne oder einen etwas größeren Eimer stellen. Sonst aber halte ich diese Art des Wässerns eher für gefährlich, weil der Wurzelballen dabei matschig, pampig und so schwer wird, daß er nun erst recht beim Hineinheben in das Pflanzloch zerbricht.
Ich stelle die Ballenpflanzen stets in die vorbereiteten Löcher oder den Graben. Sobald sie sich in der richtigen Tiefe beziehungsweise Höhe befinden, kommt bis zur halben Höhe des Ballens torfvermengte Erde hinein. Nun kann nichts mehr passieren. Im Zweifelsfall lasse ich den nur leicht tröpfelnden Schlauch die ganze Nacht über liegen.

Der Gärtner muß zum Schneider werden

Bei einer Hecke, die den Garten wie eine grüne Mauer umgeben soll, muß der Gärtner zum Schneider werden. Immer wieder wird gefragt, ob die Schere einmal oder zweimal im Jahr in Aktion zu treten hat und wann das genau sein soll. Wer aber mit offenen Augen durch den Garten geht, wird leicht selbst eine Antwort auf diese Fragen finden.
Da steht die neugepflanzte Weißbuche am Zaun. Hat sich das Bäumchen von dem Schock erholt, stärkt es seine Wurzeln, schmeckt ein bißchen an der Erde herum, und sobald es im Frühling hell genug ist, daß alle Lebensgeister aufwachen, geht es los. Die Wurzeln pumpen nährenden Saft in die Höhe, und es ist immer die am höchsten sitzende Knospe, die davon am meisten

Die Hecke macht einen Garten erst behaglich. Obwohl sich eine ganze Reihe von Gehölzen für den strengen Heckenschnitt eignen, sind unter den Laubbäumen doch die Buchen und unter den Koniferen die Eiben, Hemlockstannen und Lebensbäume unübertroffen. Man sollte Hecken stets so schneiden, daß ihre Oberkante entweder über oder unter unserer Augenhöhe liegt.

abbekommt und zuerst austreibt, woran wir uns später, wenn es um die Rosen geht, noch erinnern wollen. Vielleicht noch nicht im ersten Jahr – weil die Weißbuche noch zu sehr mit ihrer inneren Kräftigung beschäftigt ist –, bestimmt aber im Jahr darauf setzt bald nach dem Austrieb das starke Wachstum ein, und unser Bäumchen läßt sein ganzes jugendliches Temperament spielen, um schnellstmöglich groß zu werden. Das ist nicht nur bei der jugendlichen Weißbuche der Fall, auch bei den älteren Gevattern stellt sich im Frühjahr ein starkes Wachstum ein, daß der Gärtnersmann, auf Ordnung bedacht, zuweilen schon im Mai zur Schere greifen möchte. Aber das wäre ganz falsch.

Die Sturm-und-Drang-Zeit des Pflanzenlebens ist nämlich an diese Jahreszeit gebunden, und getrost, lieber Freund, es kommt sehr bald zu einer Beruhigung. Was nach der Sommersonnenwende wächst, ist nicht mehr viel, man spricht vom Johannistrieb. So sehen die meisten Heckenpflanzen am St.-Johannis-Tag gegen Ende Juni aus, als eiferten sie den Pyramidenpappeln nach, eine jüngere Weißbuchenhecke etwa bringt es ohne weiteres zu einem Höhenwuchs von einem Meter. Jetzt ist, weil ja hinterher nicht mehr viel wächst, der richtige Zeitpunkt zum Schneiden gekommen.

Hinterher wächst nicht mehr viel, gewiß, und je älter die Hecke wird, um so weniger wächst nach dem Monat Juni, der Johannistrieb bleibt kurz. Wenn

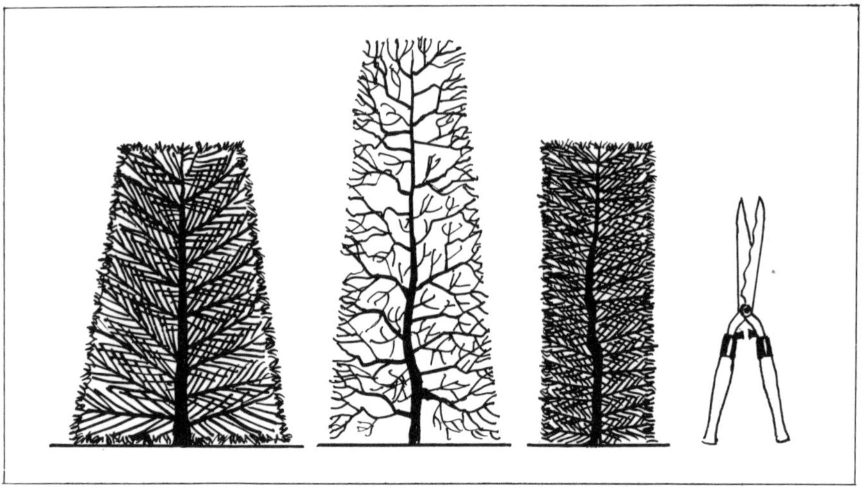

Nach einer alten Gärtnerregel soll man Hecken stets so schneiden, daß der untere Durchmesser größer als der obere ist. Auf diese Weise, so heißt es, werden die unteren Partien besser belichtet und kahlen nicht so schnell aus. Wer seine Umwelt aufmerksam beobachtet, wird aber feststellen, daß dies nicht immer stimmt. Es gibt viele senkrecht geschnittene Hecken, die bis zum Erdboden grün sind.

aber nichts mehr wächst, dann brauche ich, sofern die Hecke richtig beschnitten worden ist, auch später nichts wegzuschneiden. Ich benutze also für meine nun fünfzehn Jahre alte Hainbuchenhecke die Schere nur einmal im Jahr, und zwar im Sommer gegen Ende Juni oder Anfang Juli, denn wenn sie hinterher auch Ruhe gibt, so läßt es sich keine noch so alte Hecke nehmen, im Frühling mit aller Kraft drauflos zu leben.

Anders ist es in den ersten fünf, sechs Jahren, nachdem die Weißbuchen gepflanzt worden sind. Dann schäumt die Jugend in den Bäumchen derart stark, daß die Mahnung des Sankt Johannis, es mit dem Leben etwas gelassener zu nehmen, nicht in dem Maße befolgt wird, wie dies ältere Weißbuchen tun. Es gibt auch nach dem Rückschnitt im Sommer einen recht starken Neutrieb, der die gewünschten Konturen der Hecke überwächst, so daß der Gärtner ein zweites Mal im Jahr zum Schneider werden muß, nämlich im Winter, aber nicht erst im März, wenn schon der Saft steigt und die Gefahr besteht, daß die Hecke an den Schnittstellen viel Kraft verblutet.

Immer wieder wird behauptet, daß eine Hecke oben einen kleineren Durchmesser als unten haben soll, was man als konisch bezeichnet. Dann erst käme die liebe Sonne auch an die Blätter in Erdnähe heran, was ihr ansonsten schwerfallen würde, und wenn sie an den unteren Teilen nicht genügend

27 Wenn der Feuerdorn so reich fruchten soll, muß es sich um eine Namensorte handeln und darf es kein Sämling sein.

28 Es ist viel zu wenig bekannt, daß es im Frühling duftende Schneebälle gibt.

29 Einzelblüten des glockenblumenartigen *Rhododendron williamsianum.*

30 Duftende Japanische Azaleen, von denen es viele Arten und noch mehr Sorten gibt.

31 Rhododendron-Sorten, wie es sie außerdem in weißen, lila und gelben Farben gibt.

32 Frühling mit der berühmten Japan-Kirsche *Prunus serrulata* ›Shidare Sakura‹.

33 Blütenzweig einer weiteren Sorte von *Prunus serrulata.*

27△ 28▽

29 △ 30 ▽

31 ▽ 32 ▷

Licht bekommt, kahlt die Hecke leicht aus. Ich habe mich immer an diese Regel gehalten und sie weitergesagt, weil man mit dem konischen Schnitt schließlich keinen Fehler macht. Aber ganz so ernst nehme ich sie schon lange nicht mehr. Wohin ich auch gucke, ich sehe prachtvolle Hecken, deren Wände so senkrecht sind, als habe der Gärtner nach dem Lotblei geschnitten, und von Kahlstellen in Erdnähe fehlt jede Spur. Trotzdem werde ich bei meiner Weißbuchenhecke den konischen Schnitt beibehalten, weil es sich leichter schneidet, wenn die Schere von unten nach oben ganz leicht schräg geführt werden kann.

Als einziges Hilfsmittel beim Heckenschnitt benutze ich eine Schnur, mit welcher ich die obere Kante kennzeichne; sie muß immer straff gespannt sein. Dabei strebe ich eine Höhe an, die zwanzig Zentimeter über meiner Augenhöhe liegt, weil es auf die Dauer unangenehm ist, immer gegen die obere Heckenkante zu gucken. Wer eine niedrigere Hecke haben will, soll sie entsprechend zwanzig Zentimeter unterhalb seiner eigenen Augenhöhe schneiden.

Es bleibt nicht aus, daß eine Hecke von Jahr zu Jahr um wenigstens drei Zentimeter höher wird, da kann man sie so gut beschneiden, wie man will. Unter dem Schnitt bildet sich nämlich ineinander verschlungenes, verquirltes Holz, das in wenigen Jahren zu einem regelrechten Wulst zusammenwächst. Ich schneide meine Hecke also alle fünf Jahre mit der Baumsäge ein ordentliches Stück zurück, mindestens um dreißig Zentimeter, und lasse sie langsam wieder in die Höhe gehen.

Für nur meterhohe und noch niedrigere Hecken würde ich allerlei Gehölze

Im Laufe der Jahre bilden sich oben an den Heckengehölzen dichte Astwirbel, die von den Vögeln gern als Nistplatz benutzt werden. Gut ist es, alle paar Jahre etwas tiefer zu schneiden, um eine dicke Wulstbildung am oberen Heckenrand zu verhindern.

verwenden, von denen dem Buchsbaum meine besondere Vorliebe gilt. Für mannshohe Grenzhecken kämen für mich nur die altgedienten und bewährten Lebensbäume, Eiben und Weißbuchen in Frage, wobei jedoch die Rotbuche für etwas größere Gärten dieselbe Hochschätzung erfährt. Es ist mit den Hecken wie mit den Balkonkästen, für die immer wieder andere, neue, ungewohnte Bepflanzungen empfohlen werden, doch nach zwei, drei Versuchen kehrt man reumütig zu den wenigen Pflanzen zurück, die auf das schwere Leben in einem solchen Kasten seit jeher trainiert sind, zu den Geranien bei sonnigem Stand und zu den Fuchsien bei schattigem. Wenn es am Fenster und auf dem Balkon nicht sommerlang blüht, nutzt der ganze Aufwand nichts. Und wenn eine Hecke nur ausgefallen, aber fadenscheinig ist und nicht recht wächst, stellt sich hinter dem bepflanzten Hag auch keine Behaglichkeit ein. Denn um nichts anderes geht es.

Bäume

Ein törichtes Sprichwort besagt, daß man einem geschenkten Gaul nicht ins Maul gucken soll, aber zumindest die geschenkten Bäume sind die teuersten Bäume.

Die Liebe zu den eigenen Bäumen

Wahrscheinlich geht jeder Mensch, so er noch ein Herz für die stumme Kreatur der Bäume und Sträucher hat, ein familiäres Verhältnis zu ihnen ein, und er wünscht dem Katsurabaum einen guten Winterschlaf, und am Neujahrsmorgen sagt er vielleicht »Guten Morgen« zu seinem Zaubernußstrauch, der gerade dabei ist, seine Blütensterne aus goldenen Fäden aufzukribbeln. So kommt es, daß man sich später von allen diesen Gewächsen, die einem seit Jahren mit ihren Tugenden und Schwächen vertraut sind, nicht trennen kann. Obwohl es immer einen guten Freund gibt, der gerade gebaut hat und die noch verpflanzbaren Douglasien gebrauchen kann. Ich habe schon mit ansehen müssen, wie grauhaarige Gärtner beinahe geweint haben, wenn eben jener Freund mit den Douglasien in dem geliehenen Kleintransporter davonfuhr.
Mit dem guten Freund geht es ja noch an, weil die Bäume lebendig bleiben und das Verpflanzen selbst etwas älterer Eichen oder Hemlockstannen eigentlich problemlos ist. Von mir hat auch der Stadtgärtner schon Bäume bekommen, und wenn ich Allerheiligen auf den Friedhof gehe, um die mit Blumen geschmückten Gräber zu betrachten, begrüße ich erst rechts vom Eingang auf dem Wiesenhang einen besonderen Silberahorn, den man mir einmal geschenkt hat und der ganz fein geschnittene Blätter hat und dem damaligen Vernehmen nach nicht stark wachsen sollte. Was er aber dennoch getan hat.
Mag es mit dem Verschenken von Bäumen und Sträuchern noch angehen, das Abschlagen indessen, wenn Bäume zu dicht gepflanzt und zu groß geworden sind, ist nicht sehr schön, und bereits der berühmte Fürst Pückler muß dies empfunden haben, da er für diese Tätigkeit eine Axt aus Silber empfahl. Die silberne Axt soll besagen, daß die Bäume für eine noch größere Schönheit des Gartens oder Parks sterben, nicht aber zu dem Zweck, als

Ofenholz verfeuert zu werden. Besser jedoch ist es, Bäume gar nicht erst so zu pflanzen, daß sie nach wenigen Jahren zu eng stehen.
Doppelt schwierig ist es mit Bäumen, die man geschenkt bekommt, weil sie letztlich am teuersten sind. Die goldgerahmte, schlafende Jungfrau mit ihrem in den Schoß gesunkenen Poesiealbum stört mich nicht im geringsten, weil Tante Cornelia uns nur einmal im Jahr besucht, und hinterher stellen wir die Jungfrau wieder weg. Ich kann aber die zehnjährige Korkenzieher-Robinie, die uns Freund Kork zum Einzug geschenkt hat, nach seinem Besuch nicht einfach ausgraben und irgendwohin stellen, wo sie nicht stört.
Seit meiner Jugend habe ich zu den Robinien eine besondere Zuneigung. Akazien nennt man sie im allgemeinen. Es sind Bäume mit hartem Holz und furchiger Borke. Doch ihre Kronen sind licht und hell. Die pfennigkleinen, runden Blättchen sehen von weitem aus, als ob sie um die Zweige herumgehäkelt wären. Nicht nur bei den Bienen spricht es sich im Hochsommer schnell herum, wenn die Akazien blühen. Auch für uns Menschen schmeckt die Luft nach Honig, wenn sich die langen Trauben der Schmetterlingsblüten öffnen. Des starken Duftes wegen sollte man Akazien nie ganz dicht ans Haus pflanzen, vor allem nicht in die Nähe der Schlafzimmerfenster. Der Baum hat aber noch andere gute Eigenschaften. Seine Wurzeln richten ihre Pumpwerke tief in die Erde. Lilien, Rosen, dem Steinklee und den immergrünen Ilexbüschen in der Nähe wird also das Wasser nicht abgegraben. Ilex übrigens, dieses wintergrüne Gehölz mit seinen dunklen Blättern, steht wunderschön unter den hellen Kronen der Akazien.
Genaugenommen handelt es sich gar nicht um eine Akazie. Strenggläubige Gärtner sprechen von einer Robinie. Und weil diese Robinie nun wahrhaftig wie eine Akazie aussieht, wenn es sich auch um keinen Baum dieses Namens handelt, nennt man das Gewächs einfach *Robinia pseudoacacia;* von *pseudo* »falsch« hergeleitet, also eine falsche Akazie, die indessen in ihrem Charakter keinerlei Falsch besitzt.
Im 17. Jahrhundert ist die Robinie von Amerika nach Europa gekommen, doch inzwischen sieht man sie überall. Im sandigen Boden der Mark Brandenburg ist sie geradezu ein Waldbaum geworden; sie nimmt es mit dem Schotter jedes Bahndammes auf und begnügt sich mit einer Handbreite Humus an Kiesgrubenrändern. Auch am Waldrand über unserem Garten, ich schrieb es schon, wachsen und blühen herrliche Robinien. Warum also soll ich in meinem Garten gleichfalls eine Robinie pflanzen? Aber ich bekam sie geschenkt, was wollte ich machen, und dieses Geschenk sei etwas Besonderes, hieß es mit einer Anspielung auf meine Lust, jeden Abend eine Flasche Wein zu trinken, weil es sich nämlich um eine Korkenzieher-Robinie handelte.

Das ist tatsächlich ein verrückter Baum. Seine Äste und Zweige winden sich spiralförmig wie Korkenzieher. Im Winter sieht das sehr gut aus, sofern sich hinter den gedrehten Zweigen eine ruhige, möglichst eine weiße Wand befindet. Nur wird die Krone zu hoch, als daß man an dem Spiel der gedrehten Linien lange sein Vergnügen haben könnte. Da ist es bei dem Haselnußstrauch mit gedrehten Zweigen, auf den ich gleich noch eingehen werde, schon besser. Mir hat aber der Blattwuchs der verrückten Robinie gar nicht gefallen. Die Blätter, bei jedem Baum dieser Art draußen im Wald eine Augenweide, waren klein, gekrümmt, unlebendig, und sie wirkten gerade so, als hätte sie eine unsichtbare Krankheit befallen. Hinzu kam, daß sich dieser Baum bei uns wie im Schlaraffenland fühlen mußte, denn er wuchs dermaßen stark, daß er bereits nach drei Jahren höher als unser Haus war. Weil wir zum Einzug aber gleichzeitig noch eine Birke und zwei Schwarzkiefern geschenkt bekommen hatten, die sich zusammen mit der Korkenzieher-Robinie in dem Bestreben einig waren, uns allmählich das Sonnenlicht abzuschalten, mußte die Robinie weg, und mein lieber Freund Kork war sauer.

Ich will gleich von dem zweiten total verrückten Gehölz sprechen, das ich im Garten habe, nämlich von der Korkenzieher-Hasel, die sehr viel mehr hergibt als die gleichnamige Robinie. Der Strauch sieht so aus, als wäre er einmal mit Branntwein statt mit Wasser begossen worden. Er steht bei uns vor der weiß verputzten Hauswand, und das ist richtig. Daß wir mit dem Auto an der Korkenzieher-Hasel vorbeifahren müssen, ist weniger günstig. Allmählich lernt man es jedoch, die zu lang gewachsenen Korkenzieher abzuschneiden, ehe die ersten Kratzer im Lack des Autos sind. Das Beschneiden läßt sich dieser Haselstrauch ohne weiteres gefallen, er wird auf diese Weise sogar dichter und noch viel spiraliger, ganz abgesehen davon, daß er mehr in die Höhe ausweicht.

Über Sommer freilich macht diese Hasel keinen herzerfrischenden Eindruck, ich bin sogar schon gefragt worden, unter was für einer Krankheit der Strauch leide, und ob man denn gar nichts dagegen tun könne. Denn wirklich, er sieht über Sommer mit den schrumpeligen, graugrünen Blättern richtig krank aus, wie es sich möglicherweise bei dem gedrehten Wuchs tatsächlich um eine Krankheit handelt, aber im Winter habe ich jeden Tag meine Freude an dem Linienspiel der vielen Spiralen, wozu das tröstliche Grün einiger Kätzchen kommt, und sogar die Nüsse werden reif, doch wie sie schmecken, das weiß nur der Eichkater.

Dann hatte ich mich noch in einen weiteren Strauch verguckt. Ich gebe zu, daß es mir besonders gefiel, Besuchern seinen Namen zu nennen, denn geflügelter Spindelbaum hört sich doch schön an. Tatsächlich hat dieser Strauch eine Rinde, die sich teilweise abrollt und dann flügelartig absteht; sein genauer Name ist *Euonymus alatus*. Nur kam der Strauch nie in seine geflügelten Jahre, weil er nicht wuchs, da konnte ich machen, was ich wollte. Zwar färbte er seine wenigen gefiederten Blätter im Herbst orangerot, als wollte er sagen: »Sieh doch, wie ich mich bemühe, schön zu sein, habe Geduld, es geht mit dem Wachstum bald los.« Aber nichts ging los, da half weder der sorgsam aufgelockerte Boden noch reifer Kompost, mit getrocknetem Kuhdung vermischt. Aber so ist es nun mit den Pflanzen des Gartens, daß immer mal eine vorkommt, die nichts wird, und es bleibt nichts anderes übrig, als sich damit abzufinden. Ich habe den geflügelten Spindelbaum ausgegraben, er hatte auch in zehn Jahren nicht viele Wurzeln gemacht, so war es keine schwere Arbeit.

Der Baum kommt in die Erde

Als wir mit dem Hausbau fertig waren, kam eines Tages unser Freund Franz Preissner mit einem Kleintransporter angefahren. Er strahlte über das ganze Gesicht, als er auf zwei prächtige Schwarzkiefern, einen dreistämmigen Birkenbaum und einen bereits großen Fliederstrauch wies, bei dem es sich fast um einen Baum handelte. Ich hatte Mühe, ihn mit seinem schweren Wurzelballen an das bald ausgeworfene Pflanzloch zu tragen.
Die beiden Schwarzkiefern dachte ich mir als Wachtposten vor dem Haus, und wenn sie erst einmal etwas gewachsen wären, stünden sie dort wie dunkelgrüne, bedrohliche Türme. Ich möchte vorwegnehmen, daß die Wirklichkeit meine damalige Vision weit übertroffen hat, denn die Kiefern sind mittlerweile zwölf Meter hoch, und mit jedem Jahr ihres Wachstums in die Höhe und in die Breite wird unsere Lichtrechnung höher. Jedes Jahr hoffen wir, daß die Kiefern krank werden, weil sich so viele Nadeln gelb verfärben. Zwar wissen wir, daß es zum normalen Leben der Schwarzkiefern gehört, jedes Jahr die ältesten Nadeln abzuwerfen, aber wir denken doch immer wieder, daß es ja auch einmal irgendwelche Läuse sein könnten, wie sie etwa in Gestalt von Sitkaläusen in den Fichten herumgeistern und die Bäume umbringen. Aber nicht bei uns. Ich habe zwar jedes Jahr meine starke Stunde, indem ich zu Malia sage: »Also, die Schwarzkiefern, eine von beiden kommt jetzt weg, wir wollen nur auf eine Gelegenheit warten, damit wir das viele Holz los werden.«
Aber schlagen Sie mal einen Baum, den Sie gepflanzt und gepflegt haben, einfach um. Es wird damit auch ein Kapitel aus Ihrem Leben gestrichen, denn im Schatten der Bäume des Gartens geht in fünfzehn Jahren ja etwas vor sich, und vor unseren Schwarzkiefern war das bestimmt der Fall. So bleibt nur die Hoffnung auf höhere Einsicht, nämlich auf den Blitz, der es indessen bei den

Nach dem Verpflanzen sollen Gehölze so hoch bzw. tief stehen, wie sie vorher an anderer Stelle im Garten oder in der Baumschule gestanden haben. An den Verfärbungen der Rinde unmittelbar über der Wurzelkrone ist dies leicht zu erkennen. Um eine schwere Ballenpflanze in den richtigen Stand zu bringen, schaukelt man sie regelrecht in die Höhe, indem man abwechselnd die eine und die andere Seite des Ballens mit Erde unterfüllt.

in der Nähe stehenden, sehr viel höheren Waldbäumen leichter hätte, sein Ziel zu erreichen.

Das Einpflanzen der beiden Schwarzkiefern, die damals mannshoch waren, ist kein Problem gewesen. Wir haben einen Baumpfahl an dem Stamm der Schwarzkiefer festgebunden, und zwar ganz unten, wo bereits der Wurzelballen anfing. Selbstverständlich banden wir nicht mit Draht, der in die Rinde eingeschnitten hätte, sondern mit einem Kokosstrick, den ein braver Gärtnersmann stets und in ausreichender Länge zur Verfügung hat. Festgebunden an dem Pfahl konnten Franz Preissner und ich die Bäume bequem über die erdigen Hänge nach oben tragen, denn mit der Schubkarre ums Haus herum, das ging damals noch nicht. Wir legten den Haltepfahl über zwei Grubenränder. Natürlich, ich hatte die Pflanzgrube zu tief ausgehoben. Das mache gar nichts, sagte Franz Preissner, binden wir ihn nur los, und weg mit dem Pfahl und eine Schaufel her. Jetzt konnten wir die Schwarzkiefer hin und her schaukeln. Ich drückte den Baum um, und Franz Preissner schaufelte unter den hochgelupften Teil des Ballens Erde, worauf der Baum nach der anderen Seite umgedrückt und Erde unter den nunmehr hochgelupften anderen Teil des Ballens geschaufelt wurde. Auf diese Weise brachten wir die Schwarzkiefer mühelos in den richtigen Stand, denn ein Baum soll ja möglichst nicht tiefer und nicht höher stehen, als er bisher gestanden hat.

Versteht sich, daß wir nicht einfach die Erde so einschaufelten, wie sie vorher

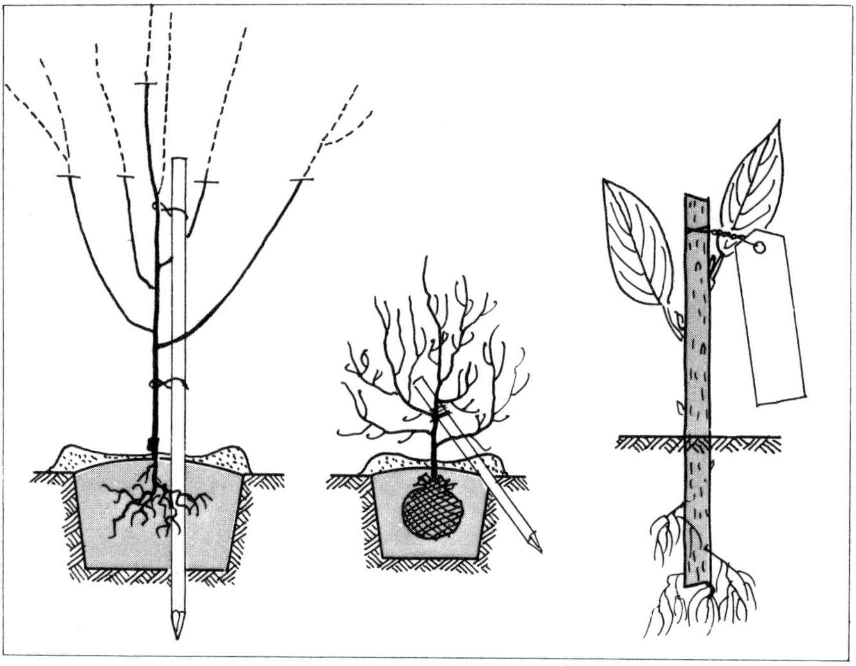

So wie auf der *linken* Zeichnung sieht ein neugepflanzter Obst- oder Laubbaum ohne Wurzelballen aus. Nach dem Ausheben der Grube schlägt man den Haltepfahl ein, hält dann den Baum mit seinen beschnittenen Wurzeln tief in die Grube hinein und zieht ihn mit leichten Rucken immer höher, während ein Helfer die torfvermengte Erde einfüllt. Danach steht der Baum, weil sich das frische Erdreich erst noch setzt, ein klein wenig über der Bodenoberfläche. Schon während des Pflanzens wird der eingefüllte Boden mehrmals festgetreten und gewässert. Abschließend wird ein Gießrand gemacht und nochmals gewässert, aber gründlich. Die Konkurrenz der Stammverlängerung wird entfernt, und die Verzweigungen sind auf eine Ebene zurückgeschnitten.

In der *Mitte* ein Gewächs mit Wurzelballen, dessen Pflanzung auf dieselbe Weise erfolgt, nur daß an Wurzeln und Zweigen nichts geschnitten zu werden braucht. Bei Pflanzen mit Wurzelballen, also bei allen Koniferen und größeren Rhododendronsträuchern, wird der Haltepfahl erst nach der Pflanzung und schräg eingeschlagen, damit er den Wurzelballen nicht verletzt.

Die Vermehrung von Gehölzen und krautigen Gartenpflanzen durch Stecklinge bietet viele Überraschungen *(rechts)*. Es scheint, als wüßten wir noch gar nicht genau, welche Gewächse sich alle auf diese Weise vervielfachen lassen. Wichtig – vor allem bei krautigen Stecklingen – ist die »gespannte« Luft, also eine Luft mit relativ hoher Feuchtigkeit. Mit Fenstern bedeckte, leicht schattierte Frühbeete eignen sich gut. Es genügen aber auch etwas größere Plastikschalen mit durchsichtiger, haubenförmiger Abdeckung aus Kunstglas. Besonders zu empfehlen sind diese Schalen, wenn sie eine Bodenheizung haben. Der Markt bietet vorzügliche Vermehrungsbeete dieser Art an, die teilweise aus England kommen.

in der Grube war. Da kommt feuchter Torf zu, weil es vom Torf heißt, daß er die Bildung neuer Wurzeln beschleunige, und ich habe mehrmals in den fünfzehn Jahren beobachtet, daß dies auch stimmt. Nachdem die Grube bis zu halber Höhe des Ballens mit Erde gefüllt war, stampften wir den Boden mit dem Pfahl fest, worauf Franz Preissner die dicken Knoten des Juteleinens aufknüpfte, das den Wurzelballen umgab. Die Jute braucht nur umgelegt zu werden, sie verrottet von selber, aber die Knoten sind zu dick, die macht man auf. Wir ließen Wasser einlaufen, ganz langsam, die Zeit eilte nicht, wir waren ja noch mit dem Pflanzen des zweiten Schwarzkieferbaums, der dreistämmigen Birke und des Flieders beschäftigt. Als das Wasser eingesickert war, bohrte unser Freund den Tragepfahl mit seiner Spitze am Ballen entlang in den Matsch, während ich mit der Axt auf das andere Ende schlagen sollte, das noch weit aus der Schwarzkiefer herausguckte. Nach meinem ersten Schlag meinte er jedoch, es sei wohl besser, wenn ich den Stamm festhalte und das Einschlagen mit der Axt von ihm besorgt würde.

An diesem Pfahl banden wir die Schwarzkiefer beziehungsweise deren Stamm dann fest, selbstverständlich wieder mit Kokosstrick, der in der Form einer 8 um Stamm und Pfahl gewunden wurde, damit es zu keinen Scheuerungen kommt. Wenn Nadelbäume schon so groß sind, wurde ich belehrt, ist es immer gut, sie festzubinden. Denn der Ballen sitzt in dem nassen, glitschigen Boden wie eine Kugel im gutgeölten Kugelgelenk, und da hat es der Wind leicht, den Baum umzulegen. Hinterher füllten wir die restliche Erde ein, und Franz Preissner machte mit dem Spaten einen Gießrand, was eine Kunst ist, die man lernen muß. Dabei muß man das Blatt des Spatens ein wenig drehen und dann die Erde glattschlagen. Wenn Sie dabei jemand beobachten, dann merken Sie, wieviel Bäume und Sträucher er bereits gepflanzt hat. Bei allen Bäumen mit festen Wurzelballen geht es wie mit der Schwarzkiefer, nur bei den Obstgehölzen ist es etwas anders.

Veredelte Nadelgehölze

Ich hätte gern eine Blaufichte gehabt, aber eine, die richtig blau ist, und dies auch noch in zwanzig Jahren. Man sieht zuweilen die herrlichsten Bäume, aber dazwischen sind immer wieder Blaufichten, die mehr und mehr ein graues und grünes Aussehen annehmen. Inzwischen weiß ich genau, woher das kommt. Wenn ein Gärtner recht viele Blaufichten braucht, zieht er sie aus Samen heran, und wo das Saatgut her ist, weiß er nicht so genau. Folglich ist ihm auch unbekannt, was der Wind im Mai an Blütenstaub durcheinandergemischt hat, so daß wohl dem Namen nach richtige Blaufichten heraus-

kommen, aber man kann sich niemals darauf verlassen, ob sie so schön blau bleiben, wie sie als junge Sämlinge sind. Wer auch in zwanzig und fünfzig Jahren von seiner Blaufichte nicht enttäuscht sein will, der muß veredelte Bäume pflanzen, die leider doppelt so teuer sind und außerdem, es ist wirklich ein Kreuz, viel liederlicher aussehen als ein ebenmäßig mit geradem Stamm und seitlichen Ästen herangewachsener Sämlingsbaum.
Eine der schönsten und berühmtesten Blaufichten trägt den Sortennamen ›Koster‹. Der Baumschulgärtner hat vielleicht zehn Bäume dieser Sorte stehen, von denen er Edelreiser schneiden kann. Er nimmt zuerst die Spitzentriebe, also die jüngste Verlängerung des Stammes. Diese Spitzentriebe praktiziert der Gärtner auf die sogenannte Unterlage, das ist ein Stückchen Stamm der wilden Blaufichte. So weit, so gut, es gibt keine Komplikationen, und aus der Veredlung wächst ein eben geformtes Bäumchen heran, wie das auch bei dem Sämling der Fall ist. Wenn unser Gärtnersmann aber nur zehn Koster hat, dann kann er nur zehn Spitzentriebe schneiden. Sofern er hundert veredelte Blaufichten haben will, muß er seine Edelreiser von den Seitenzweigen schneiden. Diese Seitenzweige sind aber so programmiert, daß sie immer nur zur Seite wachsen möchten. Man hat auf diese Weise schon die kuriosesten Nadelbäume herangezogen. Die hundert veredelten Blaufichten sollen aber nicht kurios, sondern schön und gleichmäßig werden, wie sich das für einen Nadelbaum gehört. Also zwingt der Gärtner den aufveredelten Trieb, in die Höhe zu wachsen, indem er ihn immer und immer wieder, oft jahrelang, an einen Stab bindet. Nach einer gewissen Zeit gibt der junge Nadelbaum seinen Starrsinn, unbedingt zur Seite wachsen zu wollen, auf. Jetzt kann man auch den Haltestab entfernen. Er breitet seine Astquirle regelmäßig aus und bleibt ein schöner, blauer Blaufichtenbaum.
Damit dürfte verständlich sein, weshalb veredelte Blaufichten so viel teurer sind. Es ist eine Mehrausgabe von vielleicht zwanzig Mark für einen sechsjährigen Baum, aber sie lohnt sich, ganz bestimmt. Sie erinnern sich, daß ich ganz und gar nicht den teuren Weißbuchen für die Hecke das Wort geredet habe, weil man sie auch ohne Wurzelballen pflanzen kann, aber bei so einer Blaufichte oder der schönen Silbertanne ist es etwas anderes. Es gibt mehrere Spielarten aus der Gevatterschaft unseres Weihnachtsbaumes, die sich gar nicht beschreiben lassen, auch fotografieren kann man sie nicht richtig. Deswegen kann ich Ihnen nur eine einzige Empfehlung geben, sofern Sie einen Garten bepflanzen: Weg mit allen Büchern und Katalogen, und hinein in den Schaugarten einer Baumschule, wo sich die Wegbegleiter durch den Garten für die nächsten Jahrzehnte am besten aussuchen lassen, und dann nicht mit dem Geld gespart. Was meinen Sie, wie ärgerlich es ist, wenn Sie sich nach fünfzehn Jahren eingestehen müssen: Statt der gewöhn-

lichen Fichte hätte ich besser eine Omorika, statt der Douglasie eine Koloradotanne pflanzen sollen!

Gehen Sie nicht jedem Profi unter den Gartengestaltern auf den Leim. Manche von ihnen mögen beispielsweise die Blaufichte nicht. Es sind erst drei Jahrzehnte her, daß man diesen schmucken Baum als Gartenfeind Nummer 1 diffamiert hat, man wollte nur das Grüne, das Heimische, das Bodenständige im Garten haben, was nur eine Umschreibung für das Germanische ist, welches in dieser wortwörtlichen Festlegung damals nicht mehr gefragt war. Gewiß, die Blaufichte ist einmal Mode gewesen, und was modern ist, das will jeder haben. So kommt es, daß sie in enge Vorgärten und an finstere Plätze gepfercht worden ist, wo sie ihre Schönheit gar nicht entfalten kann. Ich will keineswegs sagen, daß man eine Mode nicht mitmachen soll, man kann durchaus in allen Gärten etliche gleiche Rosen haben, wie es ja auch immer derselbe Mond ist, der in alle Winkel der Erde scheint. Ich kannte einen berühmten Gartenkünstler, der es ablehnte, Forsythien zu pflanzen, weil es sich um einen Strauch handelt, den beinahe jeder Mensch hinter dem Zaun zu stehen hat. Aber was ist von solchen Grundsätzen wohl zu halten, da doch dieser Strauch mit seiner goldenen Blütenpracht im April absolut unersetzbar ist!

Ich kann zwar nicht bestreiten, daß es Schwierigkeiten bereitet, die Blaufichte mit ihrer auffallenden Farbe harmonisch in den Garten einzugliedern. Aber ganz so schlimm, wie das von den sich widerstreitenden Farben immer behauptet wird, ist es in der Natur ja gar nicht. Wie viele graue oder silbergraue Gräser haben wir, die zu dem Blau unserer schmucken Fichte passen. Denken Sie an viele Rosensorten, die ein Geranienrot in den Blüten haben! Vielleicht wollen Sie auch gar keinen Garten haben, der gleichmäßig und still strukturiert ist, so gewachsen zu sein scheint und vorgibt, nur ein umzäuntes Stück der umliegenden Natur zu sein? Vielleicht wollen Sie gar einen geschmückten Garten, eine kunstvolle Welt, wie man sie in Frankreich häufig antrifft, mit zwei kugelrunden Ahornbäumen neben der Haustür und mit einem Mittelweg, an dessen Seiten duftende Rosen als Kronenbäumchen stehen? Es ist schließlich das letzte Stück der Welt, in dem Sie, sofern es den Nachbarn nicht stört, noch machen können, was Sie wollen.

Man hat mir zum letzten Geburtstag einen halbmeterhohen Gartenzwerg geschenkt, der ein freundliches Gesicht und eine rote Pudelmütze hat. Leider ist er aus Kunststoff und nicht aus Ton, sonst würde ich ihn neben die Garteneinfahrt stellen, gewissermaßen als Zeichen meiner Freiheit, im eigenen Garten selbst so geschmacklos sein zu dürfen, wie ich es möchte.

Ähnlich wie mit der Blaufichte ist es mit der Omorika. Sehen Sie sich nur meinen fünfzehnjährigen Riesen dort auf dem unteren Hang an, und wenn

Sie omorikageschulte Augen hätten, müßten Sie sagen: Schön ist der Baum keineswegs. Nein, das ist er wirklich nicht, wenngleich er sich in den letzten Jahren auch zu bemühen scheint, seine Zweige stärker durchzubiegen. Aber ganz allgemein muß man sagen: Es ist eine Promenadenmischung von Omorika. Dabei habe ich diese Nadelbäume, die sich manchmal zu wahren Jakobsleitern auswachsen, sehr gern. Es sind Fichten aus Serbien, und sie mußten sich dort unten in den Gebirgen des Balkans an starke Schneefälle gewöhnen. Weil sie die Schneelasten nicht tragen können, legen sie gewissermaßen ihre Arme rechtzeitig an die Hosennaht und winkeln nur die Hände ein wenig ab: Sie hat also lang nach unten hängende und erst mit den Spitzen etwas aufwärts gedrehte Äste.

Meine Omorika dagegen biegt zwar die Äste etwas durch, doch von dem serbischen Temperament der echten Omorika ist keine Spur vorhanden, und dazu wächst sie noch derart stark, daß ich zwischen zwei Astquirle einen Besen klemmen könnte.

Auch die Omorika zieht der Baumschulgärtner aus Samen heran, und auch hier ist die Frage, woher er das Saatgut bekommt. Er kann einen eigenen Bestand guter Mutterbäume haben und die Fichtenzapfen selber ernten, worauf in der Mehrzahl wieder gute Omorikas heranwachsen dürften. Er kann die Samen aber auch beziehen, und da weiß man nie so recht, was daraus wird. Aber getrost, es ist bereits zweimeterhohen Omorikas anzusehen, was in ihnen steckt. Das ist aber nur möglich, wenn man selbst hingeht, um in der Baumschule oder im Gartencenter den richtigen Baum auszusuchen, mit fernmündlichen Bestellungen kommt man nicht immer ans Ziel.

Dazu möchte ich noch eine eigene Erfahrung beisteuern. Es gab vor etlichen Jahren ein Unternehmen in Düsseldorf, das attraktive Seltenheiten aus aller Welt anbot, die natürlich sehr teuer waren. Unter ihnen befand sich auch der Urwelt-Mammutbaum für fünfundzwanzig Mark, und er wurde so angepriesen, daß ich gar nicht anders konnte: den Coupon ausgeschnitten, ausgefüllt, abgeschickt. Damals sagte mein Freund Kork zu mir, ich sei dumm, mich auf so etwas einzulassen, und er müsse ein Exempel statuieren. Er schrieb an eine Baumschule, die mir namentlich noch in Erinnerung ist, es war Hesse in Weener an der Ems: »Bitte schicken Sie mir den Urwelt-Mammutbaum, der in Ihrem Katalog mit dem Preis von 25 Mark ausgezeichnet ist.« Wahrheitsgemäß muß ich allerdings vermerken, daß Kork nicht Urwelt-Mammutbaum schrieb, denn er weiß, was Baumschulen für eine Umgangssprache haben, und so setzte er in seinen Brief das unaussprechliche *Metasequoia glyptostroboides*.

Beide Bäume, die wir eines Tages gemeinsam auspackten, nachdem ich eine Nachbarin als unparteiischen Schiedsrichter hinzugezogen hatte, kosteten also 25 Mark. Der Urwelt-Mammutbaum der Baumschule befand sich, fest verzurrt, in einem Weidenkorb, er hatte einen zweimeterlangen Stamm etwa in Stärke unseres Besenstieles, und sein in Jute eingenähter, fest durchwurzelter Ballen ließ sich größenmäßig mit einem Fußball vergleichen. Der Urwelt-Mammutbaum des Versandgeschäfts in Düsseldorf befand sich in einem Karton, wie er für ein Paar Schuhe ausgereicht hätte, seine Länge entsprach derjenigen eines Bleistifts, seine Stärke ließ sich mit meinem Pfeifenreiniger vergleichen, der Ballen war so groß oder so klein wie ein Tennisball und bestand aus feuchtem Torf, der die vier oder fünf Wurzelhärchen auch tatsächlich frisch gehalten hatte.

Dies ist kein Märchen, sondern eine Geschichte, deren Wahrheit auch heute noch durch Zeugen bestätigt werden kann, unter ihnen ein Amtsgerichtsdirektor.

Den Urwelt-Mammutbaum nennt man neuerdings Chinesisches Rotholz, weil es mit der Urwelt nicht stimmt, und *Metasequoia glyptostroboides* dürfte niemals eine Vokabel der volkstümlichen Sprache werden. Das besenstielstarke Bäumchen von Hesse in Weener an der Ems kam also oben in den Garten, wo es sich auch bald heimisch fühlte, im Herbst vorschriftsmäßig die Nadeln abwarf, um im Frühling zusammen mit den Lärchen wieder zart zu ergrünen. Aber ich habe es dann doch schweren Herzens verschenken müssen, weil ich zu den bis damals erkannten Fehlern keine neuen Fehler machen wollte. Seitdem beobachte ich diese Rothölzer überall, wohin ich komme.

Es hat noch nie ein Mensch Rothölzer gesehen, die älter als dreißig Jahre sind. Das heißt, einigen Gebirgschinesen wird der Baum schon bekannt gewesen sein, aber gesagt haben sie nichts. So kannte man den Baum nur von Versteinerungen, die sich bei den Japanern in einem Museum in Tokio befinden; man meinte, er sei längst ausgestorben. Bis eines Tages, es muß wohl so um das Jahr 1943 gewesen sein, ein chinesischer Förster hoch oben in dem gleichfalls chinesischen Gebirge diesen angeblich ausgestorbenen Baum bei vollem Bewußtsein fand. Auf allerlei Umwegen sind dann nach Kriegsende auch Samenkörner dieses wiederentdeckten Baumes nach Deutschland gekommen, und zwar in die bereits erwähnte Baumschule Hesse in Weener, der eigentlichen Wiege der Chinesischen Rothölzer in Mitteleuropa. Mitte der fünfziger Jahre schrieb der Dendrologe Franz Boerner über das Rotholz, es sei in seiner Jugend ein anmutsvoller Baum. Die Bemerkung erlaubt den Schluß, daß die Anmut mit dem Alter nachlasse. Aber in den fünfziger Jahren hat es ausschließlich jugendliche Rothölzer bei uns gegeben.

Eine der ersten größeren Pflanzungen nahm man auf der Mainau im Bodensee vor. Dort erreicht man den höher gelegenen Teil der Insel durch

eine Allee, die zu beiden Seiten von Rothölzern gesäumt wird. Es sind eigenartige Bäume, deren Stämme unten sehr breit sind und dann schnell schmaler und schmaler werden. Die Verzweigungen sind außerordentlich dicht, so daß Bretter, wenn man sie später mal aus den Stämmen schneidet, voller Äste sein dürften. Die Bäume sind breit gelagert, und wenn ich ihren Umriß schematisch darstellen sollte, würde ich eine Pyramide zeichnen.
Dies alles wäre eine unnütze Erzählung, könnte ich sagen, die Rothölzer aus China haben diese eigenartige, breite Wuchsform. Aber das ist nicht wahr, weil ich hier im Ort täglich Rothölzer sehe, die zwar nicht ganz so alt sind, aber doch eine schlanke, elegante Gestalt entwickeln, wie man sie sich schöner gar nicht denken kann. Es muß also auch von diesen Bäumen verschiedene Typen geben, und je nachdem, woher die Baumschule das Saatgut bekommen hat, wächst ein breiter Rotholzbaum à la Mainau heran, oder aber es wird ein schlankes Rotholz, das seine Konturen von einer Lärche abgeguckt haben könnte.
Gemeinsam ist allen Typen die Schönheit des Nadelaustriebs im Frühjahr, des leicht wirkenden Grüns im Sommer und der Herbstfärbung bis tief in den November hinein: Es gibt nur eine einzige mögliche Beschreibung dieser Farbe, für die man sich aber in der Phantasie vorstellen muß, daß die Nadeln des Rotholzes aus Eisen seien: Rost.

Vorsicht bei geschenkten Bäumen

Sicher wollen Sie wissen, warum ich so viele Bäume im Garten habe, mit denen ich nicht recht zufrieden bin oder die mir Schwierigkeiten bereiten. Und für die es sicher bessere gibt. Der Grund ist ganz einfach: Ich habe sie alle geschenkt bekommen! Geschenkt ist eigentlich nicht das richtige Wort, aber Gegengeschäft wäre ebenso falsch, weil ich für den »Angler aus Malente« ja nichts haben wollte, vor allem nicht von meinem Freund Wilhelm Köppke aus Schleswig-Holstein, der sich unser Grundstück bei einer Durchreise, als gerade das Haus gebaut wurde, genau angesehen hat. Nun ja, man hat so seine Liebhabereien, und ich habe eben für Wilhelm Köppke eine Liebesgeschichte geschrieben, den »Angler von Malente«, die aber keineswegs literaturverdächtig ist. Wohl jeder Kaufmann dort oben ist mit einer Baumschule verschwägert oder auf sonstige Art verwandt, so kam er auf die Idee mit den Bäumen und Sträuchern, und sogar für den Transport vom Güterbahnhof bis hinter unsere obere Gartenhecke hat er gesorgt.
Der Segen war übergroß: Douglasien, Hemlockstannen, Serbische Fichten, zwei Schwarzkiefern, mehrstämmige Birken, neun Stück an der Zahl, breitgewachsene Eiben, Chinesische Wacholderbüsche, nicht weniger als zwölf

dreimeterhohe Lärchen, zwei mehrstämmige Silberahorne, drei Feuerdorne, ein Taschentuchstrauch, Blumenhartriegel, zwei Bündel Wildrosen, drei Dutzend Edelrosen, sechs Rhododendronbüsche, Azaleen, drei Rosmarinweiden, Seidelbast, Schneeglöckchenstrauch, Pfaffenhütchen und was weiß ich noch!

Was tut man mit dem unerwarteten Reichtum, der so wohlverpackt und mit zusammengeschnürten Ästen im Gras liegt? Man fühlt sich wie von Gottvater persönlich beauftragt, die Bündel hoffnungsvoller Pflanzen sofort in seinen Schutz zu nehmen! Ganz selbstverständlich hätte ich entweder noch die nächste Wiese kaufen oder aber auf die Hälfte der Bäume verzichten müssen. Doch die *Pseudotsuga douglasii* ist kein Kohlrabi. Ich konnte erstmals im Leben sagen: Dies alles sind meine eigenen Bäume, deren Lebenszeit teilweise auf Jahrhunderte programmiert ist. Keine Rede davon, daß ich etwa ein paar Freunde angerufen und gesagt hätte: Hole dir schnell eine schöne Birke ab oder eine Eibe oder eine Hemlockstanne. Nein, ich habe sie alle behalten, einstweilen wenigstens, und das war falsch.

Daß sich manche Niete in dem großen Glück befand, sollte sich erst später herausstellen. So ließ ich die fünf Feuerdorne nach fünf Jahren in Feuer aufgehen, damit sie wenigstens einmal ihrem Namen Ehre machen konnten. Denn die Sträucher sind nur gewachsen, und wie sie gewachsen sind! Aber an Blüten und somit an die von uns begehrten orangeroten Beerengehänge dachten sie nicht. Auch bei diesen Gehölzen weiß man bei der Vermehrung durch Samen nicht, was herauskommt. Zwar wachsen die aus Samen gezogenen Feuerdorne ungeheuerlich, aber wer weiß, wann sie endlich einmal blühen, und dann kommt der Rostpilz noch dazu. Feuerdorne sind wirklich schön, wenn sie Luft und Sonne haben, und sie wachsen sogar an Mauern empor, wenn man ihnen etwas dabei hilft. Aber man soll nur veredelte Pflanzen nehmen, die darauf trainiert sind, dem Rostpilz und dem Mehltau zu widerstehen, wie beispielsweise ›Aldingers Orange Selekt‹.

Als zweites Gehölz der Anti-Gartenlust erwies sich die Heckenkirsche zumindest mit denjenigen Arten, die bei mir gelandet sind. Die Heckenkirsche gehört zu den Geißblattgewächsen wie unser harmloses, gut duftendes Jelängerjelieber und heißt *Lonicera*. Es gibt recht viele Arten dieses Strauches. Sieht man sie mit ihren rot gefärbten Blättern sowie mit ihren dunkelblauen Früchten in den Anlagen, kann man wirklich Freude an ihnen haben. Ich habe in dem Katalog einer unserer größten Baumschulen nachgesehen, wo die verschiedenen Arten mit ihren wichtigsten Eigenschaften in einer Tabelle zusammengefaßt sind. Eine Eigenschaft finde ich aber weder in dieser Tabelle noch in den nachfolgenden Beschreibungen, daß nämlich einige von ihnen Dornen haben, und bei mir im Garten sind sämtliche

Heckenkirschen dornig gewesen. Das war also nichts für uns, die wir im Sommer gern barfuß gehen. Auch wenn man Schuhe anhatte, kratzte die Heckenkirsche an den Waden oder an den Armen, weil sie wie die verbrannten Feuerdorne ungeheuer gewachsen sind. Ich habe diese *Lonicera* trotz ihres mädchenhaften Namens nach einiger Zeit total ausgerottet, und nach etlichen Nachzugsgefechten, weil sie aus vergessenen Wurzelstücken immer wieder austrieben, haben wir endlich Frieden vor ihnen.

Das aber war damals nicht zu ahnen, als der ungeheure Reichtum an Bäumen und Sträuchern über die obere Wildhecke kam. Da es bereits spät in der Jahreszeit war, mußten wir die Bäume, Sträucher und Rosen vorläufig fürs Überwintern in die Erde bringen, bevor sie im Frühjahr ihren endgültigen Standplatz erhielten. Wir hoben also lange und tiefe Gräben aus, nachdem ich dem sogenannten Boden mit der schweren Kreuzhacke zur Kenntnis gegeben hatte, daß es mit der jahrhundertelangen steinernen Ruhe unter dem Teppich aus Wiesengras und Butterblumen vorbei sei. In die Gräben stellten wir dann dicht an dicht die Bäume und Sträucher mit ihren Ballen hinein. Die zusammengeschnürten Bündel machten wir auf und stellten die Rosen gleichfalls dicht nebeneinander in den Graben, schaufelten zur Hälfte torfvermengte Erde ein, ließen stundenlang Wasser laufen, bis alles durch und durch naß war, füllten den ausgeworfenen Boden vollends ein und hingen eine lange Leinwand über die Zweige, damit die Sonne nicht so viel Wasser verdunstete. Dieses vorläufige Pflanzen nennt man übrigens Einschlag, und wer im Herbst, weil ihn möglicherweise der Frost nicht zum Auspflanzen kommen läßt, einen derartigen Einschlag vornimmt, der soll sich dafür eine Stelle im Garten aussuchen, die im Nachwinter im Schatten liegt. Sonst blühen manche Gehölze in der Sonne auf, ehe sie richtig gepflanzt sind.

Mir hat der Einschlag gut gefallen. Es hätte eigentlich immer so bleiben können. Alle Schätze befanden sich beieinander. Aber dann zwang ich mich in die Rolle eines Regisseurs hinein, der auf nahezu zweitausend Quadratmetern ein gewaltiges Theater zu veranstalten hatte. Alle Darsteller waren bereit. Einige von ihnen, das bestätigen sie noch heute jeden Tag, hatten ihre Rolle in der Baumschule gut gelernt.

34 Blütenzweig einer Kreuzung zwischen der kleinen Sternmagnolie und *Magnolia kobus.*

35 Im Spätsommer blühender, bei uns winterharter *Hibiscus syriacus,* den wir auch in weißen und roten Blütenfarben kennen.

36 Der Ranunkelstrauch *(Kerria japonica)* zeigt seine hübschen gelben Blüten im Mai.

37 Goldregen der besten Sorte, nämlich *Laburnum watereri* ›Vossii‹, mit langen Trauben.

38 Blätter des Fächerblattbaumes, *Ginkgo biloba,* der botanisch eine Konifere ist.

35 △ 36 ▽ 37 ▷

Der Boden

Bleibt Sand nun Sand, oder läßt sich aus armer Erde reiche Erde machen?

Torf ist Humus in Reinkultur

Wir mußten tatsächlich den Boden mit der Kreuzhacke aufschlagen, um die vielen Bäume und Sträucher vorläufig einpflanzen zu können. Die rotgelben Brocken bestanden aus matschigem Stein, und es knirschte richtig, wenn ich sie mit dem Spaten zerteilte. Abgesehen von der obersten Wiesenschicht handelte es sich durchweg um »Vatererde«, in die noch nie eine Wurzel eingedrungen war.

Muttererde ist immer gut. In dem so bezeichneten Boden wachsen Gräser, Kräuter und Bäume vielleicht schon jahrhundertelang, gar Jahrtausende. Weil die vergehenden Blätter und Wurzeln immer wieder zu Erde werden, in der auch Regenwürmer sterben und der Wind die Federn eines toten Vogels verscharrt, entsteht ein lockerer und zumeist dunklerer Boden, den wir Humus nennen.

Humus gibt es sozusagen in Reinkultur, es ist der Torf, der aus nichts anderem als ersticktem, immer mehr zusammengepreßtem Sumpfmoos besteht. Es mögen auch die Reste einiger Birken dazwischen sein. Dieses Sumpfmoos saugt sich voll Wasser und wächst, bis es vergeht, aus dem alten Moos wachsen wieder neue, grüne Moospolster, und weil so ein Moor im Laufe vieler Jahre immer höher wird, spricht man von einem Hochmoor. Das Moor soll in jedem Jahr um einen Millimeter wachsen, so daß also die Moore in Oldenburg, die eine Mächtigkeit bis zu acht Metern haben, achttausend Jahre alt sind. Zuunterst, fest zusammengepreßt, ist der Schwarztorf, die oberste Schicht nennt man Weißtorf, obwohl sie ebenfalls braun ist, nur nicht ganz so dunkel.

Als Muttererde kann man Torf nicht bezeichnen, denn es mangelt ihm an Fruchtbarkeit, es wächst nichts in ihm, wenigstens nicht viel. Auf den Ballen, die wir kaufen, steht zwar immer Düngetorf, aber das ist nur insofern richtig, als der Boden gewissermaßen mit reinem Humus gedüngt wird. Der Wald ist

mit Blätterfall, vermoderndem Holz und den Knochen verendeter Tiere in punkto Humus Selbstversorger, und ein älterer Garten mit guter Kompostwirtschaft ist es ebenso, aber ein neuer Garten ist es keineswegs.
Man braucht also Torf, viel Torf. In diesem braunen, flockigen Mehl stecken Kräfte, die sich sehr günstig auf das Wurzelwachstum aller Pflanzen auswirken. Wer von seinen Erdbeerranken junge und reichbewurzelte Pflanzen ziehen will, der braucht nur zwischen den Reihen eine dreifingerdicke Lage Torf auszubringen. Oder es will jemand Stecklinge von Fuchsien, Geranien und Rosen ziehen: Dann braucht er nur Torf und Sand halb und halb zu vermischen, und es geht ganz glänzend. Es stecken auch heilende Kräfte im Torf. Ich lernte in Weinheim eine Frau kennen, die den Beweis dafür erbrachte. Eine Amarylliszwiebel war teilweise vom sogenannten roten Brenner befallen, einem Pilz, von dem das Zwiebelfleisch ganz matschig wird, bis die schöne Amaryllis gänzlich verfault. Diese Frau hat den roten Matsch herausgeschnitten und die Zwiebel in reinen Torf gesteckt. Es dauerte ein paar Monate, dann war die Amaryllis wieder gesund.
Am segensreichsten also wirkt sich Torf auf die Wurzelbildung aus. Ich bin neuerdings den schönen Orchideen verfallen, insbesondere den tropischen Arten des Frauenschuh, die zuweilen an den Wurzeln recht wehleidig sind. Da gibt es nichts anderes als Torf, am besten etwas groberen oder zerfaserten Torf, damit sie an den Wurzeln gesunden und ihre Fröhlichkeit wiederbekommen. Noch besser, so man es hat oder von einem Hochmoor holen kann, ist das grüne und lebendige Sumpfmoos selbst, aus dem der Torf entstanden ist und weiterhin entsteht. Pflanze ich eine Primel oder eine Kanadische Hemlockstanne, kommt immer genügend Torf in die Erde, weil es dann mit der Bewurzelung der Pflanzen flott weitergeht. Auch wenn ich mancherlei Pech in all den Jahren gehabt habe, so ist doch niemals ein Gewächs aus dem Grunde eingegangen, weil es die Prozedur des Pflanzens oder Verpflanzens nicht ertragen hat.
Wichtig ist, und das wissen die wenigsten Sonntagsgärtner, daß Torf immer feucht sein muß, wenn ich ihn verwende. Versuchen Sie einmal, staubtrokkenen Torf naß zu bekommen. Zwar ist selbst dieser braune Staub niemals ohne Wasser, aber es bereitet Schwierigkeiten, ihn zu zusätzlicher Wasseraufnahme zu bewegen. Ist es endlich soweit, daß er Wasser aufsaugt, braucht er unendlich viel davon. Ich habe es zwar in aller Exaktheit noch nicht ausprobiert, aber man sagt, daß Torf vierzehnmal soviel Wasser aufnimmt, wie er selber wiegt. Da wundern Sie sich, wenn die frisch gepflanzte ›Cox Orangen Renette‹ vertrocknet, obwohl ihr doch kein Gießwasser vorenthalten wurde und es außerdem viel geregnet hat. Alle diese Feuchtigkeit diente nur zur Selbstsättigung des Torfes, der beim Pflanzen der Cox Orange staub-

trocken unter die Erde gemischt worden ist. Am besten breitet man Torf etwas auseinander und läßt ihn dann ein paar Wochen in Tau und Regen liegen.

Nein, als Muttererde würde ich Torf nicht bezeichnen, aber als Mutter der Erde, die daraus entstehen kann. Es stimmt zwar nicht ganz, weil ja der Wind auch Staub und Sand über das Moor weht, aber ich kann den Torf als jungfräulich bezeichnen, wozu sich nun ein Mann gesellen muß, damit daraus eine Mutter wird – in unserem Fall also Muttererde. Dieser männliche Part besteht aus nichts anderem als aus zermahlenem Gestein, in dem sich alle Elemente befinden, die unsere Pflanzen außer Luft und Licht brauchen, um wachsen zu können.

Es gibt außer dem reinen Düngetorf noch die sogenannten Torfkultursubstrate, die zusätzlich künstlich beigemengte Minerale, also zermahlenes Gestein, enthalten. In diesen Substraten wächst sich's ganz vorzüglich, ich verwende sie vornehmlich für Pflanzen, die in Töpfen und Kübeln stehen, vor allem aber für Aussaaten, weil sich in den Substraten keine Samen von störenden Unkräutern befinden. Es gibt zwei Arten Substrate, einmal das TKS mit der arabischen Ziffer 1, das für Aussaaten und ganz junge Pflanzen gut ist, weil sich darin nur die Hälfte der Mineraldünger befindet wie im TKS mit der arabischen 2, das mit einer vollwertigen, reich mit Nährstoffen ausgestatteten Erde vergleichbar ist. Wenn in diesen Substraten – unübertrefflich übrigens für Balkonkastenpflanzen – einmal etwas gewachsen ist, dann erst kann man von Muttererde sprechen.

Wieweit sich ein Boden verbessern läßt

So gesehen habe ich etwas Falsches gesagt, als ich die roten glitschigen Klumpen meines Gartenbodens vor fünfzehn Jahren als »Vatererde« bezeichnete. Diese Erde gibt es nicht. Der mineralisch-männliche Part bewirkt nur, daß aus reinem Humus Muttererde entsteht, doch geht er dabei völlig in ihr auf.

Mein roter, brockiger Gartenboden aus mürbem und zum Teil matschigem Stein besteht aus verfallenem und weiter verfallendem roten Sandstein mit Beimengungen anderen Gesteinsverfalls, auf welche die verschiedenen Spuren von Lehm und gelegentlich auch von Ton zurückzuführen sind, die wir finden.

»Du mußt den Boden grundlegend verbessern«, sagte mein Freund Kork damals, »denn in diesem harten Grund, da wächst nichts, da muß erst einmal ordentlich Torf hinein, und vor allem nimm Stallmist, so du ihn bekommen kannst.«

Inzwischen kann ich Ihnen sagen, daß Sie sich keinen Bären aufbinden lassen dürfen, demzufolge es sich mit Mitteln der Bodenverbesserung erreichen läßt, binnen weniger Jahre den nackten Arm bis zum Ellenbogen ins Erdreich stoßen zu können, um in dieser Tiefe die stinkige Zwiebel der Kaiserkrone auszulegen. Die Pflanztiefe für Kaiserkronen ist kein Märchen, es stimmt durchaus, daß die Zwiebel so tief sitzen muß, aber daß Sie den Arm einfach in die weiche Erde stoßen können, das ist falsch. Torf ist eine feine Sache, aber ich hatte immer den Eindruck, als ob die Erde ihn auffrißt, und mit dem Kompost ist es ebenso. Wenn ich den im Gemüsegarten ausgebrachten Torf, Mist und Kompost zusammenrechne, käme bestimmt eine Schicht zusammen, in der man das Blatt meines hineingesteckten Spatens nicht mehr sehen könnte. Aber nichts da, die Erde ist allenfalls etwas manierlicher und schwärzer geworden, und den Arm bekomme ich nicht bis zum Ellenbogen, sondern nur bis zum Handgelenk hinein. Doch das genügt mir bereits.
Das mit der Verbesserung des Bodens kann sowieso nicht stimmen. In meiner sandigen Heimat, der Mark Brandenburg, fahren die Bauern seit Jahrhunderten und länger Mist auf den Acker, in neuerer Zeit auch Kompost, aber es ist immer das gleiche arme Land geblieben. In manchen Gegenden sagt man jungen Burschen, die sich eine Frau suchen, sie sollen nicht dorthin gehen, wo der Ginster wächst. Unausgesprochen klingt in dem Wort die Mahnung mit, daß die Leute dort wenig haben, wogegen es ganz schön sei, wenn ein Mädchen etwas mit in die Ehe brächte. In der Rheinebene ist bei Bekannten der Boden so lehmbröselig und gut, daß der Tabak beinahe so prächtig wächst, wie ich das in Virginia gesehen habe. Doch ein paar Kilometer nördlich, in derselben Rheinebene, lassen die Bauern nun, da sie mit den Landwirten der Europäischen Union nicht wetteifern können, den Pflug im Schuppen stehen; auf den Feldern wachsen Nachtkerzen, wilde Lupinen und Weiden, weil auf dem kargen und karg bleibenden Boden trotz Mist und Dünger nichts gedeiht. Die goldene Aue bei Halberstadt wird immer die fruchtbare Aue und die Schwarzerde der Ukraine immer schwarz und trächtig bleiben. Wo aber Sand ist, wird weiterhin Sand sein.
Es sind nicht so sehr die Nährstoffe, auf die es in einem Gartenboden ankommt, denn was die Pflanzen an Stickstoff, Phosphor und Kali brauchen, das kann ich ihnen geben. Eher kommt es darauf an, daß der Boden diese Nährstoffe festhält wie ein Schwamm das Wasser. Wenn die Düngerlösungen durch den Sand wie durch ein Sieb in die Tiefe abfließen, sind sie dahin. Nun, als Sieb erwies sich unser Boden damals absolut nicht, im Gegenteil, das Wasser floß an manchen Stellen viel zu langsam ab. Denn die Erde war zu hart, und wenn auf das umgegrabene Land nach längerem Regenwetter die Sonne schien, hätte man die Erdschollen als Steine verdäch-

tigen können. Es galt also, den Boden lockerer zu machen. Das ist ein ziemlich schwieriges Unterfangen.
Gewiß bereitet es mir Vergnügen, schnell einmal mit drei Fingern der linken Hand ein Loch in den Boden stechen zu können, um mit der rechten Hand ebenso schnell den Setzling einer Akelei, den ich im Gebüsch fand, einzupflanzen. Doch nicht auf meine Bequemlichkeit kommt es an, wenn ich mir einen lockeren Boden wünsche, sondern es geht um das bessere Wachstum meiner Pflanzen. Nehmen wir als Beispiel einmal die Amaryllis, mit der ich mich früher gern beschäftigt habe, ehe ich auf die Orchideen gekommen bin. Bei dieser Pflanze kommen die Blütenknospen am willigsten aus der dicken Zwiebel heraus, wenn sie einen gut durchwärmten Boden hat. Daher schnippele ich dünne Äste in kleine Stücke und vermische sie mit der Erde, wenn ich die Amarylliszwiebel in den Topf pflanze. Diese Holzstücke bewirken, daß der Wurzelballen viel schneller durchwärmt als bei dicht zusammenklebender Erde.
Meine tropischen Frauenschuhe pflanze ich in ein Gemisch aus Sumpfmoos, Farnwurzeln und Holzkohle mit ein paar Topfscherben dazwischen. Betrachtet man dieses Substrat durch ein Vergrößerungsglas, könnte man an einen lockeren Reisighaufen denken. Ähnlich muß eine schwere, backige, lehmige und erst recht tonige Erde gelockert und durchlüftet werden, wenn es darin wachsen soll. Umgekehrt ist es bei sandigem Boden, der zwar schnell erwärmt, aber ebenso schnell wieder auskühlt, wenn eine Wolke über die Sonne zieht. Da muß etwas hinein, was wie ein Schwamm jegliches Wasser festhält, das sich zwar langsamer erwärmt, aber die Wärme auch länger festhält. Der richtige Boden ist also nicht so sehr ein chemisches, sondern ein physikalisches Problem.
Inzwischen gibt es einige nützliche Produkte der Industrie, die sich dafür verwenden lassen, schweren Boden luftiger und sandigen Boden wasserhaltiger zu machen: aufgeschäumtes Polystyrol. Es ist ein flockiges, weißes Granulat, das zunächst einmal durch seine Leichtigkeit auffällt, denn ich kann einen Sack, in welchem zwei Zentner Kartoffeln Platz hätten, mühelos mit einem kleinen Finger hochheben. Die eine Art dieses Granulats heißt Styromull, die schneeflockenleichten Körner bestehen fast nur aus eingeschlossener Luft. Es ist feingemahlenes Styropor, und man könnte natürlich die entsprechenden Kisten und sonstigen Verpackungen zur Bodenlockerung benutzen. Sie brauchen nicht zu lachen, dies tun sogar zahlreiche Gärtner. Doch ist es nicht ganz einfach, das überall haftende und wegen seiner mangelhaften Wärmeleitfähigkeit an den Händen festklebende Material in winzige Stücke zu zerteilen. Ich selber zerbrösele fast immer ein Stück Styropor, wenn es darum geht, Topfgewächse zu verpflanzen. Und was meinen

Sie, wie sich der große Tonkübel auf der Terrasse bewegen ließe, wenn er nicht zur Hälfte mit zerbröckeltem Styropor gefüllt wäre. In dem Kübel wachsen Pelargonien und ein hellblauer, buschiger Bleiwurz. Mehr fruchtbare Erde, als die Hälfte des Kübels fassen kann, brauchen die Pflanzen nicht, darunter kommt also Styropor. Außerdem hält es – ich sprach eben von der schlechten Wärmeleitfähigkeit – im Herbst die Bodenkälte davon ab, allzuschnell bis an die Wurzeln zu gelangen.

Jede Medaille hat ihre Kehrseite, so auch das flockige Styromull. Das auf die Bodenbelüftung spezialisierte Granulat bleibt für alle Zeiten weiß, und weil es praktisch niemals zerfällt, kann ein Garten leicht dauernd so aussehen, als wäre es gerade mit der Blüte der Pflaumenbäume zu Ende. Ich würde es also nur da verwenden, wo ich Styromull für Dauerpflanzungen – für Rasenanlagen etwa – im Boden verstecken kann. Ein weiterer Nachteil ist, daß man Styromull nur mit Schwierigkeiten bekommt, wenigstens im Augenblick noch. Darüber habe ich bereits im Zusammenhang mit der Entwässerung des Gartens geschrieben.

Ebenso verhält es sich bei einem Granulat, das dem Styromull zum Verwechseln ähnlich sieht, aber physikalisch die genau entgegengesetzte Eigenschaft hat: Es saugt sich voll Wasser, weshalb man es auch als Hygromull bezeichnet. Es ist nicht für schwere Böden bestimmt, die ohnehin genug Feuchtigkeit festhalten, sondern für Sandböden. Dort ersetzt es zwar nicht sämtliche Tugenden des Torfes, wirkt aber wie ein Schwamm, ohne jemals zu zerfallen oder abgebaut zu werden.

Locker muß der Boden sein

Hat man sich Ausstellungen mit ihren Pflanzungen von Bäumen, Sträuchern und teppichartig ineinanderwachsenden Polstern angesehen, Gartenbücher und Gartenzeitschriften studiert, dann weiß man, daß nach erfolgter Bodenverbesserung möglichst der ganze Garten mit winterharten, ausdauernden, sich ständig vermehrenden und bestockenden Stauden zu bepflanzen ist. Dann kann der Gärtnersmann jahrelang Daumen drehen, weil sich der Garten sozusagen im permanenten Zustand der Vollendung befindet. Ich will nichts gegen Stauden sagen, im Gegenteil! Ich glaube aber, daß für eine andauernde Gartenlust nichts so abträglich ist wie das Bedürfnis, einen Garten anzulegen, mit dem man ein für allemal fertig ist. Dies gilt schon einmal dort nicht, wo es nicht von vornherein möglich ist, die Hand bis zum Handgelenk in den Boden zu stecken, ohne ihn vorher umgegraben zu haben. Kennen Sie die Geschichte vom Schatz im Acker? Ich will sie kurz erzählen, weil sich darin eine Wahrheit verbirgt, die auch im Garten zum Glück führt.

Ein Bauer war unglücklich über seine allzu bequemen Söhne, und als er zum Sterben kam, sagte er ihnen, daß im Acker ein Schatz vergraben sei, den er ihnen vererbe. Da machten sich die Söhne auf und gruben den Acker sorgfältig um, aber auch nach wochenlanger, mühsamer Arbeit haben sie den Schatz nicht gefunden. Das Korn indessen wuchs prächtig auf diesem Acker, und als es abgemäht war und sie den Weizen bis auf den eigenen Bedarf für viel Geld verkauft hatten, gruben sie das Feld abermals um, wieder ohne den Schatz zu finden. Daraufhin wuchs das Korn noch besser, und es brachte den doppelten Ertrag des Vorjahres. Weil die Söhne aber die Hoffnung auf den Schatz nicht aufgaben und den Acker wieder und wieder umgruben, wurde auch die Fruchtbarkeit der Erde immer größer, daß sie auf diese Weise zu großem Reichtum kamen.

Der Sinn dieser Geschichte? Im Garten ist es ganz ähnlich, wenn er nicht von Anfang an eine seit Jahren umgegrabene Erde hat. Es ist überhaupt ein irriger Wunsch, im Garten irgend etwas fertig haben zu wollen. Erde, Wetter und Gewächse sind kein Holzstück in der Drehbank. Wer in einem Garten glücklich sein will, muß sich daran gewöhnen, ständig etwas zu tun und seine Freude daran zu haben. Ich kenne Gärtnersleute, die ständig eine leichte Hacke bei sich tragen, wenn sie durch ihr grünes Reich gehen. Daß sie stets ein scharfes Messer bei sich haben und ein paar Bastfäden aus der Tasche heraushängen, ist wohl selbstverständlich. Ist die Erde bei Erschaffung des Gartens noch roh, muß man sich bemühen, daß erst einmal etwas Kurzlebiges wächst, damit der Boden im Herbst wieder gegraben werden kann. So sollte es ein paar Jahre hindurch gehen. Sehr gut sind zunächst einmal Kartoffeln, weil man sie zweimal hacken muß. Beim ersten Hacken verschwinden die Unkräuter, nach dem zweiten keimt unter dem dichten Blätterdach nichts mehr. Sehr gut sind auch wilde Lupinen, die man als Samen im Saatfachgeschäft bekommt. Man braucht sie nur über dem gegrabenen Land auszustreuen, mit dem Rechen etwas einzuhäckeln, und alsbald breitet sich ein grüner Flaum über dem Boden aus, dem in einigen Wochen die schöne Blüte folgt. Lupinen sind Schmetterlingsblütler, denen bekanntlich die Fähigkeit eigen ist, den in der Luft enthaltenen Stickstoff zu speichern. Gräbt man die Lupinen um, wird der Boden zusätzlich mit dem wichtigsten Pflanzennährstoff angereichert.

Es geht aber auch mit Einjahrsblumen sehr schön, die man als Samen in den bekannten bunten Tüten kauft. Sie kosten eine paar Mark, und bereits in zwei Hosentaschen kann ich den Blütensommer eines großen Gartens nach Hause tragen. Freilich brauchen diese Blumen einen gegrabenen, aufgelokkerten, torfdurchsetzten Boden, wenn sie recht gedeihen sollen. Ein solches Beet läßt sich ohne Probleme schaffen. Ist der Boden nach einigen Wochen fest und vom Regen zusammengetrommelt worden, haben sich Astern und *Tagetes* schon so eingewurzelt, daß ihnen die verdichtete Erde nicht mehr viel anhaben kann. Die Oberfläche läßt sich leicht mit der Hacke aufrauhen. Außerdem bereitet der Umgang mit diesen Blumen insofern Vergnügen, als man in jedem Jahr etwas neu machen, verändern, ausprobieren und besonders schmücken kann.

Ich selbst bin am Anfang meiner Gärtnerzeit so gescheit noch nicht gewesen. So habe ich an zwei Stellen unseres Gartens erst im vergangenen Jahr damit begonnen, die zähe Erde in Bewegung zu bringen, indem ich vor dem Winter Stiefmütterchen und im darauffolgenden Sommer allerlei südländische Gewächse wie Mittelmeermargeriten und Wandelröschen pflanzte. So ist der nun vielfach durchwurzelte Boden sehr viel lockerer und krümeliger geworden.

In einem Teil unseres Gartens hat sich der Boden selbst in einen waldartigen Zustand gebracht, und das ist der Hang vor meinem Schreibstubenfenster, über den es hinauf zu meinen Gewächshäusern und dem Gemüsegarten geht. Da wächst mein privater Lärchenwald, der zunächst einmal im Herbst seine goldenen Nadeln abwirft. Sie bleiben selbstverständlich liegen. Dann weht der Wind von der Nordseite her das Laub des Ebereschenbaumes und eines Weißdorns über die Rhododendronbüsche, von deren blanken Blättern der Regen sie auf den Boden spült. Lärchenbäume haben die unangenehme Eigenschaft, immerzu trockene, dünne Äste abzuwerfen. Wo sie aber zwischen die Pflanzen des Hanges fallen, bleibt alles Holz liegen, ich breche es allenfalls in kleinere Stücke, wenn die Äste zu lang und sperrig sind. Weiter wachsen Farnkräuter und Gräser an diesem Hang, viele Narzissen im Frühjahr und Lilien im Sommer. Was immer an Pflanzen gelb und welk wird im Herbst, sie bleiben liegen, werden von Laub überdeckt und allmählich zu Erde.

Gelegentlich spendiere ich ein paar Schubkarren voll Torf, streue hin und wieder etwas Kompost und Dünger aus, im übrigen bleibt dieser Hang sich selbst überlassen. Außer den Lärchen und einer Hemlockstanne sind es auf der Südseite vor allem Rhododendronarten kleineren Wuchses, die auf diesem Hang die Hauptrolle spielen, der nun wirklich wie ein Mini-Wald sich selbst erhält und allmählich eine Bodendecke bekommen hat, die ich nicht erst zu graben brauche, will ich meine Hand bis zum Handgelenk hineinstecken, um eine Wildtulpe zu pflanzen. Überall sonst aber, wo ich damals auf pflegeleichte Dauerpflanzung spekuliert hatte, bin ich bös hereingefallen, denn der Boden ist noch heute unnahbar, soviel Kompost und Torf auch im Laufe der Jahre ausgebreitet worden sind.

Nur das Gemüseland ist anders. Dort habe ich in jedem Herbst alles umge-

graben. Meine Familie hat manchmal gelacht, wenn ich noch am Heiligen Abend mit dem Spaten loszog, um den Acker umzugraben. Aber so ist man nun einmal als Gärtner vor derartigen Feiertagen: Man möchte kein Stückchen Land ungegraben in das große Fest und vor allem ins nächste Jahr gehen lassen. Ich gestehe zwar, daß es zu Anfang nicht leicht gewesen ist, den schweren Boden umzubrechen, aber mir hat es trotz aller Mühe Spaß gemacht. Man kann seinen Gedanken nachhängen, begegnet hier einem Regenwurm und dort einem werdenden Maikäfer, freut sich über die auf den feuchten Erdschollen umherhüpfenden Rotkehlchen und im übrigen auf das in zwei Grabestunden wohlverdiente Vesperbrot. Wenn ich Stallmist bekam, habe ich ihn genommen, aber das ist in den fünfzehn Jahren nur dreimal der Fall gewesen. Was von der letzten Ernte an Kohlstrünken, Bohnenkraut, Selleriewurzeln und sonstigem Abfall übrigbleibt, das grabe ich alles unter.
Ist der Acker aus irgendwelchen Gründen zu aufgeräumt, fahre ich mit der Schubkarre halbverrotteten Kompost heran, also wiederum Strünke, Schnittholz von den Johannisbeersträuchern, zusammengepapptes Laub von der Wildhecke oben vor dem Wald, abgeschnittene Blütenstiele von Phlox und Helenium, zerkleinerte Sonnenblumenstämme und manches andere. Beim Umgraben muß man achtgeben, daß Furche um Furche ein spatenstichtiefer und entsprechend breiter Graben entsteht. In diesen Graben scharre ich mit dem Spaten alles hinein, was auf dem Erdstreifen davor liegt oder noch wächst, der sodann Scholle um Scholle umbrochen wird und auf dem Eingescharrten zu liegen kommt. Diese Schollen soll man im Herbst nicht zerkleinern. Sie saugen sich voll Regenwasser, und später dringt der Frost von allen Seiten hinein. Das gefrierende Wasser in den Erdschollen dehnt sich aus, der Boden wird in kleine Stücke zersprengt und dadurch besser gelockert, als ich es mit dem Spaten oder dem Grubber tun kann. Läuft jemand auf dem gegrabenen Land umher, kann ich geradezu fuchsteufelswild und böse werden. Im Frühjahr liegen lange und breite Gerüstbohlen bereit, mit denen ich eine Rollbahn für den Schubkarren baue, um nicht auf das feuchte Land treten zu müssen.

Jedes Frühjahr breite ich über das Gemüseland feuchten Torf aus, mal mehr, mal weniger, je nachdem, wie das Geld ausgereicht hat. Aber auch fertige Komposterde, die im Laufe der Jahre immer reicher anfiel, kommt über die groben Schollen des im Herbst zuvor gegrabenen Bodens. Sodann wird der Acker – immer von der Rollbahn meiner Meter um Meter weitergerückten Gerüstbohlen aus – mit dem Dreizink zergrubbert und zerkrümelt, worauf ich die Beete und Trittpfade abstecke, bis endlich die Bohlen bis zum nächsten Einsatz in Ruhestellung gebracht werden können.

Zugute kommt uns, daß wir viele Zwiebeln brauchen und außerordentlich

gern Lauchgemüse essen. Ich habe noch keine Pflanzen kennengelernt, die es in puncto Zerkrümelung harten Bodens derart zur Meisterschaft bringen wie alles, was Zwiebel und Lauch heißt.
Auf diese Weise ist in fünfzehn Jahren aus dem roten Geschmier, das wir vorfanden, ein dunkler, krümeliger Boden geworden, in den ich meine Finger bis zum Handgelenk mühelos hineinstecken kann, wenn niemand darauf herumgetreten hat.

So entsteht ein Komposthaufen

Selbstverständlich mache ich Kompost, denn mir bleibt ja gar nichts anderes übrig. Wohin sonst mit dem Heckenschnitt, dem Gras und dem Unkraut, mit den verblühten Astern und Sonnenblumen, den haarigen Ranken der Salatgurken, den gefangenen Maulwürfen und Mäusen, nicht zu vergessen die in der Küche anfallenden Kartoffelschalen und Federn der Weihnachtsgans und was sonst so in Haushalt und Garten übrigbleibt. Über den Kompost und seine Geheimnisse sind ganze Bücher geschrieben worden, für zahlreiche Menschen ist der Komposthaufen sogar Bestandteil ihrer geradezu fanatisch vertretenen Weltanschauung. Für mich ist das Thema stets ohne Probleme geblieben. Was auch immer an organischer Substanz auf dem Abfallhaufen unter dem Wildkirschenbaum landete, ist irgendwie und irgendwann zu schwarzer, fruchtbarer Erde geworden.
Anfangs habe ich es ganz genau gemacht. Zuunterst breitete ich im Schatten des Wildkirschbaumes viele Zweige von Weißbuchen aus, die mir gerade zur Verfügung standen. Es kann aber auch jedes andere, etwas sperrige Holz sein. Mit den Füßen zusammengetreten, war die Schicht noch gut und gern zwanzig Zentimeter hoch; später ist sie von dem Gewicht des immer wieder aufgefüllten Abfalls weiter zusammengesunken.
Es kommt vor allem darauf an, daß in den Kompost erwärmte Luft eindringen kann, weil schließlich das Gestrünk von winzigen Tieren zersetzt wird, die erstens atmen müssen und sich zweitens nur behaglich fühlen, wenn es warm ist. Über diesen Rost von Zweigen der Weißbuche kam die erste Schicht von Abfällen aller Art, und wenn sie etwa ein Spatenstich dick war, puderte ich nach Vorschrift gelöschten Kalk darüber, und zwar so dünn, wie Mutter den feinen Puderzucker über den Christstollen streut. Dieser Vergleich ist nicht von mir, sondern von Professor Alwin Seifert, dem größten Kompostkämpfer, den wir je hatten. Ich habe noch ein übriges getan und in alten Weinkartons mürben Lehm aus dem Rebland mitgebracht, den ich gleichfalls lagenweise über den Kompost streute, weil von diesem Lehm eine besonders fruchtbare Wirkung auf die künftige Erde ausgeht.

Kompost entsteht aus allen organischen Abfällen des Gartens und des Haushalts, auch aus zerhäckseltem Holz. Die Umwandlung in Humuserde erfolgt durch die Tätigkeit von Bodenbakterien, Regenwürmern und anderen Kleinlebewesen, die auf eine gewisse Feuchtigkeit und vor allem auf Sauerstoff zum Atmen angewiesen sind. Deshalb liegt das wichtigste Geheimnis der Kompostbereitung darin, durch gelegentliches Einbringen von sperrigen Zweigen und Strünken für eine gute Durchlüftung zu sorgen. Wer genug Platz hat, der kann den Kompost an schattiger Stelle in altüblicher Form trapezförmig aufschichten. Jede neu aufgebrachte Schicht sollte man mit Düngekalk überpudern, und zwar so dünn, wie Puderzucker auf den Christstollen gestreut wird. Wer es ganz gut machen will, der zerbrösele pro Schicht und Quadratmeter noch einen Schuhkarton voll Lehm.

Nach der nächsten Abfallschicht kam wiederum der Kalk an die Reihe, gelöschter Kalk natürlich, der im Handel als Düngekalk bezeichnet wird. Besonders gläubige Kompostmacher nehmen statt dessen Kalk aus gemahlenen Meerestieren, der sehr viel teurer und schwerer zu bekommen ist. Nach meiner Auffassung aber ist Kalk gleich Kalk, weil er ohnehin von Meerestieren stammt, die allerdings schon vor längeren Zeiten gestorben sind und infolgedessen auch keiner technischen Mühlen bedurften, um sich zu Muschelkalk für den Kompost zermahlen zu lassen. Ich habe auch die abgeschnittenen Zweige des Buchsbaums und des Holunders in bleistiftlange Stücke geschnitten, desgleichen die Stiele der Rittersporne und der weidenblättrigen Sonnenblumen sowie anderer Blumen. Das so zerhäckselte Holz hat zusätzlich dazu beigetragen, daß Luft in den Kompost kam und der Haufen locker blieb. Dann und wann kamen auch wieder ein paar sperrige

Zweige dazwischen. Wenn der nach oben etwas schmalere Haufen Meterhöhe erreicht hatte, schüttete ich ihn ringsum mit Erde an, grub obenauf eine Delle, in der sich das Regenwasser sammeln konnte, und fertig war die Geschichte.

Sie werden mich nun fragen, wann ich diesen Kompost umgesetzt habe. Doch beantworten kann ich diese Frage in aller Klarheit nicht. Ich habe mir diese Mühe in den ersten Jahren nur ein einziges Mal gemacht. Es muß wohl nötig gewesen sein, weil es möglicherweise im Sommer nicht warm genug gewesen ist. Wie der Garten überhaupt, so ist auch der Komposthaufen keine Spieluhr, die man nur aufzuziehen braucht, damit sie nach Vorschrift abläuft. Es kann durchaus sein, daß ein im Mai aufgesetzter Komposthaufen, wenn er gelegentlich mit gelöschtem Kalk überstreut wurde und durch die Beimengung von zerschnittenen Strünken und Zweigen recht locker ist, bis zur Pflanzzeit im November gute Erde liefert. Ebenso ist es möglich, daß man darauf ein Jahr warten muß. Dann war es entweder zu kalt, oder es war zu naß, oder es war zu trocken, oder man hat Pech gehabt.

Ich habe gerade beschrieben, wie von mir im Gemüsegarten viel Kompost im Rohzustand untergegraben worden ist, weil mir daran lag, eine lockere Erde zu erhalten. Da wurden und werden die Zapfen der Schwarzkiefer und die riffeligen Stücke des Riesengrases aus China den Regenwürmern in die Krippe des Grabegrabens gelegt. Aber auch oben auf die Beete bringe ich im Frühjahr am liebsten einen Kompost, der noch körnig, holzig, grobflockig und nicht völlig zu schwarzem Mehl zerfallen ist. Davon habe ich länger einen Nutzen als von dem schwarzen Mehl, das nach ein paar Wochen verschwunden ist, weil es die übrige Erde anscheinend auffrißt. Wenn ich Kompost mit Düngekalk, Lehmbröseln und zerhäckseltem Holz locker aufsetze, bleibt der Haufen so, wie er ist. Er wird erst angerührt, wenn ich Komposterde brauche.

Es gibt auf dem Markt allerlei Präparate, in denen sich Bakterienfutter befindet oder befinden soll. Man spricht in der Werbung von Startern für einen schnellen Kompost. Ich habe dieses Bakterienfutter schon ausprobiert, aber ob es genutzt hat, kann ich nicht sagen. So etwas läßt sich nur in vergleichenden Versuchen feststellen, es müßten also in demselben Schatten gleich mehrere Komposthaufen mit dem gleichen Abfall aufgesetzt werden, aber nur einer von ihnen bekäme Bakterienfutter. Im übrigen scheint mir die ganze Sache etwas widersinnig, denn was ich an Abfällen auf den Kompost bringe, das alles ist doch bereits Futter für die Bakterien, die daraus schwarze Erde machen. Ich muß nur von einem halbfertigen Kompost ein paar Schaufeln voll zwischen den neu aufzusetzenden Abfall schütten, damit die Stammeltern der Bakterien vorhanden sind.

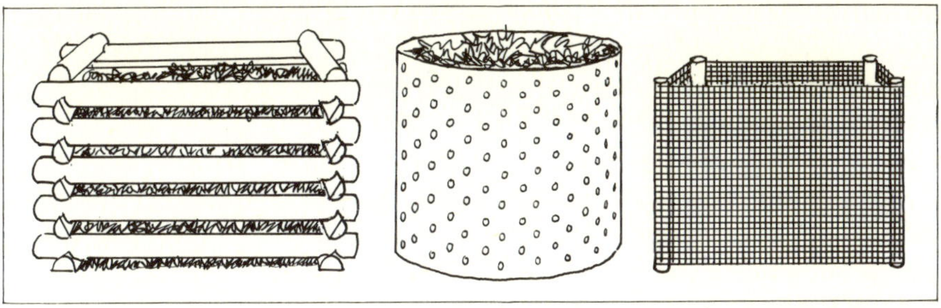

Für kleinere Gärten, besonders in Wohngebieten, sei irgendein Kompostsilo empfohlen, wie es sie in zahlreichen Fertigungen auf dem Markt gibt. Alle diese Behälter beruhen auf der Erkenntnis, daß Kompost zur Förderung des Bakterienlebens vor allem gut durchlüftet sein muß. Als besonders praktisch erwies sich die *links* abgebildete Schwarzwälder Kompostlege. Zum Umsetzen des halbverrotteten Kompostes nimmt man die Einzelhölzer ab und baut sie daneben in umgekehrter Reihenfolge wieder auf.

Vor allem frage ich mich, was der schnelle Kompost für einen Nutzen hat. Sicher, man braucht hier und da über Sommer ein paar Schaufeln voll guter Erde. Beispielsweise ist es für die zweiten Aussaaten von Karotten und Erbsen gut, schwarzen Humus in die Beetfurchen zu streuen und dann erst zu säen. Oder ich brauche im Juli etwas Erde, um neue Iris zu pflanzen. In meinem Garten kratze ich soviel immer zusammen, so daß eine besonders schnelle Entstehung von Kompost, den ich in Mengen ohnehin nur im Herbst und im Frühjahr verbrauchen kann, überflüssig ist. Außerdem gibt es im Laufe der Jahre mehr, als man nötig hat. Bei mir unter dem Wildkirschenbaum liegen drei Erdhaufen, jeweils vier Meter lang und etwa meterhoch. Richtiger gesagt sind es nur zwei Erdhaufen mit altem und etwas jüngerem Kompost, der dritte Haufen, oben grün vom letzten Rasenschnitt, enthält noch nicht sonderlich viel schwarze Erde. Es hat sich also ein dreijähriger Turnus eingestellt, der kaum Mühe bereitet, und der Erfolg ist gut.

Der Kompostsilo

Ich will keineswegs den schnellen Kompost als unsinnig aburteilen, nur weil er bei mir unnötig ist. Denn in einem reich bepflanzten kleineren Garten, vor allem in der Stadt, kann es schon darauf ankommen, die Abfälle aus dem Haus und dem Garten etwas schneller zu Erde werden zu lassen. Da bewährt sich ein Kompostsilo, den es in mehreren Fabrikaten auf dem Markt gibt, aber sie arbeiten alle nach demselben Prinzip. Es kommt darauf an, den Abfallhaufen in einer gewissen Ordnung zu halten, ihn also mit Wänden zu

umgeben, damit er von den Amseln nicht auseinandergekratzt werden kann. Diese Wände müssen genug Öffnungen haben, so daß von den Seiten die Luft in das verrottende Material eindringen kann, denn ohne ausreichenden Sauerstoff – ich schrieb es schon – gibt es kein tätiges Bakterienleben.
Mir scheint die Schwarzwälder Kompostlege von allen Erfindungen die sinnreichste zu sein. Dieser Silo besteht, wenn man ihn kauft, lediglich aus einem Bündel von dickeren und schmalen Brettern, die so genutet sind, daß man sie allmählich – je mehr Kompostmaterial anfällt – zu einem viereckigen Kasten aufbauen kann. Will man den Haufen umsetzen, nimmt man zunächst die vier Bretter des obersten Rahmens und baut damit den untersten Rahmen des neuen Haufens zusammen. Dann kommen die vier Bretter des zweitobersten Rahmens auf den untersten Rahmen des neu entstehenden Komposthaufens. Es ist eine sehr praktische Sache, und man hat, wenn die Erde im Frühjahr ausgebracht worden ist, keine Kiste im Garten herumstehen.
Ich selbst hatte zwar noch nie einen solchen oder einen anderen Silo, dafür aber die Komposttonne nach dem System Mücke. Das ist ein Faß aus Blech mit einem siebartigen, herausnehmbaren Boden und einem Deckel oben drauf. Ich bin es bald leid gewesen, die Komposttonne alle Woche ausleeren zu müssen, weil sie bei unseren vielen Unkräutern, Blättern und Küchenabfällen binnen kürzester Zeit voll war. So schnell arbeiteten die Bakterien dann auch wieder nicht, obwohl sie durch die Wandung der Mücketonne, die nach einem bestimmten System durchlöchert ist, genug Luft bekommen. Was sollte also der Scherz, die Abfälle erst in die Tonne zu schaufeln, um sie dann nach zwei Wochen wieder herauszuholen und auf einen Haufen zu setzen. So stand die Tonne jahrelang untätig herum, aber man sah sie kaum, weil ein wild aufgewachsener Holunderstrauch beschlossen hatte, sie in seine Deckung zu nehmen.
Im vergangenen Herbst habe ich mir ein neues Treibhaus gebaut, und dadurch ergab es sich, daß der neue Kompost vorübergehend weiter nach oben zwischen die alten Johannisbeersträucher verlegt werden mußte. Es ist aber, zumal bei Regenwetter und im Winter, wenn Schnee liegt, etwas mühsam, mit der Abfallschüssel aus der Küche dort oben hinzulaufen. So durfte die alte Komposttonne ein neues Leben beginnen. Ab Januar wurden ihr alle Küchenabfälle in den Schlund geschüttet; aber nur Abfälle aus der Küche, nicht aus dem Garten, die nach wie vor auf den regulären Komposthaufen kommen. Dabei will ich bemerken, daß wir die Schalen von Apfelsinen, Mandarinen und Zitronen seit geraumer Zeit in den Müll werfen und nicht auf den Kompost, weil sie auf eine merkwürdige, matschige Art und Weise gar nicht vorschriftsmäßig verrotten; ihre Schalen sind möglicherweise mit einem Mittel behandelt, das sie vor Fäulnis schützt. Zitrusfruchtschalen

kommen also nicht in die Komposttonne, wohl aber Eierschalen, obwohl manche Gärtnersleute dies gleichfalls nicht tun, weil von ihnen allmählich ein heftiger Gestank ausgeht.

Nun fällt bei uns, da wir nur noch zu zweit im Hause sind, nicht mehr so viel Abfall in der Küche an. Es war also Mitte Mai, als die Tonne, deren Comeback am Neujahrstag begann, bis obenhin voll war. Ich brauchte sie aber noch nicht gleich zu leeren, weil wir erst einmal für vier Wochen in die Ferien fuhren. Zurückgekehrt, machte ich mich an die Arbeit. Nachdem ich die Tonne unter Aufwendung meiner ganzen Kraft umgelegt hatte, stocherte ich mit der Mistgabel die oberste, noch wenig verrottete, zusammengebackene und trockene Schicht heraus. Dann allerdings ging es mit der Mistgabel nicht mehr, ich mußte die Schaufel holen, denn es war schwarzer, flockiger Kompost, den ich herausholte, noch etwas brockig und roh zwar, aber gerade so, wie ich ihn eigentlich für unseren schweren Boden am liebsten habe. Nun denn, ich konnte diesen neuen Humus im Sommer nicht gebrauchen, setzte ihn auf einen kleinen Haufen, ummantelte ihn mit anderer Erde, und so steht uns für alle möglichen Pflanzzwecke ein kleiner Zauberberg voll guter Humuserde zur Verfügung.

Im November habe ich die Komposttonne, da sie voll war, abermals ausgeleert. Diesmal allerdings, obwohl ebenfalls ein halbes Jahr vergangen war, ist das Ergebnis weniger erfreulich gewesen.

Erklärbar ist das lediglich mit den wechselnden Temperaturen in der Komposttonne. Anders als bis Ende Juni, stand die Tonne über Sommer im tiefen Schatten, weil die Grenzbäume bei uns viel zu schnell wachsen. Durch diesen Schatten und den bei uns am Waldrand früh einsetzenden, im oberen Gartenbereich sonnenlosen Herbst muß die schnelle Verrottung des Kompostes verhindert worden sein. Eine andere Erklärung gibt es nicht, da ich es mit dem gelegentlichen Einstreuen von Kalk ebenso wie bei der ersten Tonne gemacht habe.

Wie gesagt, verwende ich nur gelöschten Kalk, den man als Düngekalk in Papiersäcken kaufen kann. Es wird zwar immer und überall Kalkstickstoff empfohlen, weil sich aus ihm durch die Einwirkung von Feuchtigkeit giftige Gase entwickeln, von denen viele Unkrautsamen abgetötet werden sollen. Ebenso töten diese Gase aber auch die kompostwichtigen Bakterien ab, und wer den Kalkstickstoff versehentlich zu dicht ausstreut, der bringt auf diese Weise auch die Regenwürmer um. Kalkstickstoff soll in mäßiger Dosierung den Rottevorgang geradezu fördern. Sogar ein Biologe wie Dr. Gottfried Stelzer, mit dem ich viel zu tun habe, steht auf diesem Standpunkt. All das mag durchaus stimmen, aber ich lasse lieber die Finger weg und nehme den harmlosen Düngekalk.

Dann geht auch der Unkrautsamen im Kompost nicht kaputt, höre ich schon Ihre Einwände. Gewiß, aber er ist bei mir auch früher, als ich noch Kalkstickstoff nahm, nicht kaputtgegangen. Ich halte von diesem Patent ebensowenig wie von der Anweisung, um Gottes willen keine Unkräuter mit Blüten oder gar mit Samenständen auf den Kompost zu bringen. So etwas schreibt sich auf dem Papier ganz leicht. Mich lachten aber die Zaunkönige aus, ginge ich erst mit Schere oder Messer durch den Garten, um überall von Klee und Vogelmiere die Blüten abzuschneiden, um sie dann erst auszujäten. Für mich sind Unkrautsamen so allgegenwärtig wie Blattläuse und die rote Spinne. Ich kann mein *Dendrobium* der Sorte ›Annemarie‹, das gewöhnlich bis in den Oktober hinein an einem der unteren Äste des Apfelbaums hängt, mit der zwanzigfach vergrößernden aplanatischen Lupe untersuchen, ohne die geringste Spur einer roten Spinne zu entdecken. Stelle ich die Pflanze aber in ein Zimmer, in dem womöglich noch niemals ein anderes Gewächs gestanden hat, ist die rote Spinne, wenn die Luft zu trocken ist, binnen weniger Tage da.

Ähnlich ist es mit den Unkräutern im Garten. Ich kann so viel samenfreie oder gar gedämpfte Erde nehmen, wie ich will, es stellen sich dennoch zwischen den Blumen und den Gemüsereihen immer wieder Kräuter ein, an denen mir gar nicht gelegen ist. Ich selbst habe längst meinen Frieden mit dem sogenannten Unkraut gemacht. Auf den Wegen muß ich es eben mit der ziehenden Hacke wegschneiden, und auf den Beeten jäte ich es aus, was sogar Spaß macht, sofern sich jemand im Geist dazu zwingt, dies als Spaß zu begreifen.

40 △

41 △

39 Eine der allerschönsten, bereits zeitig im Mai blühenden Wildrosen ist die *Rosa hugonis,* bei der die einfachen, goldgelben Blüten wie Perlen auf den Zweigen sitzen.

40 Die reinrosa, gut duftende Sorte heißt ›Papillon-Rose‹. Der etwa halbmeterhohe Busch geht gut in die Breite, und die Blüten stehen, da es sich um eine Floribunda handelt, in dichten Büscheln.

41 ›Bambula‹ heißt diese Floribundarose des deutschen Züchters Mathias Tantau. Die lachsorangen Blüten sind locker gefüllt, der Busch wird etwa halbmeterhoch.

42 Das sind Einzelblüten der bewundernswertesten Kletterrose, die sehr frosthart ist, während des Sommers wiederholt blüht und noch dazu duftet. Es ist die von W. Kordes gezüchtete Sorte ›Sympathie‹.

43 Eine starkwüchsige, bis drei Meter hohe, schon als Kletterrose zu bezeichnende Züchtung von W. Kordes mit leuchtend karminroten Blüten in dichten Büscheln. Sie heißt ›Gruß an Heidelberg‹.

44 Eine für die Gartengestaltung sehr beliebte Rose, die schalenförmig blühende ›Sarabande‹, hier zusammen mit *Geranium.*

45 Eines der schönsten Erlebnisse im Garten ist in jedem Frühjahr das Treiben des Farnkrautes, das sich aus einer grünen Schnecke aufzurollen scheint. Davor blühendes Schaumkraut.

42 △ 43 △ 44 ▽

Düngen

Die Geschichte von Cohns Paula, die morgens Kaffee kocht.

Lassen Sie Ihren Gartenboden untersuchen

Lassen Sie sich einmal – wenn auch nur im Geiste – in unseren Gemüsegarten führen, ich will Ihnen meinen Porree, auch Lauch genannt, zeigen. Wir essen dieses Gemüse sehr gern, ich ziehe es jedes Jahr aus Samen heran. Ich bevorzuge die winterharte Sorte ›Weißer Elefant‹. Haben Sie schon einmal besseres Lauchgemüse in einem Hausgarten gesehen? Ähnlichen Erfolg hatte ich mit den Schwarzwurzeln, den Bohnen, den Selleries; mit Mangold habe ich sogar ein hiesiges Hotel versorgt, weil wir so viel gar nicht essen konnten. Die Möhren waren doppeldaumendick und lang wie neue Bleistifte, sie sind prächtig gewachsen. Leider waren sie zum größten Teil aufgebrochen, verkrümmt und häßlich, was auf die sogenannte Möhrenfliege zurückzuführen ist. Man sagt zwar, daß die Möhrenfliege nicht auftrete, wenn sich in unmittelbarer Nähe der Möhren genug Zwiebeln befänden. So war auch jede Möhrenreihe bei mir von zwei Reihen dicht gesteckter Zwiebeln wie von einer Leibgarde umgeben, was allerdings die Möhrenfliege in keiner Weise verschreckt hat. Es muß sich in unserem Garten wohl eine besonders tapfere Rasse aufhalten.

Denn jetzt habe ich zum erstenmal in fünfzehn Jahren im Frühjahr etwas getan, was Sie gleich am Anfang Ihrer Gärtnerzeit und dann – sagen wir – alle zwei Jahre tun sollten. Mir wurde eines Tages beim Samenfachhändler eine grün-weiße Schachtel angeboten, deren Aufdruck mir das beste Gemüse versprach, wenn ...

Ich mußte zunächst diese Pappschachtel, etwas dicker als ein normales Taschenbuch, aber ebenso groß, für zwanzig Mark kaufen. In der Schachtel befand sich eine flache Dose aus Kunststoff und ein fertiger Warensendungsumschlag an das Bodenuntersuchungsinstitut Koldingen in 3001 Koldingen. Die kleine Dose füllte ich genau nach der Gebrauchsanweisung mit Erde aus meinem Gemüsegarten. Nach vierzehn Tagen bekam ich ein Gutachten, aus dem hervorging, was dem Boden in meinem Gemüsegarten fehlte und was ich, exakt in Mengen und Quadratmeterzahlen angegeben, an Kalk und an Dünger ausstreuen sollte, um eine reiche Ernte an hochwertigem Gemüse zu erzielen. Dies habe ich getan. Der Erfolg war verblüffend. Wäre ich bloß früher darauf gekommen!

Diese einfachen Bodenuntersuchungen gibt es nicht nur für das Gemüseland, sondern ebenso für Rosen, für Obst und für den Rasen. Sie lachen darüber und meinen, daß doch Rasen auf jeden Fall mit dem Dünger wachsen müsse, der meinen Lauch ausstellungsreif gemacht hat? Gewiß, auch Gräser wachsen nur, wenn sie ein Minimum von allen Nährstoffen im Boden vorfinden. Aber man kann vom teuren Phosphor viel einsparen, auch vom Kali – wenigstens im Frühling und im Sommer –, weil es vorrangig auf die grünen Blätter der Gräser ankommt, und für die braucht die Pflanze vor allem Stickstoff.

Ich muß zwar zugeben, recht gutes Gemüse in allen Jahren gehabt zu haben, es hat niemals Anlaß zur Unzufriedenheit gegeben, auch die Frühkartoffeln sind stets prachtvoll gediehen. Wie Sie von unseren wie wild ins Holz gehenden Hecken bereits wissen, haben diese nie ein Gramm Dünger bekommen. Ich kenne außerhalb des Gemüseteils unseres Gartens eigentlich nur zwei Pflanzen, denen es nicht gegeben zu sein scheint, ein asketisches Dasein zu führen. Das sind die beiden Fliedersträucher, einer blaulila und einer weiß, beide gefüllt, beide bereits zu kleinen Bäumen herangewachsen, die neuerdings den Eindruck frühen Alterns machen. Es scheint ihnen nicht zu gefallen, daß über ihren Wurzeln der Rasen bis an die Stämme herangewachsen ist, und sie leiden offenbar unter Hunger, weil es ihnen sichtbar an Wuchskraft mangelt. Ich werde also demnächst den Rasen rings um die beiden Bäume wegnehmen, den Boden ganz vorsichtig lockern und Stallmist sowie einen Torfmischdünger ausstreuen. Ich bevorzuge Super-Manural. Ich muß allerdings gestehen, daß ich infolge meiner Unlust, mich über Gebühr mit der Chemie zu beschäftigen, das Düngen nie sehr ernst genommen habe. Mir scheint überhaupt, als würden diese Fragen, soweit sie den kleinen Hausgarten betreffen, in Büchern und Zeitschriften übertrieben. Für den Landwirt und den Erwerbsgärtner kommt es natürlich auf Genauigkeit an. Deren Existenz hängt von einer sicheren, reichen Ernte ab, was bei uns Sonntagsgärtnern nicht der Fall ist. Außerdem werden Flächen bewirtschaftet, gegen die sich mein Garten größenmäßig wie die Insel Mainau zum Bodensee verhält. Auch spielt es für den Bauern rechnungsmäßig durchaus eine Rolle, ob er einen Doppelzentner Thomasphosphat ausbringt, der möglicherweise vom Boden oder den darauf anzubauenden Pflanzen gar nicht benötigt wird. Für den Gärtner in seinem kleinen Garten kommt es nicht darauf an, ob

dieser und jener Nährstoff eines Mischdüngers etwas zu reichlich ausgestreut wird.
Für mich stand und steht die Humusversorgung des Bodens an erster Stelle. Den Kompost habe ich im vorigen Kapitel beschrieben, ausreichend Torf kommt hinzu, außerdem streue ich in jedem Frühjahr auf dem Rasen, den Rhododendron- und Heideflächen sowie auf den Staudenpflanzungen etwas Torfmischdünger aus. Je nach Geldlage einen handelsüblichen Sack auf dreißig Quadratmeter.
Diese Praxis hat sich bewährt, was ja schließlich ganz folgerichtig ist, denn Gras und Blumen entnehmen dem Boden allerlei Nährstoffe, die auf dem Umweg über den Komposthaufen wieder in diesen zurückkommen. Im Komposthaufen befinden sich infolge der Küchenabfälle und Kalkstreuungen viel mehr Nährstoffe, als ich mit abgeschnittenen Blüten und Blättern dem Gartenboden wegnehme. Ganz genau stimmt dies allerdings nicht, weil sich die Stauden bestocken, so daß von Jahr zu Jahr immer mehr Stiele, Blätter und Blüten zu ernähren sind, wie auch andererseits die Rhododendronsträucher in ihren heranwachsenden Stämmen und Verzweigungen immer mehr Nährstoffe binden, die ihnen aber durch gelegentlichen Torfmischdünger zugeführt werden. Dazu gibt es im Frühjahr noch eine Handvoll Blaukorn-Volldünger, der für den Garten eine vorzügliche Eignung besitzt, sofern man ihn sparsam anwendet und genug Humus vorhanden ist. Anders ist es dort im Garten, wo ich etwas entnehme, um es aufzuessen oder zu verschenken, so daß es nicht via Kompost wieder in die Erde zurückkommt. Mit jedem Pfund Möhren und mit jeder Sellerieknolle hole ich etwas aus dem Garten, das ich dem Boden auf irgendeine Weise wieder zuführen muß. So weiß ich aus den Untersuchungen von Forschungsanstalten, daß die erwähnten Möhren auf einer Fläche von 10 Quadratmetern 155 Gramm Stickstoff, 60 Gramm Phosphor, 215 Gramm Kalium und 235 Gramm Kalk verbrauchen. Von anderen Gemüsearten ist der Nährstoffentzug gleichfalls bekannt. Wie aber kommen diese Stoffe wieder in den Boden hinein?

Welche Düngung ist die richtige?

Um die richtige Düngung ist in den letzten Jahren ein wahrer Kampf entbrannt. Es wird viel von biologischer Düngung geredet. Man meint damit Düngemittel, die natürlichen Ursprungs sind, organische Stoffe also wie Stallmist jeglicher Art und tierische Abfallprodukte wie Blutmehl, Hornspäne und Knochenmehl. Selbstverständlich gehört der Kompost dazu. Nur enthalten Blutmehl und Hornspäne lediglich hohe Anteile an Stickstoff, aber so gut wie keinen Phosphor und kein Kalium. Knochenmehl enthält wenig

Stickstoff und vergleichsweise viel Phosphor, aber ebenfalls kein Kalium. Um eine Ausgeglichenheit der Nährstoffe zu erzielen, und darauf kommt es bei jeder Düngung an, bin ich darauf angewiesen, Kali auszustreuen. Es ist ein Mineral, das aus Steinsalzlagern stammt. Wenn es einem Boden an Kali mangelt, dann schmecken die Äpfel fahl, die Erdbeeren wäßrig, erfrieren die Rosen leichter und verfaulen die Sellerieknollen im Keller, noch ehe es Weihnachten wird.

Die Befürworter der sogenannten biologischen Düngung – »sogenannt« deshalb, weil in dem Wort ein Widerspruch steckt – behaupten, daß nur mit organischen Stoffen hohe Qualitäten an Obst und Gemüse zu erzielen sind. Zwar habe ich selbst – bei Alpenveilchen beispielsweise – Beobachtungen gemacht, die mich veranlassen könnten, daran zu glauben. Aber mit meinem Verstand kann ich dies nicht begreifen.

Wir wissen, daß eine Pflanze sich, von Spurenelementen abgesehen, von neun verschiedenen Elementen ernährt. Elemente sind die Grundstoffe der gesamten Natur, demzufolge nichts Unnatürliches. Diese Stoffe gibt es in anorganischer Form überall in der Luft, im Wasser, in der Erde, im Gestein. Die Chemiker gebrauchen für die einzelnen Elemente praktische Kürzel, es sind die Anfangsbuchstaben der lateinischen Ausdrücke. Wir bezeichnen etwa den Sauerstoff, das Oxygenium, mit O. Für mein Buch vom »Sonntagsgärtner unter Glas« habe ich als Gedächtnishilfe einen Satz erfunden, in welchem die Kürzel für alle lebensnotwendigen Stoffe enthalten sind. Er lautet: Cohns Paula Kocht Morgens Caffee. Darin finden sich: C = Carboneum oder Kohlenstoff, O = Oxygenium oder Sauerstoff, H = Hydrogenium oder Wasserstoff, N = Nitrogenium oder Stickstoff, S = Sulfurum oder Schwefel, P = Phosphorum oder Phosphor, K = Kalium oder Kali, Mg = Magnesium, Ca = Calcium oder Kalk. Ich gebe zu, daß der Satz von Cohns Paula nur mit einiger Kompromißbereitschaft anzunehmen ist. Man muß sich den zweiten und dritten Buchstaben von »morgens« wegdenken und außerdem bereit sein, Caffee mit C zu schreiben. Sonst aber kann man sich damit die Nährstoffbedürfnisse einer Pflanze ganz gut merken.

Alle diese Elemente müssen zur Verfügung stehen, wenn meine Gurken gut wachsen und die Rittersporne kräftig blühen sollen. Dabei kommt es nach Justus von Liebig immer auf dasjenige Element an, das am wenigsten vorhanden ist. Übermengen an Phosphor und Kali nutzen nichts, wenn es an Stickstoff mangelt.

Nun sind die Pflanzen als einzige Lebewesen in der Lage, diese Elemente in Blätter, Blüten, Williams Christbirnen, Eichenholz und Klee zu verwandeln, von welchem die Kuh satt wird, so daß wir ihre Milch trinken können. Ich kann mit einem halben Zentner dieser Elemente, die natürlich in einem

ausgeglichenen Verhältnis zueinander stehen müssen, in meinem Garten also eine üppige Vegetation erzeugen.
Nach dem derzeitigen Stand unseres Wissens kann eine Pflanze diese Elemente nur in mineralisierter Form zu sich nehmen. Es ist also genau umgekehrt wie bei uns Menschen und den Tieren. Wir können von Brot, Kalbsgeschnetzeltem und Rapunzelsalat leben, mein Buchsbaum im Garten draußen aber kann es nicht. Zumindest kann er es nicht sofort, sondern erst nach einiger Zeit, wenn das Kalbsgeschnetzelte und der Salat durch die Kleinlebewesen der Bodenfauna in die Elemente zurückverwandelt worden sind, also in mineralische Stoffe. Insofern, meine ich, muß es doch gleichgültig sein, ob mein Buchsbaum mit Stickstoff aus Kuhmist oder aus Hornspänen oder aber aus Schwefelsaurem Ammoniak ernährt wird, denn es ist doch der gleiche Stickstoff, also das reine N, dessen er bedarf.
Da alle Düngemittel aus Elementen bestehen, die sich samt und sonders im Wasser, in der Luft und in der Erde mit ihren Gesteinen und Ablagerungen aus der Urzeit befinden, kann doch so kurzerhand, wie man das immer abtut, von Kunstdüngern keine Rede sein. Nehmen wir als Beispiel das wichtigste Düngemittel, den Stickstoff. Früher kam er als Guano aus Peru, dann als Salpeter aus Chile, und als die Vorräte allmählich zur Neige gingen, kamen die beiden Deutschen Fritz Haber und Carl Bosch darauf, Stickstoff aus der Luft, wo er in unerschöpflichen Mengen zur Verfügung steht, als Düngemittel zu nutzen: 78 Volumen-Prozent der Lufthülle unserer Erde bestehen aus Stickstoff, 21 Volumen-Prozent aus Sauerstoff und 0,03 Volumen-Prozent aus Kohlendioxyd. Dabei sollte doch gleichgültig sein, auf welche Weise nach dem sogenannten Haber-Bosch-Verfahren aus Stickstoff und Wasserstoff, der in den Flüssen, Seen und Meeren der Welt ebenfalls in unerschöpflicher Menge zur Verfügung steht, das Ammoniak als Düngemittel hergestellt wird, da doch der Stickstoff, wie er von meinem Buchsbaum aufgenommen wird, immer Stickstoff bleibt.
Ich habe bereits von den wilden Lupinen erzählt, die man gern auf neuem Gartenland aussät und später untergräbt. Es könnten ebensogut Luzerne, Wicken und andere Pflanzen aus der Familie der Schmetterlingsblütler sein; es gibt sogar richtige Gründüngersaaten, am bekanntesten ist das Landsberger Gemenge. Diese Schmetterlingsblütler bilden eine Lebensgemeinschaft mit Bakterien, die in ihren Wurzeln leben, was zu winzigen Verdikkungen führt. Daher spricht man auch von Knöllchenbakterien. Zusammen mit den Helfern sind die wilden wie die kultivierten Lupinen – wie überhaupt alle Schmetterlingsblütler – in der Lage, den Stickstoff der Luft aufzunehmen, in Pflanzenkost zu verwandeln und zu speichern. Wenn ich die Lupinen oder das Landsberger Gemenge umgrabe, bringe ich mit ihnen den derart

gespeicherten Stickstoff der Luft in meinen Boden. Ist das nun Kunstdünger? Von den Bauern wird gelegentlich gesagt, Schnee mache den Acker fruchtbarer. Wahrscheinlich bringt der Schnee, und das müßten eigentlich andere Niederschläge gleichfalls tun, den in der Luft enthaltenen Stickstoff auf die Erde herunter.
Auch alle anderen Elemente, die in meinem Satz von Cohns Paula enthalten sind, stammen aus der Natur selbst, entweder aus Gesteinen oder aus Gasen, und so weiß ich wirklich nicht, was daran so verabscheuungswürdig ist und die Qualität meiner Pflanzen negativ beeinflussen soll, sofern ich sie richtig anwende.
Hier allerdings hat die schöne und so einfach anmutende Geschichte ihren Haken. Beim Ammoniak als wichtigstem Düngemittel handelt es sich um ein Gas. Da es umständlich ist, dieses Gas zu kaufen und in den Boden zu blasen, wird es an andere, feste Stoffe gebunden, und das sind – auch bei den übrigen Handelsdüngern – Salze. Diese Salze aber bekommen dem Boden, sofern er damit allzusehr angereichert wird, gar nicht. Einen Ausgleich schafft der Humus. Meine Regel für die Ernährung der Gartenpflanzen ist also: ausreichende Kompost- und Humuswirtschaft bei sparsamster Anwendung von Düngesalzen dort, wo ich dem Boden Nährstoffe entnehme, die ihm nicht auf dem Weg über den Komposthaufen wieder zugeführt werden.

Grunddünger und Kopfdünger

Es gibt Stickstoffverbindungen im Boden, die, wie das Nitrat, von den Pflanzen leicht und daher in zu großen Mengen aufgenommen werden. Das führt nicht nur zu mangelhaften Qualitäten des Gemüses und zu einem schwammigen, anfälligen Wuchs sonstiger Pflanzen, sondern gelegentlich – wie man zuweilen in Zeitungen lesen kann – auch zu Vergiftungen. Man muß also ein vernünftiges Verhältnis der Nährstoffe zueinander anstreben. Ich kaufe keinen Mischdünger, bei dem auf der Packung die Verhältniszahlen der wichtigsten Nährstoffe, Stickstoff, Phosphor und Kali, fehlen. Die Reihenfolge ist üblich, und vielfach fehlen die bekannten Kürzel N – P – K, man setzt nur die Zahlen selbst. So wird das Verhältnis 1 : 1 : 2 von den Fachleuten als günstig und gut bezeichnet. Der im Garten am meisten verwendete Blaukorn-Volldünger entspricht dem, denn sein Reinnährstoffverhältnis beträgt 12 : 12 : 17. Ich muß nochmals darauf hinweisen, daß es sich dabei um Reinnährstoffe handelt. In 100 Gramm des gekauften Blaukorn-Volldüngers sind also 12 Gramm Stickstoff enthalten. Vorhin führte ich das Beispiel mit den Möhren an, die auf 10 Quadratmeter für eine einzige Ernte 155 Gramm Stickstoff dem Boden entnehmen. Ich müßte auf diese zehn Quadratmeter also 1,3 Kilo Blaukorn-Volldünger streuen, um einen Ausgleich herzustellen.

Das aber wäre zuviel Salz auf einmal, das mein Gartenboden nicht verkraften könnte. Außerdem würde es zuviel Feuchtigkeit binden. Deshalb bin ich auf eine langsam und anhaltend wirkende Grunddüngung aus, die während der Vegetationszeit durch sogenannte Kopfdüngungen ergänzt wird. Ein bekanntes und bewährtes Rezept für die Grunddüngung besagt, man solle vier Wochen vor der Bestellung im Frühjahr je 30 Gramm pro Quadratmeter Kalkstickstoff, Thomasphosphat und Patentkali ausstreuen. Der Dünger wird mit dem Krail oder dem Eisenrechen flach in die Bodenoberfläche eingegrubbert.

Eine hervorragende Grunddüngung, die von noch anhaltenderer Wirkung ist, weil ja erst die Mineralisierung der organischen Substanzen durch die Bodenbakterien erfolgen muß, sind Blutmehl oder Hornspäne zusammen mit dem phosphathaltigen Knochenmehl. Da diese Düngemittel aber keinerlei Kali enthalten, streue ich zusätzlich je Quadratmeter 50 Gramm Patentkali aus.

Es gibt im Handel auch organische Mischdünger, die ein gutes Nährstoffverhältnis haben, wie z. B. Hornoska mit 7 : 7 : 9 oder Org Amin mit 7 : 6 : 10. Diese Dünger sind unbedenklich anzuwenden, man kann auch mit zu reichlichen Gaben keinen Schaden anrichten. Es ist mir zwar nicht möglich, Wertungen zwischen den einzelnen im Handel angebotenen Düngern anzustellen und zu sagen: Dieser ist gut und jener ist schlecht. So etwas kann allenfalls eine Forschungsanstalt, wenn die Testpflanzen derselben Art in den gleichen Substraten und in Gefäßen stehen, so daß sie nicht den unkontrollierbaren Einwirkungen des Bodens ausgesetzt sind. Mir ist es lediglich möglich, meine subjektiven Eindrücke mit allem Vorbehalt wiederzugeben. Ich glaube, in dem organisch-mineralischen Dünger Hornoska Spezial einen ausgezeichneten Förderer der Fruchtbarkeit und Blütenschönheit des Gartens zu haben. Das Nährstoffverhältnis ist 8 : 7 : 10, also sehr ausgeglichen, und die 50 % organische Substanzen, vornehmlich zermahlene Kuhhörner, bewirken infolge der allmählichen Mineralisierung durch die Bodenbakterien einen langanhaltenden Düngefluß, besonders von Stickstoff. Es gibt zahlreiche organisch-mineralische Dünger auf dem Markt, ich will ihnen keineswegs die Güte absprechen, aber mit Hornoska Spezial habe ich zumal im Gemüsegarten und auf dem Rasen gute Erfahrungen gemacht.

Dabei möchte ich erwähnen, daß selbstverständlich auch Stallmist, sofern er zu bekommen ist, ein hervorragender Langzeitdünger ist. Er trägt außerdem am meisten zur Humuserneuerung des Bodens bei.

Außer den erwähnten Grunddüngern aus Thomasphosphat, Kalkstickstoff und Patentkali kommen für den Garten kaum sonstige mineralische Einzeldünger in Frage. Es sei denn, man verwendet hier und dort das Schwefelsaure Ammoniak mit seinem hohen Stickstoffanteil zur Düngung des Rasens und der Rhododendronsträucher, weil es den Boden mit Säure anreichert, was diesen Immergrünen recht bekömmlich ist. Es genügt für alle diese Fälle aber ein Blaukorn-Volldünger, der außer den Hauptnährstoffen noch Spurenelemente enthält. Dabei passiert es, daß diesen und jenen Pflanzen einmal Nährstoffe zur Verfügung gestellt werden, die sie im Augenblick gar nicht benötigen. Das spielt im Hausgarten jedoch keine Rolle. Ganz anders ist es natürlich, wie ich eingangs schon sagte, wenn es bei einem Landwirt darauf ankommt, mehrere Hektar für eine bestimmte Pflanzenkultur mit Nährstoffen zu versorgen, wobei schon aufs Geld geachtet werden muß.

Die Volldünger, die man auch Kopfdünger nennt, weil sie zu sofortiger Wirkung gelangen, streut man in Mengen von 20 bis 30 Gramm je Quadratmeter und Bedarf aus. Dafür, ob ein Bedarf vorliegt, muß man sich im Laufe der Zeit ein Gefühl aneignen. Als Regel kann lediglich gelten, daß man Volldünger ausbringt, wenn sie von den Pflanzen in optimaler Weise zu nutzen sind. Ein grundsätzlicher Unterschied besteht zwischen Dauerpflanzen und solchen, die nur eine Sommerszeit im Garten verbringen. Blütengehölzen, Rosen, Stauden, Obstbäumen und Beerensträuchern gebe ich vor allem im Frühjahr ein reichliches Düngequantum. Im Frühling treiben sie oftmals meterlange Stiele und lassen unzählige Blätter und Blüten wachsen – dazu brauchen sie Kraft. Auch Tulpen, Narzissen und andere im Frühling blühende Zwiebelblumen dünge ich zeitig, im März zumeist und noch ehe sie blühen. Dann haben alle diese Pflanzen bereits ihre grünen Blätter, und es ist ihnen möglich, die Düngemittel aufzunehmen, zu verarbeiten und in Wachstum umzusetzen. Im Sommer, wenn die Tulpen keine Blätter haben, wäre jedes Düngekorn unnütz.

Je nach Wuchsentfaltung und Größe gibt es Ende Juni noch eine zweite, letzte Düngung, vor allem die Rosen dürfen hinterher nichts mehr bekommen. Die zweite Düngung bewirkt noch einen etwas stärkeren Trieb, doch wird die Pflanze im Hochsommer nicht mehr gereizt, weiter zu wachsen. Das grüne Leben kommt zur Ruhe, die Gewebe festigen sich, das Krautige der Rosen wird zu Holz, und so überstehen alle diese Pflanzen den Winter mit seinen Gefährdungen um so besser.

Anders ist es bei den Einjahrsblumen. Diese Pflanzen haben zunächst einmal wenig Zeit, um allzu viele und lange Wurzeln wachsen zu lassen. Sie sind also auf dasjenige angewiesen, was sie in den oberen Erdschichten vorfinden. Zudem wachsen viele von ihnen in kurzer Zeit zu riesigen Gestalten heran, man denke nur an Sonnenblumen, an den Ziermais und fast alle Kletterer.

Da sind die Nährstoffe bald verbraucht, und man muß ihnen mit häufigeren Kopfdüngergaben wieder Mut und Zuversicht geben. Dies gilt vor allem für die Zeit etwa Anfang August. Von dieser Volldüngergabe hängt es nach meinen Beobachtungen ab, ob der Sommerflor bald müde wird oder aber bis zum ersten Frost im Oktober, gar im November, anhält. Und bei dem Gemüse könnte man als Regel aufstellen, daß Kopfdünger immer dann im Sommer ausgestreut wird, wenn es nach erfolgter Ernte zur neuen Bestellung eines Beetes kommt.
Bleiben noch die günstigsten Umstände für das Düngen zu erwähnen. Am besten geht es bei trübem Wetter, wenn Regen zu erwarten ist, der dann die Salzreste von den Blättern herunterspült. Ansonsten muß man dies mit der Brausegießkanne oder mit dem Wasserschlauch machen.
Sofern es sich um einen üblichen Garten mit einigen Nadelbäumen, Blütensträuchern, Rosen, Rasen und ein paar Gemüsebeeten mit Tomaten, Salat und Küchenkräutern handelt – wozu noch ein paar Beerensträucher und Erdbeeren kommen mögen –, ist die Frage nach dem richtigen Dünger sehr einfach zu beantworten. Ich habe die Erfahrung gemacht, daß man möglichst von Jahr zu Jahr die Düngemittel wechseln soll. Ich bringe im Gemüsegarten grundsätzlich und überall da, wo eine völlige Neuanlage oder Neupflanzung erfolgt, eine Grunddüngung ein, die von langsamer, aber langanhaltender Wirkung ist. Diese Grunddüngung besteht einmal vier Wochen vor der Frühjahrsaussaat oder der Neupflanzung aus Kalkstickstoff, Thomasphosphat und Patentkali je 30 Gramm auf den Quadratmeter. Im nächsten Jahr nehme ich Blutmehl oder Hornspäne zusammen mit Knochenmehl, jeweils 100 Gramm auf den Quadratmeter, und 50 Gramm Patentkali kommen noch hinzu. Während der Vegetationszeit, je nach Bedarf, kommt Blaukorn-Volldünger zum Einsatz.

Auf die pH-Zahl achten

Bei Dauerpflanzungen und auch beim Rasen nehme ich einmal den Torfmischdünger Super-Manural. Ein andermal kommt Hornoska Spezial zur Anwendung, jeweils etwa 10 Kilo auf 100 Quadratmeter.
Außerdem streue ich in jedem Herbst oder im zeitigen Frühjahr auf dem Gemüseland und dort, wo es zu Neupflanzungen kommt, Düngekalk, gelöschten Kalk also, aus. Wieviel man ausstreuen muß, ist schwer anzugeben. Das Land soll hinterher so aussehen, als sei es leicht und gleichmäßig mit Puderzucker überstreut. Ich mache das zwar mit der Schaufel, doch ist wohl am ehesten ein Anhaltspunkt für die Menge gegeben, wenn ich sage: zwei gute Hände voll auf den Quadratmeter.

Mit diesem Kalk, der bei mir in besonderem Maß erforderlich ist, hat es seine eigene Bewandtnis. Mein Boden ist etwas sauer. Die pH-Zahl pendelt sich meist auf etwa 5,6 ein, was natürlich auch mit dem weichen, kalkfreien Grundwasser zu tun hat, das hier im Untergrund von den mit Nadelbäumen bewachsenen Bergen herabfließt.

Das Problem der pH-Zahl – abgeleitet von *pondus Hydrogenii* – ist nicht ganz einfach zu erklären. Mein extrem weiches Wasser kann zu Nachteilen führen. Das wäre der Fall, wenn es infolge Kalkmangels viel freie Säuren enthielte. Diese freien, ungesättigten Säuren würden aus den Düngerverbindungen und aus der Erde den Kalk an sich ziehen und mit sich in den Untergrund nehmen. So würden die Stoffe, die vorher an den Kalk gebunden waren, frei. Sie wirkten dann schlagartig auf das Pflanzenwachstum, würden aber mit dem nächsten Gießen weggespült: Der Boden wird ausgewaschen. In meinem Wasser sind jedoch nicht allzu viele freie Säuren enthalten, denn in der Analyse steht hinter den Buchstaben pH die Zahl 5,6. Jeder Gärtner sollte sich mit dem sogenannten pH-Wert seines Wassers und seines Bodens befassen, weil ihm dann manche Enttäuschung erspart wird. Die meisten Pflanzen brauchen einen ganz bestimmten Säuregrad des Wassers und des Bodens, wenn sie gut wachsen sollen. Kein Gärtner wird auf die Idee kommen, Rhododendron und Maiglöckchen in Gemeinschaft mit Seidelbast, Leberblümchen und Christrosen anzupflanzen. Denn nur eine der beiden Gruppen kann in dem zur Verfügung stehenden oder entsprechend aufbereiteten Boden wachsen. Entweder Rhododendron und Maiglöckchen oder Seidelbast mit Christrosen und Leberblümchen. Ich werde noch erzählen, daß es bei mir mit den Christrosen und dem Seidelbast nie geklappt hat. Kurz und bündig sagt man, der Rhododendron braucht einen sauren Boden, der Seidelbast dagegen bevorzugt kalkhaltigen ohne freie Säuren.

Den jeweiligen Gehalt an freien Säuren zeigt die pH-Zahl an. Eigenartigerweise ist die Säurekonzentration um so größer, je kleiner die Zahl wird. Von der Chemie weiß man, daß Säuren in wäßriger Lösung Wasserstoffionen freisetzen. Das in Gramm gemessene Gewicht der Wasserstoffionen in einer Flüssigkeit kennzeichnet die Wasserstoffionenkonzentration. Nehmen wir an, das Leitungswasser enthielte je Liter ein zehnmillionstel Gramm Wasserstoffionen. In Zahlen ausgedrückt wären das 0,000 000 1 Gramm. Es wäre aber umständlich und verwirrend, so lange Zahlenreihen schreiben zu müssen. Deshalb zählt man nur die Stellen hinter dem Komma. Das sind in diesem Fall sieben Stellen. Man spricht also von pH 7. Die Zahl pH 2 besagt demzufolge, daß sich in einem Liter Flüssigkeit 0,01 Gramm Wasserstoffionen befinden, also sehr viel mehr. Bei mir beträgt die Wasserstoffionenkonzentration 5,6; das sind 0,000 006 Gramm je Liter.

Man merke: pH 2 bis pH 4 = saure Reaktion; pH 4 bis pH 6 = schwachsaure Reaktion; pH 7 = neutrale Reaktion; pH 8 bis pH 9 = basische Reaktion.
Im Gartenboden sind allerdings starke Schwankungen des pH-Wertes möglich, vor allem unter dem Einfluß von Düngemitteln. Sandboden ist besonders leicht hinsichtlich seiner Reaktion durcheinanderzubringen, wogegen Lehmböden und Tonböden beständiger sind.
Man kann die Gartenerde untersuchen lassen. Ich schrieb bereits, wie erfolgreich für mich die Analyse des Bodenuntersuchungsinstituts Koldingen gewesen ist. Mir ist die pH-Zahl angegeben und gleichzeitig mitgeteilt worden, wieviel Kalk und was für Düngemittel in welchen Mengen ich ausbringen sollte, um den für mein Gemüseland angestrebten pH-Wert im günstigen Bereich zwischen 6 und 7 zu erzielen. Ich habe alles so gemacht, und der Erfolg war, wie gesagt, verblüffend. Es gibt aber auch Methoden, mit denen sich die Bodenreaktion auf simple Weise mit annähernder Richtigkeit feststellen läßt. Nach wir vor am einfachsten, billigsten und besten ist das Hellige-Pehameter.
Es ist ein Stückchen Kunststoff, nicht größer als eine Zigarettenschachtel. In den Kunststoff ist eine runde Vertiefung gepreßt. In diese Vertiefung füllt man etwas Erde, die mit einem Boden-Indikator beträufelt wird. Hält man das Stückchen Kunststoff nach zwei, drei Minuten etwas schräg, fließt die Indikator-Flüssigkeit durch eine flache Rinne an zwei Farbfeldern vorbei, die von rot über gelb bis zum dunklen Grün reichen. Je nach Farbton der Indikator-Flüssigkeit kann ich ablesen, welchen pH-Wert zwischen 4 und 9 meine Erde hat. Gleichzeitig ist in der Gebrauchsanweisung angegeben, was ich tun muß, um diesen pH-Wert in dem von mir gewünschten Sinne zu ändern. Ich müßte also auf 100 Quadratmeter – das wäre etwa die Fläche des Gemüsegartens – 17 Kilo Löschkalk ausstreuen, um den pH-Wert von 5,6 auf 6,6 zu erhöhen. Dies aber nicht auf einmal, sondern – verteilt – dreimal in Abständen von 8 Wochen. Am günstigsten ist es, wenn der Gartenboden einen pH-Wert von 6 bis 7 hat, weil in diesem Bereich die meisten Pflanzen gut gedeihen.

Achtung bei Pflanzen in Räumen

Ich muß diesem Kapitel ein paar Absätze hinzufügen, denn Sie haben vielleicht eine Sammlung Zimmerpflanzen, Bromelien und Tillandsien etwa, vielleicht wachsen bei Ihnen im geschlossenen Blumenfenster oder im Glashaus gar noch andere tropische Pflanzen, beispielsweise Orchideen wie bei mir. Bei der Pflege dieser Gewächse ist zu bedenken, daß Pflanzen nicht nur mit den Wurzeln ihre Nährstoffe aufnehmen, sondern auch mit den Blättern. Grundsätzlich ist das beim Kohlenstoff der Fall, der nur aus der Luft aufgenommen wird.

Wer schon ein Gewächshaus neu gebaut hat, wird festgestellt haben, daß die Pflanzen anfangs nicht recht wachsen wollen. Deshalb ist es gut, unter den Tischen viel Stallmist einzugraben und irgend etwas auszusäen oder zu pflanzen, damit bald ein reges Bodenleben für den notwendigen Kohlenstoff sorgt, den alle Pflanzen dringend zum Wachstum brauchen. Manche Gärtnereien führen, um ihre Kulturen zu optimaler und schnellerer Entwicklung zu bringen, eigene CO_2-Begasungen durch.

Aber auch Stickstoff in geeigneter Form, zum Beispiel als Harnstoff, wird von den Blättern aufgenommen; die Wuchsleistung ist dann besonders stark. Daher gibt es, besonders für Gewächshauspflanzen, besondere Düngepräparate, die man sowohl an die Wurzeln gießen als auch über die Blätter sprühen kann. Am bekanntesten ist Wuxal. Man kann sich aber auch vorsichtig an die Erfahrungen mit reinem Harnstoff herantasten, den es in 46%iger Form gibt. Zumal bei Orchideen kommt es darauf an, die Pflanzen im Frühjahr zügig wachsen zu lassen; sie sollen viele Blätter bilden, weil sie mit viel Blattgrün am ehesten in der Lage sind, ihre neuen Bulben auszubilden, die wiederum die Voraussetzung für die nächste Blüte sind. Ich kann mit reinem Harnstoff eine enorme Wuchskraft auslösen, die jedoch nach einigen Wochen allmählich gebremst werden muß, damit der blütenbildende Phosphor und das die Gewebe festigende Kali mehr zur Wirkung kommen, was wieder durch einen ausgewogeneren Mischdünger wie Wuxal, Mairol usw. geschieht.

Das richtige Ausbalancieren der wuchstreibenden und gewebefestigenden Nährstoffe ist die große Kunst des Gärtnersmannes. Gewiß gibt es fertige Präparate, die diese Aufgabe erleichtern. Bekannt sind die beiden Dünger Poly-Crescal und Poly-Fertisal. Das Crescal – ich merke es mir immer mit dem »Crescendo«, dem leichten Anschwellen eines Tones – dient dem zügigen Wachstum, und das Fertisal – an »fertig« zu merken – fördert schließlich die Blütenanlage, die Reife, die Festigung der im Frühjahr gebildeten Gewebe, die Widerstandskraft.

Denken Sie immer an meine Geschichte von Cohns Paula, die morgens Caffee kocht. Wer auf den Tasten dieser neun Elemente richtig zu spielen versteht, wird viel Glück mit den Pflanzen seines Gartens haben.

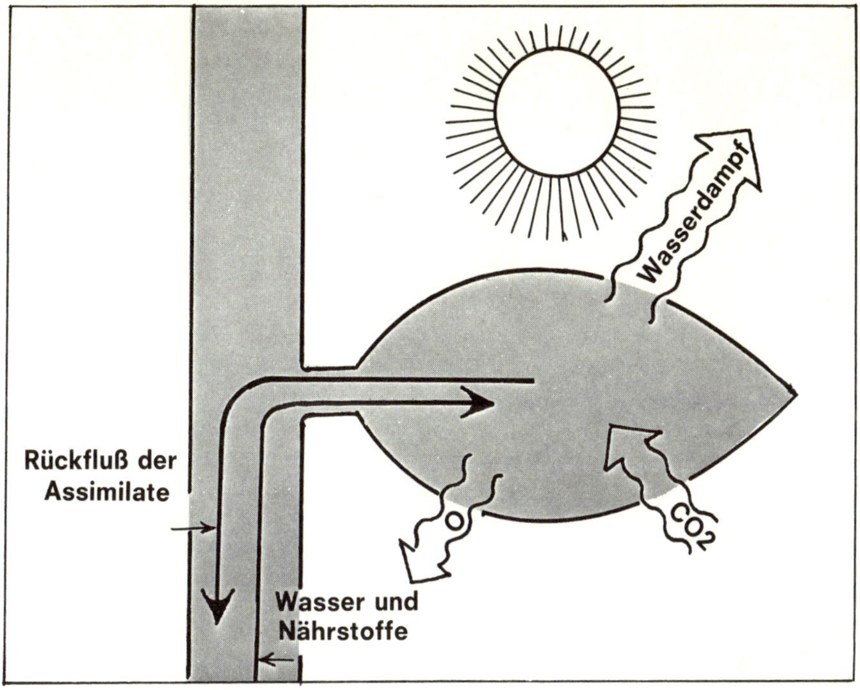

Die wichtigste Aufgabe des Gärtners ist es, für zahlreiche und gesunde Blätter an seinen Pflanzen zu sorgen. Denn im Blattgrün vollzieht sich einer der wichtigsten biochemischen Vorgänge, die wir kennen. Das überall in der Luft vorhandene Kohlendioxyd (CO_2) wird von den Blättern aufgenommen. Mit Hilfe des Wassers und unter dem Einfluß des Lichtes entstehen daraus Kohlehydrate zum weiteren Aufbau der Pflanze, die irgendwann der Ernährung von Tieren und Menschen dient. Bei diesem Umwandlungsprozeß wird Sauerstoff frei und wieder an die Luft abgegeben. Je mehr Bäume also in einer Stadt wachsen, desto frischer, sauerstoffreicher ist die Luft. Vereinfacht gesagt läßt sich das grüne Blatt als Produktionsstätte der Nährstoffe bezeichnen, die eine Pflanze für ihr weiteres Wachstum unmittelbar verwerten kann. Hieraus erklärt sich zum Beispiel für den Schnitt der Rose, daß man die zeitigsten und meisten Blüten erzielt, wenn man den Strauch im Frühjahr gar nicht oder doch nur wenig zurückschneidet, weil dann recht schnell viele Blätter wachsen können, was die Weiterentwicklung des Rosenstrauches günstig beeinflußt.

Bäume

Auf der Suche nach Bäumen, die nicht größer als ein Apfelbaum werden.

Vom Lebensrhythmus der Bäume

Alle unsere Bäume, die wir vor fünfzehn Jahren geschenkt bekommen und im Einschlag gut über die Runden gebracht hatten, pflanzte ich im darauffolgenden Herbst an ihre endgültigen Plätze. Zumindest ist damals von mir angenommen worden, daß es mit diesen Plätzen ihre Endgültigkeit habe.
Wenigstens bei den Lärchen traf dies auch zu. Die Lärche zieht sich jedes Jahr ein neues Kleid an. Wunderschön sieht es im Frühling aus, denn ihre Nadeln sind so zart und weich, als ob es Daunenfedern wären; Malia macht gern Sträuße aus gelben Narzissen mit Zweigen der Lärche dazwischen. Außer unserer einheimischen Lärche haben wir noch eine Art, die aus Japan stammt. Dieser Baum läßt sich herunterschneiden, also verjüngen, daß man darüber nur erstaunt sein kann. Alle zehn oder zwanzig Jahre ist er in der Lage, eine neue Jugend anzufangen. Der Stamm wird einfach abgeschnitten, und bald schon treiben aus dem alten Holz die zarten, jungen Zweige. Es ist ein gutes Heckengehölz, aber man braucht doch etwas mehr Platz als für die Hecke aus der Weißbuche.
In vielen Büchern kann man lesen, daß man Bäume und Sträucher während des ganzen Winters pflanzen kann – wenn der Boden nicht gefroren ist. Das mag im Interesse der Gärtner richtig sein, die ihre Pflanzen jederzeit verkaufen möchten. Aber am besten ist es im Herbst.
Wir haben zwar gelernt, daß sich in den Pflanzen nur dann etwas tut, wenn sie grüne Blätter haben, was mit der sogenannten Assimilation zu tun hat. Im Winter, nach dem Laubfall, läuft das Leben im Baum allenfalls auf Standgas, nichts bewegt sich. Schon aus dem einfachen Grund kann sich im Winter nichts bewegen, weil das Licht zu schwach ist und ohne Licht keine Assimilation stattfindet. Stecken Sie aber mal im Herbst abgeschnittene Ruten von Forsythien oder Wildrosen in die Erde, an denen vielleicht Etiketten befestigt sind, damit Sie im Frühjahr die Narzissensorten voneinander unterscheiden

können! Was passiert mit diesen Ruten, obwohl sie keine Blätter haben? Sie bekommen so viele Wurzeln, daß es im nächsten Frühjahr direkt Mühe bereitet, sie aus dem Boden zu ziehen. Es müssen also in der Rinde dieser Zweige genug Nährstoffe gespeichert sein, die das Wachstum der Wurzeln ermöglichen. Sie haben auch Zeit für diese Beschäftigung, denn es sind keine Blätter da, die mit Feuchtigkeit versorgt werden müssen, weil sie sonst in der Sonne vertrocknen würden. Denken Sie mal an Ihre Schulzeit zurück. Wenn Sie einen Klecks in das Diktatheft gemacht hatten, dann hat ein weiches und haariges Löschblatt die Tinte am besten aufgesogen.

Genauso ist es bei den Bäumen und Sträuchern, den Pflanzen überhaupt: Sie brauchen den feinen, bärtigen Haarflaum an den dickeren Wurzeln, damit ihr Wasserpumpwerk bis in die Kronenspitze hinein funktioniert. Rodet man in der Baumschule die jungen Lärchen und Ahorne aus, ist es um viele dieser feinen Haare geschehen. Sie fallen ab wie der Staub von den Flügeln eines Nachtschmetterlings, den Sie unter der Lampe festhalten. Noch schlimmer ist es bei Bäumen und Sträuchern, die ganz ohne Erdballen gepflanzt werden, wo also nur die nackten Wurzeln unter dem Stamm hängen. Haben Sie sich schon mal den Fingernagel eingerissen? Bei dieser Wunde schneidet der Arzt die Haut glatt. Dann vermehren sich die winzigen Zellen der Haut am ehesten, und die Wunde schließt sich wieder. So auch bei den Wurzeln: Mit einem scharfen Messer glattgeschnitten, und bald wächst der Flaum feiner Wurzeln nach. Wie ich bereits sagte, im Herbst und über Winter geht das am leichtesten, weil noch keine Blätter mit Feuchtigkeit zu versorgen sind, und selbst die Nadelbäume schwitzen bei dem bißchen Sonne kaum.

Sie sind also damals alle angewachsen, die Lärchen. Zwar haben wir viel Wald ringsum, aber es ist doch etwas anderes, seinen eigenen Lärchenhain zu haben, auch wenn er nur aus zwölf Bäumen besteht. Lärchen sind tolerante Bäume, denn sie lassen viel Licht an den Boden, so daß meine Rhododendronsträucher grün und voller Knospen sind. Gewiß, jede Medaille hat ihre zwei Seiten. Lärchen machen auch viel Schmutz, weil nach Regenwetter und heftigem Wind immer trockenes Holz umherliegt. Auf den Wegen und Treppenstufen fege ich es zusammen, zwischen den Sträuchern aber bleibt es liegen. Am Rande des Lärchenhains sind viele Narzissen im Boden, dazwischen blüht im Frühjahr das Lungenkraut, erst blau und dann rot, was zu den gelben und weißen Narzissen wunderschön aussieht. Es ist eine von drei Stellen in unserem Garten, die sich selbst überlassen bleiben können. Bisweilen müssen ein paar Brennesseln und aus einem Rhododendron ein paar Winden herausgezogen werden, aber was ist das schon!

Auch die Hemlockstannen *(Tsuga canadensis)* sind gut gediehen. Sie haben dunkelgrüne, ganz weiche Nadeln, die wie bei Tannen in Art eines Doppelkammes an beiden Seiten der sehr dünnen Zweige sitzen. Die Äste der Hemlockstannen sind dünn und geschmeidig, so daß die Bäume bei schwerem Schneewetter wie weiße Säulen im Garten stehen. Aber es bricht nichts ab. Für mich sind die Hemlockstannen ausgesprochen elegante Bäume, sie sehen am schönsten aus, wenn der Wind sie bewegt und ihr Nadelkleid im wechselnden Licht wie ein fließendes Gewand wirkt. Manchmal stehen sie allerdings etwas schütter in den Gärten herum, weil die Entfernung von einem Astkranz zum anderen zu groß ist. Mir hat damals jemand gesagt, ich solle nur immer die Spitze in jedem Jahr um die Hälfte zurückschneiden, und dies so lange, wie es ohne Leiter geht. Daher sind unsere Hemlockstannen wohl so dicht, so breit und so schön geworden. Freilich stehen die oberen Hemlockstannen dem Gemüsegarten und die unteren dem neuen Gewächshaus im Licht, aber was soll's, sie sehen doch ganz herrlich aus. Dafür durften sie auch von Anfang an an derselben Stelle verbleiben, was von unseren übrigen Bäumen nicht zu sagen ist.

Viele Bäume werden schnell zu groß

Da wäre zunächst die Schwarzkiefer neben dem Rasen am Hauseck. Ich habe noch Fotografien aus der Zeit, als Malia und ich das Bäumchen gepflanzt haben. In der Gruppe über dem Hang standen damals noch eine doppelstämmige Birke, ein Rhododendron und ein Japanischer Fächerahorn en miniature. Es sah wunderschön aus, denn die weiße Rinde der doppelstämmigen Birke kam vor dem dunklen Grün der Schwarzkiefer voll zur Geltung, und wenn sich der Ahorn im Herbst rot verfärbte, war die Schönheit vollkommen. Nur läßt sich das Wachsen der Bäume nicht anhalten, und weil es bei uns von Jahr zu Jahr an Heftigkeit zunahm, mußte die Birke weg. Es ergab sich, daß ein Freund ein Haus gebaut hatte, und so konnte er die doppelstämmige Birke in seinem neuen Garten gut gebrauchen. Es kostete aber manchen Tropfen Schweiß, den immerhin schon an die fünf Meter hohen Baum zu verpflanzen.

Wir machten das im Frühjahr, weil sich Birken ausnahmsweise am besten verpflanzen lassen, wenn gerade das Laub anfängt auszutreiben. Tief mußten wir nicht graben. Die Wurzeln bestanden aus einem breiten, fest ineinander verflochtenen, flachen Kissen. Mit Hilfe eines Baumpfahls schleppten wir die Birke an den Transporter und hievten sie hinauf. Bei Peter Müller in Steinbach wuchs sie gut weiter. Allerdings hatten wir ihr die Hälfte der Zweige weggeschnitten, denn es ließ sich beim Ausgraben nicht vermeiden, ihr etliche Wurzeln abzustechen. Das verbliebene Wurzelkissen hätte es sicherlich nicht geschafft, die vielen Blätter mit Wasser zu versorgen.

46 Die zweieinhalb Meter hohe Herkulesstaude mit ihren weißen, schirmartigen Blütendolden von zuweilen Meterdurchmesser.

47 Schon älterer, rotlaubiger Japan-Ahorn in einem Staudengarten mit Rittersporen, braunem Helenium und Margeriten.

48 Das Pampasgras ist am prächtigsten von allen Staudengräsern. Man sollte es nur in guten Gärtnereien kaufen, damit man ein silberweißblühendes Exemplar bekommt.

49 Bei dem großen Gras handelt es sich um das China-Schilf, das sehr anspruchslos ist und in trockenem Boden gedeiht.

◁ 48 49 ▽

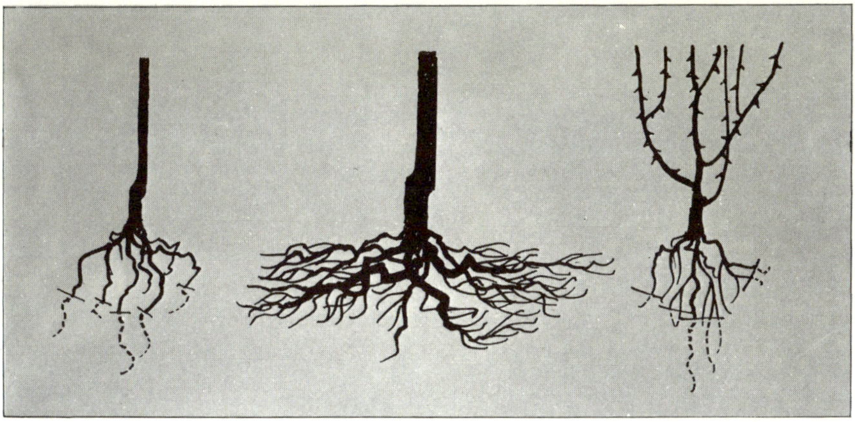

Mit wenigen Ausnahmen – zu ihnen gehören u. a. die schon größeren und oft mehrstämmigen Solitäre – bekommt man laubabwerfende Gehölze ohne festen Wurzelballen. Es kommt nun darauf an, daß sich viele Faserwurzeln bilden, was im übrigen nach der Pflanzung im Herbst und im Winter vor sich geht, sofern der Boden nicht gefroren ist. Ein scharfer Schnitt und Torf in der Pflanzerde regen die Bildung von Faserwurzeln ungemein an. Man muß sich auf sein Gefühl für die Pflanze verlassen, denn starre Regeln für den Rückschnitt der Wurzeln gibt es nicht. Bei Obstbäumen sieht es so wie auf der *linken* Zeichnung aus. In der *Mitte* dann ein mehrjähriger Obstbaum mit entsprechend ausgebildetem Wurzelwerk. Es ist klar, daß bei der Pflanzung von ballenlosen Gewächsen auch die oberirdischen Verzweigungen zurückzuschneiden sind. Die reduzierten Wurzeln hätten ja nicht mehr die Kraft, alle Knospen an den Zweigen mit Wasser und Nährstoffen zu versorgen.
Es gibt aber, wie *rechts* an der Rose dargestellt ist, noch eine andere Begründung für den Rückschnitt. Manche Gehölze – und die Rose gehört zu ihnen – gehen mit ihren Wurzeln tief in den Boden hinein. Sie kommen also auch mit entsprechend langen Wurzeln aus der Baumschule im Garten an. Die mit Nährstoffen und Humus angereicherte Bodenschicht ist aber gewöhnlich nur so tief wie ein Spatenstich. Infolgedessen kürzt man ein, was zu lang ist, damit die aus den Schnittstellen herauswachsenden Faserwurzeln sofort viele Nährstoffe vorfinden.

Zu dieser Zeit hat sich die Schwarzkiefer bereits am Haus gestoßen, weil wir sie ursprünglich viel zu dicht an die Ecke gesetzt hatten. Diesem Baum mußte der Platz und der Boden sehr zugesagt haben, denn er hat gleich im nächsten Jahr mächtig losgelegt, und schließlich war nicht mehr daran zu denken, ihn mit unseren schwachen Kräften in ein neues Pflanzloch zu schleppen. So hackte und schaufelte ich die Birkengrube doppelt so tief aus und wühlte mich dann in der Breite des abgeschätzten Wurzelballens an die Schwarzkiefer heran. Als deren Ballen ebenfalls freigelegt und mit dem scharfen Spaten zu einer Kugel geformt worden war, ruckelten wir einen kräftigen

Es ist wichtig, bei der Anpflanzung von Bäumen daran zu denken, welche Höhe und Breite sie im Laufe der Jahre einnehmen können. Zu mächtige Bäume zerstören schnell die ausgeglichenen Proportionen.

Sack unter die Wurzeln und zogen die Kiefer ruckweise in das neue Pflanzloch.

Was habe ich nicht schon alles für Bäume verpflanzen müssen! Aber es ging jedesmal gut. Man sollte nur nicht den falschen Ehrgeiz haben und den Wurzelballen zu groß belassen. Dann bricht er leicht auseinander, und die darin eingebackenen Wurzeln zerreißen. Besser ist es, mit dem scharfen Spaten eine dünne Schicht nach der anderen abzustechen, so lange, bis ein Zerbrechen der Kugel nicht mehr zu befürchten ist. Bei Nadelbäumen kann man allerdings keine Zweige wegnehmen, um die Verdunstungsfläche zu verringern. Da muß man mit Juteleinwand für Schatten sorgen, ganz abgesehen davon, daß beim Wiedereinpflanzen mit feuchtem Torf und mit Wasser nicht gespart werden darf.

Eine sehr praktische Methode, neu angesiedelte oder verpflanzte Nadelbäume über die ersten sonnigen Zeiten zu bringen, ist das Bespritzen mit Lehm. Man rühre den Lehm zu einem wäßrigen Brei und spritze ihn mit einem breiten Maurerpinsel überall hin. Vielfach wird man dazu eine Leiter brauchen. Der Lehm verringert die Wasserverdunstung beträchtlich, wird aber beim nächsten Regenwetter abgewaschen, sofern es sich nicht um einen kurzen Schauer handelt, dem gleich wieder strahlender Sonnenschein folgt. Dann muß man mit der Lehmspritzerei wieder anfangen, denn wenigstens vier Wochen soll der Baum diesen Schutz haben. Bei uns ist alles gutgegangen. Ich schätze die Höhe des Baumes jetzt auf zehn, den unteren Durchmesser auf drei Meter, und die Äste sind so stark, daß ich vor zwei Jahren bis in die äußerste Spitze klettern konnte, um eine Lampe für unsere Sommernachtsparty anzubringen.

In den ersten Jahren bekamen wir in jedem Sommer einmal Angst, daß unsere Schwarzkiefer krank sein könnte, weil plötzlich ein gelbbrauner

Schimmer von ihr ausging. Und immer wieder begegnen mir Leute, die darüber klagen, daß ihre Schwarzkiefer wahrscheinlich das Zeitliche segnen müsse, da sie gelbe Nadeln bekäme. Inzwischen weiß ich, daß es sich dabei um eine ganz natürliche Sache handelt. In jedem Jahr werden jeweils die ältesten Nadeln gelbbraun und fallen ab.

Mit den Nadelbäumen ging es also gut, nicht aber mit den Laubbäumen. Die Geschichte mit der doppelstämmigen Birke habe ich schon erzählt. Sie kennen das Lied vom Brunnen vor dem Tore, an dem ein Lindenbaum steht. Wer möchte eine derartige Stimmung nicht in seinem Garten haben? Gleich vor den offenen Türen sommertags im Schatten eines Baumes sitzen und abends beim Mondschein kühlen Wein trinken, wenn im Walde der Kauz ruft und die Nachtfalter um die Lampe schwirren: Malia und ich wollten darauf nicht verzichten. Also pflanzte ich neben der mit Steinplatten belegten Terrasse einen Ahorn, weil ich Bäume dieser Gattung besonders schön finde, sowohl beim hellgrünen, zeitigen Austrieb im Frühjahr als auch und vor allem im Herbst, wenn sich die Blätter gelb und rot verfärben. Das geschieht zumal dort, wo Wasser in der Nähe oder die Luft recht feucht ist. Besonders angetan hatte es mir damals der Silberahorn, dessen feingeschnittene Blätter helle Unterseiten haben; ich kannte ihn aus meiner Zeit als Kriegsgefangener in Amerika. Bei uns in den Baumschulen gab und gibt es einen noch eleganteren Silberahorn, dessen Blätter teilweise fadenfein zerschnitten sind. Man nennt ihn mit vollem Namen *Acer saccharinum* ›Wieri‹. Einen derartigen Wieri, einen schon prächtigen Kerl mit drei Stämmen, fand ich unter den aus Holstein gekommenen Bäumen. Genaugenommen waren es gleich drei Silberahorne, die man mir geschickt hatte, doch nur einen von ihnen, den prächtigsten, ernannte ich zum künftigen Hausbaum. Die anderen sollten mehr in Buschform am Hang neben der jetzigen Holztreppe sowie im oberen Garten stehen.

Der ausgewählte Wieri nahm also den Auftrag an, sich als Hausbaum vor der gläsernen Flügeltür meiner Schreibstube zu entwickeln, und er machte es derart gewissenhaft, daß sich schon im zweiten Jahr die Volksliedstimmung vom Brunnen vor dem Tore einstellte. Großartig sah der Baum mit seinen zur Seite gewachsenen Ästen und den langen, elegant herabhängenden Zweigen aus, die im Sommer den erwünschten silbriggrünen Schleier ihrer feinen Blätter vor die Sonne breiteten; ich kaufte für die Abende unter diesem Ahorn eigens eine alte Petroleumlampe. Hätte Christian Andersen noch gelebt und zwei Wochen bei uns verbracht, wären mit Sicherheit noch viele Märchen entstanden. Märchenhaft war es aber auch, wie dieser Ahorn sich ins Zeug legte und heranwuchs, als wollte er den Fichten oben am Waldrand nacheifern. Schon nach dem zweiten Jahr mußte ich im Herbst die Leiter ans

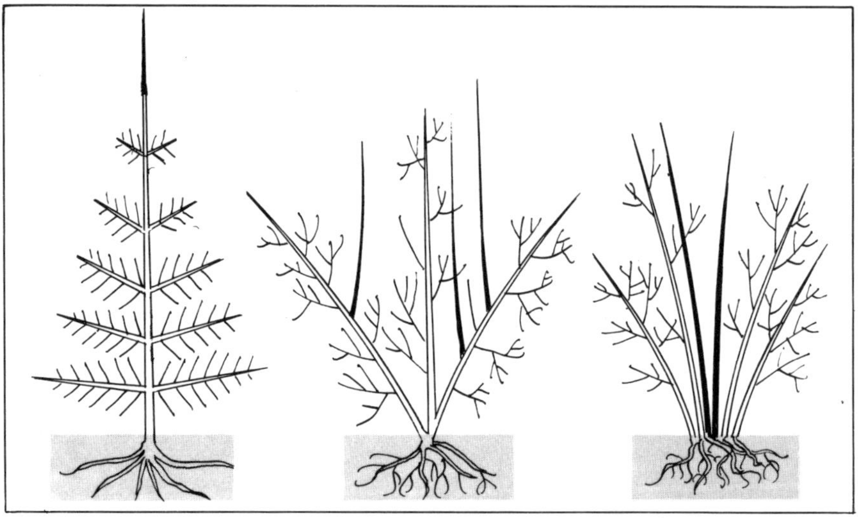

Es gibt drei unterschiedliche Arten von Verzweigungen bei den Gehölzen. Die *linke* Zeichnung zeigt die akrotone Verzweigung, wie sie vor allem bei Nadelbäumen vorherrscht. Der weitere Höhenwuchs erfolgt aus der Gipfelknospe heraus (griechisch: *akros* = spitz, *tonos* = betont). Die *mittlere* Zeichnung zeigt die mesotone Verzweigung. Die am kräftigsten wachsenden Neutriebe bilden sich etwa in der Mitte älterer, meist bogig überhängender Triebe wie z. B. beim Pfeifenstrauch, *Philadelphus* (griechisch: *mesos* = Mitte). *Rechts* schließlich die basotone Verzweigung, bei der die neue Triebbildung von der Basis her, also aus dem Boden heraus, erfolgt. Beispiel dafür sind die Rosen.

Haus stellen und mit einem Lattenstück lange in der Regengosse herumstochern, weil wegen der vielen matschigen Blätter das Wasser nicht ablaufen konnte. Und es blieb nicht bei dem einen Mal, ich mußte das Ganze mehrmals wiederholen.

Im dritten Jahr legte der Baum bereits, weil er dies anscheinend bequem fand, zwei seiner Seitenäste auf unser Dach, das aus Eternit besteht. Wenn diese Äste immer dicker werden, könnte bei Sturm oder bei starkem Schneefall das Dach einbrechen, fürchtete ich damals, und so sägte ich die Äste ab. Das hinderte den Ahorn aber keineswegs, im Jahr darauf einen neuen Versuch zu wagen. Im übrigen wurde er immer höher und höher, daß unser schönes Haus, von oben gesehen, klein wie eine Hütte wirkte und der Rasen zwischen den beiden Hausflügeln zu einem grünen Flecken zusammenschrumpfte. Dieselbe Lust der Welteroberung hatte die anderen beiden Silberahorne ergriffen. Bereits im zweiten Jahr mußte ich mich bücken, um auf den schmalen Weg zu kommen, der unterhalb des Lärchenhanges hinten an

unserem Haus an meiner Schreibstube entlangführt und ziemlich viel begangen wird.
Man kann diese Bäume nicht beschneiden, weil das unmöglich aussieht, vor allem im Winter, wenn das Laub fehlt. So blieb nichts anderes übrig, als auf die schönen Silberahorne zu verzichten, von denen sich Schwager Ernst die beiden vielstämmigen, in Buschform gehaltenen Exemplare holte. Das Verpflanzen in der Methode, wie ich sie bei Birken und Schwarzkiefer geschildert habe, ging ganz ausgezeichnet.
Der mächtige Hausbaum ist später ebenfalls verpflanzt worden, aber durch unsere Stadtgärtner, die einen Wagen mit Kran zur Verfügung hatten, damit sie den schweren Ballen oben über die Hecke heben konnten. Nun betrachte ich den Baum jedes Jahr an Allerheiligen, wenn ich mit Malia auf den blumengeschmückten Friedhof gehe. Er steht dort neben der Pforte, wo er Platz genug hat, seine lang herabhängenden, rutenartigen Zweige wie eine Schleppe auf das Gras der Wiese zu legen.

Obstbäume sind gute Gartenbäume

Noch mein Vater wäre nicht auf den Gedanken gekommen, einen Ahorn, eine Linde oder gar eine Kastanie in den Garten zu pflanzen. Die Eiche, die er auf seinem Grundstück vorfand, mußte weg, und an ihre Stelle wurde ein Nußbaum gepflanzt. Damals gab es keine veredelten Nußbäume, die früh in den Ertrag kommen und sich auf eine kleinere Krone beschränken; die aus Kernen herangezogenen Bäume wurden riesengroß. Immerhin hat dieser Nußbaum aber, als seine Zeit gekommen war, viele Walnüsse gebracht, und somit ist es ein für die damalige Zeit gartengerechter Baum gewesen. Auch kein anderer Besitzer eines mittelgroßen Hausgartens hätte daran gedacht, großwerdende Laubbäume in den Garten zu pflanzen, der ausschließlich einigen Obstbäumen vorbehalten war. Obstbäume bekommen niemals eine so dichte Krone, daß unter ihr keine anderen Pflanzen gedeihen können. Unter der Kronentraufe entlanggeführte Staudenrabatten werden kaum behindert. Noch heute wirken blumenbepflanzte Gärten mit einigen Obstbäumen stets maßvoll, ausgeglichen und ordentlich oder machen den Eindruck, als könnte man ihnen mit wenigen Handgriffen wieder Ordnung und Schönheit geben. Heute verwuchern die meisten Hausgärten zusehends in Grün und Schatten. Diese Entwicklung hat erst nach dem Krieg eingesetzt, und vielleicht ist das Wirtschaftswunder nicht unbeteiligt. Sogar der Mann in der Gartenlaube meint doch schon, in einer Villa zu wohnen, und was für den Laubenpieper eine Villa, das ist für den Bausparer gleich ein Schloß. Ich habe ja nichts dagegen, wenn jemand sich in seinem Haus wie in einem Schloß

vorkommt, mir geht es ebenso. Ein bißchen Träumerei macht das Leben reicher. Doch sollte niemand in den Fehler verfallen, aus seinem Garten einen Park machen zu wollen, wie es leider überall geschieht. Sicher sind Bäume wie überhaupt alle Pflanzen wichtig, und Graf Lennart Bernadotte hat sogar den Slogan vom helfenden, heilenden Grün erfunden. Aber ein von Holzwuchs und Grün verwucherter Garten ist unnütz, weil der Wind nicht hindurchweht und folglich nur die Blattläuse ihr Schlaraffenland haben.
Daher sind Obstbäume für einen Garten von besonderer Bedeutung. Schwierigkeiten macht nur jener Birnbaum, der auf einem durch Samen vermehrten Wildling steht und im Laufe der Zeit die Größe eines Wehrturms bekommt; er ist während der kurzen Blüte im Mai ein Anblick von hinreißender Schönheit, das zweifellos. Auch den unveredelten, also aus einem Kern herausgewachsenen Nußbaum will ich ausschließen. Sonst aber sind alle Obstbäume in ihrem Größenwuchs vollkommen gartengerecht. Diesen Maßstab sollte anlegen, wer nach Bäumen für einen Garten sucht.
Ein Hausbaum sollte die Form eines Schirmes haben, und so wäre der Apfelbaum mit seiner breiten Krone schon recht. Nur muß man dauernd an ihm herumschneiden, damit seine Äste stark genug werden, um die heranwachsenden Gravensteiner und Renetten tragen zu können. Daher erlernt er es allenfalls nach zehn Jahren, als Schirm seine Dienste zu tun. Beim Kirschbaum ist es nicht viel anders. Zwar ist es möglich, zunächst einen schnell wachsenden Baum an die vorgesehene Stelle zu pflanzen und den Apfelbaum an anderer Stelle fünf oder sechs Jahre in die Erziehung zu nehmen. Doch verpflanzt sich ein derartiger Obstbaum sehr schlecht, und es geht auch nur, wenn ich ihm die Zweige stark zurückschneide, die dann erst wieder wachsen müssen. Hier und da wird zwar von ernstzunehmenden Fachleuten geraten, man solle einen derartigen Obstbaum im Herbst so aufgraben, daß der Frost von allen Seiten in den freigelegten Erdwurzelballen eindringt. Ist dieser Klumpen gefroren, bringt man den Baum an den neuen Standort. Das ist aber mehr oder weniger Theorie, denn ohne Kranwagen ist da nichts zu machen.
Alle in ihrem Wuchs gemäßigt bleibende Bäume haben die Eigenschaft, in jeder Weise langsam zu sein; sie lassen sich Zeit. Ich muß also lange warten, um etwa – wie bei mir – im Schatten eines Katsurabaumes sitzen zu können. Oder aber ich greife tief in die Tasche und kaufe mir einen Solitär, der seine Baumschulreife bereits seit Jahren hinter sich hat.
Wie der Name sagt, ist ein Solitär dazu bestimmt, einzeln zu stehen, sich von allen Seiten bewundern zu lassen. Zu diesem Zweck muß er Gelegenheit gehabt haben, sich in die Breite entwickeln zu können, er darf folglich in der Baumschule nicht von anderen Gehölzen bedrängt worden sein. Ein Gärtner

wird die kleinen Pflänzchen nicht gleich weit auseinander pflanzen, er muß schließlich seinen ohnehin teuren Boden ausnutzen, so gut es geht. Das heranwachsende Bäumchen wird daher öfter verschult, wie es in der Fachsprache heißt. Man könnte im Zusammenhang mit der Baumschule sagen: Es wird versetzt. Dabei kürzt man beim ersten Mal die langen Wurzeln stark ein. An den Schnittstellen bilden sich danach junge, faserige Wurzeln, die sich zu einem kleinen, rundlichen Filz verflechten. Selbstverständlich wachsen rundum auch besonders viele Wurzeln nach außen, weil sie dort eine unverbrauchte, nahrhafte Erde vorfinden. Beim nächsten Verpflanzen, in zwei Jahren vielleicht, wird ein Teil dieser nach außen gewachsenen Wurzeln ebenfalls abgestochen, so daß auf diese Weise im Laufe der Jahre ein fester, runder Erdwurzelballen entsteht.
Beim Ausroden arbeitet man mit dem umgedrehten Spaten, man hält das Werkzeug also mit der Rückseite des Spatenblattes gegen den auszugrabenden Ballen. Es ist eine Art gärtnerischer Bildhauerarbeit, die man da verrichtet, indem gewissermaßen Span um Span abgestochen wird. So formt sich allmählich eine Kugel. Es ist verständlich, daß derartige Solitäre teuer sind, und sie werden mit jedem Viertelmeter, den sie an Größe und Breite zunehmen, teurer. Deshalb kann ein kleiner Gärtnersmann gar nichts Gescheiteres tun, als die Aufzucht einiger Solitäre, auf die er vielleicht in den ersten zwei, drei Gartenjahren verzichten kann, selbst vorzunehmen. Das Verpflanzen alle zwei Jahre ist wirklich eine Spielerei, solange es sich nur um einige wenige Bäume und Sträucher handelt. Die Ersparnis an Geld dagegen ist beträchtlich. Ich komme gleich noch auf den Katsurabaum zu sprechen, der neuerdings bei mir vor der Schreibstubentür die wichtigste Rolle spielt. Nach dem Katalog 75/76 einer größeren Baumschule in Holstein würde dieser Katsurabaum, zweimal verpflanzt, in einer Größe von zwei Metern 15,– DM kosten. Dreimal verpflanzt, und nun als Solitär mit Ballen ausgewiesen, müßte ich für diesen Baum bereits 40,– DM bezahlen.
Diesen Wertzuwachs von 25,– DM kann der Baum auch bei mir bekommen, dachte ich vor einigen Jahren. Kurz darauf begann oben an einer selten genutzten Stelle unseres Gartens ein zunächst mittelstarker Katsurabaum vor sich hin zu wachsen. Da stand der Silberahorn noch an seinem Platz vor meiner Schreibstubentür, wir erfreuten uns nach wie vor an seinen fein geschnittenen Blättern, an den peitschendünnen herabhängenden Zweigen und an dem kühlen Schatten an heißen Sommertagen. Es war zwar kein schöner Gedanke, immerzu an den bevorstehenden Abschied vom ersten unserer Hausbäume zu denken, dessen Nachfolger oben neben den Bohnenbeeten bereits in seine Rolle hineinwuchs. Aber daß ihn unser Stadtgärtner neben die Kirchhofspforte pflanzen wollte, tröstete uns.

Ein besonders schöner Hausbaum: der Katsurabaum

Während dieser Zeit hatte sich der Katsurabaum neben den Bohnenbeeten ganz schön entwickelt, er war mit seinen vielen Stämmen in die Höhe und mit den Zweigen in die Breite gewachsen. Daß auch sein Wurzelballen erheblich an Umfang zugenommen hatte, stellte ich beim Ausgraben fest. Sein Gewicht ist derart beträchtlich gewesen, daß mir Peter Müller helfen mußte, den Baum in den Schubkarren zu heben. An der Stelle des ausgerodeten Silberahorns nahm sich der Neuling zwar wie ein Zwerg aus, so daß der ganze Garten vor dem Haus einen kahlen Eindruck machte, aber man gewöhnte sich daran, und alsbald setzte auch das weitere Wachstum ein.
Ein schöner Hausbaum mit der Form eines Schirmes ist der Katsurabaum, vornehmer ausgedrückt *Cercidiphyllum japonicum*. Gleich den Metallstangen eines Schirmes spreizen vier, fünf, sechs Stämme die Krone breit auseinander. Die Äste und Zweige an den Stämmen wachsen elegant in die Breite, so daß man schon unter einem jungen Katsura sitzen kann und beschirmt ist. Die Blätter hat der Katsurabaum der Birke abgeguckt, sie sind obenauf olivgrün, an den Unterseiten silbrig, und die kurzen Stiele haben eine rote Färbung. Herrlich ist der rötliche Laubaustrieb im Frühjahr. Im Herbst färben sich die Blätter quittegelb und duften nach Kuchen. Es ist fürwahr ein idealer Hausbaum, da er nur »im ersten Gang« wächst, niemals riesig wird, mit seiner Krone einen lichten Schatten wirft und im Winter vorzüglich geeignet ist, in seinem schirmartig ausgespreizten Geäst allerlei Meisenbeutel und Vogelfutterhäuschen zu tragen. Kommt es einmal vor, daß schon im Juli ein paar Blätter gelb sind, fehlt dem Baum bestimmt Wasser im Boden. Den einzigen Wunsch nach Feuchtigkeit sollte man dem Katsurabaum erfüllen, soll er die Menschen mit seinen Tugenden beglücken.
Den letzten Satz möchte ich noch bekräftigen. Trockenen Boden verträgt der *Cercidiphyllum japonicum* absolut nicht, dann werden seine Blätter allmählich gelb, längst ehe sich der Herbst eingestellt hat. Man lege deshalb in trokkenen Sommern den Wasserschlauch an den Baum, drehe den Hahn ein klein wenig auf und lasse es, immer wieder an einer anderen Stelle, stunden- und gar tagelang tröpfeln. Auf die Idee mit dem Katsurabaum brachte mich Franz Boerner, einer der bedeutendsten Botaniker, Gärtner und Baumkenner der neueren Zeit. Er ist 1974 achtundsiebzigjährig verstorben. Wenn er sich nicht auf Reisen befand, verbrachte er Tag für Tag in seiner Studierstube mitten im Botanischen Garten von Darmstadt, dessen gärtnerischer Leiter er jahrzehntelang gewesen ist. Der *Cercidiphyllum* dieses Gartens mag schon älter als fünfzig Jahre sein, aber er ist trotz seines Kronenumfangs noch immer ein Baum, wie er sich in einem Hausgarten vorstellen läßt.

Mit Franz Boerner, der ein informatives Buch über die Blütengehölze für Garten und Park geschrieben hat, konnte ich mich oft über die Frage unterhalten, welche der zahllosen Bäume wohl für den kleineren Hausgarten geeignet wären. Wenn ich nun einige Gattungen und Arten aufführe, mit denen ich selbst im eigenen Garten oder im Laufe meines Berufs zu tun gehabt habe, dann entspricht dies durchaus den Auffassungen dieses gelehrten Gärtners.

Bäume für den Hausgarten

Aesculus, die Roßkastanie Wer Bäume kennt, wird nun gewiß lachen. Gehört doch die Kastanie zu den Riesen unter ihnen. Und so dunkel ist es unter dem Blättergebirge der Krone, daß selbst ein Farnkraut nicht mehr wachsen kann. Besonders während der Blütezeit ist es ein herrlicher Baum, der aber in einem Hausgarten unter zweitausend Quadratmetern nichts zu suchen hat. Dies gilt vornehmlich für die richtige Roßkastanie, also für *Aesculus hippocastanum*. Doch gibt es unter den rotblühenden Arten eine Sorte, die nur etwa zwölf Meter hoch wird und sich deshalb für geräumigere Gärten durchaus eignet. Die dunkelroten Blütenstände dieses Baumes sind auffallend lang, sein Name lautet vollständig: *Aesculus carnea* ›Briottii‹.

Amelanchier, die Felsenbirne Baumschulen führen die *Amelanchier* unter den Blütensträuchern, was dieses Gehölz aber nicht daran hindert, an die sieben Meter hoch zu werden und seine lichte, lockere Krone allseitig auszubreiten. Im Frühling zur Austriebszeit geht ein silbrigroter Glanz von ihr aus. Die weißen Blüten hängen massenhaft in Trauben an den Zweigen. Sehr gepriesen wird *Amelanchier laevis*, die kleiner bleibt, aber auffallend große Blütentrauben hat. Ich kenne aus dem Garten nur *Amelanchier canadensis*, die man ohnehin am meisten sieht, ein völlig problemloses Gehölz, das auch in kalkhaltigem Boden gut wächst.

Catalpa, der Trompetenbaum Ähnlich wie bei der rotblühenden Kastanie kann man zwar nicht von einem kleinbleibenden Baum reden, denn er erreicht eine Höhe von zwölf Metern und mehr, aber ich führe ihn trotzdem auf. Handelt es sich doch um einen Baum, der stark in die Breite geht und gelegentlich sogar seine unteren Kronenäste mit ihren Enden auf den Boden legt. Es wächst also eine lichte, grüne Höhle im Garten heran. Die *Catalpa* hat große, herzförmige Blätter, wie sie in ähnlicher Größe nur noch die Paulownie vorweisen kann. Die Blütenrispen, die denen der Kastanie ähneln, stellen sich erst im Juli ein, wenn andere Bäume sich bereits auf den Spätsommer und Herbst vorbereiten. Reizvoll sind im Winter die langen, herabhängenden Früchte, die wie Bohnen aussehen.

Cornus, Hartriegel Es ist schon ein Kreuz mit den Pflanzennamen. Denkt man bei Hartriegel doch an die im zeitigen Frühjahr gelbblühenden Wildgehölze, wie sie an den Böschungen unserer Autobahnen stehen. Es gibt aber einige Arten, bei denen die winzigen, gelben Blüten von einem weißen Blätterkragen umgeben sind. Diese Blätter sind der Natur sicherlich eingefallen, nachdem es sich herausgestellt hatte, daß die gelben Blüten im Unterholz von den Insekten schlecht gefunden werden. Gelegentlich spricht man auch von Blumenhartriegel, aber noch treffender ist die Bezeichnung Waldrebenbaum, weil die Blüten tatsächlich Ähnlichkeit mit der *Clematis* haben. Wir verfügen über zwei Arten. Aus Amerika stammt *Cornus florida*, dessen Blüten im Frühjahr erscheinen, ehe die Blätter da sind. Schon im Winter ist der Baum mit seiner Fülle silberrötlicher Knospen ein tröstlicher Anblick. Von ihm gibt es eine rotblühende Spielart, die den Namen *Cornus florida* ›Rubra‹ trägt. Beide entwickeln nach der Blütezeit ein schönes, edles Laub, das sich im Herbst leuchtend orangerot verfärbt. Übrigens ist die Blütenfarbe nicht rot, sondern mehr rosa. *Cornus florida* wächst sehr langsam, er hat es bei mir in fünfzehn Jahren erst auf vier Meter gebracht, was ich sehr schön finde, höher braucht er nicht mehr zu werden. Man muß ihm allerdings, sofern er einmal als Sonnenschirm dienen soll, beizeiten die unteren Äste wegnehmen, damit sich Stamm und Krone ausbilden können.

Ein weiterer Blumenhartriegel steht bei mir oben an der wilden Hecke, wo er sich, fast vergessen, Anfang Juni immer wieder in Erinnerung bringt. Seine

Wuchsformen bekannter Bäume (von *links* nach *rechts*): Hülse *(Ilex aquifolium)*, Silberahorn (*Acer saccharinum* ›Wieri‹), Eberesche *(Sorbus aucuparia)*, Trompetenbaum *(Catalpa bignonioides)*, Holländische Linde *(Tilia intermedia)*

Blüten erscheinen erst vier bis fünf Wochen nach denen von *Cornus florida*, wenn auch bereits die grünen Blätter da sind. Er heißt *Cornus kousa* und stammt aus Ostasien. Bei ihm muß man aber an die zehn Jahre warten, ehe er zu blühen beginnt.

Crataegus, Weißdorn Ich habe mit dem Wildkirschbaum auch einen Weißdorn gekauft, er heißt *Crataegus monogyna.* Das üblicherweise als Heckenpflanze ausgewiesene und mit Wuchshöhen bis drei Metern beschriebene Gehölz hat aber eine ganz schöne Krone entwickelt, die mit der Eberesche an seiner Seite durchaus mithält. Zur Blütezeit im Mai ist die Luft süß von diesem Baum, in seiner Krone dröhnt es geradezu von Bienen. Könnte ich ihn auswechseln, würde ich an seine Stelle allerdings einen Rotdorn setzen, der mit seinen rosa Blütenrispen zu den schönsten Bäumen zählt. In die Nähe kämen dann Goldregen und Flieder. Ich kann den Rotdorn nur sehr empfehlen, sein Name ist *Crataegus monogyna* ›Kermesina-plena‹.

Davidia, Taubenbaum Der Baum sieht während der Blüte tatsächlich so aus, als säßen überall weiße Tauben zwischen dem grünen Laub, das an Linden erinnert. In Wahrheit handelt es sich um zuerst grünliche, dann weiße und schließlich etwas rötliche Hochblätter, in denen man die Blüte zu sehen meint, die indessen von den beiden herabhängenden Blättern verborgen wird. Das größere der beiden Blätter ist etwas länger als eine Hand, das zweite Blatt um die Hälfte kleiner. Je nach Phantasie spricht man statt vom Tauben- auch vom Taschentuchbaum. Ich habe den etwa fünf Meter hoch

Wuchsformen bekannter Bäume (von *links* nach *rechts*): Lärche *(Larix decidua)*, Weißbirke *(Betula alba)*, Scheinzypresse *(Chamaecyparis lawsoniana)*, Rotbuche *(Fagus sylvatica)*, Omorikafichte (Serbische Fichte) *(Picea omorica)*

werdenden Baum in Köln einmal gesehen, es war Liebe auf den ersten Blick, und so ist er vor fünfzehn Jahren in unseren Garten gekommen. Mehrmals verpflanzt, entwickelte er sich zu einer stattlichen Gestalt. Geblüht indessen hat er in dieser ganzen Zeit nicht ein einziges Mal. Wahrscheinlich ist ihm, wie so vielen anderen Sträuchern, der immer größer werdende Schatten bei uns nicht bekommen. Es blieb schließlich nichts anderes übrig, als ihn wegzunehmen, also abzusägen.

Laburnum, Goldregen Von Franz Boerner weiß ich, daß der deutsche Name dieses Baumes kaum hundert Jahre alt ist, vorher sprach man von einem Bohnenbaum. Es ist einer der seltenen gelungenen Versuche, Pflanzen bildhafte Namen zu geben. Unser Bild vom gefüllten Flieder mit dem üppig blühenden Goldregen dahinter ist allerdings ein Traum geblieben. Was auch von mir versucht worden ist, aus dem Goldregen ist nie etwas geworden, bis er dann eines Tages, im Holz krank und lebensmüde, auf dem Feuerhaufen landete. Ich vermute, daß unser Boden für diesen Baum zu wenig kalkhaltig ist. Ansonsten habe ich ihn gut behandelt und auch nicht an ihm herumgeschnitten, weil ich von Franz Boerner gelernt habe, daß er das nicht mag. Der großartigste Goldregen mit halbmeterlangen Blütentrauben heißt *Laburnum wateri* ›Vossii‹.

Liriodendron, Tulpenbaum Gewiß kein kleinbleibender Baum, und wenn ich ihn hier aufführe, dann geschieht dies zunächst aus Anhänglichkeit. Ich hatte mir in Tennessee, USA, einmal alle möglichen Baumsämlinge aus dem Wald mit ins Kriegsgefangenenlager gebracht. Darunter war auch ein meterhohes Kerlchen, das dann im Frühling recht dicke Knospen bekam. Das herauswachsende Blatt war erst um seine Mittelader gefaltet. Es dauerte ein paar Tage, bis es sich gänzlich ausbreitete. Aber ein derart vierzipfliges, großes, hellgrünes Blatt hatte ich nie vorher gesehen. Später fand ich, im Wald draußen, die Blüten dieses Baumes. Sie sahen wie gelbgrüne, gelb gezeichnete, frühe Tulpen aus. Später bin ich diesem Tulpenbaum in großer Zahl im Wald von Heidelberg begegnet, und weil es sich um einen ganz besonderen Spaziergang handelte, blieb mir das Erlebnis gut in Erinnerung. Nun löst der Tulpenbaum bei uns in der Stadt allmählich die Eichen in der Allee nach Lichtental ab. Das Grundwasser sinkt, und die Eichen werden wipfeldürr. Aber vom Tulpenbaum sagt der Stadtgärtner, daß er dem absinkenden Wasser nachwachsen würde. Es hat den Anschein, als habe er recht. An den noch nicht allzu großen Alleebäumen kann man das freilich noch nicht feststellen. Aber die älteren, riesigen Tulpenbäume sind frischgrün bis in die äußersten Winkel hinauf. Selbstverständlich hatte ich einige Jahre diesen Tulpenbaum alias *Liriodendron tulipifera* im Garten, der uns mit seinen vierzipfligen Blättern viel Freude macht, bis er zu groß wurde.

Magnolia, Magnolie Das ist ein Gartenbaum *par excellence*, aber man muß ihn allein stellen, damit er im Frühling mit den großen, in diesem Fall wirklich tulpenähnlichen Blüten zu voller Wirkung kommen kann. Weil der Platz für den Solopart dieses Ostasiaten bei mir nicht vorhanden war und ist, habe ich auf Magnolien verzichtet, mit denen ich früher jedoch oft schon zu tun hatte. In dem sandigen Boden meiner Heimat wuchsen Magnolien ganz ausgezeichnet, wenn man mit Mist und Torf nicht sparte. Es scheint, als behage diesen Bäumen eine leichte Erde mehr als etwa schwerer Lehm. Hier ringsum gibt es zahllose Magnolien jeder Größe. Teilweise wachsen sie auf großen, verwilderten Rasenflächen, die wieder zu Wiesen werden. Niemand kümmert sich um die prächtigen Blütenbäume, und dennoch werden sie schöner von Jahr zu Jahr. Dies mag darauf zurückzuführen sein, daß wir einen leicht sauren Boden auf unserer Seite des Tales haben.
Die bekannteste und schönste Magnolie ist aus zwei Arten entstanden, sie heißt *Magnolia soulangiana*. Bei uns gibt es noch die Kubishi-Magnolie, die es an Wuchskraft mit den Wildkirschbäumen am Waldrand aufnimmt, die Blüten sind allerdings klein. Wenn schon Magnolie, dann würde ich nur die *M. soulangiana* mit ihren großen Blüten pflanzen, die innen weiß und außen rosa überhaucht sind.
Hinzu käme noch die Sternmagnolie, die aber zu den Sträuchern zu zählen ist, denn auch in dreißig Jahren bringt sie es kaum auf drei Meter in Höhe und Breite.

Wuchsformen bekannter Bäume (von *links* nach *rechts*): *Rhododendron catawbiense*, Libanonzeder *(Cedrus libani)*, Bergkiefer *(Pinus montana)*, Österreichische Schwarzkiefer *(Pinus nigra austriaca)*, Bergahorn *(Acer pseudo-platanus)*, Wacholder (*Juniperus chinensis* ›Pfitzeriana‹)

Magnolien soll man nicht oder doch nur in Notfällen verpflanzen; sie mögen das nicht, ihre Wurzeln sind sehr empfindlich. Da sich diese Wurzeln nur im oberen Bodenbereich aufhalten, ist es immer gut, die Erde mit Torf oder Kompost abzudecken, damit sie im Sommer nicht austrocknet.

Malus, Apfel Einen der schönen Zierapfelbäume haben wir niemals gehabt, obwohl er – ich weiß – in die ursprüngliche Obstwiesenlandschaft unseres Grundstücks besser gepaßt hätte als Rhododendronsträucher und Kanadische Hemlockstannen. Diese im Wuchs stets eleganten Bäume zählen zur Elite unserer Blütengehölze. Der reiche Flor im Frühling ist von bezaubernder Schönheit, und sofern die Vögel nicht allzu früh ihren Geschmack daran finden, haben auch die gelben, rot getüpfelten oder knallroten Früchte im Spätsommer ihre Reize; sie sind nicht sehr groß, die Kirschäpfel, aber es lassen sich daraus gute Marmeladen und Gelees herstellen. Vielleicht wäre so ein Kirschapfel bei uns als Hausbaum stilvoller gewesen als der Katsurabaum. Ich bin wohl deshalb nicht darauf gekommen, weil es diese Äpfel fast ausschließlich als Büsche oder doch nur mit kurzen Stämmen gibt. Aber es wäre möglich gewesen, einen Hochstamm heranzuziehen, der dann in uns genehmer Höhe seine Krone ausgebreitet hätte.

Doch ich war damals auf richtige, fruchttragende Apfelbäume aus. Was ist überhaupt schöner, sagte ich mir, als ein blühender Obstbaum, ein Apfel, eine Kirsche, der Birnbaum gar und erst die Quitte, deren Blütenglanz nicht einmal von den Magnolien übertroffen wird. Zu diesem Überschwang an Blüten – so meine Gedanken – geben uns diese Bäume Jahr für Jahr ihre köstlichen Früchte. Wenn nun, für meine Begriffe, kein Baum in der Blüte schöner sein kann, wie wäre es dann übers Herz zu bringen gewesen, in ein und demselben Garten richtige Obstbäume zu haben und außerdem einige ihrer Gevatterinnen, die lediglich der Zierde wegen da sind und obendrein noch verwöhnt und verhätschelt werden wollen.

Das war freilich, wie ich inzwischen weiß, nicht richtig gedacht. Weil die Früchte der Kirschäpfel, Paradiesäpfel und wie sie alle heißen, so klein und leicht sind, brauchen die Bäume auch nicht so muskulös zu sein, um die Ernten tragen zu können. Bei einem regelrechten Obstbaum muß ich durch richtige Schnitte dafür sorgen, daß seine Äste recht dick werden, damit sie im Laufe der Jahre zentnerschwere Ernte tragen können. Dieses ständige Beschneiden in den ersten Jahren zögert auch die Zeit hinaus, in der es mit der Blüte losgeht. Doch den zur Zierde bestimmten Kirschapfelbaum kann ich von Anfang an wachsen lassen, wie es ihm beliebt, und auf seinen ersten Flor läßt er mich kaum zwei Jahre warten.

Inzwischen bin ich aber dankbar, keinen dieser Bäume zu haben, weil die Fichten im Wald zu hoch und die Grenzgehölze zu dicht geworden sind. Es fehlt an Wind und an Sonne, worauf alle Apfelbäume angewiesen sind, wie ich dem Roten Berlepsch oben im Garten ansehe, dessen Schnittwunden niemals recht verheilen wollen, was immer ich auch an Baumteer und Wundverstreichmitteln nehme.

Obwohl ich also selbst keine Erfahrungen mit diesen Bäumen habe, will ich sie doch wegen ihres Wuchses und ihrer Schönheit preisen, denn wo immer mich im Frühling der Weg hingeführt hat, habe ich sie blühen sehen, daß es eine Freude war. Die meisten schönen Kirschäpfel sah ich in der Euro-Baumschule Rudolf Schmidt in Rellingen, weshalb es für den Leser bequem sein mag, wenn ich aus dem neuesten Katalog dieser Gärtnerei eine Tabelle übernehme, in welcher die wichtigsten Eigenschaften der begehrtesten Arten und Sorten aufgeführt sind:

Malus – Apfelbaum, Zierapfel, Kirschapfel

Rosaceae – Rosengewächse

Sehr schöne Sträucher oder Bäume, je nach Sorte 3–12 m hoch, die sowohl wegen der reichen Blütenpracht, in der sie den japanischen Zierkirschen nicht nachstehen, als auch wegen des später sehr dekorativen Fruchtbehanges als Zierbaum auf das wärmste empfohlen werden können. Sie rangieren unter den Ziergehölzen, was Schönheit anbetrifft, mit an erster Stelle. Die Früchte der Kirschäpfel und einiger anderer großfruchtiger Sorten lassen sich für Geleebereitung und dergleichen verwenden.

Wichtigste Eigenschaften

Malus	Wuchs	Blüte				Frucht	
Art oder Sorte:	Höhe	Farbe	Zeit f = früh m = mittel s = spät	einfach	gefüllt	Farbe	Größe Ø
adstringens ›Almey‹	3–4 m	tief purpurn	f	*		orange-rot	2 cm
adstringens ›Hopa‹	4 m	lilarosa	f	*		hochrot	2 cm
coronaria ›Charlottae‹	bis 10 m	zartrosa	s		*	grün-gelb	4 cm
floribunda	bis 10 m	blaßrosa	mf	*		gelb mit rot	0,8 cm
›Hillieri‹	bis 10 m	rosa	s		*	gelb-orange	1,5–2 cm
moerlandsii ›Liset‹	bis 8 m	purpurrot	mf	*		hellrot	1,5 cm
moerlandsii ›Profusion‹	bis 6 m	dunkelrot	s	*		rotbraun	1,5 cm
pumila ›John Downie‹	bis 8 m	rosa/weiß	mf	*		orange	3 cm
purpurea ›Eleyi‹	bis 6 m	weinrot	mf	*		purpurn	1 cm
purpurea ›Nicoline‹	ca. 6 m	dunkelrot	mf	*		dunkelrot	1 cm
›Red Jade‹		rosa/weiß	f	*		hochrot	1,5 cm
sargentii	ca. 2 m	weiß	mf	*		dunkelrot	0,5–0,8 cm
sieboldii ›Van Eseltine‹	bis 4 m	rosa	mf		*	gelb-rot	2 cm
sieboldii ›Wintergold‹	bis 4 m	blaßrosa	mf	*		goldgelb	0,5–0,8 cm
zumi ›Calocarpa‹	ca. 4 m	weiß	mf	*		dunkelrot	1–1,5 cm
zumi ›Professor Sprenger‹	bis 4 m	zartrosa/weiß	mf	*		orange	1 cm

Schöne Blattfärbung haben die Sorten: ›Liset‹, anfangs bronzerot, ›Profusion‹ purpurn-braun, ›Eleyi‹ dunkelrot, ›Nicoline‹ tiefrot; prächtige Herbstfärbung: ›Charlottae‹ rot-orange, sargentii gelb-rot, ›Calocarpa‹ gelb-rot.

Paulownia, Blauglockenbaum Früher hieß er Kaiserbaum, in freier Übersetzung des gärtnerlateinischen *Paulownia imperialis.* Das stimmte auch, denn Taufpatin des schönsten Baumes, der sich für einen nicht zu kleinen Garten denken läßt, war Anna Paulowna, Tochter des russischen Zaren Paul I., spätere Gattin des Königs Wilhelm II. der Niederlande. Inzwischen ist das Kaiserliche nicht mehr so gefragt, also wurde auch der botanische Name abgeändert, er lautet jetzt *Paulownia tomentosa,* die filzige Paulownie. Dennoch bleibt dieser gebürtige Japaner, im Deutschen nunmehr Blauglokkenbaum genannt, mit seiner ausladenden, weit überhängenden, im Laufe der Zeit bis zu zehn Meter hohen Krone eine majestätische Erscheinung. Zusammen mit der *Catalpa* verfügt er über die größten Blätter von allen bei uns gedeihenden Bäumen.
Bevor sie jedoch im Frühjahr erscheinen, setzt das Blühen ein. Es sehe jedesmal so aus, hat Franz Boerner geschrieben, als habe bei Nacht jemand Hunderte von blauen Hyazinthen auf den Baum gesteckt. Aus der Nähe besehen sind die duftenden Blütenrispen jedoch violett, auch etwas Gelb ist dazwischen. Doch hat man nicht überall an den Blüten seine Freude, weil die Knospen frostempfindlich sind, was besonders für die Zeit kurz vor dem Erblühen zuzutreffen scheint. So sollte man die Paulownie immer nur dort anpflanzen, wo Weinbauklima herrscht, weil es sonst oft Enttäuschungen gibt. Es erfrieren auch junge Bäume, wenn sie gerade erst gepflanzt sind. Doch treiben sie regelmäßig wieder nach, und im Laufe weniger Jahre nehmen sie eine Festigkeit an, die jedem normalen Winterfrost bei uns zulande widersteht. Für mich hat der Kaiser- alias Blauglockenbaum nur einen einzigen Fehler: daß er sich nicht unter den Bäumen meines Gartens befindet. Dafür habe ich jedoch persönliche Beziehungen zu einer Paulownie aufgenommen, die auf einer gepflegten Wiese seitlich des Weges steht, über den ich häufig in die Stadt gehe.
Prunus, Kirsche Früher hatten wir einen dieser Bäume im Garten, er präsentiert sich auf älteren Fotos ganz im Vordergrund, die Zweige schon in jungen Jahren weit übergebogen, herabhängend fast, so als könne er sie mit ihrer Blütenschwere nicht aufrecht tragen. Sein Name: *Prunus serrulata* ›Shidare Sakura‹. Dieser japanische Blütenkirschbaum mit seinem unglaublich dichten rosa Flor ist häufig anzutreffen. Noch häufiger ist die Sorte ›Kanzan‹, bei der die gefüllten Blüten ebenfalls rosa und die jungen Blätter dunkelrötlich sind. Nachteilig bei allen Japan-Kirschen, die es in Dutzenden von Arten und Sorten gibt, ist nur ihr etwas steifer, meist trichterförmiger Wuchs. Ganz im Gegensatz zu den Zieräpfeln, die sich gegenseitig an Grazie übertreffen, stehen die Kirschen etwas stockbeinig da. Eine Ausnahme soll die rosablühende ›Accolade‹ machen.

50△ 51▽

50 In einem mit Sumpf- und Wasserpflanzen besiedelten Becken regt sich viel Leben.

51 Seerosen gibt es für unterschiedliche Wassertiefen, aber sie brauchen immer Sonne.

52 Der Staudenphlox in vielen Farbsorten gehört zu den schönsten duftenden Blumen.

53 Die Ritterspornsorten des *Delphinium cultorum* sind besonders wind- und regenfest.

54 Pfingstrosen gleich an die richtige Stelle setzen. Verpflanzen vertragen sie schlecht.

55 *Anemone pulsatilla*, die Küchenschelle.

52△ 53▽ 54▷

Nun denn, es hat sich unser Blütenkirschbaum mit dem wohlklingenden Namen ›Shidare Sakura‹ bei uns nicht sehr wohl gefühlt, was sicherlich wieder auf zu vielen Schatten, zu feuchte Luft, vielleicht auch auf den sauren Boden zurückzuführen ist. Der schöne Baum bekam den Gummifluß, und was ich auch anstellte, er blutete und blutete weiter. So habe ich ihn verschenkt.

Ich halte nichts davon, einen Baum oder eine Staude immer wieder zu überreden, daß sie es noch einmal versuchen möge, wenn ich ihr Kalk streuen oder schwefelsaures Ammoniak geben würde, je nachdem. Es gibt für jeden Boden und für jedes Klima so viele schöne Pflanzen, daß man sich auf diejenigen beschränken sollte, denen man ihr Wohlbefinden ansieht. Wenn ein Baum nur so vor sich hinkränkelt und nicht richtig wächst, macht er keinen Spaß, was übrigens für alle Pflanzen gilt.

An dieser Stelle möchte ich noch auf einen Kirschbaum hinweisen, den ich sehr liebe. Von ihm geht keine sonderliche Blütenpracht aus, und man verständigt sich mit ihm weniger als Gärtner als auf der Wellenlänge der Poesie. Die Blüten dieses dünnzweigigen Baumes oder Strauches stellen sich nämlich mit ihrem zarten Rosaweiß zu einer Zeit ein, in welcher man dem Sankt Nikolaus, den Heiligen Drei Königen oder einem Fastnachtsnarren zu begegnen erwartet, nicht aber einem Kirschbaum in vollem Flor. Es kommt auf das Winterwetter an, ich habe diese Schneekirsche schon in allen Monaten zwischen Oktober und März blühen sehen, selbst in der Weihnachtszeit. Ihr Name: *Prunus subhirtella* ›Autumnalis‹.

Sorbus, Eberesche Wer würde sie nicht kennen, die Eberesche mit ihren dichten Trauben voll korallenroter Früchte, die am besten dort gedeiht, wo es eher zu trocken als zu naß ist. Wir haben einen derartigen Baum neben dem Weißdorn an der Nordgrenze unseres Gartens, er ist völlig ohne Probleme. Alle paar Jahre muß ich ihm ein paar Stämme wegschneiden, damit wieder Luft in den Grenzbewuchs kommt. Könnte ich es noch, würde ich statt dessen eine Mährische Eberesche pflanzen, die man in Baumschulen unter dem Namen *Sorbus aucuparia moravica* bekommt. Die vitaminreichen Früchte dieser Eberesche aus Mähren sind eßbar, und die Blätter dieser Spielart sehen noch schöner aus als die unserer heimischen Eberesche.

Bäume, die weniger durch ihre Blüten als durch ihre Gestalt und durch die Schönheit ihrer Blätter wirken

Acer ginnala, Feuerahorn Meist sieht man ihn als größeren Strauch, oft aber auch als kleinen Baum, bis etwa fünf Meter groß, die lockere Krone weit ausgebreitet. Er gedeiht auch im Schatten, aber dort bekommt er im Spätsommer nicht so leuchtendrote Blätter wie in der Sonne.

Aralia elata, Aralie Das ist ein Baum, den Gärtner gern in kleine Atriumhöfe pflanzen. Im Winter nehmen die armdicken, kaum verästelten Stämme kein Sonnenlicht weg. Im Sommer dagegen sorgen die meterlangen, doppelt gefiederten Blätter für angenehmen Schatten. Hinzu kommen im Spätsommer riesige weißgelbe Blütenrispen.

Betula verrucosa ›Tristis‹, Trauerbirke Eine zierliche Birke mit dünnen Zweigen. Ihr Stamm wächst senkrecht, die Äste fast waagerecht, und von ihnen hängen dann die beblätterten dünnen Zweige schleierartig herab. Irgendwann, wie es mir mit manchem Baum ergangen ist, wird man sich in einem kleinen Garten aber von ihr trennen müssen. Auch diese Birke wächst nämlich stark, und sie wird leicht an die fünfzehn Meter hoch.

Castanea sativa, Marone oder Eßkastanie Man sagt, daß am natürlichen Vorkommen der Marone noch der Verlauf des römischen Limes zu erkennen sei, also der Grenzbefestigungsanlagen der Römer gegen die Germanen. Mit seinen länglichen, glänzendgrünen Blättern, mit den erst im Juli erscheinenden, roßkastanienähnlichen Blüten und den schmackhaften Früchten im Spätherbst kenne ich diesen Baum aus dem Wald, aus Parks und aus dem eigenen Garten. Seine grüne, südländisch anmutende Üppigkeit paßt gut zur Schwarzkiefer. Vielgestaltig ist der Kronenaufbau. Ich kenne Maronen in Bauernvorgärten, die eine ganz dichte, flach ausgebildete Krone haben. Maronen können auch in kleineren Gärten nützlich sein. Man kann sie nämlich immer wieder auf den Stock setzen, also gänzlich zurückschneiden, worauf sie im nächsten Frühjahr erneut austreiben. Freilich kommt man auf diese Weise niemals zu Maronen für die Weihnachtsgans, aber es gibt Situationen, wo man ein derart sich immer wieder erneuerndes Gehölz gebrauchen kann.

Cercidiphyllum japonicum Über diesen Baum habe ich in der einleitenden Geschichte unserer Gartengehölze schon viel geschrieben. Es sei wiederholt, daß er sich mit seinem mäßigen Wuchs, seiner schirmartigen Krone und mit der Schönheit seiner rotgestielten Blätter hervorragend als Hausbaum im kleinen Garten eignet, sofern der Boden feucht genug ist oder aber feucht gehalten wird.

Ginkgo biloba, Fächerbaum Ich bringe es einfach nicht fertig, diesen Baum hier zu übergehen. Denn vor allem im Herbst ist er von einer Pracht, die den Atem verschlägt. Man wundert sich immer wieder, daß in dem Farbtopf der Natur noch genug Gelb für andere Bäume und Blumen übrig bleibt. Beim Ginkgo kommt man ohnehin nicht aus dem Wundern heraus. Der aus Japan stammende Blätterbaum zählt nämlich zu den Nadelgehölzen. Jedes Blatt ist eine fächerförmig auseinandergewachsene Nadel. Vor langen Zeiten muß sich der Ginkgo die Selbstverwandlung in einen Laubbaum vorgenommen haben, was ihm dann möglicherweise keinen Spaß mehr gemacht hat. So blieb er ein botanischer Zwitter.

In Japan wird der Ginkgo als Tempelbaum, bei uns als Zierde von Park und Garten verehrt. Zu seinen Eigentümlichkeiten gehört es weiterhin, daß er zweihäusig ist, was soviel wie zweibäumig bedeutet: Der eine Baum trägt nur männliche, der andere nur weibliche Blüten. Man kann den heranwachsenden Bäumen allerdings nicht wie jungen Kaninchen ansehen oder anfühlen, welchen Geschlechts sie sind, und das ist schade. Sofern sich befruchtungsfähige Vertreter des männlichen Ginkgo-Geschlechtes in der Nähe befinden, sind die weiblichen Bäume nicht sonderlich beliebt, weil ihre herabfallenden Früchte einen schlechten Geruch haben. Das kann indessen nur als einseitiges Werturteil von Europäern angesehen werden, denen die östliche Zuneigung zum *Ginkgo biloba* fremd ist. In Asien werden die süßen Kerne der stinkenden Früchte nämlich gern gegessen. Die Schönheit der Gestalt dieses Baumes mit seinen fächerförmigen Blättern und ihrem Goldgelb im Herbst ist auch bei uns unübertroffen. Zwar wird er allmählich sehr groß, riesengroß sogar, aber man kann doch im Garten wenigstens zwei Jahrzehnte hindurch seine Freude an ihm haben.

Nothofagus, Scheinbuche Ein zumal für kleine Gärten sehr zu empfehlender, allenfalls sechs Meter hoher Baum mit dunkelgrünen, gelappten und an den Rändern gewellten Blättern.

Parrotia persica, Parrotie Das ist ein zumeist mehrstämmig herangezogener, mit seinen Ästen und Verzweigungen sehr in die Breite gehender Baum gemäßigten Wuchses, der bei uns etwa zehn Meter hoch werden kann. Man kann aber die zu langen Spitzentriebe bis auf die erste, stärkere Verzweigung zurückschneiden, ohne den Gesamteindruck zu zerstören. Die kleinen rötlichen Blüten im März fallen kaum auf. Über Sommer wirkt die Parrotie mit dem hellen Grün ihrer haselnußähnlichen Blätter recht erfreulich. Die schönste Zeit ist jedoch im Spätsommer und im Herbst, wenn sich der Baum erst gelb, dann goldgelb und schließlich scharlachrot verfärbt. Wir möchten im September nie so recht vom Frühstückstisch aufstehen, wenn draußen auf der Hangkrone die Parrotie mit ihren Farben prahlt. Manchmal scheint mir, als gebe es unterschiedliche Typen der Parrotie, die ihr verfärbtes Laub nur kurz oder aber sehr lange behalten.

Quercus pedunculata, Stieleiche Ich brauche die altbekannte deutsche Eiche nicht erst zu beschreiben. Sie gehört in diese Aufzählung hinein, weil sie neben unserer Garteneinfahrt steht. Es war eines der wenigen Einzugsgeschenke, das mir willkommen war. Denn ohne Eichbaum neben dem Tor hätte ich mir unser Haus auf der Bergwiese gar nicht vorstellen können. Sie wächst recht langsam, die Stieleiche mit ihren kleinen Blättern. Deswegen habe ich damals rechts und links noch Weißbuchen gepflanzt, die ein schnelleres Tempo vorlegen. Jetzt muß ich allerdings eine Weißbuche nach der anderen wegnehmen, um dem sich ausbreitenden Eichbaum Platz zu schaffen. Erst meine Urenkel werden sich mit der Frage zu befassen haben, ob die Krone zu gewaltig ist. Ich glaube indessen, daß der Baum noch mehrere hundert Jahre wachsen darf. Er ist keineswegs so egozentrisch wie die Buche, die mit ihrem dichten Blätterdach alles Licht für sich allein beansprucht. Die Eiche läßt genügend Licht für Farnkräuter und Blumen übrig, die unter ihrer Krone wachsen.

Quercus turneri ›Pseudoturneri‹, Immergrüne Eiche Absolut zutreffend ist die deutsche Bezeichnung keineswegs, wenn man an die immergrünen Blätter des Rhododendron denkt. Zwar bleibt diese Eiche über Winter grün, was höchst seltsam aussieht, zumal die Blätter ziemlich groß sind. Doch wenn im Frühjahr das junge Laub treibt, fallen die alten Blätter ab. Der Baum wächst sehr langsam und soll allenfalls zehn Meter hoch werden, ich kenne ihn jedoch nur in Form eines größeren, bis zum Erdboden verästelten Busches.

Rhus, Essigbaum oder Sumach Gepflanzt hätte ich ihn nie. Damit will ich keineswegs etwas gegen den Essigbaum, seinen zumeist sehr malerischen, eigenwilligen Wuchs und seine gefiederten, sich im Herbst leuchtendrot verfärbenden Blätter sagen. Noch schöner als der einfache *Rhus typhina* ist der Farnwedelsumach mit seinen fein zerschlitzten Blättern, er heißt *Rhus typhina* ›Dissecta‹. Es ist ein eigenartiger Geselle, von dem die Baumschulgärtner sagen, er sei zweihäusig. So wäre es zu verstehen, daß es auf dem einen Sumach die begehrten, rostbraunen Fruchtstände gibt, auf dem anderen aber nicht. Tatsächlich scheinen aber auch Essigbäume zu existieren, die sowohl männliche als auch weibliche Blüten tragen, in ihrem Geschlechtsleben also autark sind.

Gepflanzt hätte ich ihn nie, denn der Sumach war vor fünfzehn Jahren derart in Mode gekommen, daß er beinahe in jedem Garten zu sehen war. Rein zufällig hat sich aber in meinem Grenzbewuchs gegenüber der Haustür solch ein Baum angesiedelt, der mit seinen herbstroten Blättern eine Freude, mit den nicht kleinzukriegenden Ausläufern aber ein Ärgernis ist. Da können Sie neben dem Essigbaum eine drei Meter breite Straße pflastern, und eines Tages hat die Untergrundbewegung seiner Ausläufer trotzdem die andere Seite erreicht.

Eine an sich völlig überflüssige Anmerkung

Wir wollen unsere Gärten noch immer naturnah haben und möglichst in einem Park leben, selbst wenn es von Zaun zu Zaun nur dreißig Meter sind.

Ich schließe mich selbst davon nicht aus. Sollte mir allerdings – was ich nicht hoffe – nochmals die Aufgabe zufallen, einen Garten an einem neuen oder auch alten Haus anzulegen, würde ich erstens die Fehler dieser fünfzehn Jahre vermeiden, und zweitens sähe der Garten sehr viel strenger, geometrischer, kunstvoller und angelegter aus. Ich würde je nach Boden einen von zwei Bäumen pflanzen, die mich auf meinen Fahrten durch Frankreich stets erfreuen: es sind Bäume mit kugelrunder Krone. Dies aber nicht, weil man sie mit der Schere in diese Form bringt. Einmal ist es der im Alter eine flachovale Kronenform annehmende Kugel-Spitzahorn, *Acer platanoides* ›Globosum‹. Und zum anderen handelt es sich um die Kugelakazie, *Robinia pseudoacacia* ›Umbraculifera‹. Wenn es in diesem Garten irgendwo ginge, pflanzte ich außerdem die Laubenulme, die tatsächlich mit ihren akkurat waagerechten Ästen eine Laube bildet. Sie heißt *Ulmus glabra* ›Camperdownii‹. Und wenn ich viel, viel Platz hätte, käme in diesen Garten der Zukunft auch eine Trauerbuche, *Fagus silvatica* ›Pendula‹.

Welchen Abstand müssen Bäume eigentlich von der Gartengrenze haben?

Mein Nachbar beklagte sich vor einigen Tagen. Einer von seinen zehn Apfelbäumen, sagte er, werde in seinem Lebensgefühl durch meine viel zu groß und zu breit gewordene Hemlockstanne beeinträchtigt. Ich konnte den guten Mann beruhigen. Erstens bekäme der Apfelbaum auch ohne Hemlockstanne keinen einzigen Sonnenstrahl mehr zu Gesicht. Ein paar der unteren, zu weit über den Zaun ragenden Äste könnte ich der Hemlockstanne außerdem abschneiden. Selbstverständlich hat der Nachbar das nicht böse gesagt, denn es ist ein kluger Mensch, und in den Rechtsverordnungen, wie sie für Grundstücksgrenzen im bebauten Raum gelten, dürfte er sich als ehemaliger Baudirektor auskennen.
So weiß er bestimmt, daß meine Hemlockstanne mit 2 Metern Abstand absolut richtig steht. Er weiß aber auch, daß ich nach dem hierzulande geltenden Recht gleich drei Hemlockstannen an die Grenze pflanzen dürfte, mehr allerdings nicht. Weiter ist es mir gestattet, gleich daneben bis zu drei Blaufichten zu setzen, mehr Exemplare dieser Art und Gattung allerdings nicht. Dann wären mir noch drei Vogelbeeren, drei Weißbuchen, drei Erlen, drei Serbische Fichten und weitere Gehölze artgemäß ähnlicher Ausdehnung gestattet, je Art und Gattung aber nur drei. Ich könnte über den Nachbargarten also eine ganz schöne Finsternis ausbreiten.
Die Grenzabstände regelt das Nachbarrecht. Die Gesetzgebungskompetenz dafür liegt, wie beim Heckenkapitel bereits ausgeführt, bei den einzelnen Bundesländern. Daher sind die Bestimmungen überall etwas anders. Bei den

Bäumen unterscheidet man ziemlich einheitlich zwischen hohen, starkwüchsigen, mittelhohen und niedrigen Bäumen. In Baden-Württemberg, Hessen und Nordrhein-Westfalen sind Beispiele angegeben. So heißt es, daß 8 Meter Abstand einzuhalten sind »mit großwüchsigen Arten von echten und Roßkastanien, Pappeln, Linden, Ahornen, Ulmen, Platanen, Eichen, Buchen, Robinien und Baumweiden sowie mit anderen Bäumen artgemäß ähnlicher Ausdehnung«. Es wird aber immer eine Sache der Auffassung bleiben, ob andere, namentlich nicht im Gesetzestext aufgeführte Bäume von artgemäß ähnlicher Ausdehnung und Größe sind. In Niedersachsen und Bayern sind überhaupt keine Beispiele genannt. Die Gerichte werden sich immer wieder mit der Frage zu befassen haben, was eigentlich unter einem hohen, einem mittelgroßen und einem niedrigen Baum zu verstehen ist.
Es wird bei ernsteren Streitfällen nicht zu umgehen sein, einen Gutachter zu bestellen, der von der Sache etwas versteht. Dies wird selten ein Fachmann aus der Baumschule sein, weil er die Gehölze ja nur in ihren ersten Lebensjahren kennt. Besser ist ein erfahrener Gärtner, der die Alleebäume seiner Stadt und größere Parks zu betreuen hat. Es gibt aber auch eine regelrechte Wissenschaft von den Bäumen, man nennt sie Dendrologie. Und der derzeit berühmteste deutsche Dendrologe, von dem einige Standardwerke der Gehölzkunde stammen, ist Dr. Gerd Krüßmann, mein Freund. Damit sich Gerichte und Rechtsberater darauf beziehen können, habe ich Gerd Krüßmann gebeten, für die Zeitschrift ›Mein schöner Garten‹ einige Tabellen auszuarbeiten und dabei auf die bei der Justiz übliche Einteilung in hohe, mittelgroße und niedrige Bäume einzugehen. In den Tabellen sollte auch angegeben sein, welche Gehölze sich notfalls beschneiden lassen und worin die Reize der jeweiligen Gattungen und Arten liegen, ob im schönen Laub, den Blüten oder den Früchten. Diese Tabellen über unsere Laubgehölze und Nadelbäume seien im folgenden angeführt:

Niedrigbleibende Nadelhölzer

	Höhe	Breite	
Cham. laws. ›Forsteckensis‹, Zwerg-Scheinzypresse	1 –1,5	1,5–2	tiefgrün
Cham. laws. ›Minima Glauca‹, Zwerg-Scheinzypresse	1 –1,5	1,5–2	blaugrün
Cham. laws. »Tharandtensis Caesia‹, Zwerg-Scheinzypresse	2 –3	2 –3	silbrig
Cham. obtusa ›Nana Gracilis‹, Japanische Zwerg-Scheinzypresse	3 –4		tiefgrün
Cham. pisifera ›Filifera‹, Fadenzweigige Zwerg-Scheinzypresse	3 –4	2 –3	grün

	Höhe	Breite	
Cham. laws. ›Filifera Aurea‹, Fadenzweigige Zwerg-Scheinzypresse	3 –4	2 –3	goldgelb
Juniperus chin. ›Pfitzeriana‹, Pfitzers Wacholder	2 –3	4 –6	tiefgrün
Juniperus chin. ›Hetzii‹, Hetz' Wacholder	3 –4	2 –3	graublau
Juniperus chin. ›Plumosa‹, Japan. Wacholder	2 –2,5	1 –2	tiefgrün
Juniperus chin. ›Plumosa Aurea‹, Japan. Wacholder	2 –2,5	1 –2	gelb
Juniperus chin. ›Blaauw‹, Japan. Wacholder	2 –2,5	1	stahlblau
Juniperus communis ›Hibernica‹, Irisch. Säulenwacholder	4 –6	1	blaugrau
Juniperus communis, Schwed. Säulenwacholder	4 –6	0,5–1	blaugrau
Juniperus squamata ›Meyeri‹, Chinesisch. Säulenwacholder	5 –6	2 –3	stahlblau
Juniperus virgin. ›Grey Owl‹, Virginischer Säulenwacholder	2 –3	2	silbergrau
Juniperus virgin. ›Skyrocket‹, Virginischer Säulenwacholder	4 –6	0,5–0,8	silbergrau
Taxus baccata ›Dovastonii‹, Eiben-Form	3 –4	4 –6	tiefgrün
Taxus baccata ›Dovaston. Aurea‹, Eiben-Form, gelb	3 –4	4 –6	gelb
Taxus baccata ›Nissens Corona‹, Eiben-Form	2 –3	4 –6	tiefgrün
Taxus cuspidata ›Nana‹, Eiben-Form	1,5–2	2 –3	schwarzgrün
Taxus media ›Hicksii‹, Eiben-Form	3 –4	1 –2	tiefgrün
Thuja occidentalis ›Rheingold‹, Gelbe Lebensbaum-Form	3 –4	2 –3	bronzegelb
Picea abies ›Acrocona‹, Fichten-Form	2 –3	3 –4	viele Zapfen
Pinus pumila, Japan. Zwergkiefer	1 –1,5	2 –3	blaugrün
Pinus silvestris ›Watereri‹, Silberkiefer	4 –5	2 –3	blaugrau
Picea glauca ›Conica‹, Zuckerhutfichte	4 –6	1 –1,5	hellgrün

Mittelhoch werdende Nadelgehölze

	Höhe	Breite	
Abies concolor, Kolorado-Tanne	8–12	2–3	raschwüchsig
Abies homolepis, Nikko-Tanne	8–12	3–4	tiefgrün
Abies koreana, Korea-Tanne	3–8	1–3	blaue Zapfen
Abies nordmanniana, Nordmanns-Tanne	8–12	3–4	sehr dicht
Calocedrus decurrens, Weihrauchzeder	5–8	ca. 1	säulenförmig
Cham. laws. ›Ellwoodii‹, Scheinzypresse	5–8	ca. 1	blaugrau
Cham. laws. ›Stewartii‹, Scheinzypresse	8–12	2–3	gelb
Cham. nootkat. ›Pendula‹, Nutka-Scheinzypresse	8–10	2–3	Äste waagrecht abstehend
Cham. pisifera ›Plumosa‹, Sawara-Scheinzypresse	6–12	2–3	dunkelgrün
Cham. pisifera ›Plumosa Aurea‹, Sawara-Scheinzypresse	6–12	2–3	gelb, kraus

	Höhe	Breite	
Cham. pisifera ›Squarrosa‹, Sawara-Scheinzypresse	6–12	2–3	blau, kraus
Juniperus virginiana, Virginisch. Wacholder	6–10	1–2	bläulichgrün
Juniperus virginiana ›Glauca‹, Virginisch. Wacholder	6–10	1–2	silberblau
Juniperus virginiana ›Canaertii‹, Virginisch. Wacholder	6–10	1–2	tiefgrün
Juniperus virginiana ›Schottii‹, Virginisch. Wacholder	6–10	1–2	tiefgrün
Picea breweriana, Siskiyou-Fichte	6–10	2–3	Zweige mähnenartig
Picea orientalis, Sapindus-Fichte	8–12	2–3	tiefgrün
Picea pungens ›Glauca‹, Blaufichte (mit den	8–10	2–3	silberblau
Formen ›Koster‹, ›Moerheimii‹, ›Hoopsii‹, letztere die schönste)	8–10	2–3	silberweiß
Pinus parviflora, Mädchenkiefer	6–8	2–3	blaugrün
Pseudolarix kaempferi, Goldlärche	8–10	3–4	sommergrün
Taxus baccata ›Fastigiata‹, Säuleneibe	3–6	1–2	schwarzgrün
Thuja occidentalis, Thuja-Formen	4–8	1–2	pyramidal
Thujopsis dolabrata ›Hinoki‹	5–8	1–2	tiefgrün

Hochwachsende Nadelhölzer

	Höhe	Breite	
Cedrus atlantica ›Glauca‹, Blaue Atlaszeder	20–30	10–15	herrlicher Baum!
Pseudotsuga douglasii, Douglasie	20–30	6–10	sehr raschwüchsig
Taxus baccata, Eibe	10–15	6–12	wird uralt
Picea abies (P. excelsa), Gewöhnliche Fichte	20–25	4–8	unser Weihnachtsbaum
Ginkgo biloba, Ginkgobaum	20–25	3–10	Blätter fächerförmig
Tsuga canadensis, Kanada-Hemlock	15–20	6–8	sehr feinzweigig
Pinus contorta, Drehkiefer	10–15	3–5	raschwüchsig
Pinus ponderosa, Gelbkiefer	15–20	4–6	langnadlig
Pinus silvestris, Gemeine Kiefer	20–25	6–10	Nadeln bläulich
Pinus nigra austriaca, Österreich. Schwarzkiefer	20–25	4–8	rauch-unempfindlich
Pinus leucodermis, Panzerkiefer	10–15	4–8	Zapfen schwarz
Pinus wallichiana, Tränenkiefer	15–20	4–8	Nadeln dünn, hängend
Pinus cembra, Zirbelkiefer, Arve	10–12	2–5	Wuchs kegelförmig
Larix decidua, Europäische Lärche	20–30	3–6	Nadeln frischgrün

	Höhe	Breite	
Larix kaempferi, Japanische Lärche	20–30	8–12	Nadeln blaugrün
Cupressocyparis leylandii, Leyland-Zypresse	20–25	3–4	sehr raschwüchsig
Sequoiadendron giganteum, Mammutbaum	30	6–8	kann noch höher werden
Chamaecyparis lawsoniana ›Alumii‹, Scheinzypresse	15–20	3–6	straff, blaunadlig
Cham. lawson. ›Wissellii‹, Scheinzypresse (Form)	15–20	3–5	schwarzgrün, kraus
Cham. lawson. ›Columnaris‹, Scheinzypresse (Form)	8–10	2–3	blaugrün
Cham. nootkatensis ›Glauca‹, Nutka-Scheinzypresse	20–25	3–5	sehr dicht
Taxodium distichum, Sumpfzypresse	15–20	3–8	kann im Wasser stehen!
Abies procera ›Glauca‹, Edeltanne	10–15	3–4	sehr schön benadelt
Abies veitchii, Veitchs Tanne	10–15	3–4	Nadeln unten silberweiß
Thuja occidentalis, Gewöhnliche Thuja	10–12	3–4	nicht für Schattenlage
Thuja occident. ›Fastigiata‹, Säulenthuja	10–15	2–3	säulenförmig ohne Schnitt
Metasequoia glyptostroboides, Urweltmammutbaum	10–15	4–5	sommergrün, raschwüchsig

Niedrige Bäume

(etwa 4–8 m hoch werdend)	hoch	breit	Rückschnitt möglich	Blüte	Frucht	Blatt
Acer negundo ›Variegatum‹, Weißbunter Eschenahorn	5–6	4–6				*
Acer platanoides ›Globosum‹, Kugelahorn	5–6	5–6				*
Alnus incana ›Aurea‹, Golderle	5–7	3–5	*	*		*
Alnus incana ›Pendula‹, Hängeerle	5–7	3–5	*	*		*
Amelanchier lamarckii, Kupfer-Felsenbirne	5–8	3–4	*	*	*	*
Carpinus betulus ›Fastigiata‹, Pyramiden-Weißbuche	6–8	4–6	*			*
Cornus controversa, Pagodenhartriegel	7–8	3–5		*	*	*
Cornus mas, Kornelkirsche	4–6	4–5	*	*	*	
Cornus nuttallii, Blumenhartriegel	6–8	3–4		*		*
Crataegus lavallei, Weißdorn-Art	6–8	4–5	*	*	*	*
Crataegus ›Pauls Scarlet‹, Rotdorn	6–8	4–5	*	*	*	

(etwa 4–8 m hoch werdend)	hoch	breit	Rück-schnitt möglich	Blüte	Frucht	Blatt
Fraxinus ornus, Blumenesche	6–8	6–8	*	*		
Fraxinus ornus ›Globosa‹, Kugelblumenesche	4–5	3–4				
Koelreuteria paniculata, Blasenesche	6–10	4–6		*	*	*
Halesia carolina, Maiglöckchenbaum	4–6	3–5		*	*	
Kalopanax pictus, Baumkraftwurz	6–8	3–5		*	*	*
Ilex aquifolium, Stechpalme	6–8	3–4			*	*
Laburnum anagyroides, Gewöhnl. Goldregen	6–8	4–6		*		
Laburnum ›Vossii‹, Voss' Goldregen	8–10	6–8		*		
Magnolia kobus, Kobushi-Magnolie	6–10	4–6		*		
Magnolia soulangiana, Magnolie (meist fälschlich ›Tulpenbaum‹ genannt)	5–6	6–8		*		
Malus floribunda, Blütenapfel	6–8	4–6	*	*	*	
Malus scheideckeri, Blütenapfel	6–8	4–6	*	*	*	
Malus purpurea, Roter Zierapfel	5–7	3–5	*	*	*	*
Prunus ›Accolade‹, Zierkirsche	6–8	4–6	*	*		*
Prunus cerasifera ›Atropurpurea‹, Rotblättrige Kirschpflaume	5–6	3–4	*	*		*
Prunus ›Shidare-Sakura‹, Hängekirsche	3–4	3–4	*	*		
Prunus ›Shimidsu-Sakura‹, Zierkirsche	3–4	3–4	*	*		
Prunus subhirtella, Bergkirsche	4–5	4–5	*	*		
Pyrus salicifolia, Weidenblättr. Birne	5–6	3–4	*			*
Robinia pseudoacacia ›Umbraculifera‹, Kugelrobinie (ohne Schnitt!)	6–8	5–6	*			
Syringa vulgaris, Flieder	5–6	3–4	*	*		
Ulmus glabra ›Camperdown‹, Laubenulme	4–6	3–4	*			
Ulmus glabra ›Pendula‹, Hängeulme	6–8	6–8	*			

Mittelgroße Bäume

(etwa 8–15 m hoch werdend)	hoch	breit	Rück-schnitt möglich	Blüte	Frucht	Blatt
Acer campestre, Feldahorn	8–10	6–8	*			*
Acer plat. ›Faassens Black‹ (schwarzrotes Laub)	8–10	6–8		*		*
Aesculus carnea ›Briotii‹, Rote Roßkastanie	10–15	6–8	*	*		
Castanea sativa, Eßkastanie	12–15	8–10	*	*	*	*
Catalpa bignonioides, Trompetenbaum	8–12	8–10	*	*	*	*
Catalpa speciosa, Trompetenbaum	10–15	8–10	*	*	*	*
Cercidiphyllum japonicum, Katsurabaum, Kuchenbaum	10–12	5–6				* *

(etwa 8–15 m hoch werdend)	hoch	breit	Rück-schnitt möglich	Blüte	Frucht	Blatt
Davidia involucrata, Taubenbaum	10–15	5–8		*		*
Liquidambar styraciflua, Storaxbaum	10–15	6–8				*
Paulownia tomentosa, Paulownie	10–12	6–8		*		*
Prunus avium ›Plena‹, Gefüllte Kirsche	8–10	6–8		*		*
Prunus padus, Traubenkirsche	10–12	5–6	*	*		*
Prunus sargentii, Sargents Kirsche	10–12	4–6	*	*		*
Prunus ›Kanzan‹, Blütenkirsche	8–10	6–8	*	*		
Prunus ›Shirofugen‹, Blütenkirsche	8–10	4–6	*	*		
Prunus yedoensis, Japan. Kirsche	10–12	8–10	*	*		
Sophora japonica, Schnurbaum	12–15	8–10		*	*	*
Sorbus aria, Mehlbeerbaum	12–15	8–10	*	*	*	*
Sorbus aucuparia, Vogelbeerbaum	8–12	6–8	*	*	*	*
Sorbus sargentiana, Vogelbeerbaum	8–12	4–6			*	*
Tilia cordata, Winterlinde	10–15	8–10	*	*		*
Tilia euchlora, Krimlinde	10–12	4–6	*	*		*
Tilia petiolaris, Hängelinde	12–15	8–10	*	*		*
Zelkova serrata, Zelkove	10–15	8–10				*
Salix alba ›Tristis‹, Trauerweide	8–12	8–12	*			*

Hohe, starkwüchsige Bäume

(über 15 m hoch werdend)	hoch	breit	Rück-schnitt möglich	Blüte	Frucht	Blatt
Acer platanoides, Spitzahorn	18–20	10–12		*		*
Acer pseudoplatanus, Bergahorn	18–20	8–10				*
Acer saccharinum, Silberahorn	25–30	10–15				*
Aesculus hippocastanum, Roßkastanie	20–25	8–15	*	*	*	*
Aesculus ›Baumannii‹, Gefüllte Roßkastanie	18–20	6–12	*	*		*
Ailanthus altissima, Götterbaum	15–20	6–8			*	*
Betula jacquemontii, Birkenart	15–16	5–7				*
Betula verrucosa, Sandbirke	15–20	5–10				*
Betula verrucosa ›Tristis‹, Trauerbirke	15	8–10				*
Carpinus betulus, Weißbuche	15–20	6–8	*			*
Fagus silvatica, Rotbuche	15–20	10–12	*			*
Fagus silv. ›Atropunicea‹, Blutbuche	15–20	10–12	*			*
Liriodendron tulipifera, Tulpenbaum	20–25	8–10			*	*
Platanus hispanica, Gewöhnl. Platane	25–30	10–15	*			*
Populus alba, Silberpappel	15–20	8–10	*			*
Populus berolinensis, Berliner Lorbeerpappel	15–20	5–6	*			
Pop. nigra ›Italica‹, Pyramidenpappel	25–30	2–3	*			

(über 15 m hoch werdend)	hoch	breit	Rückschnitt möglich	Blüte	Frucht	Blatt
Quercus coccinea, Scharlacheiche	15–20	8–10				*
Quercus frainetto, Balkaneiche	15–20	10–12	*			*
Quercus palustris, Sumpfeiche	15–20	8–10	*			*
Quercus robur, Deutsche Eiche	15–20	10–15				*
Robinia pseudoacacia, Robinie	15–20	8–10	*	*		*
Tilia europaea, Holländerlinde	15–18	8–10	*	*		*
Tilia platyphylla, Sommerlinde	15–20	8–10	*	*		*
Tilia tomentosa, Silberlinde	15–20	10–12	*	*		*
Ulmus carpinifolia sarniensis, Jerseyulme	15–20	4–6	*			

Hecken

	Höhe	Breite	
Acer campestre, Feldahorn	100–250	50–70	sehr dicht
Acer monspessulanum, Französischer Ahorn	100–200	40–50	sehr dicht
Buxus, Buchsbaum	100–200	50–100	immergrün
Chamaecyp. pisif. ›Plumosa‹ Scheinzypresse	100–200	30–60	immergrün
Cornus mas, Kornelkirsche	150–200	70–100	blüht April
Fagus silvatica, Rotbuche	200–400	60–100	pflegeaufwendig
Fagus silvatica ›Atropunicea‹, Blutbuche	200–400	60–100	wie vorige
Crataegus monogyna, Weißdorn	150–200	30–100	undurchdringlich
Carpinus betulus, Weißbuche	100–400	40–100	pflegeaufwendig
Ligustr. ovalifolium, Liguster	100–150	30–50	fast immergrün
Ligustrum vulgare, Liguster	100–150	30–50	sommergrün
Ligustrum ›Atrovirens‹, Liguster	100–150	30–50	wintergrün
Prunus laurocerasus ›Herbergii‹, Lorbeerkirsche	100–120	50–70	immergrün
Picea abies (P. excelsa), Fichte	70–150	80–150	nicht im Industriegebiet
Pyracantha ›Orange Glow‹, Feuerdorn	100–150	30–60	reichfruchtend
Spiraea vanhouttei, Spiräe	100–150	30–80	reichblühend
Taxus baccata, Eibe	100–200	50–100	immergrün
Ribes alpinum, Alpen-Johannisbeere	70–120	30–60	sehr dicht
Berberis thunbergii, Berberitze	80–150	60–80	im Herbst rot
Berberis julianae, Berberitze	100–150	60–80	immergrün
Ilex aquifolium, Stechpalme	200–300	100–150	immergrün
Ligustrum regelianum, Liguster	100–150	80–100	schwarze Beeren
Lonicera nitida ›Elegant‹, Heckenkirsche	80–100	80–100	immergrün
Symphoricarpos chenaultii, Schneebeere	100–120	80–100	rosa Früchte

Blütensträucher

In jedem Monat des Jahres sollen schöne Sträucher blühen, auch im Winter.

Der Umgang mit Blütensträuchern

Der Umgang mit Blütensträuchern soll gleich am Anfang des Kapitels beschrieben werden, und zwar aufgrund der Erfahrungen, die ich selbst gesammelt habe. So glauben Sie keinem Gärtner, der sagt, ein Strauch müsse in jedem Jahr beschnitten werden. Bei manchen Gehölzen kann das zweckmäßig sein, wenn der Garten klein ist. Im Zweifelsfall aber lasse man die Schere in der Schublade. Denn besser überhaupt nicht schneiden als falsch.
Einen ganz typischen Fall erlebte ich erst vor kurzer Zeit. Da klagte eine Frau, sie habe einen so schönen Hortensienbusch im Garten, und obwohl er in jedem Herbst zurückgeschnitten worden wäre, hätte er noch niemals eine Blüte hervorgebracht. Es handelte sich um eine der bekannten Muttertagshortensien, wie man sie mit ihren großen Blütenbällen in jedem Frühjahr beim Gärtner oder im Blumengeschäft kaufen kann. In Gegenden, wo es draußen nicht allzu kalt wird, lassen sich die Pflanzen später in den Garten setzen. Finden sie genug Humusboden und werden sie des öfteren mit Torf abgedeckt, dann entwickeln sie sich in wenigen Jahren zu reich bestockten, stattlichen Büschen. Zur Blütezeit im Juni sind sie ein prächtiger Anblick,

▷

So sah der Garten kurz nach seiner Anlage und Bepflanzung vor fünfzehn Jahren aus. Es gibt genug Licht und Platz, um Blütengehölze, Rosen und Stauden zu pflanzen, denn die Bäume sind noch klein. Auf die Mini-Obstplantage in dem von Trittplatten gesäumten, viereckigen Feld sind viele Hoffnungen gerichtet. Denn noch hat es sich bei den Wildkaninchen nicht herumgesprochen, wie gut die Rinde junger Obstbäume schmeckt. Die Autogarage sollte sich bald als zu klein erweisen. In einer so abgelegenen Gegend braucht man einen Einkaufswagen, der irgendwo seinen Standplatz haben muß. So wurde das Haus- und Garagendach entsprechend verlängert, womit sich gleichzeitig die Möglichkeit ergab, Düngersäcke, Rasenmäher und Leitern trocken unterzustellen. Zu welcher Dichte sich dieser Garten entwickelt hat, das ist aus der Zeichnung auf den Seiten 218/219 zu ersehen.

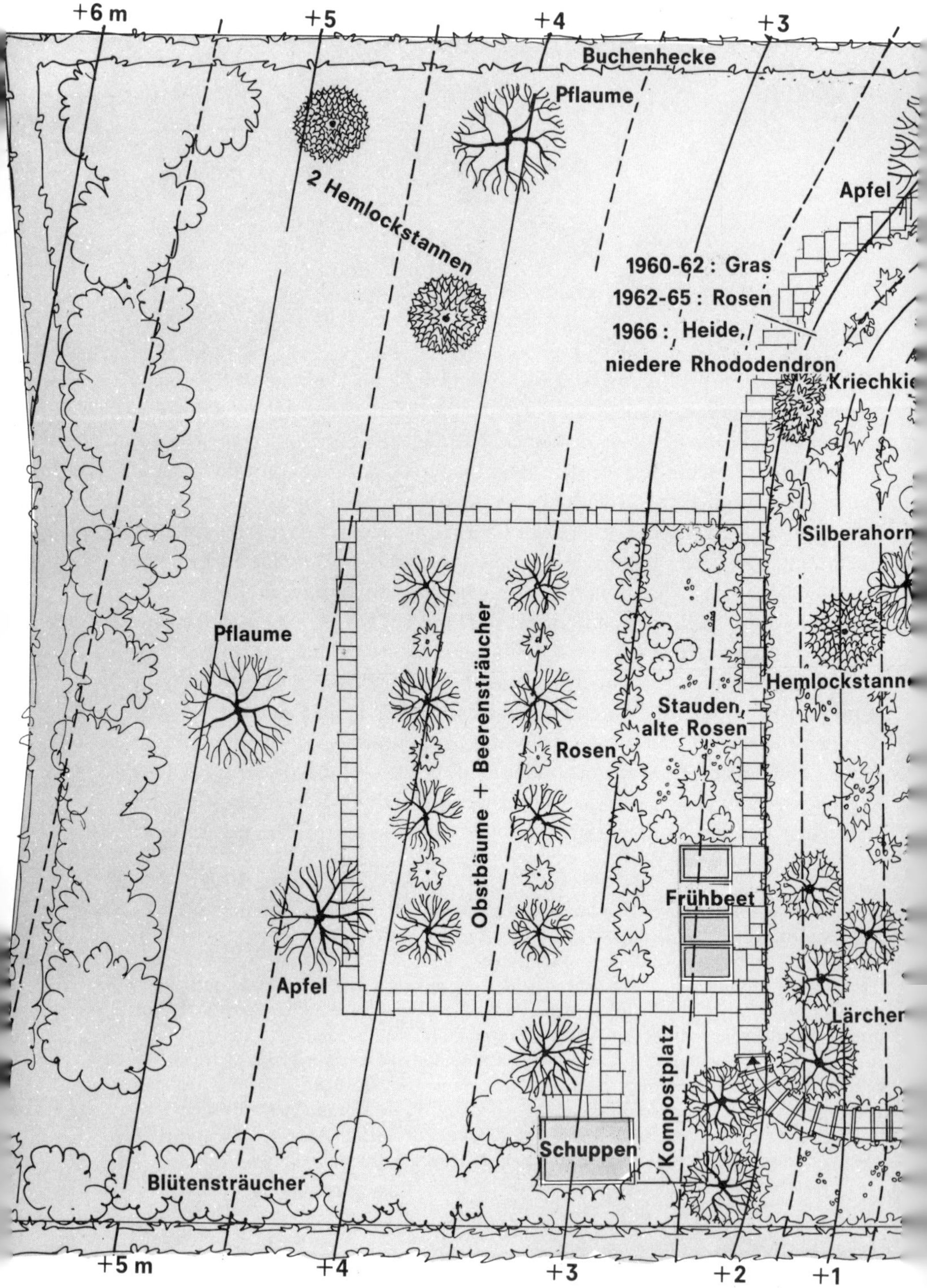

+6 m
+5
+4
+3
Buchenhecke
Pflaume
2 Hemlockstannen
Apfel
1960-62 : Gras
1962-65 : Rosen
1966 : Heide,
niedere Rhododendron
Kriechkie
Silberahorn
Hemlockstann
Pflaume
Obstbäume + Beerensträucher
Rosen
Stauden,
alte Rosen
Frühbeet
Apfel
Lärchen
Kompostplatz
Schuppen
Blütensträucher
+5 m
+4
+3
+2
+1

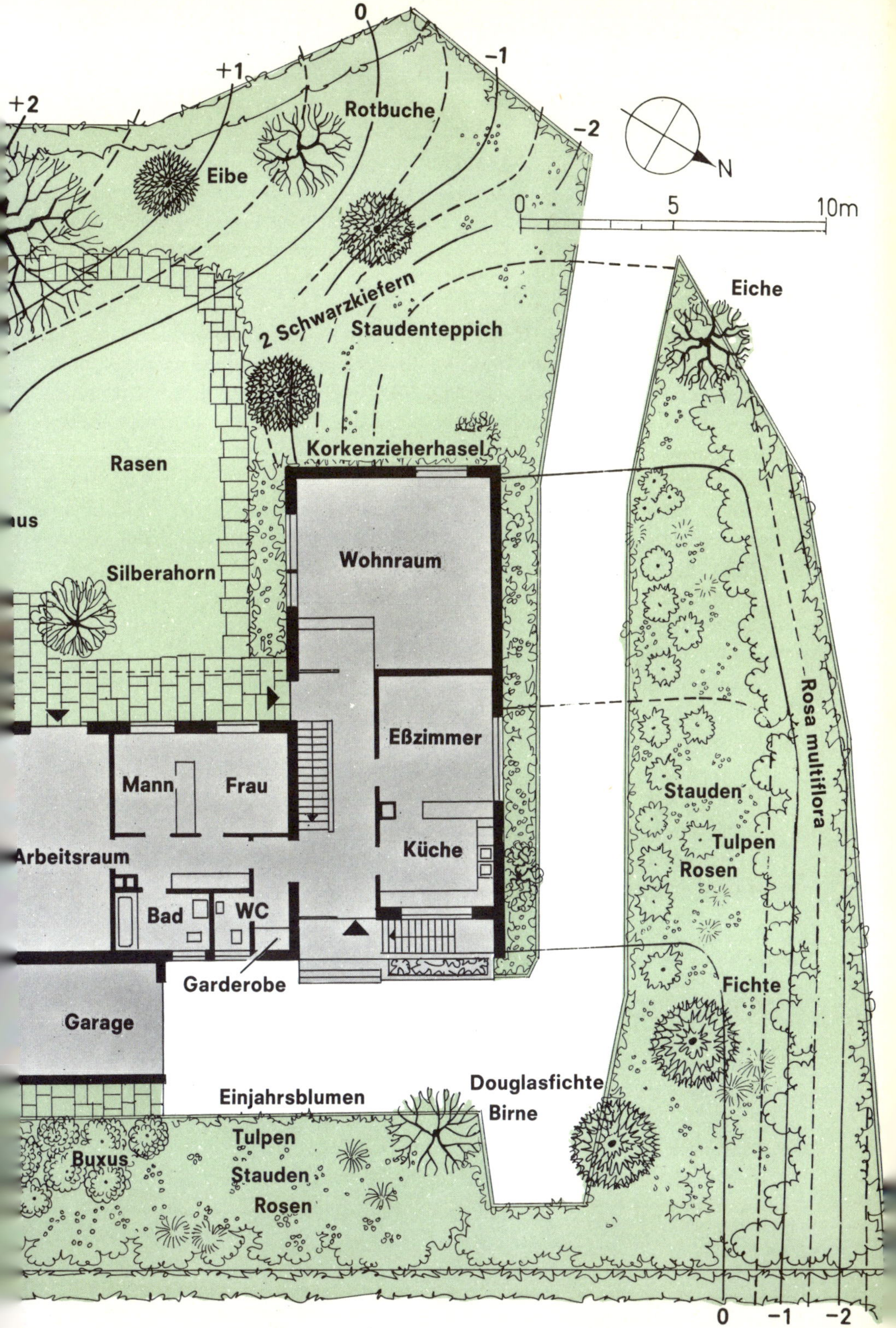

0
+1
+2
-1
-2
Rotbuche
Eibe
N
0
5
10m
2 Schwarzkiefern
Staudenteppich
Eiche
Korkenzieherhasel
Rasen
aus
Wohnraum
Silberahorn
Eßzimmer
Mann
Frau
Stauden
Tulpen
Rosen
Rosa multiflora
Arbeitsraum
Küche
Bad
WC
Garderobe
Fichte
Garage
Douglasfichte
Einjahrsblumen
Birne
Tulpen
Buxus
Stauden
Rosen
0
-1
-2

und sofern der Wurzelboden sauer ist, blühen die ursprünglich roten Sorten in einem zumeist etwas verwaschen wirkenden Muttergottesblau.
Nach der Blüte treibt die Hortensie krautige Triebe, und wenn es Herbst wird, schließt sie diese Triebe mit einer dicken Knospe ab. So steht sie, gesichert vor dem Winter, im Garten. Im Frühling wächst aus der Endknospe ein kurzer, beblätterter Trieb heraus, der im Mai oder meist erst im Juni den großen roten oder blauen Blütenball trägt. Es ist also nur logisch, daß die Hortensie nicht blühen kann, wenn man sie in jedem Herbst zurückschneidet. Entfernt man damit doch die Endknospe, aus der heraus sich erst die Blüte entwickeln kann. Wenn an dem Busch aus irgendwelchen Gründen etwas geschnitten werden muß, kann dies nur unmittelbar nach der Blüte geschehen. Dann fängt die Hortensie ja ohnehin erst an, ihre Neutriebe zu entwickeln, die sie im Herbst wieder mit der Endknospe abschließt. Besser also gar nicht schneiden als falsch.
Einer der Hauptgründe für das Schneiden der Sträucher ist, daß sie zu eng stehen. Sie sind verhältnismäßig billig, zumeist auch mit Leichtigkeit aus Steckhölzern heranzuziehen, und so ist man versucht, recht viele dieser Schönheiten im Garten zu haben. Mir selbst ist es nicht anders ergangen, zumal ich zu Blütengehölzen eine besondere Zuneigung habe, weil sie nicht wie die Bäume in die Höhe gehen, sondern hübsch auf der Erde bleiben, so daß ich ihren Blüten in die Augen sehen kann. Außerdem geben mir diese Sträucher, einigermaßen geschickt ausgewählt, ungeahnte Erlebnismöglichkeiten. Es braucht keinen einzigen Tag im Jahr ohne Überraschung zu geben, und sogar richtiggehend blühen kann es rund um den Kalender.
Ich habe 1963, als unser Garten am Wald noch hell genug war und viel Platz für Pflanzen aller Art hatte, meine Beobachtungen und Gedanken dazu aufgeschrieben. Es mag interessant sein, diese Geschichte aus meinem dritten Gartenjahr einmal zu lesen und dann zu vernehmen, wie sich seitdem alles weiterentwickelt hat.

Gehölzschönheiten im Wechsel der Jahreszeiten

In den Zeitungen wurde von einem englischen Gelehrten berichtet. Dieser kluge Mann hat in jahrzehntelanger Arbeit einen Irrtum aufgedeckt. Eva konnte nach Meinung des Professors in England niemals einen Apfel gegessen haben, es muß vielmehr eine Aprikose oder eine Quitte gewesen sein.
Nun wird das christliche Glaubensbekenntnis wegen dieser Entdeckung nicht zusammenstürzen. Auch muß die Wahrheit einer Geschichte durchaus nicht ihrer Wirklichkeit entsprechen. Doch hätte sich der arme Mann in

56 Die Rosetten des *Sempervivum* oder Donnerwurz gibt es, teilweise von weißen Fäden übersponnen, in vielen Formen und Farben. Mit der Blüte ist das Leben der Rosette zwar vorbei, aber die Pflanze sorgt rechtzeitig durch zahlreiche Kindel, daß sie nicht ausstirbt.

57 Aus alten Futtertrögen, die auf den modernen Bauernhöfen nicht mehr gebraucht werden, lassen sich vor allem mit alpinen Stauden die reizvollsten Miniaturgärten schaffen. Wichtig ist nur ein guter Wasserabzug, damit es keine Staunässe gibt. Über Winter ist es am besten, den Trog mit einem provisorischen Dach zu überbauen.

56 △ 57 ▽

58 Der Teppichphlox, *Phlox subulata,* eine besonders farbenfrohe Staude für den Frühling, auch in Schieferblau und Weiß.

59 Rosmarinseidelbast, *Daphne cneorum,* ein zwergig bleibender Strauch aus den Alpen, eignet sich gut für Steingärten.

60 Trockenmauer mit der weißen Schleifenblume, dem gelben Steinkraut und wieder mit dem Teppichphlox in einer rosa Sorte.

61 Das Tränende Herz, *Dicentra spectabilis,* gehört zu den beliebtesten Frühlingsstauden. Neben den bekannten roten Sorten gibt es auch Züchtungen in Weiß.

58△ 59▽ 60▷

seiner Gelehrtenstube nicht so viel Arbeit zu machen brauchen. Mancher Gärtnersmann hätte dem tüchtigen Forscher nämlich als Urheimat des Apfelbaumes Südrußland angegeben, auch ohne Nachschlagebuch.
In England soll die neue Nachricht über den Baum der Erkenntnis von sensationeller Wirkung gewesen sein. Allenthalben pflanzen die frommen Leute jetzt Aprikosen in ihre Gärten. Denn um eine Quitte kann es sich im Paradies nicht gehandelt haben, sagen die Leute. Schließlich ist die Frucht des Quittenbaumes in ungekochtem Zustand wegen ihres bitteren Geschmacks nicht genießbar.
Diese Logik allerdings leuchtet mir nicht ganz ein. Weshalb soll der liebe Gott die Früchte des Baumes der Wahrheit nicht bitter gemacht haben? Denn es gibt ja schließlich recht viele bittere Erkenntnisse und Wahrheiten in der Welt. Und die ersten Erkenntnisse der beiden Menschen im Garten Eden sind ja nach dem Genuß der verbotenen Frucht wirklich bitter gewesen.
Übrigens soll die Quitte auch bei den Heiratssitten im alten Griechenland eine Rolle gespielt haben. Zu Beginn der Hochzeitsnacht mußte die junge Braut in eine Quitte hineinbeißen. Damit sollte sie ihre Bereitschaft bekunden, auch mit vielleicht bitteren Zeiten des Ehelebens einverstanden zu sein. Eine Frucht der Erkenntnis ist die Quitte also durchaus gewesen.
Der Duft von drei gelben und etwas grün gepunkteten Quitten erfüllt meine Schreibstube. Es ist die erste Ernte eines vor drei Jahren gepflanzten Baumes. Im Frühjahr hatte der *Quittenbaum* reinweiße Blüten an den beinahe schwarzen Zweigen; die fünf runden Blütenblätter standen gleichmäßig verteilt um eine gelbe Mitte, ihre Haut hatte einen feinen Glanz. Und nun hat das Bäumchen bereits seine ersten Früchte getragen.
Seitlich der Quitte stehen zwei meterhohe Büsche, ihr Laub ist gelb und braun geworden, und die schneeballartigen Blüten haben sich rot verfärbt. Es sind *Hortensiensträucher*. Den Namen haben diese Pflanzen von einem Arzt bekommen, der zugleich Botaniker und Abenteurer gewesen ist.
Die Lust an der unerforschten Welt trieb diesen Mann nach Asien und tief hinein in das gefährliche China. Doch in Frankreich hatte der Weltumsegler eine Geliebte, sie hieß Hortense Barrée. Wie es nun einmal bei der Liebe zwischen den Menschen ist, sie wird zuweilen heftig und stark, und mutig segelte Hortense Barrée dem geliebten Mann hinterher. Dazumal war es für Frauen absolut unmöglich, allein durch China zu reisen. Darum verkleidete sie sich als Mann, und nach einem ebenso langen wie abenteuerlichen Weg hat sie den Geliebten tatsächlich gefunden. Kurz vor der glücklichen Begegnung hatte der Arzt und Forscher einen bis dahin unbekannten Blütenstrauch entdeckt, er nannte ihn Hortensie. Und zwei dieser Hortensien stehen neben dem Quittenbaum in meinem Garten.

Die poesielosen Botaniker haben den amtlichen Namen der Hortensie später geändert, jetzt nennen sie den Strauch *Hydrangea*, das heißt zu deutsch etwa Wasserstrauch. Allzu schön ist das nicht, ich muß stets an den Hydranten für die Feuerwehr und an die schreckliche Schlange Hydra denken. In meinem Garten wird deshalb nur von Hortensien gesprochen.

Nicht allzuweit von den beiden Hortensien entfernt steht ein *Seidelbast*, er hat ledrig grüne Blätter, und im März duften seine dunkelroten Blüten überaus stark. Mit dem deutschen Namen dieses Strauches hat es seine eigene Bewandtnis. Als Seidel wurde früher die Biene bezeichnet, den Bienenvater nannte man Seidler, und der Seidelbast gab den Honigtieren nach langer Winterszeit die erste Nahrung. Die letzte Silbe seines Namens hat der Strauch wegen seiner Rinde bekommen, sie ist sehr zäh und bastig, einen Seidelbastzweig kann man niemals abknicken, nur mit einer Schere oder mit dem Messer läßt er sich durchschneiden. Deshalb spielte der Seidelbast auch in der Liebe eine etwas traurige Rolle. Wenn das Mädchen den Burschen oder der junge Mann die Braut nicht mehr mochte, wurde vor die jeweilige Tür ein Zweig dieses Märzblütenstrauches gelegt. Seidelbast, die Lieb' wird mir zur Last. So hieß es in der alten Liebessprache.

Im vornehmen Gärtnerlatein nennt man den Seidelbast nach einer wunderschönen Nymphe aus Griechenland. Sie muß ein wirklich schönes Mädchen gewesen sein, denn Apollo persönlich stellte ihr nach. Eines Tages konnte sich das fliehende Mädchen nicht mehr vor dem sie verfolgenden Gott retten, und in letzter Minute wurde sie von einer aufmerksamen Göttin in einen Strauch verwandelt, es entstand der Lorbeer, und als naher Verwandter des Lorbeerstrauches erzählt der Seidelbast alias *Daphne* in meinem Garten noch heute die aufregende Geschichte von der schönen griechischen Nymphe.

Um den Seidelbast herum wachsen *Christrosen*, sie blühen in milden Wintern schon zu Weihnachten, spätestens im März kommen die weißen Blüten ganz bestimmt. Das sieht zusammen mit dem karminroten Flor des Seidelbastes wunderschön aus. Auch sonst passen die beiden Pflanzen zusammen, denn jede von ihnen möchte gern in einem kalkhaltigen Boden stehen. Ich habe versucht, ihnen mit Lehm und Mergel diesen Wunsch zu erfüllen.

Weshalb das vom Quittenbaum und von der Hortensie und vom Seidelbast hier geschrieben wird? Weil mein Garten nicht nur ein Niemandsland zwischen den Nachbarn und mir ist. Weil die Bäume und Sträucher nicht nur wegen ihrer grünen Blätter und bunten Blüten gepflanzt worden sind. Die Hecke aus Weißbuchen ist keineswegs mit einer Kulisse aus dem Theater zu vergleichen. Für mich ist der Garten mehr als eine dekorierte Bühne unter freiem Himmel, er ist viel eher ein spannendes Buch mit vielen Geschichten, mit Erzählungen von Begebenheiten und Menschen. Könige und Bettler kommen in den einzelnen Kapiteln vor, Weise und Narren, Gauner, Heilige, Pilger und Weltumsegler neben wunderschönen Frauen in vielen Ländern der Welt. Bäume und Sträucher in meinem Garten sind gute Freunde, treu und brav stellen sie sich zu bestimmten Zeiten des Jahres mit ihren Blättern, mit ihren Blüten und mit dem lodernden Brand ihres Herbstes ein. Mit der *Zaubernuß* fängt es an. Oft schon im Januar sind ihre Blüten an den feuchten Zweigen zu sehen, wie zitternde, kleine Seesterne sehen sie aus. An den blühenden Forsythien erkennt der Osterhase, daß seine Zeit gekommen ist. Lorbeerrose und Waldrebe, Rhododendron, Tulpenbaum und Hortensie, das sind einige Namen dieser Freundschaft, der Feuerdorn mit seinem Perlengehänge kommt noch dazu, und bis in den Winter hinein geht das Blühen der Rosen.

Neben unserer Haustür bemüht sich ein Strauch, das Geländer zu erklimmen. Ich muß ihm mit einigen Bastfäden bei der Kletterei helfen. Er hat grüne Zweige, so lang und so dünn wie Peitschenschnüre, wie die Zaubernuß ist er im Januar voller gelber Blüten. An Forsythien könnte man denken. Manchmal fragen Freunde nach dem Namen des Strauches. Dann sage ich mit einem ganz selbstverständlichen Gesicht: Es ist ein *Jasmin*. Daraufhin werde ich stets lächelnd und ungläubig angesehen, weil doch der Jasmin erst im frühen Sommer blüht und die Juninächte süß von seinem Duft sind. Zumindest steht es so in vielen Gedichten geschrieben. Und wiederum sage

Auch im Winter, wenn es nicht übermäßig kalt ist, erfreuen uns einige Sträucher mit ihren Blüten. Zu ihnen gehört, meist schon ab Dezember, der primelgelbe Jasmin *(Jasminum nudiflorum)* mit seinen fünf Blütenblättern. Im Februar folgt mit kleineren, gehäuft an den Zweigen sitzenden rosa Blüten der duftende Seidelbast *(Daphne mezereum)*.

ich mit einem selbstverständlichen Gesicht: Aber das ist doch der falsche Jasmin oder der Pfeifenstrauch.
Doch es ist der echte und ganz richtige Jasmin, der da im Januar neben meiner Haustür blüht. Botanisch nennt er sich *Jasminum nudiflorum*, das zweite Wort weist auf die Nacktheit seiner Blüten hin, sie haben keinen pelzigen Kelch wie die meisten Blüten an Sträuchern und Kräutern, sondern sie sind nackt – und das mitten im kalten Winter.
Über den Steilhang neben der Gartenpforte ist ein braungrüner Teppich ausgebreitet, es ist ein Heidekraut, und in diesen Pflanzen schwelt im Januar ein roter Brand. Je nach Wetter züngeln entweder die Flammen aus dem Heidekraut, oder aber es bleibt bei einer verhaltenen Glut. Gewöhnlich geht das bereits im Oktober und im November los, dann sitzen die rotschimmernden Knospen an den Pflanzen so dicht wie Tautropfen. Bis in den Frühling hinein wird der Anblick niemals langweilig. *Erica carnea* nennt der Gärtner dieses Heidekraut, es soll aus dem südlichen Alpengebiet stammen. Angeblich fühlt es sich nur in kalkigem Boden wohl, aber das stimmt anscheinend nicht ganz. Die oberste flache Bodenschicht ist nämlich auch in den Kalkalpen infolge der vermodernden Pflanzen humusreich und sauer, und dort wächst die *Schneeheide* wie Unkraut. Deswegen habe ich die *Erica* in meinem Garten auch in fast reinen Torf gepflanzt. Sie wächst großartig. Nur soll man die Pflanzen nicht gar zu eng setzen, sie wollen sich ausbreiten und etwas auf dem Boden liegen, das gehört zu ihren Eigenarten. Im übrigen wachsen im Frühling noch Krokusse und Wildtulpen durch die Schneeheide hindurch, sie stehen dort schon drei Jahre und kommen immer wieder. Die Heide geht nämlich mit ihren Wurzeln nur ganz flach in den Boden hinein, und darunter haben die Zwiebeln von allerlei Frühlingsblumen genügend Platz.
Wie ein Stafettenläufer trägt also die Schneeheide das Feuer der Blütezeiten durch den Winter. Häufig muß ich an diese stillen Verbindungen zwischen dem alten und dem neuen Jahr in meinem Garten denken. Eine der letzten blühenden Blumen ist die *Chrysantheme*. Noch im Dezember ist zuweilen das Goldbrokat ihrer Blüten zu sehen. Und eine der ersten Blumen des neuen Jahres trägt das gleiche Wort in ihrem Namen, es ist der *Crocus chrysanthus*. Zwischen die Schneeheide kann man diesen frühesten Krokus nicht pflanzen, denn er bleibt sehr niedrig. Am besten steht er im Sonnenfang einer Trockenmauer. Bemerkenswert an diesem Krokus ist die Blütenfarbe, sie ist gelb.
Anscheinend schätzt die Natur für den Lebensbeginn des Gartenjahres die gelbe Farbe sehr. Der nacktblütige Jasmin im Januar ist gelb, von gleicher Farbe sind die zitternden Blütensterne der Zaubernuß, und im Februar sind

die Ränder unserer Autobahnen oft kilometerweit gelb vom Flor der *Kornelkirschen*. Nicht jeder schöne Baum oder Strauch ist aus fernen Ländern zu uns gekommen, unsere rauhe Heimat hat sich gleichfalls um geeignete Beiträge bemüht. Von dem karminroten und süß duftenden Seidelbast wurde schon gesprochen, nun kommt die Kornelkirsche dazu, man nennt sie auch *Cornus mas*. Freilich hat dieser Strauch im wohlhabenden Amerika einen ungleich prachtvolleren Gevatter. Denn die amerikanische Kornelkirsche hat nicht nur die quittegelben Blütenköpfchen, sondern um jeden dieser Blütenköpfe trägt sie noch einen reinweißen Kragen aus vier Blättern, sie sind jeweils etwa so groß wie ein Fünfmarkstück. Diese Blüten haben eine entfernte Ähnlichkeit mit denjenigen der Waldrebe.

Ich habe die amerikanische Kornelkirsche in den Wäldern von Virginia und Tennessee selbst kennengelernt. Sie wächst dort im Schatten der Tulpenbäume, der Hickory-Nüsse und des gewaltigen Zuckerahorns. Von den Leuten dort wird der Strauch als *Dogwood* bezeichnet, zu deutsch Hundeholz, doch niemand weiß warum. Das Erblühen erfolgt im Frühling von einem Tag zum anderen. Der gestern noch dunkle Wald kann heute schneeweiß von den vielen Blüten sein. Übrigens gibt diese *Cornus florida* bei Gartengesprächen mit guten Freunden gleichfalls ein Stichwort zu botanischer Angeberei. Das sind nämlich gar keine Blüten, liebe Leute, das sind nur sogenannte Hochblätter oder Brakteen. Die eigentliche Blüte sitzt in der Mitte, sie unterscheidet sich von derjenigen unserer heimischen Kornelkirschen kaum. Die Natur ist als Lehrmeisterin für Werbung anzusehen. Die Blüten allein würden von den Insekten in den dunklen Wäldern nicht so leicht entdeckt. Also bekommt jede Blüte als Plakataushang vier weiße Blätter. Eine Art mit rosa Hochblättern gibt es auch; sie heißt *Cornus florida* ›Rubra‹. Selbstverständlich habe ich zur Erinnerung an die amerikanischen Wälder auch die *Cornus florida* in meinen Garten gepflanzt; sie wächst etwas langsam. Darum steht sie auch an einer bevorzugten Stelle, in zehn Jahren wird sie ihre volle Schönheit erreicht haben.

Doch die einheimische Kornelkirsche mit ihrem gelben Flor gehört ebenfalls in den Garten. Ich habe sie zwischen eine Gruppe von *Rotbuchen* gesetzt. Rotbuchen sind herrliche Bäume, sie haben einen seidenblättrigen Austrieb, sie schirmen den Garten gegen jede Neugierde ab, und sie behalten noch im Winter ihr braunes Laub. Ihr Nachteil ist ihre Langschläfrigkeit. Sie merken erst im Mai so recht, daß der Winter vorbei ist. Daher kann eine Pflanzung aus Rotbuchen manchmal den Frühling melancholisch machen. Also setzte ich einfach drei Kornelkirschen dazwischen, denn die Sträucher gehören zur Gilde der Optimisten, spätestens Anfang März breiten sie ihre Heiterkeit zwischen den düsteren Buchen aus.

Die Lust an der gelben Farbe setzt der frühe Frühling sodann bei den Weiden fort. Alle männlichen Weidenkätzchen blühen gelb. Auch die Haseln sind gelb. Und schließlich ist das ganze Land gelb von den blühenden Forsythien. Damit nicht nur die Bäume und Sträucher der Lust des Frühlings am gelben Flor huldigen, kommen auch noch Blumen hinzu; Winterlinge und Schlüsselblumen, Scharbockskraut, Gemswurz, Krokusse, Wildtulpen und vor allem Narzissen. Da auch die Küken der Hühner und Gänse sowie die meisten jungen Vögel einen gelben Federflaum haben, ist die Osterzeit bei uns zu einem gelben Fest geworden. Tonangebend ist die *Forsythie.*
Mancher besonders vornehme Gärtner redet geringschätzig von diesem Strauch, denn er stünde mittlerweile in jedem Garten, es gäbe kaum ein Bauernhaus mehr ohne gelbe Forsythie im Vorgarten, und so möchte er diesen Strauch überhaupt nicht mehr pflanzen. Ich kann diese Leute nicht verstehen. Sie heiraten ja auch keine Eselin, nur weil alle anderen Männer schon Menschenfrauen haben, und sie dürften am Abend keinen Wein mehr trinken, denn es wird in der ganzen Welt Wein getrunken. In meinem Garten stehen zwei Forsythiensträucher auf einem breiten Erdstreifen vor dem Küchenfenster, es sind ganz moderne Sorten mit großen und dicht beieinander an den Zweigen sitzenden Blüten, schon Anfang März gucken sie mit gelben Zipfeln aus den Umhüllungen ihrer Knospen heraus. So erlebt meine Frau das Werden des Frühlings von Tag zu Tag. Dazu habe ich rote *Blutjohannisbeeren* gepflanzt, außerdem wächst dort ein *Mandelbäumchen,* und am Ende wird von den *Spireen* alles hochzeitlich weiß gemacht. Wobei es mittlerweile schon Mai geworden ist.
Die Künstler unter den Gärtnern mögen nachsichtig sein, sie würden das alles wahrscheinlich anders machen, bei ihnen wäre ein Garten weniger bunt. Manche modernen Gärten sehen wie umzäunte Stücke der heimischen Landschaft aus, aber von mir ist das nicht gelernt worden, ich liebe diese naturnahen Gärten nicht sonderlich. Zumal sich der schönste Wald in meiner unmittelbaren Nähe befindet. Ein rechter Gärtner sollte das Unmögliche möglich zu machen versuchen. Mir imponieren die Nachrichten aus Grönland, man soll dort unter Ausnutzung heißer Quellen Frischgemüsekulturen unter Glas heranziehen. Kürzlich war von dem norwegischen Gärtner Platou zu lesen, dieser Mann habe sich seit vielen Jahren mit der Abhärtung von Lilien beschäftigt und habe aus mittelmeerländischen und asiatischen Lilien eine neue Rasse gezüchtet. Diese Pflanzen ertragen sogar den harten Winter nördlich des Polarkreises. Mir imponieren gleichfalls die Züchter unserer modernen Rosen, denn es gibt mittlerweile eine ununterbrochene Rosenblüte von Mai bis fast in den Dezember hinein. Noch vor dreißig Jahren bot ein Rosenbeet in verregneten Sommern einen trostlosen, traurigen Anblick. Ich

Zu den reizvollsten Gehölzen gehört der Blumenhartriegel mit seinen waldrebenähnlichen Blüten. Es sind vor allem der *Cornus florida* im Mai und der *Cornus kousa* im zeitigen Sommer. In Wahrheit handelt es sich bei den Blüten, die *links* auf der Zeichnung angedeutet sind, nur um Hochblätter, von denen das eigentliche gelbe und mehr oder weniger unscheinbare Blütenköpfchen umgeben ist. Es sind fremdländische Verwandte unserer heimischen Kornelkirsche *(Cornus mas)*, die in der *Mitte* unserer Zeichnung zu sehen ist; ihr fehlt allerdings der weiße oder rötliche Blätterkragen des Blumenhartriegels. Am zeitigsten blüht, meist im Januar schon und gemeinsam mit dem gelben Winterjasmin, die *rechts* abgebildete Zaubernuß, *Hamamelis mollis*. Man muß den Strauch so pflanzen, daß er dicht vor einem Fenster oder unmittelbar neben dem täglichen Weg steht.

bewundere die Züchter unserer Rhododendronsträucher, es gibt Sorten von reinem Weiß, feurigem Rot und dem altbekannten Lila, selbst harte, frostige Winter werden von ihnen ertragen.

Auch in meinem eigenen Garten möchte ich das Ungewohnte und Schwierige möglich machen, es sollen die schönsten Pflanzen von der Monsunküste Asiens ebenso wachsen können wie die birkenhaft elegante Hemlockstanne aus Kanada. Der duftende Rosmarinstrauch soll neben dem Wege stehen, und er soll sich nicht unsicherer fühlen als die sturmgewohnte Latschenkiefer aus den Schneealpen. Es muß sich bei den Pflanzen durchaus nicht um Winterhelden oder sonstige Kraftmeier handeln, denn sie stehen in meinem Garten, und innerhalb des Zaunes bin ich der Gärtner. Ein Gärtner hat seine Gewächse vor allen Gefahren zu behüten, die erforderlichen Maßnahmen des Winterschutzes sind wirklich keine Hexerei. Übrigens lassen sich die *Bergkiefern* durch einen Kunstgriff niedrig und in gedrungener Form halten, man muß nur immer die Maitriebe um die Hälfte einkürzen, die Pflanzen bilden dann neue Endknospen und behalten so ihren geschlossenen Wuchs. Auch Rhododendronsträucher kann man zurückschneiden, das ist manchmal bei zu sperrigem Wuchs erforderlich. Doch setze man den Schnitt wiederum nicht zu tief an. Man erkennt den jährlichen Zuwachs an den Narben, die von den Blattstielen übriggeblieben sind. Es kann bis über die Narben derjenigen Blätter zurückgeschnitten werden, die vor vier Jahren gewachsen und dann abgefallen sind. Ein neuer Austrieb und ein kompakterer Wuchs ist die Folge.

Rhododendron und *Azaleen* sind die Hauptdarsteller im blühenden Mai meines Gartens. Aus mehrfachen Gründen habe ich diese immergrünen Sträucher gern. Erstens sind sie auch im Winter grün, sie sind ein Gleichnis des unaufhörlichen Lebens in meinem Garten. In nebligen Zeiten werden die Ränder der dunkelgrünen Blätter von Rauhreif gesäumt. Das satte Grün ergibt zusammen mit dem lockeren Gezweig der kahlen Bäume und Sträucher sehr reizvolle Bilder. Außerdem bewahren sie Teile des Gartens vor Einblick und Wind. Auch andere immergrüne Gehölze schätze ich sehr. Zu ihnen gehört die *Stechpalme* oder *Ilex* mit ihren ledrigen und etwas dornigen Blättern. Der *Buchsbaum* ist bei mir besonders gern gesehen, denn er wächst auch noch im tiefen Schatten neben dem Autoschuppen, und an einem auffällig neben der Einfahrt stehenden *Buxus* werde ich meine Talente als Bildhauer ausprobieren. Was haben die Leute nur stets gegen diese liebenswürdigen Spielereien, warum soll nicht auch ein Hahn oder eine Putte aus Buchs ihre Berechtigung haben, die Welt kann doch an lustigen Anblicken niemals reich genug sein. Ich kann es gut verstehen, wenn jemand seine Gemüsebeete mit einer fußhohen Hecke aus Buchsbäumen einfaßt. Er muß sie nur sauber schneiden.

Dabei ist auf den richtigen Zeitpunkt zu achten. Erst im August schneidet man diese Beeteinfassung, dann ist die größte Wuchskraft des Sommers bereits vorbei, der Neuaustrieb bleibt kurz und gedrungen. So bekommt die niedrige Hecke ihre Festigkeit. Ich habe in meinem Garten leider keine Gelegenheit für eine derartige Hecke, doch dafür habe ich die frei und ungezwungen wachsenden Buchsbäume im Nordschatten des Hauses, und sie wachsen dort ganz ausgezeichnet.

Besonders liebe ich unter den immergrünen Gehölzen den *Kirschlorbeer,* wobei ich die breitblättrige Art bevorzuge. Mit diesem Strauch lassen sich bestimmte Stellen am Zaun oder über einer Böschung absolut dicht zupflanzen, mit seinen dicken und großen Blättern bildet er geradezu Schwerpunkte am Gartenrand, außerdem verträgt er Schatten, und die Blütenrispen sind durchaus nicht zu verachten. Im letzten Jahr bekam ich einen großen und schon älteren Kirschlorbeerbusch geschenkt. Er wurde mit Wurzelballen ausgegraben, für den Transport waren zwei kräftige Männer erforderlich. Allerdings verlor der Strauch sodann seine Blätter, obwohl er pfleglich behandelt und stets gut gegossen wurde. Schließlich war er ganz kahl. Also schnitt ich die Äste des Kirschlorbeers bis auf eine Höhe von etwa 30 cm über dem Erdboden herunter. Ich habe dazu sogar eine Baumsäge nehmen müssen. Danach trieb er kräftig aus; im Laufe eines Jahres hatte er mit neuen Trieben beinahe die ursprüngliche Größe erreicht, und bis zum Erdboden ist er belaubt.

In meiner Nachbarschaft steht eine Hecke aus Kirschlorbeer. Keine Mauer aus Ziegelsteinen kann undurchsichtiger sein. Vor drei Jahren ist diese Hecke vom Frost getroffen worden, die vorher grünen Blätter waren braun wie Wildlederlappen, doch nach dem Rückschnitt erholten sich die Sträucher wieder, und heute hat die lebendige Gartenmauer eine Höhe von zwei Metern. Der Favorit unter den immergrünen Laubgehölzen heißt jedoch nach wie vor *Rhododendron*. Die meiste Freude hat man an diesen Büschen zur Blütezeit im Mai. Wohl keine Pflanze kann eine stärkere Farbenpracht hervorbringen, vom reinen Weiß bis zum rauchigen Lila reicht die Farbskala. Am eindrucksvollsten sind die roten Sorten. Jede Einzelblüte mutet exotisch und abenteuerlich an, denn die helle Haut der Blätter ist dunkel gepunktet, und aus dem Honigmund ragen die Staubfäden wie dünne Zungen heraus. Zwischen den Rhododendronpflanzungen wachsen *Lilien* gut, der humose Boden bekommt ihnen ausgezeichnet. Ebenso schätzen sie anscheinend die halbschattige und stets feuchte Lebenswelt der Immergrünen, und schließlich finden sie mit ihren langen Blütenstielen zwischen den Zweigen der Sträucher einen guten Halt. Vor allem die Stiele der Königslilien und der aus Japan stammenden Goldbandlilien sind ja mitunter von vielen Einzelblüten schwer beladen. So ist die Rhododendronpflanzung über mehrere Monate von Blüten belebt.

Zur Pflanzengattung Rhododendron gehören auch die *Azaleen*. Von ihnen soll eine besonders frühzeitig blühende Art gepriesen werden, *Rhododendron praecox*. In dem hochgelegenen Dorf Dobel im Schwarzwald habe ich diese Azalee zum ersten Mal gesehen, Reste von Schnee lagen noch vor den Nordrändern der Wälder, der Monat März war gerade vorbei. Der Strauch war etwas mehr als meterhoch, er trug unzählige lila Blüten, bestimmt jeder zweite Autofahrer hielt an, um sich dieses Wunder zu betrachten. Ich habe nunmehr ebenfalls einen solchen Strauch im Garten stehen, doch hat er bislang noch nicht geblüht, dagegen war die herbstliche Verfärbung der Blätter prächtig.

Von März bis Mai blühen die Azaleen, sie reichen mit ihren Farben vom Weiß über alle Schattierungen der gelben, gelbroten und roten Farbtöne bis zum nachtdunklen Lila, die meisten von ihnen haben einen weithin wahrnehmbaren Duft. Vielfach bezeichnet man Azaleen auch als Felsensträucher, sie sind aus den Abbildungen japanischer Steingärten bekannt, und tatsächlich sehen die kleinbleibenden Arten zwischen oder neben Steinplatten oder vor Steinmauern am schönsten aus. Manche der kleinbleibenden Azaleen werden auch in zwanzig Jahren nicht höher als einen Meter, dafür wachsen sie etwas mehr in die Breite. Besonders berühmt sind die niedrigen Formen wegen ihres Blütenreichtums. Ganz eng sitzen die Blüten rings um den Strauch beieinander, es sieht wie ein Blütenkissen aus. Zwar hat der Mai nur drei Buchstaben, dafür aber hat der liebe Gott diesem Monat um so mehr blühende Bäume und Sträucher gegeben.

Zur Feier des verabschiedeten Winters gibt es erst einmal den *Schneeballstrauch*. Ich bevorzuge den ganz gewöhnlichen und etwas hausbackenen Vertreter der weltweiten Verwandtschaft. Der Strauch ist im Mai ganz von weißen Blütendolden überkugelt. Es gibt auch farbige Schneeballsträucher, man könnte aus Namen und Herkunftsländern eigenartige Schlüsse ziehen. So müßte zum Beispiel der Schnee im östlichen China lila sein. Von den übrigen Vertretern dieses Strauches lobe ich mir den *Duftschneeball*, er behält über Winter seine grünen Blätter, und seine rosaweißen Blütendolden haben zur Zeit der Tulpenblüte einen süßen Duft. Nur in die Nähe des Schlafzimmerfensters sollte man ihn nicht pflanzen. Bei mir bleibt der gewöhnliche Bauernheckenschneeball Favorit, er hat zwar einen feuchten Boden recht gern, doch sonst ist er genügsam, sogar in der Bedrängnis durch andere Bäume wächst er ausgezeichnet.

Aus diesem Grund habe ich neben die Schneebälle gleich mehrere Bäumchen des edlen *Flieders* gepflanzt. Am liebsten sind mir die Sorten mit dichtgestellten, schweren und gefüllten Blüten. Ein Blütenstand des Flieders kann gar nicht groß und massig genug sein. Zwar sind in letzter Zeit die wilden Fliedersträucher mit den etwas weniger auffallenden, grazileren Blüten in Mode gekommen. Doch von mir wird diese Mode nicht mitgemacht. Da bemühen sich die Gärtner Jahrhunderte hindurch um immer weitere Steigerung der Blütenschönheit, und nun soll kurzerhand alles von vorn anfangen.

Man hat es überhaupt sehr mit dem Wilden und mit der Wildnis in neuerer Zeit. Manche Schlauberger sprechen und schreiben sogar von Wildnisgartenkunst. Leider bin ich den neuen Propheten auch einmal ins Garn gegangen. Ich pflanzte nämlich eine Wildrose aus China, sie hieß *Rosa multiflora*. Niemals im Leben kommt mir dieser Wüstling wieder in den Garten.

Im zweiten Jahr nach der Pflanzung beanspruchte diese Rose beinahe den ganzen Garten für sich. Soll sie fortan in China bleiben, dort ist Platz genug. Beim Ausroden der Pflanze habe ich meinen Spaten zerbrochen, schließlich mußte ich noch die Kreuzhacke holen. Ich habe trotzdem die Wurzeln nicht alle aus dem Boden herausbekommen, anscheinend wollten sie durch den Erdball hindurch wieder nach Osten wachsen. Womit nichts gegen diese *Rosa multiflora* in der Landschaft, an der Autobahn und vor allem als Unterlage für unsere edlen Polyantharosen und Kletterrosen gesagt sein soll (Übrigens verdankt es mancher Autofahrer auf amerikanischen Autobahnen der *Rosa multiflora,* daß er noch lebt).

Ein wenig muß ich meine Worte gegen das Wilde zügeln. Es gibt durchaus Wildsträucher und unveredelte Rosen mit einem manierlichen Betragen. Dazu gehören die brave Zaunrose und die Apfelrose mit ihrem stets gesunden Laub und den kirschroten oder weißen Blüten. Auch gibt es besondere Fälle, bei denen sich die wüchsigeren Wildrosen durchaus bewähren. Mein Nachbar hat einen zwei Meter hohen Steilhang unterhalb seines Gartens. Auf diesen Hang hat er Rosen gepflanzt, die sich durch immer neue Wurzelausläufer netzartig ausgebreitet haben. Keine Erde wird mehr abgeschwemmt, kein Unkraut kommt auf, während des ganzen Jahres ist die Pflanzung ein erfreulicher Anblick. Die Rose heißt *Rosa virginiana.* Beim Flieder jedoch halte ich persönlich nach wie vor den hochedlen, gefüllten und duftenden Sorten die Treue.

Mit meinem schönsten Fliederstrauch habe ich leider einen Fehler gemacht. Ich habe ihn nach drei Jahren verpflanzt, und das soll man nicht tun, denn Fliedersträucher brauchen recht lange bis zur Eingewöhnung an einem neuen Platz.

Aller guten Dinge sind drei, und so bekamen Flieder und Schneeball noch eine weitere Gesellschaft in meinem Garten, es ist ein *Goldregenbaum,* er schüttet sein Gold gleichermaßen vor ein Königsschloß und über die Hütte, der Armut. Ein Garten ohne Goldregen ist für mich undenkbar. Doch bevorzuge ich für meine Zwecke ein hochkarätiges Gold, gemeint ist ein besonders wertvoller Goldregenbaum – er hat sehr viel längere Blütentrauben als der gewöhnliche Vertreter seiner Gattung, sein Name ist *Laburnum watereri* ›Vossii‹.

Doch dürfen in einer Plauderei über Gartengehölze im Mai nicht nur die blühenden Pflanzen erwähnt werden. Bei manchen Sträuchern ist bereits der Blattaustrieb voller Reize. Ich denke dabei an die verschiedenen Arten der *Felsenmispel,* die gewöhnlich als *Zwergmispel* bezeichnet wird. Vor drei Jahren habe ich die erste Zwergmispel gepflanzt, ich hatte dafür einen schmalen Streifen Land vor dem Haus zur Verfügung. Es war gerade der rechte Platz für einen zwergenhaft bleibenden Strauch. Doch müssen die Erfinder unserer Pflanzennamen eine merkwürdige Größenvorstellung von Zwergen gehabt haben, denn aus dem Zwergstrauch wurde für meine

Begriffe bereits im ersten Jahr ein Riese, im zweiten Jahr reichten die Zweigspitzen schon über die Fenster hinaus. Zwergmispel ist also absolut nicht der richtige Name für die vielseitig talentierten Gehölze der Gattung *Cotoneaster.*

Freilich gibt es wirklich zwergenhaft bleibende Arten unter den Vertretern des *Cotoneaster,* sie werden nicht höher als zwanzig bis dreißig Zentimeter. Wie ein dichtes Gewebe legen sich die langen und überkreuz wachsenden Zweige über den Erdboden. Mit Hilfe dieser niedrigen Gehölze lassen sich ganze Gartenteile mit einem grünen Teppich überziehen. Ich habe selbst einige Teppiche dieser Art über einer Mauer und über einem Hang meines Gartens liegen. Die Pflanzen tragen die Namen *Cotoneaster dammeri* und *Cotoneaster salicifolius* ›Parkteppich‹, ich kann sie sehr empfehlen.

Von den aufrechtwachsenden und reichblühenden Arten gefällt mir am besten *Cotoneaster salicifolius floccosus.* Der Strauch wird etwas mehr als meterhoch, wirkt aber mit seinen überhängenden Zweigen recht breit. Im Juni ist er von weißen Blüten überschüttet, die Bienen können wohl von einem einzigen Busch mehrere Kilo Honig ernten, und im Herbst schmückt er sich über und über mit knallroten Beeren. Sofern die Beeren nicht von den Vögeln geräubert werden, halten sie während des ganzen Winters an den Sträuchern aus. Im Frühjahr erfolgt der Laubaustrieb. Die silberweiß auf den gebogenen Zweigen reitenden Blättchen sehen in ihrer Fülle wirklich nach Frühling aus. Ich pflanze stets meine im Mai blühenden hohen Tulpen vor die Cotoneastersträucher. Auf diese Weise bekomme ich ein lebendiges und heiteres Porträt des wonniglichen Monats.

Dann blühen die Dornbäume in der Hecke. Die gelben Kerrien leuchten aus dem Schatten. Ginster blüht von gelb bis rot. Die roten Blüten der Japanischen Quitten könnten aus Wachs geschnitten sein. Die Spireen stehen wie Schneeflockenberge am Zaun. Die Fülle der schönen Bäume und Sträucher ist nicht zu schildern. Doch meinem *Japanischen Kirschbaum* gebühren einige Zeilen. Dieser Kirschbaum braucht sich nicht mit schweren Ernten herumzuplagen, er braucht nur zu blühen, und das tut er auch mit einem entsprechenden Eifer. Jede gefüllte Blüte ist eine rosa Puderquaste, alle zermahlenen Pastellkreiden der Welt könnten zur Blütezeit über den Baum ausgebreitet worden sein, es gibt keine Bäume mit größerer Pracht. Leider ist er noch sehr klein.

Davor habe ich eine *Strauchpäonie* gepflanzt. Schon als krautige Stauden haben die Päonien unglaublich große und prächtige Blüten. Nun erst ein Strauch! Außer diesem Päonienstrauch zu den übrigen Blütenbäumen und Ziersträuchern brauche ich wirklich keine Bereicherung mehr für den Monat Mai. Aber es gibt noch mehr, nämlich die ersten gelben Rosen. Außerdem blühen die ersten Robinien, es blühen die Berberitzen, und nun trägt bereits der Holunder seine weißen Blütenteller auf. Ich habe mich völlig in der Zeit vertan, denn der Kalender zeigt bereits die Monatsmitte Juni, durch die Fenster kommt der erste Duft der edlen Rosen.

Der gute alte *Holunder* teilt sich in das Schicksal des Herings. Über diesen Fisch gibt es einen bekannten Ausspruch von Bismarck: Den Hering würde es gottlob und leider nur zu zahlreich geben, sonst würde er sicherlich zu den Delikatessen gezählt. Nicht viel anders ist es beim Holunder. Er wächst auf jeder Schutthalde, er breitet seine Krone über jeden Wagenschuppen der Bauernhöfe aus, kein Standort kann zu schlecht für diesen Baum sein. Die Buben stoßen das Mark aus abgesägten Stammstücken und machen sich Blasrohre daraus. Die Beeren nützen bei fiebrigen Erkrankungen, die weißen Blüten sind eine Seligkeit für alle Insekten. Die überall blühenden Holundersträucher sind rührige Apostel des Sommers im Land, deshalb habe ich auch in meinem eigenen Garten einen Holunder gepflanzt. Soll er sich der Ehre gewiß sein, neben den vornehmen Abgesandten der Flora ferner Länder wachsen zu dürfen.

Mit dem Holunder beginnen die *Rosen* ihre Zeit. Es gab schon im Mai etliche Rosen auch der edleren Sorten, aber so recht beginnt die hohe Zeit erst im Juni. Dann hört sie eigentlich bis zum Winter nicht mehr auf. Ich bin erst in neuerer Zeit richtig auf den Wert der Rosen gestoßen. Allzu lange ordnete ich die Rosen in meinen Gedanken unter die Rubrik Blumen ein, und Blumen sind die Rittersporne und Phloxe, die Nelken und Pfingstrosen und Astern und wie sie alle heißen. Blumen gehören auf Rabatten und Beete, sie dienen mit ihren Blüten zur Zierde, sie müssen sorgsam behütet werden, sie sind die etwas verwöhnteren Gäste in meinem Garten. Bäume und Sträucher spielen eine bedeutsamere Rolle, es sind durchweg gewichtige Gestalten, sie können Räume begrenzen, sie wehren den Wind ab, und sie geben Schatten. Erst neuerdings kam ich darauf, die Rosen viel stärker zu den Bäumen und Sträuchern als zu den Blumen zu rechnen. Tatsächlich sind die Rosen von allen Blütengehölzen in der Zeit von Anfang Juni bis zum Sommerende am wichtigsten und ganz unentbehrlich.

Es begann mit einer *Kletterrose,* ich bekam sie irgendwann einmal geschenkt, ihr Name war ›New Dawn‹. Es ist eine bekannte und schon ältere Sorte. Ich hatte zunächst keinen rechten Platz für diese Rose und pflanzte sie einstweilen irgendwo hin. Es war ein abseitiger Platz, dort sollte sie zunächst einmal ihr Leben fristen. Möglichkeiten zum Klettern gab ich der Rose nicht. Die Rose jedoch war darüber nicht sonderlich betrübt, sie schickte lustig ihre zwei Meter langen Zweige in die Luft, und unter der Blütenschwere neigten sich diese Zweige in weitem Bogen zur Erde. Im nächsten Jahr wuchsen aus

dem Bogenbau dieser Rose weitere Triebe empor, sie waren nun sogar noch kräftiger und länger als im ersten Jahr. Wieder senkten sie sich unter der Blütenlast mit ihren Spitzen zu Boden. So entstand ein beinahe mannshohes, aus vielen Bogen bestehendes Gebäude, wie es sonst nur kunstvolle Blumenbinderinnen für einen Rosenkorso schaffen. Hinzu kamen die schönen Blüten, jede einzelne von ihnen hat die gefüllte und sich langsam öffnende Form einer Edelrose. Diese Blüten erschienen in jedem Jahr massenhaft. Mehr konnte von einem Blütenstrauch im Garten nicht erwartet werden.
Eine zweite *Strauchrose* hatte den kaiserlich klingenden Namen ›Wilhelm‹. Nebenbei bemerkt, ich würde als Züchter niemals einer Rose den Namen ›Wilhelm‹ geben. Auf jeden Fall erwies sich diese Rose als eine erstaunliche Pflanze. Nichtsahnend habe ich sie zunächst auf ein Rosenbeet vor dem Hause gesetzt; im ersten Jahr ging das auch ganz gut. Aber du meine Güte, im zweiten Jahr machte sich ›Wilhelm‹ mit Ellenbogen Platz, er behauptete beinahe das ganze Beet für sich allein, die anderen Rosen ringsum neigten sich ängstlich zur Seite, jede von ihnen war ein David gegen diesen heranwachsenden und breit werdenden Goliath. Sein Anrecht auf den großen Standplatz hat der Rosenstrauch dann aber bis in den November hinein unter Beweis gestellt. Bis zu dieser Zeit war er über und über voll dunkelroter Blüten. Der prächtige Busch bekam einen anderen Platz, er steht nun ganz allein am Rande einer Rasenböschung, und an keinem einzigen Tag zwischen Juni und November wird ihm die Bewunderung versagt.
Von Fachleuten und Kennern dürften diese beiden Rosen noch nicht einmal als die Favoriten ihres Geschlechtes bezeichnet werden. Es gibt auf Ausstellungen und in öffentlichen Parks die erstaunlichsten Erscheinungen, jeder Baumschulkatalog ist voll von Lobpreisungen der modernen Strauchrosen und Kletterrosen.
Hinzu kommt das Geschlecht der sommerlang blühenden sogenannten *Polyantharosen*. Sie sind sehr viel schöner als ihr lateinischer Name, mit jedem abgeschnittenen Stiel hat man einen ganzen Blumenstrauß in der Hand. Ich habe eine solche Rose mit dem schönen Sortennamen ›Käthe Duvigneau‹, sie hat handtellergroße Schalenblüten in einem satten Rot. Auch bei ihr reicht die Blütezeit bis in den Winter hinein. Aus nur drei Pflanzen dieser ›Käthe Duvigneau‹ ist ein meterhohes, heckenartiges Gebüsch entstanden, mit den seitlich weit ausladenden Zweigen bedeckt dieser Busch eine Fläche von sechs Quadratmetern.
Die begehrteste aller Rosen ist selbstverständlich auch in meinem Garten die dichtgefüllte *Teerose*. Ihre Blüten können gar nicht groß genug sein, am liebsten sind mir die rosaroten Farben. Danach folgen in der Beliebtheit die dunkelroten Sorten, doch dürfen sie in ihren Tönungen keinen Schimmer des

Ein wunderschöner Blütenstrauch für schattige Stellen und humosen Rhododendronboden ist die Lorbeerrose oder der Berglorbeer, den wir *links* auf der Zeichnung sehen. Besonders empfehlenswert ist *Kalmia latifolia* mit rosa Blütendolden im Mai. Dazu paßt die weiße Lavendelheide, die früher den schönen botanischen Namen *Andromeda floribunda* hatte, doch nun heißt sie *Pieris floribunda* (*rechts*).

aufdringlichen Geraniumrots haben. Bei manchen modernen Sorten ist das der Fall. Es wäre müßig, etwas über diese berühmteste aller Rosen zu schreiben, obwohl es mich sehr verlockt. Denn jeder begeisterte Gärtner spricht, schreibt und schwärmt gern von seinen Rosen, das ist ganz selbstverständlich. Ich habe kürzlich als Berichterstatter an einem Empfang teilgenommen, es war eine internationale Zusammenkunft von Rosengärtnern und Blumenfreunden. Der Oberbürgermeister der gastfreundlichen Stadt hielt die Begrüßungsansprache, hinterher traten noch etwa zwölf Redner auf. Alle Redner sagten, es sei über die Rose wohl von allen Dichtern – von der Sappho bis zu Rilke – geschrieben worden, es könne einfach kein weiteres Wort mehr über sie gesagt werden. Und dann hielten sie doch ihre viertelstündigen Ansprachen über nichts anderes als über die geliebte Blume.
Vor Jahren habe ich einmal mit vielen meiner Rosen Pech gehabt. Ich kam aus den Sommerferien zurück, es war Ende August, und da hatten manche Büsche kaum mehr ein grünes Blatt. Sie waren vom Sternrußtau befallen. Seitdem werden ab Juni alle Edelrosen regelmäßig gespritzt. Es gibt ein in Wasser aufzulösendes Rosenspritzmittel, für das ich mir eine leichte Spritze aus Kunststoff angeschafft habe. Die Prozedur geht alle vierzehn Tage in einer einzigen Stunde vonstatten, und die Rosen bleiben während des ganzen Sommers kerngesund. Im Winter wird mit dem Schubkarren etwas Kompost-

erde auf die Rosenbeete gefahren, im Frühjahr gibt es für jede Pflanze eine Handvoll Nitrophoska blau. Diese geringen Mühen werden durch den nachfolgenden sommerlangen Blütenreichtum belohnt.

Etwas im Schatten meiner Rhododendronbüsche steht ein besonders schönes Gewächs. Etwas Besonderes ist schon der Name. Mit Lorbeer sind schließlich zu allen Zeiten die Helden gefeiert worden. Und den schönsten Frauen hat man von jeher als Zeichen der Liebe und Verehrung die Rose überreicht. Aus den Namen beider berühmten Pflanzen ist die Bezeichnung des Busches in der Nähe meines Rhododendronhaines zusammengesetzt, die *Lorbeerrose*. Sie wird von den Gärtnern als *Kalmie* bezeichnet. Blütezeit dieses Strauches ist der hohe Sommer. In Trauben hängen die rosenfarbigen Blüten glockenartig an den Stielen, dunkelgrün und lorbeerhaft ist das schöne Laub.

Noch einen anderen Strauch muß ich erwähnen. Er ist der Landeplatz aller Schmetterlinge der Umgebung, sie sitzen herdenweise eng beieinander auf den langen Blütenrispen, es scheint keine bessere Honigtränke für die bunten Falter zu geben. Niemand wird sich mehr über den Namen dieses Strauches im Zweifel sein, es ist der *Sommerflieder* oder die *Buddleja*.

Meine Zuneigung zu diesem schönen Strauch hat seine eigene Bewandtnis. Ich hatte einige Zeit nach dem Kriege häufig in Köln zu tun. Damals lagen noch immer weite Stadtteile in Trümmern. In dieser Kraterlandschaft aus Schutt und Stein wuchsen allüberall Buddleien. Selbst der Bombenkrieg hatte die Lebenskraft dieser Gehölze nicht zerstören können. Vielfach wurden ihre Samen durch Vögel und durch den Wind verbreitet, und so entstanden in den Gesteinswüsten wahre Oasen an Blütenschönheit. Der karge und trockene Grund genügte den Sträuchern vollkommen, sie breiteten sich immer mehr aus, sie wurden von zahllosen Schmetterlingen beflogen, man hätte Köln in Buddleienstadt umtaufen können. Diese blühenden Horste des Sommerflieders über den Trümmern einer bösen Zeit waren ein trostreicher und hoffnungsvoller Anblick. Zur Erinnerung steht die *Buddleja* in meinem Garten.

Es ist in jedem Sommer dasselbe. Kaum wurde der Winter vergessen, schon wendet sich die Sonne wieder den kürzeren Tagen zu. Die Zeit der Sommersonnenwende kommt schnell. Die gestern noch blütenbunten Wiesen werden abgemäht, bald weht der Geruch von trocknendem Heu durch die Abende. Wenige Wochen später, wenn die meisten Menschen erst in die Ferien fahren, werden bereits die reifen Garben auf den Getreidefeldern zusammengetragen.

Blütenstrauch der hellen Nächte in der Zeit um Johanni ist für mich der *Jasmin*. In diesem Fall handelt es sich um den sogenannten *Falschen Jasmin*, im Taufregister der Gehölze ist er unter dem Namen *Philadelphus* verzeichnet. Die weißen Blüten haben eine ferne Ähnlichkeit mit einfachen Rosen

63 △

62 Die Königslilie, *Lilium regale,* macht ihrem Namen immer Ehre. Zu der Blütenschönheit kommt noch der starke Wohlgeruch.

63 Eine der vielen Lilienzüchtungen der neueren Zeit, deren Formenfülle und Farbenvielfalt schlechthin unbeschreiblich ist.

64 Orchideensammlung in einem Krieger-Aluminiumgewächshaus, das mit Plexiglas-Stegdoppelplatten verglast ist.

65 Blüte einer Cattleyen-Hybride, die leichter zu pflegen ist, als man annimmt.

66 Krieger-Aluminiumkleingewächshaus, nach Plan leicht zusammenbaubar.

67 Minibrite-Kleingewächshaus aus England.

64 ▽ 65 ▷

66△ 67▽

einer kleinblumigen Sorte. Sie sind an jedem Strauch so zahlreich wie die Sterne am hellen Nachthimmel, und betörend ist der starke Duft. Von vielen Dichtern ist der Jasmingeruch in den Juninächten schon gepriesen worden. Romantiker spielen zur Blütezeit des Jasmins gern die Musik von Robert Schumann auf dem Klavier, doch muß es dabei Abend sein, und die Fenster zum Garten müssen offenstehen.

Besonders schön finde ich es von den Bäumen und Sträuchern, daß sie auch an Blüten für den hohen Sommer und frühen Herbst gedacht haben. Der Frühling schlägt ohnehin hohe Wogen mit seiner Schönheit. In manchen Jahren bin ich geradezu ermüdet davon und dankbar, wenn der ruhigere Sommer beginnt. Es ist ganz natürlich, daß dem Blütensturm eine Zeit der Gelassenheit und des beruhigenden Grüns der Laubblätter folgt. Schließlich ist die Blüte nur ein Teil des Lebens der Pflanzen, und hinterher folgt die lange Zeit der Reife ihrer Früchte und Samen. Denn allen Lebewesen hat der Schöpfer den Drang mitgegeben, ihre Art zu erhalten, und diese Arterhaltung ist nur durch eine immerwährende Fruchtbarkeit möglich.

Trotz dieser vernünftigen Überlegungen ist aber eine leichte Traurigkeit im Juli unausbleiblich. Sie beginnt mit der Getreideernte, sie fängt mit dem Anblick der zusammengestellten Garben und der Stoppelfelder an. Um diese Zeit macht sich mit seiner mächtigen Krone und mit kastanienähnlichen Blütenständen ein Baum bemerkbar, der als *Trompetenbaum* bezeichnet wird. Es ist die *Catalpa*. Mit überlindengroßen Blättern gehört dieser Amerikaner zu den prächtigsten Gestalten unter den Bäumen. Für meinen Garten wäre er zu groß, ich habe schon viel zu viele Bäume und Sträucher gepflanzt, doch überall in der Stadt habe ich meine Freude an seiner schönen Gestalt. Noch im Winter hat der Trompetenbaum seine Reize. Dann hängen nämlich wie braune Virginia-Zigarren die langen Fruchtstände an den Zweigen.

Unter den Sträuchern der Sommerzeit gefällt mir der *Hibiskus* ausnehmend gut. Er hat blaue oder rosaweiße Blüten und verträgt sich mit unseren Wintern ausgezeichnet. Es ist zwar nicht der berühmte Hibiscus aus der Südsee, dennoch muß ich stets an die schönen Geschichten der Seeleute und Weltumsegler denken. Sie schwärmen ja alle von den schönen Mädchen auf Hawaii und den roten Hibiskus-Blüten, die sie im Haar tragen.

Schließlich aber begleiten die letzten Sommerwochen meines Gartens die *Hortensien*, ich habe bereits am Anfang dieser Plauderei von ihnen erzählt. Aufmerksam bin ich auf diese Sträucher vor vielen Jahren geworden. Ich fuhr nach den Ferien an der See wieder nach Hause. Auf der Fahrt durch die Lüneburger Heide sah ich beinahe überall in den Vorgärten der Bauernhäuser mannshohe und noch höhere Sträucher stehen, oft konnte man von kleinen Bäumen sprechen. Während ich gerade den Sommer beenden wollte,

Nach fünfzehn Jahren mit den großgewordenen Bäumen, der kleinen Beerenobstanlage, dem Gemüsegarten und zwei Gewächshäusern. Man beachte die Höhenlinien.

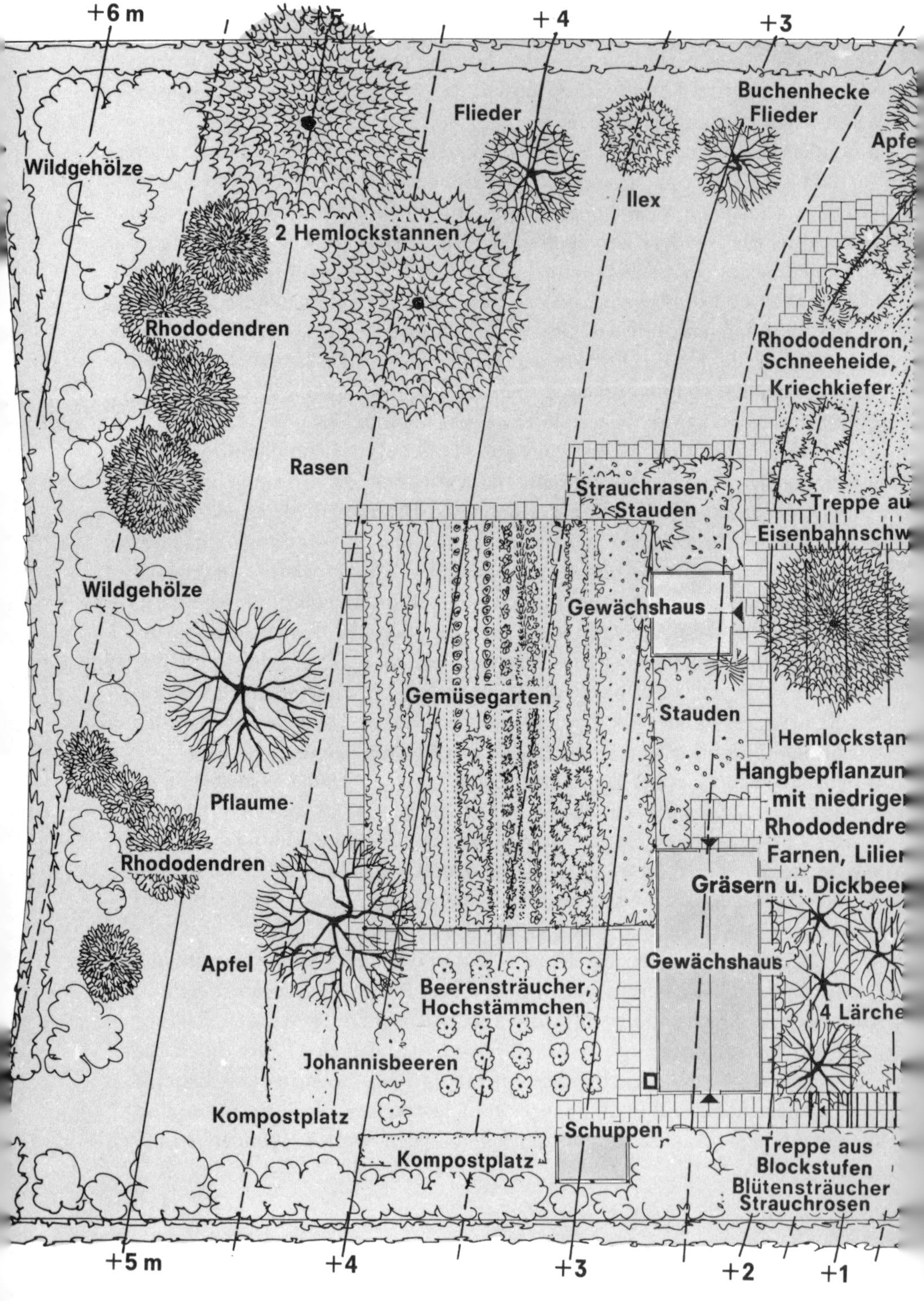

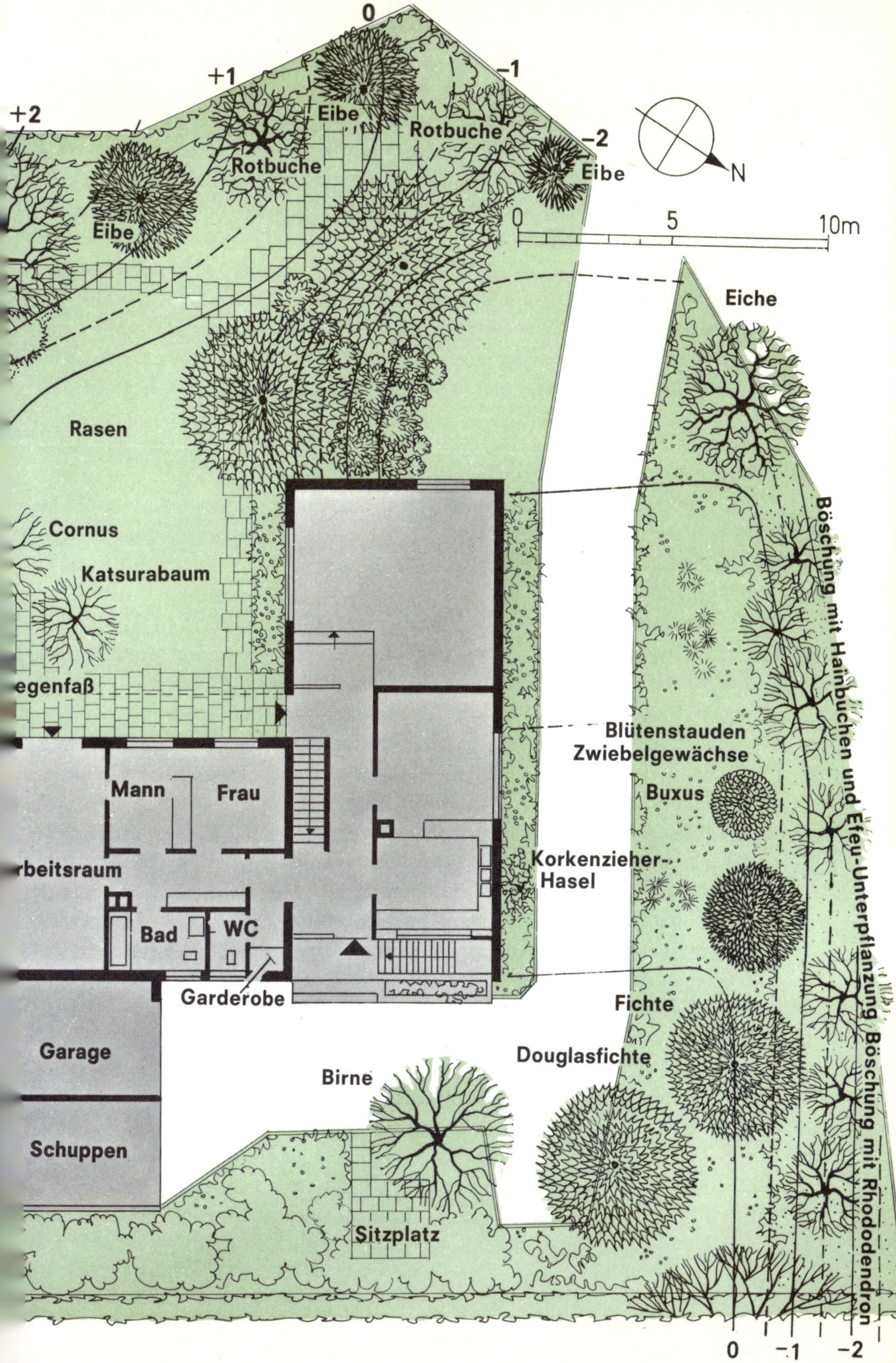
0
+1
+2
−1
−2
Eibe
Rotbuche
Rotbuche
Eibe
Eibe
N
0
5
10m
Eiche
Rasen
Cornus
Katsurabaum
egenfaß
Mann
Frau
rbeitsraum
Bad
WC
Garderobe
Garage
Schuppen
Blütenstauden
Zwiebelgewächse
Buxus
Korkenzieher-
Hasel
Fichte
Douglasfichte
Birne
Sitzplatz
Böschung mit Hainbuchen und Efeu-Unterpflanzung
Böschung mit Rhododendron
0
−1
−2

begannen diese Gehölze erst mit ihrer Blütezeit. Wie weiße Fliederbüsche sahen die Pflanzen von weitem aus. Es waren Hortensien. Genaugenommen handelte es sich um Rispenhortensien. Der botanische Name lautet *Hydrangea paniculata* ›Grandiflora‹. Eine andere Art heißt *Hydrangea arborescens* ›Grandiflora‹; ihre Blütenstände haben jedoch eine mehr rundliche Form, weshalb man sie auch als Schneeballhortensie bezeichnet. Beide Arten pflanzte ich in meinen Garten.

Bei den Hortensien ist es wie bei dem amerikanischen Vetter unserer Kornelkirsche; die eigentlichen Blütenblätter sind winzig, das Auffallende und Prächtige sind wiederum die sogenannten Hochblätter. Diese Blätter nehmen ganz allmählich eine rötliche Färbung an, nachdem sie zuvor wochenlang weiß gewesen sind. Mit dem allmählichen Erröten der Hortensien beginnt der Herbst in meinem Garten. Die vorher weißen Blütenstände nehmen die Farbe von altem Kupfer an, und dann rieseln schon bald die goldenen Nadeln der Lärchen über sie. Es wird wirklich Herbst.

Nur meine Rosen tun gerade so, als ob für sie der Sommer niemals zu Ende gehen würde. Immer neue Knospen wachsen aus den Büschen. Woher aus der Erde mögen sie nur die Kraft für dieses sommerlange Treiben von Knospen und Blühen nehmen?

Die Bitternis der Abschiedswochen von einem blühenden Jahr kommt in meinem Garten nicht auf. Denn ungeahnt festlich schmücken sich Bäume und Sträucher mit den Goldfarben des Herbstes. Der Ahorn mit den tief ausgeschnittenen Blättern vor der Terrassentür versteht sich besonders gut auf den Herbst. Aber auch während des übrigen Jahres bot er einen stets eleganten und wohlgefälligen Anblick. Die dünnen Zweige dieses Baumes hängen im weiten Bogen etwas herab, das feine Laub hat einen silbrigen Glanz. *Acer saccharinum* ›Wieri‹ ist sein vornehmer Name. Nun im Herbst geht ein goldener Schein von ihm aus, selbst die abfallenden Blätter behalten auf dem Steinboden der Terrasse noch lange ihre Schönheit. Ein warmes und durchglühtes Rot bekommen die Blätter des Blumenhartriegels aus Florida, blutrot ist das Riesenlaub der amerikanischen Eiche, und das satteste Goldgelb trägt ein Strauch mit dem Namen *Parrotia persica* zur Schau. Unmöglich ist die Schilderung der Farben aller Bäume und Sträucher in meinem Garten, unmöglicher noch die der Bäume in der Stadt und in den Parks der Umgebung. Drei Tulpenbäume bringen mehr Gelb hervor, als es wohl dreitausend Sonnenblumen während des ganzen Sommers fertigbekommen.

Währenddessen schmückt sich der Feuerdorn mit dem Perlengehänge seiner orangeroten Beeren. Korallenrot sind die unzähligen Früchte der Felsenmispeln, etwas heller in der roten Färbung leuchten die Hagebutten der Rosen aus den Büschen, die Perlen anderer Sträucher wiederum sind schwarz. Die

Rosen jedoch blühen weiter, sie haben manchmal noch im Dezember einige Blüten, und dann beginnt mit dem Primelgelb des Jasmins und mit den zitternden Sternen der Zaubernuß das alte Spiel aufs neue.

Wie es mit den Blütensträuchern weiterging

Das war 1963, und was ist nach mehr als einem Dutzend Jahren aus den Sträuchern geworden, die damals rund um den Kalender geblüht haben? Einige von ihnen sind nicht mehr da, andere sind hinzugekommen, ich werde gleich darauf eingehen. Bedingt durch den wachsenden Wald und den dadurch immer größer werdenden Schatten sind zunächst zwei große Veränderungen eingetreten. Seinen Teil trug auch der Boden bei, von dem ich bereits gesagt habe, daß er trotz aller Zusätze von Kalk und Torf auf die Dauer nicht veränderbar ist. Wo der Boden, wie im Gemüsegarten, offen ist und in jedem Jahr durchgearbeitet wird, da kann ich die gewünschte Reaktion – den pH- Bereich zwischen 6 und 7 – auf irgendeine Weise erreichen. An anderer Stelle ist dies wegen der Dauerpflanzen – der Bäume, Sträucher und Stauden – schwierig.
In den ersten Jahren unseres Gartens haben die *Rosen* eine große Rolle gespielt. Ich habe fast alle Rosenarten gehabt und kennengelernt, die modernen Floribundarosen und Teehybriden ebenso wie überaus charmante Rosen aus dem 19. Jahrhundert oder die Zentifolien, deren üppige Blüten bereits auf den Blumenstücken der alten Niederländer zu bewundern waren. Inzwischen gibt es, von einer Versuchsreihe mit Stecklingen abgesehen, nur noch drei erwähnenswerte Rosen in unserem Garten. Das ist einmal die bereits beschriebene Sorte ›Wilhelm‹, deren Flor noch immer bis in den Dezember hineinreicht. Das ist zweitens die beinahe mannshohe *Rosa rugosa* ›Parfum de l'Hay‹ und drittens die zweimal im Jahr blühende Damaszenerrose ›Jacques Cartiers‹. Es handelt sich um Rosen, die ich keinesfalls missen möchte. Außerdem gibt es in einem großen Blumentopf – damit sie über Winter ins kühle Glashaus gestellt werden kann – die altbekannte, berühmte ›Maréchal Niel‹.
Ich bin zwar nach wie vor der Auffassung, daß es zur rechten Gartenlust gehört, Schwierigkeiten zu überwinden und das schier Unmögliche möglich zu machen. Wenn ich aber merke, daß es den Pflanzen schwerfällt, mir zuliebe auszuhalten und Blüten hervorzubringen, dann verzichte ich lieber auf sie. Wie ein für gewöhnlich gesunder Mensch gelegentlich von einer Krankheit befallen werden kann, so auch der Rosenstrauch von Mehltau oder Sternrußtau. Dem kann ich wie ein Doktor mit der geeigneten Medizin entgegenwirken, bei meinen wenigen Rosen derzeit heißt sie Saprol. Wenn

die Ausnahme jedoch zur Regel wird und ich die Rosen nur durch unablässiges Spritzen gesund erhalten kann, dann macht mir die ganze Geschichte keinen Spaß mehr. So kam es, daß die Rosen in unserem Garten allmählich von vielen Arten und Sorten des Rhododendron verdrängt wurden, der sich in unserem Boden und Klima so wohl fühlt, als sei er vom lieben Gott eigens dafür erschaffen worden. Über meine Beobachtungen und Erfahrungen mit Rosen und Rhododendron werde ich noch schreiben.

Zunächst aber zu den übrigen Blütengehölzen aus dem Jahr 1963. Ich erwähnte zunächst die *Quitte*. Für mich gehört ein Quittenbäumchen von jeher zu den schönsten Blütengehölzen (genaugenommen ist es ein Obstgehölz), das es mit mancher kleinblütigen Magnolie aufnehmen kann. Unser Quittenbäumchen ist ein wahres Wunder. Eingepfercht zwischen zwei immer breiter werdenden Schwarzkiefern und gelegentlich, wenn ich nicht rechtzeitig mit der Schere zur Stelle bin, von den langen Trieben einer jenseits des Zaunes stehenden *Rosa multiflora* überschattet, fristet es sein Dasein an einem allmählich von Moos überwachsenen Hang. Aber noch immer bringt es so viele Früchte, daß meine Frau etliche Gläser mit Gelee füllen kann.

Die *Hortensien* sind eine Selbstverständlichkeit bei uns geworden. Die eine der beiden Arten, die Schneeballhortensie (*Hydrangea arborescens* ›Grandiflora‹), mußte ich mit dem Rodespaten zeitweilig daran hindern, sich allzusehr auszubreiten. Die meterlangen und zuweilen noch längeren hellen Holztriebe schneide ich jeden Winter bis kurz über den Erdboden zurück. Bis zum Sommer sind sie wieder herangewachsen, und vom Juli bis in den Oktober hinein hört der Flor nicht auf. Außer dieser Schneeballhortensie haben wir noch mehrere Büsche der Rispenhortensie *(Hydrangea paniculata* ›Grandiflora‹), also des berühmtesten Gartenstrauches dieser Gattung. Die kegelförmigen Rispen blühen gleichfalls von Juli bis in den Herbst hinein, sie sind zuerst weiß und nehmen allmählich eine rötliche Färbung an. Sofern ich daran denke, schneide ich alle einjährigen Triebe im Herbst oder Winter auf die untersten beiden Knospenpaare zurück, wie ich es bereits auf Seite 192 beschrieben habe.

Mit der Muttertagshortensie habe ich es mehrmals versucht, aber diese allzu bunte Pflanze gefällt mir in unserem Garten nicht. So mußten die Pflanzen jedesmal, kaum daß sie sich zu entwickeln begannen, anderen Gehölzen oder Stauden weichen. Gedeihen würden diese Hortensien, die unter dem botanischen Namen *Hydrangea macrophylla* laufen, in unserem Boden ganz ausgezeichnet. Das kann ich am unteren Hang des völlig vergrasten Nachbargrundstücks sehen, wo eine ganze Hecke dieser Hortensien steht. Im Juni sind die Hunderte von Blütendolden sogar blau, was auf einen sehr sauren Boden schließen läßt. Denn von Natur sind Muttertagshortensien weiß und rot. Es ist klar, daß sich unter den Sorten viele bis ins helle Rosa gehende Abstufungen des Rots befinden. Diese Pflanzen brauchen ohnehin, wenn sie gut gedeihen sollen, einen sauren Boden im pH-Bereich von 5,5 bis 6,5, den sie bei mir antreffen würden. Sollen sie eine blaue Farbe annehmen – die auf Aluminiumsalze zurückzuführen ist, wie die Gelehrten unter den Gärtnern sagen –, dann brauchen sie einen noch saureren Boden, um diese Aluminiumsalze aufnehmen zu können. Der optimale pH-Bereich liegt zwischen 3,5 und 4,5, das ist also bereits ein Boden für Blaubeerkulturen und Maiglöckchen.

Wenn die Gärtner zum Muttertag blaue Hortensien heranziehen, mischen sie Ammoniakalaun in die Erde, oder aber sie streuen es bei Wachstumsbeginn auf die Topfballen, für jede Pflanze einen Teelöffel voll. Im Garten kann man sich mit Aluminiumphosphat behelfen, wovon man im Herbst etwa eine Handvoll je Strauch ausstreut und leicht einhäckelt. Doch der Boden – das ist die Voraussetzung – muß sauer sein. Da meine Nachbarin nun ganz gewiß weder Ammoniakalaun noch Aluminiumphosphat verwendet und die Hortensienhecke mehr oder weniger sich selbst überläßt, müssen also genug Aluminiumsalze und genug freie Säuren auch in meinem eigenen Gartenboden sein; das gute Wachstum der Nadelbäume läßt darauf schließen.

Ich möchte nochmals wiederholen, daß diese Muttertagshortensien, sofern sie blühen sollen, im Herbst, im Winter und im Frühjahr nicht beschnitten werden dürfen. Sie treiben ihre grünen Stiele mit den Blütendolden nämlich aus den dicken Endknospen heraus, die sich bis zum Herbst entwickeln. Unmittelbar nach der Blüte allerdings kann man sie zurückschneiden, und dies ist sogar vorteilhaft. Ja bis zum Erdboden herunter kann man die Triebe wegnehmen, weil sie dann um so üppiger wieder nachwachsen.

Mit dem *Seidelbast* haben wir Pech gehabt. Ich versuche es auch nicht mehr, weil er sich in unserem Boden einfach nicht wohl fühlt. Unten in der Rheinebene kommt er in den Auenwäldern noch wild vor. Dies ist kein Wunder, weil das Wasser aus den Alpen immer wieder Kalk heranschwemmt. Mir tut es leid, weil ich den im Februar blühenden und stark duftenden Strauch sehr gern habe. Lediglich einen Rosmarinseidelbast namens *Daphne cneorum*, einen winzig bleibenden Strauch mit rosa Blüten im Mai, habe ich zwischen alpinen Stauden in einem alten Futtertrog stehen. Darin fühlt er sich anscheinend wohl, zumal ich dann und wann etwas kalkhaltigen Lehm über die Pflanzung brösele. Als ich den Trog vor einigen Jahren herrichtete, ist viel Lehm in den Boden gekommen.

Der nacktblütige *Winterjasmin, Jasminum nudiflorum,* fühlt sich nach wie vor bei uns zu Hause. Er steht etwas geschützt im Winkel der beiden Hausflügel vor der dunklen, hölzernen Wand, die seine gelben Blüten recht zur Geltung kommen läßt. Für mich ist dieser Jasmin, dessen Flor auch in

diesem Jahr zu Weihnachten eingesetzt hat, ein Halbkletterstrauch ohne Probleme, sofern sich die Gelegenheit ergibt oder schaffen läßt, daß man seine langen, grünen Ruten anbinden kann.
Mit der *Schneeheide, Erica carnea,* gibt es gleichfalls keinerlei Probleme. Die Pflanzen haben den Hang über der Rasenfläche zwischen unseren Hausflügeln wie mit einem Teppich überzogen. Es heißt zwar, man müsse diese Heide alle paar Jahre zurückschneiden, weil sie sonst zu hoch würde, aber dies war und ist bei mir noch nie in diesen fünfzehn Jahren nötig gewesen. Möglichst in jedem Frühjahr streue ich etwas Supermanural oder – neuerdings – Rhodohum über die Schneeheide, und zwar stets vor einem zu erwartenden Regen, der den Torfdünger von dem dichten Bewuchs ab- und in den Boden spült. Der Teppich auf dem Hang sieht während des ganzen Jahres gut aus. Nach der Blüte, die je nach Winterwetter im Februar oder im März einsetzt, treibt die Heide ihr frisches Grün. Im zeitigen Herbst sieht die Fläche abermals frisch grün von den unzähligen Blütenknospen aus. Und ein kleiner, roter Blütenschimmer ist hier und da während des ganzen Winters zu sehen.
Ich habe seinerzeit mehrere Sorten gepflanzt, aber irgendwelche nennenswerte Unterschiede kann ich nicht feststellen, alle roten Pflanzen sehen wie ›Winter Beauty‹ und alle weißen wie ›Snow Queen‹ aus. Dann und wann sind für andere Flächen schon Jungpflanzen von mir herangezogen worden. Das geht ganz einfach. Man braucht einen reich bestockten Busch nur mit Torferde einzudecken, die nach Möglichkeit auch zwischen die einzelnen Triebe zu schieben ist, die sich bald darauf bewurzeln. Es gibt nur eine kleine Klage über diese Heidepflanzung. Über Sommer wachsen immer wieder wilde Wicken aus den Kräutern heraus, die wir wegzupfen müssen. Das ist indessen wegen der Hanglage nicht zu beschwerlich.
Die *Zaubernuß, Hamamelis mollis,* blüht nach wie vor in jedem Winter, in diesem Jahr fing sie pünktlich am Neujahrstag damit an. Es ist sehr tröstlich, das goldgelbe Gekringel anzusehen. Wenn Frostwetter einsetzt, krampfen sich die Blütensterne in einer Art von Selbstschutz zusammen. Sobald es wärmer wird, gehen sie wieder auf. Dieser Strauch wächst überaus langsam. Deshalb wird stets geraten, möglichst keine Zweigspitzen abzuschneiden, um sie in die Vase zu stellen. Ich bin da mit meinem verstorbenen Freund Oskar Scheerer etwas anderer Meinung. Sparsame und vernünftige Schnitte können den Strauch veranlassen, mehr Seitenzweige zu treiben. Diese Meinung habe ich einmal im Fernsehen und in einem dazugehörigen Buch vertreten und dafür heftige Kritik einstecken müssen. Die Natur würde dadurch, so ist mir erwidert worden, verfälscht. Tatsache ist aber, daß die Zaubernuß dazu neigt, mit ihren Haupttrieben, langsam zwar, nach oben zu

wachsen. Bringe ich sie im unteren Bereich nicht zur Verzweigung, muß ich mir nach einigen Jahren den Schemel aus der Küche holen, um ihre Blüten betrachten zu können. Auch sieht ein verzweigter Strauch sehr viel natürlicher, schöner, harmonischer aus, als wenn er mit drei starken Trieben in die Höhe geht und erst oben seine blühenden Verzweigungen ausbildet. Leider hat unsere Zaubernuß – aus was für Gründen auch immer – nur zwei Haupttriebe. Wer diesen Strauch pflanzt, auf den letzthin nicht zu verzichten ist, der soll auf jeden Fall darauf achten, daß er zumindest drei gleichmäßig angeordnete Haupttriebe hat.

Über die *Rotbuchen* brauche ich nichts mehr zu schreiben, dies ist im Kapitel über die Hecken ausführlich geschehen. Eine von unseren Jungpflanzen ist seinerzeit übriggeblieben; ich wußte nicht mehr, wohin mit ihr. Meine Frau hat den kleinen Setzling deshalb unten am Straßenrand an den Grashang gepflanzt. Inzwischen ist daraus ein stattlicher Baum geworden. Er stört zwar, aber wer wollte es übers Herz bringen, ihn zu fällen.

Von den *Forsythien* habe ich damals die Sorte ›Lynwood Gold‹ gepflanzt, sie dürfte mit der Intensität ihrer Farbe und ihrer Blütengröße auch heute noch nicht übertroffen sein. Der Strauch ist zu einem kleinen Baum herangewachsen, der seine Blütenzweige in jedem Frühling goldschwer auf das niedrige Dach des Garagenbaues legt. Ich bin zuweilen vor die Aufgabe gestellt, uns mit der Baumsäge einen Weg an der Forsythie vorbei zu bahnen. Ansonsten aber beansprucht dieses Gehölz keinerlei Bemühungen. Es ist selbstverständlich, daß ich den erwähnten Weg immer erst nach der Blütezeit freischneide. Weshalb auch sollte ich dies im Winter tun und auf diese Weise alle Zweige mit ihren fertigen Blütenknospen auf den Feuerhaufen werfen? Das gelegentliche Herausschneiden alten Holzes nach der Blüte ist die einzige Arbeit, die ein Forsythienstrauch macht, aber auch dies ist nicht unbedingt erforderlich.

Die beiden *Lorbeerrosen* stehen nach wie vor auf dem Hang vor meinem Schreibstubenfenster unter den Lärchen und zwischen den Rhododendronsträuchern. Es ist einmal *Kalmia angustifolia* ›Rubra‹ mit dunkelroten Blütentrauben, zum anderen die noch schönere, weiße *Kalmia latifolia,* deren in Büscheln herabhängende Blüten wie aus Porzellan gemacht zu sein scheinen. Beide Sträucher haben immergrünes, schmales, ledrig festes Laub.

Bei dem immergrünen *Kirschlorbeer,* auch Lorbeerkirsche genannt, muß ich das Wachstum als geradezu lästig bezeichnen. Wären von meinen Sträuchern noch die Etiketten vorhanden, so könnte man darauf folgende Bezeichnung lesen: *Prunus laurocerasus* ›Otto Luyken‹. Die Sträucher haben ein sattes, fast tropisch anmutendes, immergrünes Laub, und sie blühen in weißen, aufrecht stehenden Trauben. Freilich wirken sie etwas fremd, sie würden eher in einen südländischen Garten passen, wie man sie auf Bildern aus dem Tessin zu sehen bekommt. Um aber Zaunlücken oder andere Kahlstellen dicht zu machen, kann ich mir kaum etwas Besseres denken. Wie gesagt, man muß oft zur Säge und zur Baumschere greifen. Doch selbst bis auf einen halbmeterlangen Holzstummel zurückgesetzt, treiben sie alsbald wieder aus, als sei gar nichts geschehen.

Wenn ich im Frühjahr mit dem Gemüseland beschäftigt bin und wir Südwind haben, dann weht zuweilen eine angenehme Süßigkeit durch den Garten. Der Duft kommt von einem *Schneeball,* der oben in der grünen Wildnis zwischen Hecke und Rhododendron steht. Während des ganzen Jahres denkt niemand an den mittlerweile zwei Meter hohen Strauch mit seinen kleinen, immergrünen Blättern. Doch zur Blütezeit macht er sich weithin bemerkbar. Sein Name ist *Viburnum carlcephalum.*

Aber auch einen anderen, ganz richtigen weißen Schneeball mit runden Blütenständen haben wir in der Nähe des alten Apfelbaumes neben der Grenzhecke zu stehen, er heißt *Virburnum opulus* ›Sterile‹. Es hat schon Jahre gegeben, in denen wir den treuen Kerl hinter den Eiben und im Schatten der weit herabhängenden Apfelbaumzweige völlig vergessen haben; neuerdings denke ich aber stets daran, ein paar Blütenzweige abzuschneiden. Es ist ebenfalls ein Strauch, um den man sich nicht zu kümmern braucht. Schön sind im Herbst die roten Früchte, die bis tief in den Winter hängen bleiben, weil sie giftig sind und die Amseln sie erst zu sich nehmen, wenn sonst in der verschneiten Welt nicht mehr viel zu holen ist.

Von unseren beiden *Fliedersträuchern,* die schon als kleine Bäume anzusprechen sind, habe ich bereits geschrieben. Es stimmt tatsächlich, daß sie einen verhungerten Eindruck machen. Die Grasdecke bekommt ihnen nicht, außerdem brauchen sie unbedingt Dünger. Ich will versuchen, von irgendwo einen Korb voll Kuhmist im Kofferraum des Autos mitbringen zu können, damit sich über den Wurzeln eine gute Humusdecke bildet. Wir haben eine rosalila gefüllte, stark duftende Sorte namens ›Katharina Havemeyer‹ und eine weißblühende, gleichfalls gefüllte ›Mme. Antoine Buchner‹. Nach dem Flor muß ich die verwelkten Blütenstände abschneiden, damit die Neutriebe ungehinderter wachsen können. Es ist jedoch gut, alle zwei oder drei Jahre etwas tiefer zu schneiden, weil sonst der Flieder immer höher und höher wird, so daß allmählich die lange Leiter nicht mehr reicht, um ein paar Sträuße schneiden zu können.

Vom *Goldregen,* der 1963 noch geregnet hat, kann ich nur Mißerfolge melden. Er ist bei uns nicht gewachsen. Mein Empfinden sagt mir, daß der Boden bei uns ihm zu wenig kalkhaltig gewesen ist.

Die *Zwergmispeln* heißen so, weil ihre Früchte denjenigen der Mispeln ähnlich sehen, nur sehr viel kleiner sind. Ansonsten ist der Name irreführend, weil es von dieser Gehölzart eine ganze Reihe von Vertretern gibt, die gut und gerne eine Größe von drei bis vier Metern erreichen. Ich hatte 1963 den wohl schönsten Vertreter dieser Sippschaft, den *Cotoneaster salicifolius floccosus,* der in reichen Dolden blüht und im Herbst rote Früchte bekommt. Der Strauch mußte leider dem Ausbreitungsdrang unserer beiden Schwarzkiefern weichen. Außerdem hatte ich den kriechenden *Cotoneaster salicifolia* ›Parkteppich‹, und er kriecht noch immer über den Lärchenhang, so weit ich ihn kriechen lasse, denn ohne die Gewalt meiner Arme und die Baumschere würde der Parkteppich bereits den ganzen Hang für sich beanspruchen.

An anderer Stelle, auf dem schmalen Streifen vor dem Haus, wächst und kriecht der *Cotoneaster dammeri.* Es sieht hübsch aus, wenn er sich mit seinen immergrünen, fingernagelkleinen Blättern über die Erdfugen der Wegeplatten legt. Nur muß ich auch ihn im Zaum halten, weil er sonst bald das ganze Beet überwachsen würde. Schließlich habe ich vorn neben der Auffahrt noch eine größere Fläche mit *Cotoneaster adpressus* bepflanzt, einem nicht so sehr kriechenden, sondern niedrig liegenden, gedrungenen Strauch, der im Herbst rote Blätter bekommt. Wenn ich alle paar Jahre gegen diesen bodenüberwachsenden Strauch und seinen Expansionsdrang den Kampf aufnehme, dann muß schon die schwere Kreuzhacke her, weil mit dem Spaten gar nichts zu machen ist. Es ist unglaublich, wie verholzt von Wurzeln und Stielen der Boden unter dem *Cotoneaster adpressus* ist, man kommt nur mit roher Gewalt dagegen an.

Außer den vorhandenen Arten will ich keinen weiteren *Cotoneaster* in unseren Garten pflanzen. Gewiß sind es vielgestaltige, mal kleine, mal größere Sträucher, die stets einen gefälligen Wuchs haben, wenn sie von anderen Gehölzen nicht bedrängt werden. Bemerkenswert sind die immergrünen Arten, und alle schmücken sich im Herbst auf bewundernswerte Weise mit roten Beeren. Nur hat die Menschen – vor allem die Stadtgärtner und viele Gartenbesitzer – eine wahre Cotoneasteritis befallen. Diese Gehölze wachsen williger als Brennesseln, sie decken den Boden mit einem dauernden Teppich aus immergrünen Blättern zu und vertragen es, wenn man Herbizide gegen die zwischen und unter den Teppichen aufgehenden Unkräuter ausbringt. So ist es nicht verwunderlich, daß ganze Blätterbärte von *Cotoneaster* über alle Gartenterrassen, Garagendächer und Treppengeländer herabhängen und selbst der Efeu auf dem Kirchhof um sein Dasein bangen muß, weil die Welle von Zwergmispeln gegen ihn anbrandet. Ich kann mir kaum etwas Schöneres an niedrigen, bescheiden dahinkriechenden Pflanzen denken als meinen *Cotoneaster dammeri* mit seinen fingernagelkleinen Blättern. Schönheit aber, die in Massen auftritt, ist keine mehr.

Die *Kerrie* mit ihren ranunkelgelben Blüten ist ein hochwachsender Strauch von halbem Wildwuchs an unserer Nordgrenze, der kein Aufhebens von sich macht. Die früher erwähnte *Spiree* mußte wegen zu dichten Wuchses weichen, und die tragische Geschichte unserer *Japan-Kirsche* habe ich schon erzählt.

Ich konnte mir 1963 und kann mir auch heute keinen prächtigeren Blütenstrauch vorstellen als die Strauchpäonie. Wir haben früher auf einem Obstgut im Odenwald gelebt, wo zwei derartige Päonien vor dem Haus auf der Rabatte standen. Das war in jedem Jahr zur Fronleichnamszeit eine Pracht ohnegleichen. Die Sträucher mochten anderthalb Meter hoch und ebenso breit gewesen sein. Auf jedem Busch saßen etwa drei Dutzend gefüllte Blüten, von denen jede einzelne so groß war, daß ich sie mit den gespreizten Daumen und Mittelfingern meiner beiden Hände nicht umfassen konnte. So ist es für mich selbstverständlich gewesen, daß auch in unseren Garten hier auf der Bergwiese eine Strauchpäonie kam. Anfangs schien sie gut zu gedeihen, und die in zwei Jahren, wenn auch nur wenig, herangewachsene Pflanze brachte es auf drei Blüten.

Dann aber war der Pfingstrosenstrauch eines Tages verschwunden, ich weiß heute noch nicht, ob ihn der Frost oder ein Kaninchen umgebracht hat. Folglich pflanzte ich eine weitere Strauchpäonie, nachdem der Boden mit reifem Kompost besonders kostbar gemacht worden war. Nach zwei Jahren zog sich das Sträuchlein irgendeine Krankheit zu, der nicht beizukommen war, und so schleimte und schwitzte sich das hölzerne Pfingströslein zu Tode. Nun steht die dritte Pflanze an einer anderen Stelle, aber ich hatte noch nie den Eindruck, als würde sie sich wohl bei uns fühlen, und allenfalls bringt sie es im Jahr auf eine einzige Blüte. Es gibt eben Pflanzen, zwischen denen und ihrem Gärtner es nie zur Verständigung kommt; dies sollte ich später in meiner Sonntagsgärtnerzeit unter Glas noch zur Genüge erfahren.

Berberitzen gab es 1963, doch inzwischen findet man bei uns keine einzige mehr, weil sie von mir mit Gewalt ausgerottet wurden. Zwar handelt es sich um recht schöne Sträucher mit ihren teilweise roten Blättern und den gelben Blüten. Aber ich mag kein Paradies, in dem man Lederstiefel und einen Kordanzug tragen muß, um nicht von den Berberitzen zerkratzt zu werden.

Auf den *Holunder* habe ich meine Laudatio schon 1963 geschrieben, ich brauche kein Wort wegzustreichen. Wie er auf allen Halden und Schuttplätzen wächst, so selbstverständlich auch bei mir im dichten Wurzelholz der Grenzpflanzungen. Alle paar Jahre mache ich Luft mit der Baumsäge, ansonsten wächst er still vor sich hin.

Eigenartig sind meine Erlebnisse mit der *Buddleja,* die ich seinerzeit in Köln kennenlernte, wo sie in Massen zwischen den Kriegstrümmern wuchs und blühte. Bei mir im Garten habe ich hintereinander zwei Sträucher gepflanzt, aber sie sind nicht gewachsen. Einmal war es die *Buddleja alternifolia*, von der ich wußte, daß sie sich in einigen Jahren zu einem besonders schön gewachsenen Strauch entwickelt. Bei ihr erscheinen die lila Blütenrispen entlang der Zweige, die im Sommer zuvor gewachsen sind. Außerdem hatte ich einige Hybriden der *Buddleja davidii* gepflanzt, also der prächtigsten *Buddleja*, nach deren rosa oder dunkelvioletten Blütenrispen die Schmetterlinge der weiten Umgegend verrückt sind. Aber ich hatte mit allen diesen Pflanzen kein Glück. Sie sind trotz milden Klimas in einem der ersten Winter erfroren, und obwohl hinterher ein neuer Austrieb aus dem Boden erfolgte, ist dieser Schock offenbar von den Sträuchern nicht mehr verwunden worden.

Der *Philadelphus* alias Pfeifenstrauch oder *Falsche Jasmin* ist von der gleichen bescheidenen, robusten Wesensart wie der Schneeball und die Forsythie. Bei uns steht der gewöhnliche *Philadelphus coronarius* im dichten Gebüsch vor der Grenze, er hat rahmweiße und stark duftende Blüten. Ich bedaure nur, so wenig Platz zu haben, denn von diesem prächtigen Blütenstrauch pflanzte ich allzugern noch einige hochedle Sorten wie ›Dame Blanche‹ mit halbgefüllten Blüten in strahlendem Weiß und ›Manteau d'Hermine‹ mit Blüten, die einen gelblichen Ton haben.

Immer wieder Rätsel gibt mir der *Hibiskus* auf, für den meine Begeisterung seit 1963 nicht nachgelassen hat, obwohl er inzwischen bei uns im Garten aus Mangel an sonnigen Standorten fehlt. Doch sehe ich ihn gelegentlich im August, über und über voll blauvioletter oder – je nach Sorte – dunkelroter Blüten. Es ist mir unbegreiflich, daß es diesem schönen Strauch nicht gelingt, sich bei uns bekannter zu machen. Denn in der späten Sommerzeit, wenn sonstige Gehölze sich bereits auf den Herbst einrichten, nimmt es kein anderer Strauch an Schönheit mit ihm auf. Es ist freilich nicht der Hibiskus aus unseren Blumengeschäften, der über Winter in der Stube stehen muß, sondern eine verhältnismäßig frostharte Art, der es allerdings nach Gärten auf der rauhen Alb oder in den oberbayrischen Bergen wenig gelüsten dürfte. Auch im Weinbauklima muß ihn etwas Winterschutz wenigstens über die ersten Jahre hinwegbringen. Für milde Gegenden ist er ein unübertrefflicher Spätsommer- und Herbstblüher. Sein Name ist *Hibiscus syriacus*. Es gibt ihn in blauvioletten, dunkelroten und weißen Sorten.

Die *Parrotie* alias *Parrotia persica* habe ich 1963 noch zu den Sträuchern gezählt, doch rangiert sie inzwischen, wie bereits auf Seite 179 nachzulesen ist, unter den kleiner bleibenden Bäumen. Es sei wiederholt, daß ein Gehölz mit schönerer Herbstfärbung auch für die kühnste Phantasie nicht vorstellbar ist. Bleibt noch der *Feuerdorn*, den ich 1963 nach Beobachtungen in anderen Gärten beschrieben habe, denn die eigenen Sträucher hatten zur damaligen Zeit noch keinen Fruchtbehang. Sie haben auch niemals die schönen, orangeroten Früchte bekommen, wie ich sie gewünscht und erwartet hatte. Dafür sind die Sträucher derart mächtig geworden, daß ich sie ausgerodet und verbrannt habe. Es ist bei diesem Feuerdorn wie bei vielen sonstigen Gewächsen, daß sich die Tugenden der Mutterpflanzen nur durch eine vegetative Vermehrung, also auf ungeschlechtliche Weise, auf die Nachkommen übertragen lassen. Hat der Gärtner einen Feuerdorn, der bereits in jungen Jahren blüht und reiche Früchte trägt, kann er diese guten Eigenschaften nur dann auf die Nachkommen übertragen, wenn er sie aus Stecklingen heranzieht. Jeder Steckling – aber auch jeder Absenker – ist ein Körperteil der Mutterpflanze mit eigenen Wurzeln.

Diese Vermehrungsmethode ist zwar mühsamer, und sie führt weniger schnell zu großen Beständen als die Aussaat, aber man kann sich doch auf die Tugenden der jungen Pflanzen verlassen. Dazu gehören außer der frühzeitigen Blühwilligkeit auch die Abwehrkräfte gegen einen gefährlichen Pilz, den Rost. Daher sollte man in der Baumschule oder im Gartencenter grundsätzlich nur Feuerdorne kaufen, die einen Sortennamen führen. Am bekanntesten ist ›Kasan‹, der Strauch wird an die vier Meter hoch, er verzweigt sich reich und kann wunderschön an Hauswänden spalierartig in die Höhe gezogen werden. Eine neuere Sorte, von deren Güte ich mich überzeugen konnte, ist ›Aldingers Orange Select‹. Ich habe sie an einem Haus bis zwischen die Fenster des ersten Stockes wachsen sehen, übervoll mit orangerot leuchtenden Früchten behangen und frei von jedem Rostbefall.

Sträucher, die nach 1963 hinzugekommen sind

Abeliophyllum distichum ist in gewissem Sinn eine weiße, sehr viel kleiner bleibende, aber auch zeitiger blühende Schwester der Forsythie. Die rispenartig an den Enden der Triebe stehenden Blüten duften stark nach Mandeln. Ich habe oben im Gemüsegarten einen derartigen Strauch – er ist mir irgendwann geschenkt worden, ich wußte nicht, wohin damit –, und zeitig jedes Frühjahr, im März zuweilen, überrascht er mit seinem unerwarteten Flor.

Acer palmatum nennt man in der Gärtnersprache den Japanischen Fächerahorn, für den es hoffentlich keine Kränkung ist, wenn ich ihn hier in einem Atemzug mit den Sträuchern nenne, denn nur hinter einem Gruppenbild von Gartenzwergen kleinerer Ausführung könnte er die Rolle eines Baumes spielen. Doch will ich Sie insofern nicht verwirren, als man den Ur-Fächerahorn namens *Acer palmatum* im Laufe der Jahre durchaus als kleinen Baum ansprechen kann. Bei mir aber handelt es sich um eine in den Blättern tief aufgeschlitzte Spielart, um *Acer palmatum dissectum* ›Viridis‹. Dieses Gehölz ist in fünfzehn Jahren noch nicht einmal meterhoch geworden, wogegen die Krone aus weit überhängenden, feinen Verzweigungen, die diesem Ahorn die Form einer breiten Glocke geben, einen doppelt so großen Durchmesser hat. Mit seinem hellen Austrieb, der grünen Frische seiner tiefgeschlitzten Blätter über Sommer und seiner gelben Herbstfärbung lebt dieser Ahorn in der Gewißheit, als Schmuckstück unseres Gartens hoch bewertet zu werden.

Acer circinatum heißt ein weiterer Ahorn, in den ich mich vor Jahren verliebt habe. Man nennt ihn auch Weinahorn, da seine Blätter denjenigen der Rebe etwas ähnlich sehen. Der schöngeschnittenen, hellgrünen Blätter wegen gefiel mir dieser Ahorn so ausnehmend gut, daß ich ihn oben vor die Wildhecke neben unseren Zwetschenbaum gepflanzt habe. Leider wuchs er so gewaltig, daß von einem Strauch bald keine Rede mehr sein konnte, und bei Abwägung der Werte von Zwetschenbaum und *Acer circinatum* zog der Weinahorn den kürzeren. Es fiel mir schwer, seine drei armdick gewordenen Stämme abzusägen. Die Wurzeln bekam ich nur mit der schweren Kreuzhacke heraus.

Corylus avellana bezeichnet die Haselnuß, von welcher wir drei Büsche ebenfalls oben vor die Wildhecke gepflanzt haben. Ich weiß, daß man von der Haselnuß stets mehrere Sorten pflanzen muß, weil sich ein einzelner Strauch, obwohl er weibliche und männliche Blüten trägt, nicht selber befruchten kann. Dies habe ich auch getan, ohne daß wir bislang in den fünfzehn Jahren eine einzige Haselnuß ernten konnten. Dies besorgten die Eichkater, gegen die es hier am Waldrand keine Abwehr gibt. Wir freuen uns trotzdem an den Haselsträuchern und ihrem goldigen Glauben an den Frühling, selbst wenn noch Winter ist. Spätestens im Februar leuchten die vielen, lang herabhängenden Kätzchen, und wenn im März der Wind richtig steht, weht der goldene Blütenstaub durch den Garten. Außerdem machen die Haselsträucher ein fadenscheiniges Stück der oberen Hecke dicht. Es sind jetzt zwei Jahre her, daß die Haseln wegen allzu starken Höhenwuchses zurückgesetzt werden mußten.

Unser Sohn, der gerade während der Osterferien zu Hause war, hat dies auf sehr radikale Art getan, was mir gar nicht gefiel. Er meinte, es dauere nur wenige Wochen, und die aufgewachsenen Jungtriebe hätten die fadenscheinige Hecke dahinter wieder dicht gemacht. Dies allerdings war ein Irrtum, denn die Haselsträucher überwanden den Schock sehr, sehr langsam, es kamen nur spärliche Neutriebe, erst in diesem Jahr wird der Aufwuchs nennenswert sein. Man darf wohl in einem derartigen Fall nicht sämtliche in die Höhe gegangenen Stämme absägen. Dann fehlen den Sträuchern wahrscheinlich die Blätter, von denen, auch zum Vorteil des neuen Austriebs, das Pumpwerk des Saftstroms in Bewegung gebracht werden kann.

Decaisnea fargesii ist ein Strauch, der mir wegen seiner blaubereiften, schotenförmigen Früchte allzu gut gefallen hat, so daß ich ihn oben neben das kleinere Treibhaus pflanzte. Auch die Zweige sind blau bereift, und die langen, gefiederten Blätter verbreiten einen Hauch tropischer Üppigkeit. Am schönsten aber sind die blauen, daumendicken und bleistiftlangen schotenförmigen Früchte im Herbst. Doch ist der schöne Blauschotenstrauch erfroren. *Euonymus* nennen die Gärtner den Spindelbaum, von dem mir besonders *Euonymus alatus* gut gefallen hat, dessen Zweige mit Korkleisten besetzt sind und der im Herbst eine hellorange Blattfärbung bekommt. Der Strauch ist indessen nicht gewachsen, obwohl ich ihn zweimal an eine andere Stelle gesetzt und ihm dabei immer bessere Erde gegeben habe. Als ich ihn im letzten Herbst ausgrub, war er mit den Wurzeln und mit dem Holzwuchs kaum größer als vor fünfzehn Jahren, als er seinen Einzug in unseren Bergwiesengarten hielt. Dagegen fühlt sich das Pfaffenhütchen aus der europäischen Gevatterschaft des *Euonymus alatus* bei uns voll und ganz zu Hause. Es steht neben dem Geräteschuppen, mehr oder weniger von uns vergessen, nur im späten Herbst bringt sich der Strauch mit der kardinalsroten Farbe seiner Früchte in Erinnerung.

Ilex nennt man die Stechpalme oder Hülse mit ihren dunklen, immergrünen, an den Rändern stark gezahnten und hier und da mit einem ritzenden Dorn versehenen Blättern; aber man braucht sich vor dem leichten Gekratze nicht zu fürchten. Der Strauch mit Namen *Ilex aquifolium* ist bei uns heimisch, und weil er viel Schatten verträgt, ist es ein ideales Unterholz. Bei mir gibt es vom *Ilex* allerdings nur Stammbüsche und keine in die Breite gewachsenen Sträucher, wie ich dies ursprünglich gewollt habe. Das ist von den Wildkaninchen verhindert worden, die jahrelang eine Plage bei uns gewesen sind. Die stachelgesäumten Blätter der Stechpalme müssen für sie wohl eine Delikatesse gewesen sein. So hoch sie, auf den Hinterläufen stehend, gelangen konnten, haben sie die Büsche kahlgefressen.

Buxus heißt, obwohl ganz vorn im Alphabet stehend, der letzte Strauch, dem einige Bemerkungen aus dem eigenen Erfahrungsbereich gelten sollen. Ich muß allerdings erwähnen, daß ich sehr eigene und gute Beziehungen zu diesem immergrünen Gehölz mit seinen kleinen, runden, mausohrenartigen Blättern habe. Er spielte eine Rolle in meiner Kinderzeit, wo die Beete in Großvaters Garten damit gesäumt waren; sie passen hier nicht her, leider, sonst wäre ein ähnlich mit Buchsbaumkanten umrandeter Gemüsegarten auch auf unserer Bergwiese entstanden. Dafür aber braucht man flaches

Gelände. Sodann habe ich breitgewachsene Buchsbäume zu bewundern gelernt, die sich selbst mit dem wenigen Licht unter Brückenbauten begnügten. Schließlich schwebte mir immer vor, aus Buchsbäumen grüne Bären und Gänse herauszuschneiden, wie ich derlei verspielte Bildhauerarbeiten schon vielfach bewundern konnte.
Also kamen auch seinerzeit etliche Buchsbäume der breitwachsenden Form in unseren Garten. Sie wachsen zwischen dem Garagenbau und der Nordhecke mit ihrem tiefen Schatten. Einen der im vorderen Gartenteil herangewachsenen Buchsbäume, fast meterhoch und ebenso breit, habe ich im vergangenen Jahr verschenkt. Mit einem riesigen, dicht verfilzten Wurzelballen ist er ausgegraben worden, und in Durbach, wohin er kam, ist er willig weitergewachsen. Selbstverständlich mußte er in den ersten Wochen, um nicht so viel Wasser zu verdunsten, mit Sackleinwand beschattet und reichlich gewässert werden. Immer noch stehen im vorderen Gartenteil zwei dieser Kerle, die langsam und stetig immer mächtiger werden. Nach einem nassen Schneefall liegen die Büsche bisweilen platt auf dem Boden, aber nach dem ersten Tauwetter plustern sie wie grüne Hühnerhennen ihr Gefieder wieder auf.
Wo in einem Gartenwinkel am Haus viel Schatten und der Platz für Eiben zu eng ist, würde ich Buchsbaum pflanzen, von dem es zwei Arten gibt. Für größere Kugeln und Büsche sowie für die gärtnerische Bildhauerei kommt *Buxus sempervirens arborescens* in Frage. Wer aber nur Beetkanten braucht, der nehme *Buxus sempervirens* ›Suffruticosa‹. Übrigens sind die niedrigen Hecken zu meines Großvaters Zeiten noch mit den Händen in die richtige Kantenform gezupft worden. Heute nimmt man wohl überall die Schere, obwohl damit die grünen Blätter durchschnitten werden, was infolge der bald vergilbenden Ränder wenig schön aussieht.

Wunschzettel für weitere Sträucher

Ich will mir die Mühe nicht machen, aber zählte ich in dem Katalog einer größeren Baumschule die Gattungen, Arten und Sorten, käme ich bestimmt auf eine Zahl von etwa tausend verschiedenen Sträuchern, die durchweg ihre bestimmten Reize haben, entweder durch den Wuchs, die Blätter, die Blüten oder die Früchte, gelegentlich auch durch Farben und Formen der Rinde. Es wäre unsinnig, alle diese Gehölze auch nur namentlich aufführen zu wollen, denn dafür gibt es die bereits erwähnten Kataloge, die von den Baumschulen kostenlos abgegeben werden, sofern man ernstlich ein Interesse am Kauf von Bäumen und Sträuchern hat. Es kann kein Mensch hergehen und behaupten, daß es sich bei diesen drei oder jenen zwei Dutzend um die schönsten Sträu-

cher für den Garten handle. Jeder vermag nur zu benennen, was ihm selbst in dieser Fülle am besten gefällt. Genau dies habe ich getan, denn wäre bei mir keine Zuneigung zu den erwähnten Gehölzen vorhanden gewesen, hätte ich sie vor fünfzehn Jahren – einige erst später – nicht gepflanzt.
Mit denjenigen Arten, die in unserem Klima und im Boden unseres Bergwiesengartens mit saurer Reaktion nicht gewachsen sind, würde ich es allerdings kaum ein zweites Mal versuchen. Es könnte ja sein, daß ich im Lauf der Jahre die eine oder andere Ecke des immer mehr zuwachsenden Gartens auslichten muß. Auch wird man den Fichtenwald oben hinter der Wildhecke irgendwann niederschlagen, so daß es sehr viel lichter bei uns wird. Möglicherweise gelingt es mir sogar, das für einen Bauplatz viel zu schmale Nachbargrundstück zu erwerben. Dann würde ich es noch mit folgenden Bäumen und Sträuchern versuchen:

Aesculus parviflora, die Strauchkastanie
Callicarpa bodinieri, die Schönfrucht
Calycanthus floridus, der Gewürzstrauch
Chionanthus virginicus, der Schneeflockenstrauch
Corylopsis pauciflora, die Scheinhasel
Cotinus coggygria, der Perückenstrauch
Cytisus praecox, der Ginster
Elaeagnus commutata, die Silberölweide
Kolkwitzia amabilis, die Kolkwitzie
Magnolia stellata, die Sternmagnolie
Poncirus trifoliata, die Bitterorange
Prunus triloba, die Mandel
Ribes sanguineum, die Blutjohannisbeere
Tamarix parviflora, die Tamariske.

Rhododendron

Immergrüne Blätter klein wie Myrtenlaub, andere sind größer als Eselsohren.

Das Standardsortiment

Welch Einfallsreichtum der Schöpfung offenbart sich beim Rhododendron! Da werden breite Blütenteppiche über Boden und Steine geknüpft, gibt es Kugeln in der Blütenfarbe des Lavendel und breit hingelagerte Büsche voll rosa Glockenblumen, knallrote Farben wechseln mit blassem Gelb, dort scheint über Nacht Schnee gefallen zu sein, und einige mannshohe Büsche sind während der Blütezeit im April so blau, als hätte man sie mit Tinte übergossen. Manchen Arten brauchten gar nicht zu blühen, denn sie haben junge Blätter und Triebspitzen in den Farben des Honigs, des Bernsteins oder gar eines rötlichen Kupfers. Hier sind die Unterseiten der Blätter von sattgelber oder silberner Wolle übersponnen, daneben ist ein Strauch ganz in den Wohlgeruch gehüllt, der seinem Laub entströmt. Im Mai dann geht es mit dem Auftritt des eingespielten alten Ensembles der großblumigen Hybriden los, und erst im Juni beendet der grüne Vorhang des Sommers ein Spiel, das vielfach schon im Februar begann.

Dies alles kann ich erst jetzt schreiben. Als ich unseren Garten anlegte, hatte ich von honiggelben Austrieben und verschieden gefärbten Blattunterseiten noch keine Ahnung. Freilich kannte ich Azaleen, die ja botanisch korrekt zu den Rhododendren gehören. Wenn der Duft ihrer gelben oder rosa Blüten zu bemerken war, war für mich Frühling. Diese Blüten mit ihren tiefen Honigschlünden und den lang herauszüngelnden Staubfäden hatten es mir schon immer angetan. Ansonsten kannte ich nur die üblichen Rhododendronsträucher mit ihrem dunklen, immergrünen, nach Regenwetter so schön glänzenden Laub. Vor allem liebte ich die gewöhnlichen Sorten mit den lila Blütendolden, und so geht es mir heute noch. Müßte ich auf alle meine fünfundvierzig verschiedenen Arten verzichten, und nur noch eine einzige Pflanze dürfte im Garten verbleiben, so wäre es der übermannshohe, breit gewachsene Strauch oben zwischen der Hemlockstanne und der Hecke am Wald-

weg, der alljährlich Hunderte von Blütendolden in einem etwas dunkleren Lila trägt. Ich habe ihn als größeren Busch geschenkt bekommen, wir mußten uns zu zweit mächtig anstrengen, ihn dort hinauf in das vorbereitete Pflanzloch zu schleppen. Das ist im April gewesen, der Rhododendron war bereits voller Knospen, doch muß er von dem Verpflanzen bei regnerischem Wetter nichts gemerkt haben, denn schon sein erster Flor in unserem Garten war einzig in seiner Fülle und Schönheit.
Diese lila Rhododendren habe ich als Kriegsgefangener in Amerika kennengelernt. Dort ist unser Zug in den Appalachen durch ganze Wälder von Rhododendren gefahren, die aber leider noch nicht geblüht haben, da es erst März war. Später habe ich mir zwei Büsche aus dem Wald ins Camp geholt, wo sie sogleich weiterwuchsen und geblüht haben. Mir ist es übrigens noch nie passiert, daß verpflanzte Rhododendronbüsche, gleich welcher Größe, nicht weitergewachsen sind, und einige Hundert habe ich schon verpflanzt. Freilich gab es außer den lila Sorten schon immer Spielarten auch in Weiß, in Rosa und in dunklem Rot. Die lilafarbigen Arten sind in Nordamerika zu Hause. Dort haben sie es erlernt, sich mit dem Winterfrost abzufinden. Dagegen gibt es an den Monsunküsten Südostasiens viele buntfarbige Arten. Leider sind sie nicht winterfest. Und was nutzt uns die ganze Pracht in Rot und Orange, wenn diese Pflanzen in unserem Klima zur Winterszeit entweder hinter den Ofen gestellt werden müssen oder aber jämmerlich erfrieren. So haben einfallsreiche Gärtner mit Pinseln und Pollenstaub manche Zwangsehe vermittelt, so daß die Nordamerikaner halbe Indochinesen wurden und umgekehrt. Die einen brachten ihre Widerstandskraft gegen die Kälte in diese Ehe, die anderen ihre Farbschönheit. Auf diese Weise sind zahlreiche Spielarten in allen möglichen Farbtönen zwischen weiß über rosa und rot bis zum dunklen Violett entstanden.
Dann und wann gab es Züchtungen, die sich als zu feige erwiesen, gegen unsere Winter anzutreten. Da waren die Gärtner schnell bei der Hand, so etwas nach Süden, meist in den Tessin, abzuschieben. Was sich als tüchtig erwies, ist wieder und wieder vor harte Proben gestellt worden, wobei man wie weiland Karl der Große bei der Schulvisitation die Böcke von den Schafen schied. Herausgekommen ist ein allseitig abgesegnetes Standardsortiment. Dieses Sortiment wiederum ist in drei Gruppen gegliedert. In der ersten befinden sich die totalen Winterhelden. Bei der nächsten Gruppe muß man sich, sofern Polarkälte einbricht, auf Überraschungen gefaßt machen. Schließlich kommen Sorten, die sich eine etwas mildere Lage entweder im Seeklima oder im Weinklima wünschen. Je nach Lage seines Gartens kann man die Sorten der drei Gruppen bedenkenlos anpflanzen, denn allesamt sind sie schön.

Meine eigene kleine Sammlung von Sorten aus diesem Standardsortiment geht noch auf das Jahr 1957 zurück, als ich damit begonnen hatte, eine Miniaturgärtnerei in Eternitkübeln zu betreiben. 1960 sind weitere, damals noch kleine Pflanzen hinzugekommen, und dann und wann, wenn es sich gerade so ergab, begleitete mich ein neuer Strauch im Kofferraum nach Hause. So stehen hier unter den Lärchen, verwildert fast und beinahe selbst zu Bäumen herangewachsen, ein paar Sorten, die ich gar nicht mehr genau identifizieren kann. Die meisten aus dieser Gruppe jedoch sind mir bekannt, es handelt sich durchweg um Sprößlinge jener erwähnten Zwangsehen zwischen Indochinesen und Nordamerikanern, die man gelehrt als *Rhododendron-Catawbiense*-Hybriden bezeichnet, nach dem amerikanischen Fluß Catawba benannt.

Meine Pflanzen des Rhododendron-Standardsortiments

(Die römischen Ziffern kennzeichnen die Gruppen, wie sie in den Katalogen der Baumschulen angegeben sind. Es gibt viel mehr Sorten in den einzelnen Gruppen. Doch beschränke ich mich hier auf solche, mit denen ich in meinem Garten Erfahrungen gesammelt habe.)

›Caractacus‹, ein kräftiger, nicht allzu hoch gewordener Strauch in Einzelstellung mit purpurroten Blüten zu einer Zeit, in der man gar nicht mehr an Rhododendron denkt, meist Anfang Juni. (I)
›Professor F. Bettex‹, mit dunkelroten, dichten Blütendolden, meist Ende Mai. (II)
›Edward S. Rand‹, mit verhältnismäßig großen, helleren Blättern und rotem Flor. (I)
›Catharina van Tol‹, ein in die Breite gegangener, nicht allzu hoch gewordener Strauch mit reinrosa Blüten in Fülle. (I)
›Roseum elegans‹, mit hellpurpurrosa Blüten, die fein gezeichnet sind. (I)
›Lees Dark Purple‹, ein Rhododendron mit besonders dunklem Laub und einem kräftigen Violett in den Blüten. (I)
›Catawbiense album‹, offenbar eine getreu aus Samen heranziehbare Spielart des amerikanischen Ur-Rhododendron. (I)
›Catawbiense Grandiflorum‹, mein besonders geliebter, großer Strauch oben hinter der Hemlockstanne mit kräftiglila Blüten in Hülle und Fülle. (I)

Diese Rhododendronsorten erwiesen sich bei mir als völlig unproblematisch. Hier und da sind ein paar Äste zu hoch hinausgegangen, aber kein Strauch hat es mir übelgenommen, wenn ich ihn ein Stückchen zurückgesägt habe.

Auch der Schnee hat einmal zwei Büsche zerdrückt, doch sind sie beide aus dem stehengebliebenen, glattgeschnittenen Holz wieder auferstanden. Irgendwelche Schädlinge, Blattkrankheiten oder Vergilbungen, über die so viel geklagt wird, hat es niemals gegeben. Gewässert habe ich gewöhnlich nur, wenn ein Strauch nach dem Verpflanzen seine Blätter wie Schlappohren hängen ließ. Wenn es ein Sommer jedoch darauf angelegt hatte, uns hier oben am Waldrand völlig auszudörren, habe ich stundenlang den Regner über allen Gartenteilen laufen lassen.

Anfangs ist bei mir sogar Buch geführt worden über alle Vorgänge im Garten. Ich habe wenigstens drei Tagebücher mit guten Vorsätzen angefangen, wie das so mancher Sonntagsgärtner tut, aber bald gilbte das schöne Papier nur noch vor sich hin. Wie soll ein armer Mensch, der auch noch seinem Beruf nachzugehen hat, alles ordnungsgemäß festhalten und registrieren. Da kann einem der Garten leicht zur Plage werden. Gedüngt habe ich im Frühjahr, mit Kompost, mit Super-Manural, dann und wann mit einer Handvoll Blaukorn je Strauch, auch mal mit Schwefelsaurem Ammoniak, als ich diesen billigsten Stickstoffdünger gerade für den Rasen ausprobierte, neuerdings mit Rhodohum.

Ich muß sagen, daß wir einen ausgesprochen rhododendrongünstigen Garten haben. Das oft befürchtete Erfrieren der immergrünen Sträucher ist ja in Wahrheit kein Tod durch direkte Einwirkung der Kälte. Der Frost wirkt nur mittelbar.

Er läßt das Wasser im Boden zu Eis gefrieren. Scheint dann auf die immergrünen Blätter die Wintersonne, die zumal im Februar ganz schön wärmt, verdunstet das grüne Laub viel Wasser. Woher soll der Strauch aber frisches Wasser in die Blätter pumpen, wenn im Boden alle Feuchtigkeit zu Eis gefroren ist. Zwar schützt sich der Strauch gegen eine zu starke Verdunstung, indem er seine Blätter wie Zigarren zusammenrollt und senkrecht herabhängen läßt. Es muß aber mit dem Verständigungssystem zwischen Wurzeln und Laub nicht richtig funktionieren. Denn im einfältigen Glauben an einen vorzeitigen Frühling faltet der Strauch in der Februarsonne oft seine Blätter auseinander, während der Boden noch steinhart gefroren ist, und gar bald ist es dann um ihn geschehen. Er erfriert nicht, sondern vertrocknet.

Deswegen heißt es auch auf allen grünen Kalenderblättern im November: Liebe Leute, jetzt müßt Ihr den Rhododendron oder die anderen Immergrünen tüchtig wässern, weil er nämlich auch im Winter Wasser verdunstet, und wenn die Bodenoberfläche gefroren ist, könnt Ihr ihm nichts mehr geben. Über diese Lehre lacht sich aber der Winter eins ins Fäustchen. Die dünne Bodenschicht, in welcher sich der Rhododendron mit seinen Wurzeln ausbreitet, verwandelt ein einigermaßen ernst zu nehmender Winter bereits in der ersten Angriffswelle zu Eis. Da nutzt das ganze Wasser nichts mehr, das man ihm im Herbst gegeben hat. Ist der Winter zu schlapp, dieses dünne Stückchen Boden gefrieren zu lassen, braucht man ohnehin nicht bange zu sein. Ich meine daher, daß man im Zweifelsfalle gut daran tut, seine Sträucher durch Nadelholzzweige oder Sackleinwand gegen die Wintersonne zu schützen, damit sie weniger Wasser verdunsten. Dies aber braucht in unserem Garten niemand zu tun, weil die Sonne zu dieser Zeit ohnehin jenseits der Waldberge dahinschleicht und wir im Garten nur Schatten haben.

Die Schönen aus dem Himalaja

Soviel zu meinen Rhododendronsträuchern des Standardsortiments. Bis ich eines Tages und rein zufällig Dietrich Hobbie kennenlernte, einen zunächst schwer zugänglichen, wortkargen, fast steif wirkenden Mann. Es war gar nicht leicht, die Geschichte dieses ammerländischen Bauern herauszubekommen, und ich mußte mehrmals mit ihm zusammenkommen, bis ich sie restlos erfahren hatte. Als verwundeter Soldat kam Dietrich Hobbie, im Zivilberuf Landwirt im oldenburgischen Ammerland, nach Straßburg ins Lazarett. Dort las er zufällig ein Buch, das recht eigentlich die Bibel der Gartenkunst unseres Jahrhunderts ist, es heißt »Vom Blütengarten der Zukunft« und wurde 1917, den verwundeten Soldaten an beiden Seiten der Fronten gewidmet, von Karl Foerster herausgegeben. Die Lektüre fesselte Dietrich Hobbie derart, daß er nach dem Kriege daranging, neue Blumen zu züchten. Zuerst waren es Iris und Seerosen, dann packte ihn die Liebe zum Rhododendron.
Dietrich Hobbie hatte das Glück, in der Schule gut aufgepaßt und das Englische so erlernt zu haben, daß er sich in der Welt verständigen konnte. Weiterhin hatte er das Glück, in England zwei Professoren kennenzulernen, die zu Expeditionen nach Szetchwan, Yünnan und in die Felsschluchten des Brahmaputra-Durchbruchs durch den östlichen Himalaja aufbrachen. Und dort, so hatte der angehende Züchter aus dem Ammerland in englischen Büchern gelesen, sollte es noch unbekannte, teilweise hoch in den Felsklüften wachsende Rhododendronarten geben. Tatsächlich waren die Herren der Wissenschaft so freundlich, dem oldenburgischen Bauern für seine Liebhaberei allerlei Samen von neuentdeckten Wildarten des Rhododendron mitzubringen. Teilweise hatten sie die Pflanzen in Höhen von 3000 und 4000 Metern angetroffen.
Der neue Züchter hatte drittens das Glück, von seinen Vorfahren einen 65 Hektar großen Kiefernwald geerbt zu haben, dessen Boden mit seinen Säureverhältnissen akkurat den Bedürfnissen des Rhododendron entspricht. So

wuchs aus älteren Beständen und den Sämlingen der Himalaja-Expedition eine bis dahin unbekannte Fülle von Sorten und Wildarten dieser einen Pflanzengattung heran. Zusammen mit den zahllosen Sträuchern, die aus Hunderten von Kreuzungen hervorgegangen sind, entstand unter den Kiefern von Linswege ein Blütenwald, dessen Farbenpracht im Mai und im Juni gewaltig ist. Kenner Südostasiens sprachen von einem Yünnan im Ammerland.

Der zum Züchter gewordene Landwirt darf sich außerdem glücklich schätzen, ungewöhnlich feinfühlig und mit einem vom Verstand her nicht zu begreifenden Instinkt begabt zu sein, der es ihm ermöglicht, Kreuzungsbereitschaften und deren Ergebnisse – also neue, vorher noch nicht dagewesene Pflanzen – zu ahnen. Man merkt Dietrich Hobbie diese Sensibilität ebensowenig an, wie man ahnt, was für ein ungeheures Gedächtnis dieser Mann besitzt. In seinem vielbesuchten Rhododendronpark gibt es so gut wie überhaupt keine Namensschilder. Ich bin mit Hobbie im Frühling schon stundenlang über die verschlungenen Waldpfade dieses Blütendschungels gegangen, und es gab keinen einzigen Strauch, dessen Kreuzungspartner und dessen sonstige Geschichte er nicht kannte.

Wie nun kann jemand wie ich widerstehen, wenn er irgendwo junge, gut gewachsene Pflanzen mit noch unbekannten Blütenschönheiten sieht? Heute geht es mir mit manchen Orchideenarten, zumal den Frauenschuhen, wie damals mit den Rhododendronpflanzen von Dietrich Hobbie. Er wollte mir einige seiner Sämlinge mit der Bahn schicken, aber ich mochte mich nicht von ihnen trennen. Ohne Auto nach Oldenburg gekommen, nahm ich sie im D-Zug mit nach Hause. Es handelte sich dabei um Züchtungen, die kleinere, beinahe eirunde Blätter haben und auch in Jahrzehnten kaum meterhoch werden, dafür aber in die Breite gehen. Einer der Vorväter dieser Pflanzen ist jener über Felsen kriechende Rhododendron, von dem Dietrich Hobbie seinerzeit Samen aus Asien erhielt. Es sind keine selektierten und dann vegetativ, also durch Stecklinge, vermehrten Pflanzen bei mir, sondern durchweg Originale, die es nur ein einziges Mal in der Welt gibt, Modelle gewissermaßen, von denen noch keine Abgüsse hergestellt worden sind. In jedem Frühling, wenn die Schneeheide in vollem Flor steht, blühen sie in einem infernalisch wirkenden Rot. Ein Pflanze ist darunter, deren Blüten wie mit Lack bepinselt sind.

Später habe ich noch einen Weidenkorb voll junger Pflanzen von Dietrich Hobbie bekommen, alles Neuzüchtungen von ihm, deren Abstammungen für mich unklar sind. Wie es überhaupt schwerfällt, sich in dem botanischen Standesregister der Rhododendrongewächse zurechtzufinden, zumal einzelne Baumschulen auf Phantasienamen verfallen, was vor allem für Azaleen gilt. Jedenfalls befinden sich unter den Sträuchern von Hobbie auch jene, die an den Blattunterseiten mal einen rötlichen, dann einen gelben Pelz tragen und vielfach auf den *Rhododendron williamsianum* zurückzuführen sind, der aus Höhen von 3000 m in Szetchwan stammt. Die aus ihm hervorgegangenen Züchtungen werden mannshoch, sind harmonisch als halbkugelförmige Büsche gewachsen und tragen im Mai glockenblumenartige, große Blüten in Weiß, Rosa, Rot, Lachs und Gelb, die gleichmäßig über den ganzen Strauch verteilt sind. Die meiner Beobachtung nach beste gelbe Sorte – sie entwickelt in meinem Mini-Lärchenhain eine erstaunliche Wuchskraft – ist auf den Namen eines Freundes von mir getauft worden, sie heißt ›Walter Rieger‹. Auch eine Wildart des *Rhododendron williamsianum* habe ich von Hobbie bekommen, die allerdings in den zehn Jahren, die sie hier im Garten steht, nie geblüht hat.

Außer den Büschen des Standardsortiments und den Züchtungen von Dietrich Hobbie gilt meine Zuneigung vor allem den kleinbleibenden, frühblühenden Arten. Wenn es sich irgendwie einrichten läßt, dann fahre ich während der Schneeschmelze über den Dobel im Schwarzwald. Dort steht, wenn man von Wildbad kommt, ein wintergrüner Strauch. Diesen Strauch habe ich schon voller Blüten in einem Farbgemisch aus rosa und lila gesehen, als neben ihm ein ausgewachsener Schneemann zu zerschmelzen anfing. Es ist ein Rhododendronstrauch, der den Frühling gar nicht erst abwartet, denn wenn es auch nur ein bißchen warm am Tage wird, hält er es in seinen Knospen nicht mehr aus. Leicht kommt ihm aber das Zittern und Zagen an, wenn der Winter rückfällig wird. Bei mir hängt deshalb und für alle Fälle stets ein Sack bereit, damit ich meinem Blütenstrauch einen Mantel anziehen kann, wenn es am Abend nach Frost riecht. Obwohl er mit Torf und mit Waldhumuserde gut gefüttert wird, habe ich mich mit dem *Rhododendron praecox* im eigenen Garten noch nicht richtig verständigen können. Immer im Herbst meint der schöne Strauch, es wie die anderen Gehölze machen zu müssen, er läßt die unteren Blätter gelb werden und wirft sie ab, so daß er nun mit gerupften Beinen dasteht. Aber an seiner Lust zum zeitigen Blühen ändert das nichts.

Gleich daneben steht ein zehnjähriger Rhododendronstrauch, er ist so groß oder so klein wie ein Fußball, und nach seinen Blättern könnte es – bei etwas oberflächlicher Betrachtung – eine Myrte sein. Dieser Kerl ist noch viel ungeduldiger als mein Schneeschmelz-Rhododendron, denn er zahlt mit einzelnen blaulila Blüten schon im Oktober einen Vorschuß auf den Frühling. Weil ihm zumindest im April der danebenstehende Laubbaum noch nicht die Sonne wegschluckt, blüht er bei mir rechtzeitig und rundum blau bis lila. Sein Name ist *Rhododendron impeditum.*

Dieses Kerlchen ist irgendwann die Ehe mit einem Rhododendron aus Szetchwan eingegangen, der dort sogar in Berghöhen in Preislage unserer Zugspitze wächst. Er soll in der Gebirgswelt Asiens beinahe drei Meter groß werden. Es handelt sich um die bereits genannte Art mit tintenblauen Blütenmassen, deren Name *Rhododendron augustinii* ist. Ich habe selber eine Pflanze in meiner Sammlung, und obwohl es noch ein Augustinchen ist, blüht sie doch vortrefflich. Aus der erwähnten Ehe ist vor Jahren ein Sprößling hervorgegangen, den man schon mehrmals als schönsten aller blaublühenden Rhododendronsträucher prämiert hat. Er blüht blaulila und fleißig, er hat von der szetchwanischen Augustine die Winterfestigkeit und auch etwas vom Größenwuchs geerbt, ins Taufregister der Rhododendron-Gevatterschaft ist er mit dem Namen ›Blue Tit‹ eingetragen worden.

Damit nicht genug, gibt es noch mehr blaufarbige Arten im April. Ich selbst habe *Rhododendron russatum* im Garten, er ist inzwischen halbmeterhoch und -breit, seine blaue Blütenfarbe ist mit Rot vermischt, sie ließe sich mit lila beschreiben. Veilchenblau und bei wechselnder Beleuchtung auch an Lavendel erinnernd ist daneben ein Strauch, dessen Blätter im Wind einen silbrigen Glanz bekommen. Er heißt *Rhododendron hippophaeoides*, der sanddornähnliche. Mit ihm geht es mir übrigens wie mit dem Tauwetter-Rhododendron, denn während ich mit Torf und Humus und leichtem Schatten und kalkfreiem Wasser alles richtig mache, macht es der Strauch ganz falsch und läßt im Herbst viele Blätter abfallen. So sieht er ebenfalls an den Beinen ganz kahl aus.

Ein besonderer Stolz meiner Sammlung stammt von der südlichsten japanischen Insel, sie heißt Yakushima. Dietrich Hobbie erzählte mir einmal, daß die Eiszeit eine ganz bestimmte Rhododendronart versehentlich zurückgelassen hat, als sie sich aus Japan zurückzog. Dieser Rhododendronstrauch soll bis auf den heutigen Tag die Zähigkeit weitervererbt haben, einer neuen Eiszeit widerstehen zu können. *Rhododendron yakusimanum* heißt der ziemlich klein bleibende Strauch. Er ist bis an den Stamm belaubt, unter seinen Blättern befinden sich braune Filzsohlen, und aus der rosenroten Knospe entfalten sich weiße Blüten. Es ist doch klar, daß dieser begabte und durchtrainierte verlorene Sohn der Eiszeit nach und nach mit andersfarbigen Bräuten ins Ehebett gelegt wird. Erste Züchtungen, wiederum von Dietrich Hobbie, fanden bereits viele Bewunderer.

Früher hießen sie Azaleen

Beinahe hätte ich eine ganze Gruppe von Rhododendronsträuchern *en miniature* vergessen. Es sind über und über blühende Büsche, die sich

Wer eine Azalee oder einen Rhododendron vermehren will, der macht es am einfachsten mit Absenkern. Man drückt einen sich dafür eignenden Zweig in eine ganz flache Erdmulde und befestigt ihn mit einem Asthaken. Die tiefste Biegungsstelle des Zweiges überhügelt man dann mit torfvermengter Erde.

zwischen Steinen herumkugeln, einige haben sich auf dem Hang mit der Schneeheide niedergelassen, andere stehen in Kübeln. Eigentlich würden sie sich lieber wie in früheren Zeiten als Azaleen anreden lassen, aber die gestrengen Botaniker wollen das nicht. Es gibt zahllose Arten, die hoch oder niedrig sind, einige werfen das Laub im Herbst ab, andere sind auch im Winter grün, die Farbigkeit der Blüten mutet zuweilen unwirklich an, einige Arten duften stark. Bei mir im Garten stehen ganz kleine Gestalten von ihnen, sie sind auch in zehn Jahren keinen halben Meter hoch geworden. Diese Sträuchlein haben es in sich, das darf man sagen. Während der Blütezeit stehen sie wie farbige Bälle in Lila, Rosa, Lachs und Karmin im Garten, fast keines der kleinen Blättchen ist vor Blüten zu sehen. Es sind keine Wildlinge mehr, es sind Züchtungen, die dem Gärtner Georg Arends gelungen sind, und deshalb wurden sie im Stammbaum der Blütengehölze mit dem Namen *Rhododendron-arendsii*-Hybriden verzeichnet; die einzelnen Sorten wie ›Diemel‹, ›Eder‹ und ›Ennepe‹ tragen die Namen von Flüssen des Sauerlandes. Seit kurzem gibt es davon Mini-Miniaturausgaben, die zur Blütezeit nur noch wie farbige Steckkissen wirken. Es sind die *Rhododendron-aronense*-Hybriden, sie tragen japanische Mädchennamen wie ›Hanako‹, ›Kumiko‹ und ›Takako‹.

Kürzlich gelang dem Gärtner Carl Fleischmann aus Wiesmoor ein Volltreffer. Auf der Euroflor 69 erregten die neugezüchteten Diamant-Azaleen größtes Aufsehen. Das waren nun wirklich Polster und Teppiche, wie sie sonst nur von Aubrietien und Steinphloxen fertiggebracht werden, hier aber aus Holz geknüpft und dicht an dicht mit Rhododendronblüten besteckt. Diese Pflanzen kann man selbst in der Kälte des Polarkreises anpflanzen.

Dafür habe ich einen anderen Teppichknüpfer, eine immergrüne Matte, die von Jahr zu Jahr größer wird. Es ist der *Rhododendron keleticum* mit kleinen Blättern und lilarosa Blüten in einer Größe, die man dem kleinen Kerlchen gar nicht zutrauen möchte und die sich einstellen, wenn der Mai zu Ende geht.

In einem sauer reagierenden Boden wie bei mir, wo zudem stets eine hohe Luftfeuchtigkeit herrscht, ist das Anpflanzen von Rhododendron kein Problem. In alkalischen, also kalkhaltigen Böden würde ich auf diese Pflanzengattung völlig verzichten und dafür Rosen pflanzen, die ja ebenfalls schön sind. In einem neutralen Gartenboden, etwa im pH-Wert zwischen 6 und 7, kann man es durchaus versuchen, sofern einige Regeln eingehalten werden. Zunächst einmal mag ein Rhododendron nicht in voller Sonne stehen. Das verträgt er nur, wenn die Luft relativ feucht ist, also in Nähe der See oder in manchen Gebirgsgegenden. Mit schneidenden Ostwinden, vor allem im Winter, verträgt sich unser Strauch ebenfalls nicht recht.
Dafür weiß er einen sauren, humusreichen Boden zu schätzen. Das Pflanzloch braucht nicht tief zu sein, dreißig Zentimeter genügen selbst bei nicht ganz jungen Pflanzen völlig. Viel Humus muß hinein und auch um den Wurzelballen herum! Vorher angefeuchteter Torf ist immer gut, verrotteter Kuhmist desgleichen, ebenfalls eignen sich zerhäckseltes Holz, zerkrümelte Kiefernrinde, roher Kompost und Rasenschnitt. In den Lehrbüchern steht, man soll die neuen Pflanzen zunächst für einige Stunden in einen Bottich mit Wasser stellen. Ich habe das nie gemacht und halte davon auch nichts, weil das Wässern ebenso gut und ebenso reichlich vorgenommen werden kann, wenn der Strauch an Ort und Stelle steht. Man darf die Pflanzgrube nicht ganz zufüllen, ehe nicht mehrmals und durchdringend gewässert worden ist. Hat man den Boden restlos eingefüllt, ist es gut, den Boden rings um den Strauch handbreit mit feuchtem Torf abzudecken, aber man kann auch Rohkompost nehmen, und selbst Sägespäne haben sich bewährt.
Für den Blütenreichtum des Rhododendron kommt es darauf an, daß der August trocken und warm ist, weil sich dann reichlich Knospen entwickeln. Eine Regel besagt, daß man die abwelkenden Blütenstände ausbrechen soll. Das ist erklärlich, denn weshalb sollen die Sträucher ihre Kraft in die Samenbildung verpulvern, und weshalb sollen sie mit den alten Blütenständen das Wachstum der Neutriebe verhindern. Seitlich jeder Büte sitzen nämlich die grünen Knospen für zwei Neutriebe, die im nächsten Jahr blühen sollen. Das Ausbrechen der welken Blütenstände geht übrigens ganz leicht. Es ist, als befände sich an den richtigen Bruchstellen eine unsichtbare Perforierung.
Für das Düngen in jedem Frühjahr ist zu beachten, daß sich in den Düngemit-

teln kein Kalk befindet, den der Rhododendronstrauch nicht mag. Wer es ganz gut machen will, der nehme so wie ich in neuerer Zeit das ausgezeichnete Rhodohum, einen mit den richtigen Nährstoffen durchsetzten Torfhumus. Von mir noch nicht verwendet, aber von Fachleuten empfohlen wird außerdem Nitrophoska blau, das man mit je 40 Gramm unter die Büsche streuen und einwässern beziehungsweise leicht einhäckeln soll.

Die wichtigsten Rosengruppen

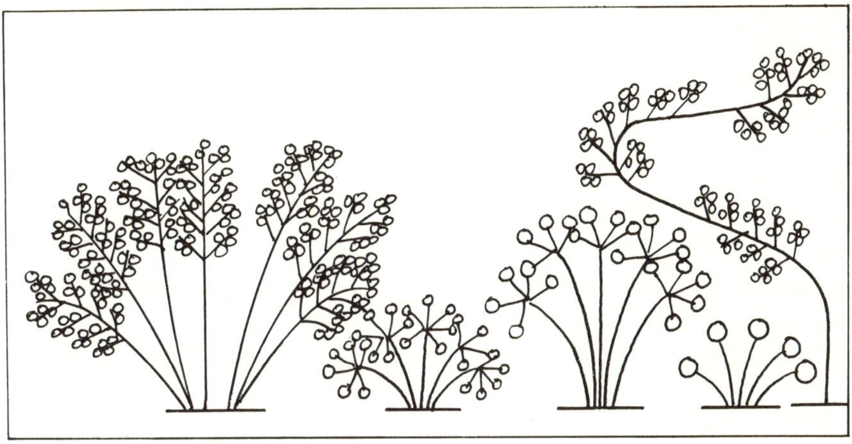

Im Sprachgebrauch haben sich Begriffe gebildet, die widersprüchlich sind. Denn Strauchrose und Rosenstrauch ist sprachlich ein und dasselbe. Dennoch bezeichnet man die wichtigsten Rosengruppen, wie sie hier stilisiert dargestellt sind, von links nach rechts als: Strauchrosen, Polyantharosen, Floribundarosen, Edelrosen, Kletterrosen.

Strauchrosen können über mannshoch werden, teilweise sehr breit, und ihre modernen Züchtungen blühen während des Sommers.

Polyantharosen tragen kleine Blüten, die in Mengen an doldenförmigen Blütenständen sitzen.

Floribundarosen tragen gleichfalls ganze Sträuße von Blüten, die mit ihrer Größe aber bereits an Edelrosen erinnern.

Edelrosen sind Teehybriden, also die bekannten großblumigen Rosen, wie sie vor allem als Schnittblumen geschätzt werden.

Kletterrosen sind im Grunde genommen Strauchrosen mit der Fähigkeit, besonders lange Triebe wachsen zu lassen. Die modernen, mehrmals im Sommer blühenden Kletterrosen bleiben niedriger, doch die älteren Sorten bringen es auf Längen bis zu neun Metern.

Die Übergänge zwischen den Floribundarosen und Edelrosen sind im übrigen sehr fließend, und auch in den Katalogen findet man beispielsweise die Sorte ›Duftwolke‹ mal in dieser und mal in jener Rubrik. Edelrose ist gleichfalls ein verschwommener Begriff, da schließlich die übrigen gezüchteten Rosen mit ihren langen Stammbäumen nicht minder edel sind.

Rosen

Keine Rose ohne Kummer, wenn es ihr an Sonne, Wind und tiefem Boden mangelt.

Eine Rose wird gepflanzt

Mit dem Rhododendron, zu dem auch die Azaleen gehören, geht es gut in unserem Garten. Und wie Sie mich in den vorangegangenen Kapiteln kennengelernt haben, werde ich bald wieder ein paar neue Pflänzchen mitbringen. Denn Platz im leichten Schatten ist zur Genüge vorhanden.

Glück mit Rosen hatten wir nur in den ersten fünf, sechs Jahren, als der Wald noch niedrig und die Hemlockstanne klein war, so daß genug frischer Wind und Sonne zu uns kamen. »Merken Sie sich das«, hatte Konrad Adenauer in Köln einmal zu mir gesagt, »die Rose will es nicht zu heiß und nicht zu kalt, nicht so zugig und nicht zu windstill, nicht zu naß und nicht zu trocken.« Und er verstand sich gut auf diese Blume, der erste Bundeskanzler. Ich sollte bald erfahren, daß er recht hatte.

Ehrlich gesagt beneide ich alle Menschen, die einen luftigen Garten mit Sonne haben, so daß darin Rosen wachsen können. Denn es gibt keine Blume, der wir Menschen in stärkerem Maß zugetan sind. Zunächst habe ich damals, vor fünfzehn Jahren, moderne Rosen gepflanzt, großblumige und gefüllte Teehybriden, wie man sie nennt, und viele Polyantha-Hybriden, die ihre kleineren Blüten in ganzen Sträußen hervorbringen. Es ging alles ganz einfach, und ich konnte überhaupt nie begreifen, daß über die Anpflanzung und Pflege der Rosen so viel geredet und geschrieben wird. Unser bedeutendster Rosenzüchter, Wilhelm Kordes, hat einmal gesagt, sie würden wie Unkraut wachsen, und damit hat er recht. Nur sind dafür einige Voraussetzungen nötig, wie das auch beim Unkraut der Fall ist, denn Hirtentäschelkraut und *Veronica* gedeihen nicht überall.

Jede Rose muß die Möglichkeit haben, mit ihren Wurzeln tief in den Erdboden hineinwachsen zu können. Ich will nicht sagen, daß man gleich metertief rigolen muß, das habe ich niemals getan, aber es dürfen sich nicht schon in Spatenblattiefe undurchlässige, steinige Schichten befinden. Ich habe auf den mittleren Hang, auf dem jetzt niedrige Rhododendronsträucher zusammen mit der Schneeheide wachsen, im zweiten Jahr unseres Gartenlebens vielblütige Rosen gepflanzt. Aber sie sind so gut wie überhaupt nicht gewachsen, die Blüte war spärlich, der Mehltau machte die Blätter weiß, es ist eine einzige Katastrophe gewesen. Im oberen Garten, wo jetzt das Gemüse wächst, war der Boden tiefgründig genug, da sind die Rosen gediehen, in den ersten Jahren wenigstens.

Das Einpflanzen der jungen Sträucher ist kein Problem. Wenn man sie in der Baumschule oder im Gartencenter kauft, haben sie gewöhnlich sehr lange Wurzeln. Schon daran ist zu sehen, daß sie tief in die Erde hineinwachsen möchten. Weshalb aber so tiefe Löcher ausgraben, wenn doch der Rosenstrauch jahrelang Zeit hat, sich selbst mit seinen Wurzeln in Tiefen zu begeben, die ihm behaglich sind. Außerdem befinden sich nur in der oberen Erdschicht, in der Tiefe eines Spatenblattes etwa, die eingebrachten Humus-

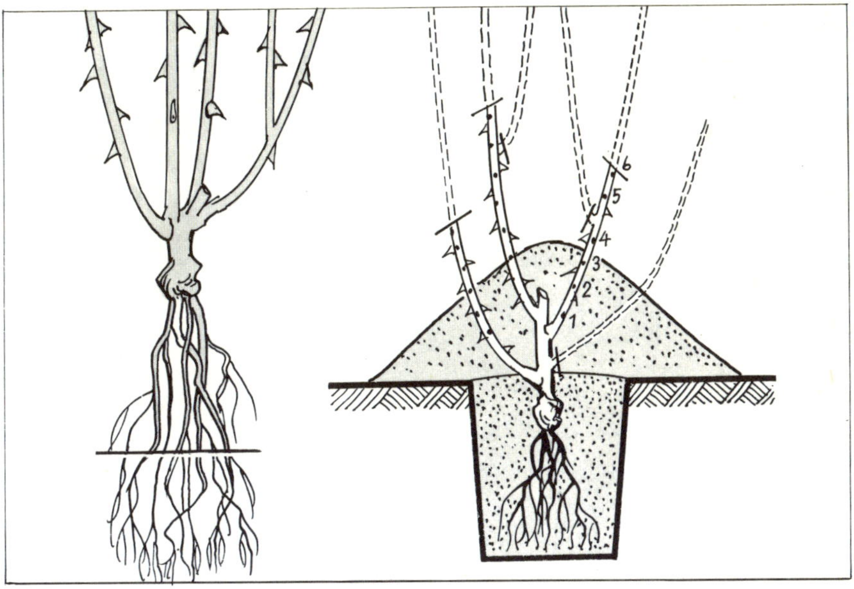

Rosen haben fast immer sehr lange Wurzeln, wenn sie aus der Baumschule kommen. Man kürzt die Wurzeln mit der scharfen Schere ein, damit sich an den Schnittstellen im nährstoffreichen Boden Faserwürzelchen bilden. Am oberen Ende des Wurzelhalses erkennt man deutlich die Veredlungsstelle, die sich nach dem Einpflanzen der Rose etwa drei Finger breit unter der endgültigen Bodenoberfläche befinden soll. Nach Einpflanzen und Einwässern im Herbst oder im Frühjahr häufelt man den Rosenbusch außerdem an. Da die reduzierten Wurzeln nicht in der Lage wären, sämtliche Triebknospen zu versorgen, schneidet man die Triebe je nach Stärke zurück, zu schwache und nach innen wachsende ganz weg.

stoffe und Dünger. Also schneidet man die langen Wurzeln mit der Schere in der Mitte ab. Mit den grünen, bestachelten Trieben ist es wie bei Sträuchern und Bäumen, die man ohne festen Wurzelballen pflanzt. Die verbliebenen Rosenwurzeln können sich abrackern, soviel sie wollen, sie können doch die vielen Triebknospen nicht ernähren, die da oben austreiben möchten. Also lasse ich je nach Pflanzenstärke allenfalls fünf von diesen Trieben stehen, vielleicht aber auch nur vier oder drei.

Auf der grünen Rinde dieser Triebe sitzen außer den Stacheln kleine Pünktchen, meist in rötlicher Farbe; man nennt sie Augen. Je höher am grünen Holz diese Augen sitzen, um so größer sind sie. Unten, in Nähe des Erdbodens, kann man sie gerade noch als hauchdünne, rötliche Strichelchen erkennen. Sind die verbliebenen Holztriebe dick wie mein Zeigefinger, belasse ich dem Strauch, wenn er gepflanzt wird, etwa fünf bis sechs dieser Augen und Strichelchen. Über dem obersten der verbleibenden Augen – einen halben Zentimeter darüber und schräg, damit das Wasser ablaufen kann – schneide ich den grünen Trieb durch.

Es heißt in allen Regeln, man soll die Rosen vor dem Einpflanzen sechs Stunden in Wasser legen. Ich habe dies niemals getan, es ist wie bei den Immergrünen, die von mir noch nie vor dem Pflanzen in den Wasserbottich gestellt worden sind. Mir leuchtet die Logik nicht ein. Wenn ich die eingepflanzte Rose so stark wässere, daß die Erde tagelang naß ist, dann können sich die Wurzeln so vollsaufen, wie sie es möchten. Mir ist auch, zumindest nicht wegen unterlassener Wässerung vor der Pflanzung, noch nie eine Rose eingegangen.

Gepflanzt wird eine Rose wie jeder andere Strauch. Ob ich die eingefüllte Erde mit den Füßen festtrete oder mit den Fäusten andrücke, ist nach meiner Erfahrung völlig egal. Nur soll die Rose, das leuchtet ein, so tief stehen, daß sich nach der später zu erfolgenden Einebnung des Beetes die Veredlungsstelle dreifingerbreit unter der Erdoberfläche befindet. Denn Erde ist noch immer der beste Winterschutz. Wenn es Stein und Bein friert, geht eine empfindlichere Rose nur so weit kaputt, wie sie sich außerhalb des Erdreichs befindet. Bringe ich die Veredlungsstelle, also den Knubbel am oberen Ende des Wurzelhalses, wo die grünen Stacheltriebe anfangen, dreifingerbreit in den Boden, bleiben die untersten schlafenden Augen des Edelreises vor dem Frost geschützt. Dies ist auch der Grund, weshalb man in rauheren Gegenden die Rosen vor Winterbeginn anhäufelt. Wo sie jedoch tief genug gepflanzt sind, kann man sich diese Mühe sparen. Es gibt Gärtner und Schreiber, die so tun, als wären sie erst in neuerer Zeit auf alle diese Erkenntnisse gekommen. Aber es stimmt nicht. Ich habe erst dieser Tage ein Rosenbuch aus dem Jahr 1898 gelesen, und da steht das alles schon drin.

69 △

68 Die blaue, im Spätsommer überreich blühende Kaiserwinde sollte man schon ab März in Blumentöpfen am Zimmerfenster heranziehen.

69 Nicht nur die Blüten der Waldreben, sondern auch ihre zuweilen bärtigen Fruchtstände im Herbst sind wunderschön.

70 Eine der berühmtesten Waldreben: die niedrigere Clematis-Hybride ›Nelly Moser‹.

71 Am bekanntesten sind die verschiedenen Züchtungen der blauen und blaulila *Clematis jackmanii* mit ihrem reichen Flor.

72 Bei den Zierkürbissen hat die Natur bewiesen, daß sie viel Phantasie besitzt.

70 ▽ 71 ▷

Um so mehr verwundert es mich, immer wieder, ja fast in allen Gärten zu sehen, daß die Rosen zu flach stehen. Nach dem Einpflanzen häufele ich also etwas Erde um und zwischen die aus dem Boden herausschauenden Triebe, egal, ob es Herbst oder zeitig im Frühjahr ist. So vermeidet man, daß die Knospen im vielleicht heftigen Wind austrocknen, solange das Pumpwerk der Wurzeln noch nicht in Gang ist. Im späten Frühjahr kratze ich die Erde wieder weg, und zwar mit den Händen, weil möglicherweise die von Erde bedeckten Augen schon ausgetrieben haben. Deshalb empfiehlt es sich auch, dieses Abhäufeln an einem trüben, regnerischen Tag vorzunehmen, weil sonst der zarte, spargelblasse Trieb gleich von der Sonne verbrannt wird.
Es wäre natürlich gut, den Rosen etwas Kompost, verrotteten Kuhmist oder ein paar Hornspäne als Wegzehrung durch den ersten Sommer ins Pflanzloch zu geben, aber es muß nicht sein; besonders dann nicht, wenn der Boden ohnehin gut mit Humus versorgt und genügend mit Nährstoffen angereichert ist.

Schneiden und Düngen

Auch die Weiterbehandlung der Rosen – ich spreche immer von modernen Sorten, wie man sie fast ausschließlich pflanzt – ist keine Hexerei. Denn spätestens Anfang Mai beginnen sie zu wachsen, und hat der Sommer seine größte Helligkeit erreicht, blühen diese modernen Sorten, was das Zeug hält. Sobald die Blüten verwelken, muß man sie abschneiden. Die Regel besagt, daß dabei auch das oberste Stück des Stieles wegzunehmen ist, man also unter dem zweitobersten Blatt schneiden soll. Besser als die Regel ist aber ein Gefühl, das man sich aneignen sollte. Unter dem Schnitt treiben die Rosen bald wieder aus, und dieser zweite Trieb verzweigt sich selbst bei Teerosen oft zu ganzen Blütensträußen, die ein hübsches Gewicht haben, noch dazu bei Regenwetter. Der nach dem ersten Flor verbleibende Stiel muß also stark genug sein, den bis zum August heranwachsenden Rosenstrauß aufrecht zu tragen. Wiederum darf ich die verwelkte Blüte auch nicht mit einem zu langen Stiel schneiden, weil die verbleibenden Augen um so später austreiben, je tiefer sie sitzen.
Ist der zweite Flor verwelkt, wiederholt sich das Spiel mit der Schere. Es ist ein spielerisches Tun, das man als Arbeit nicht bezeichnen kann. Je nach Wetter im September und Oktober blühen die Rosen ein drittes Mal, und es hat bei mir Jahre gegeben, in denen ich zu Malias Geburtstag am 8. Dezember noch Rosen schneiden konnte. Dies nicht nur bei der bereits gepriesenen und noch weiterhin zu preisenden Sorte ›Wilhelm‹, sondern auch bei modernen Sorten.

Man hört immer wieder, daß man die Rosen vor dem Winter zurückschneiden muß, aber das ist barer Unsinn. Es gibt keinen logischen Grund, im Herbst an den Rosen herumzuschnippeln. Gewiß, wenn mir irgendein Zweig zu lang und hinderlich ist, kann er weg. Es macht auch nichts aus, die vielleicht etwas unterschiedlich langen Triebe gleichmäßig einzukürzen, wenn man auf solche Ordnung Wert legt. Doch für den Rosenstrauch selbst bringt dieser Rückschnitt keinerlei Vorteil. Geschnitten wird, wenn überhaupt, nur im Frühjahr; das aber ist ein Kapitel für sich.

Noch sind wir im Herbst, und wenn ich meine Rosen tief genug gepflanzt habe, brauche ich sie auch nicht anzuhäufeln, was andererseits auch kein Fehler ist. Denn wenn die Bundesrepublik tatsächlich einmal vom Wetter mit Sibirien verwechselt wird, bleiben eben sehr viel mehr Augen lebendig als bei Rosensträuchern, die ohne Anhäufelung dem Frost zu widerstehen haben. Ebensowenig ist es ein Fehler, Tannengrün über die Rosen zu decken, denn die Ostwinde können ganz schöne Schäden in die Rinde fressen, was besonders im Februar erfolgt, wenn die Sonne am Tage den Saftfluß in Bewegung bringt und dann bei Nacht der Frost zuschlägt. Bei Gärtnern, die ihre Rosen im März zurückschneiden, ist es egal, ob irgendwo in Meterhöhe ein Zweig von der Kälte angeschlagen und schwarz geworden ist. Ich gestehe jedoch, meine Rosen in den ersten Jahren stets mit Tannengrün abgedeckt zu haben. Noch heute sagt mir meine Einbildung, daß ich mich in der warmen Stube wohler fühlen darf, wenn der Garten unter einer Decke aus Tannengrün liegt; aber es ist – zumindest in unserer Schattenlage – nicht nötig.

Hätte ich Kletterrosen an der Außenwand, hielte ich es nicht für töricht, ihnen über Winter einen Mantel aus Nadelgrün anzuziehen. Man kann die Zweige, unten angefangen, schuppenartig davorhängen. Anders als bei den Buschrosen, die aus dem Boden heraus neue Blütentriebe wachsen lassen, bin ich schließlich bei den Kletterrosen auf die langen Ruten angewiesen, die gesund bleiben müssen, damit im Sommer die Verzweigungen mit ihren Blüten treiben können.

Inzwischen sind wir im Frühling, im März, wenn der Haselstaub verweht ist und die Amseln flöten. Wie alle Pflanzen, so brauchen auch die Rosen ihre Nahrung, und da habe ich ihnen auf die noch angehäufelte Erde einfach Volldünger blau gestreut, eine Handvoll je Strauch. Beim Abhäufeln vermischt sich der Dünger mit dem Boden, und alsbald geht von den Rosen die Zuversicht aus, es abermals mit dem Wachstum, mit den Blättern und mit den Blüten während des ganzen Sommers zu schaffen. Dieselbe Düngerration bekommen sie nochmals, wenn der erste Flor vorbei ist, und damit ist bis auf Einschränkungen – sie folgen auf der Stelle – alles über die Pflanzung und Pflege von modernen Rosen gesagt.

Vielfach wird gesagt, man solle verblühte Rosen im Sommer zusammen mit den obersten beiden Blättern abschneiden. Das ist ebenso richtig wie falsch. Man muß bedenken, daß die oberste Knospe unterhalb der Schnittstelle alsbald wieder austreibt und es zu einem zweiten Flor kommt. Die zweiten Triebe tragen oftmals mehr Rosen als die des ersten Flors. Es kommt darauf an, daß Zweige, die nach dem Entfernen der verblühten Rosen am Strauch verbleiben, das Gewicht des zweiten Flors auch tragen können.

Mehltau und Sternrußtau

In Zeitschriften liest man immer wieder, daß Rosen gespritzt werden müssen, wenn sie ins Laub gehen, also spätestens ab Anfang Juni, sonst könnten sie krank werden, von Mehltau und Sternrußtau befallen werden. Beim Mehltau sehen Blätter und Triebe aus, als habe ein Bäcker feines Mehl über sie gestreut. Es handelt sich aber nicht um Mehl, sondern um einen Pilz. Beim Sternrußtau zeigen sich dunkle Flecken erst auf der Blattunterseite, umwuchern dann das ganze Blatt, welches bald schwarzbraun wird und abfällt. Tatsächlich sieht es in manchen Sommern traurig aus, wenn die abgeflaggten Rosenbüsche im Garten stehen. Die übriggebliebenen Blüten machen stets den Eindruck, als schämten sie sich, so nackt zu sein. Vom Mehltau sagt man, daß es sich um einen Schönwetterpilz handle, dessen Wohlergehen in sonnigen Sommerszeiten stattfindet. Aber das stimmt nicht ganz, denn ich habe schon in feuchten Sommern genug weißen Mehltau gesehen. Sternrußtau soll sich vornehmlich in warmen und feuchten Zeiten einstellen, was mit gewissen Einschränkungen zu stimmen scheint. Es gibt aber auch Gärten, in denen sich die beiden Pilze überhaupt nicht um das vorherrschende Wetter kümmern, was bei mir in den letzten Rosenzeiten der Fall gewesen ist.
In den ersten zwei oder drei Gartenjahren hatten die beiden Pilze noch

nicht den Weg zu uns herauf gefunden, was wahrscheinlich ein unsinniges Bild ist. Im allgemeinen wird gelehrt, die befallenen Blätter einzusammeln und zu verbrennen. Aber ich bin sicher, daß die Sporen dieser Pilze wie die Spinnmilben und die Blattläuse überall und allgegenwärtig sind.

Ähnlich wie bei den Menschen, bei denen einige im Herbst oder im Frühjahr die Grippe kriegen und andere wieder nicht – man sagt, daß dabei die unterschiedliche Konstitution eine Rolle spiele –, ähnlich also ist es auch bei den Rosen. Unter den im Beet zusammengedrängten Rosen ist immer mal ein anfälliger Strauch dabei, der die übrigen dann ansteckt. Es kann aber durchaus sein, daß einige Büsche schön blank und grün an ihren Blättern bleiben. Es läuft also nichts in vorhersehbarer Regelmäßigkeit ab, denn wir haben es mit einer Vielzahl von Lebewesen und außerdem mit einem wechselnden Wetter zu tun. So mag es hier und da vorkommen, daß sich Mehltau und Sternrußtau bereits im Mai an den jungen Blättern einstellen, was jedoch höchst selten ist.

Ich möchte ein Beispiel aus meinem Gewächshaus anführen, wo viele Malaienblumen wachsen, Orchideen also, die der Botaniker als *Phalaenopsis* bezeichnet. Sie haben dunkelgrüne Blätter so lang und so breit wie die Schlappohren größerer Jagdhunde; die unteren Blätter hängen immer ein wenig über den Topfrand herab. Auf diesen Pflanzen siedelt sich ebenfalls gern ein Pilz an, der in allen Gewächshäusern gegenwärtig zu sein scheint. Im Winter, wenn nicht genug Licht ist und die Pflanzen ohnehin nicht wachsen können, muß ich etwas über sie spritzen, was den Pilz umbringt, also Orthocid oder Benomyl und wie die Präparate alle heißen. Im Sommer brauche ich dies nicht zu tun. Dann sprühe ich einfach ein Düngemittel über die Blätter, ein sofort wirkendes Nährmittel, nämlich Harnstoff, und nach wenigen Tagen ist der Pilz weg. Wahrscheinlich wird durch den Harnstoff schnelles Wachstum, also eine flotte Zellteilung, ausgelöst, und mit dieser Geschwindigkeit kommt der Pilz nicht mit. Anders kann ich mir auch nicht erklären, daß an den heranwachsenden Rosen, wo die Blätter von Tag zu Tag größer werden, zumindest der Sternrußtau selten zu sehen ist.

Pflanzen müssen also wachsen können, wenn sie gesund bleiben sollen, dies halte ich für wesentlich. Es handelt sich bei Teehybriden und Polyantha zwar nicht um Wasserrosen, weshalb der Boden nicht unbedingt naß zu sein braucht. Aber eine gleichbleibende, leichte Feuchtigkeit mit einem mäßigen, aber ständigen Düngefluß scheint mir die Voraussetzung dafür zu sein, daß Rosen gesund bleiben. Ich habe es selbst nicht gesehen, glaube jedoch daran, was mir viele Leser geschrieben haben, daß ihre Rosen von Jahr zu Jahr gesünder wurden, wenn sie den Boden immer wieder mit vernünftig hergestelltem, also auch mit Hornspänen, Knochenmehl und Kalk angereichertem

Kompost abgedeckt haben. Bei Blattläusen ist es übrigens ähnlich, wie ich beobachtet habe. Solange eine Pflanze wächst und sie sich vor allem durch eine andauernde Zellteilung an den Triebspitzen in Bewegung hält, lassen sich selten Blattläuse nieder. Stellt sie vorübergehend diese Tätigkeit ein, weil es ihr vielleicht an Licht oder Wärme oder ausreichender Bodenfeuchtigkeit mangelt, sind die Blattläuse sofort zur Stelle, und zwar zuerst da, wo eigentlich das Wachstum vonstatten gehen sollte. An den Triebspitzen des Blumenkohls ist dies am deutlichsten zu beobachten.

Nebenbei möchte ich bemerken, daß unser Freund ›Wilhelm‹, also der große Rosenstrauch oben im Garten – vergleichbar etwa mit der Gesundheit eines Holzfällers –, noch niemals Mehltau oder Sternrußtau bekommen hat, obwohl er gar nicht so günstig steht, wie Rosen es eigentlich möchten.

Ich werde häufig gefragt, ob sich keine Rosen züchten lassen, die eine innere Widerstandskraft gegen diese Pilzerkrankungen haben. Tatsächlich gibt es seit jeher einige Sorten, denen es egal ist, ob ringsherum die übrigen Rosen so aussehen, als habe der Bäcker seine leeren Mehlsäcke über ihnen ausgeschüttelt. Hierzu gehört die berühmte Sorte ›Gloria Dei‹, obwohl auch bei ihr – es ist immer dasselbe – die Ausnahmen die Regel bestätigen. Ob diese Widerstandsfähigkeit bei künstlichen Kreuzungen übertragbar ist, vermag wohl im Augenblick auch kein Gelehrter unter den Rosenzüchtern zu sagen. Das Bemühen jedenfalls, resistente Rosen zu züchten, ist überall in der Welt groß.

Jährlich immer neue Sorten

Sie werden mich fragen, welche Rosen Sie in Ihren Garten pflanzen sollen, aber ich kann nur sagen, daß diese Frage unbeantwortet bleibt. Im Katalog der größten Rosenschule, der von Wilhelm Kordes' Söhne in Sparrieshoop, sind an die dreihundert verschiedene Sorten aufgeführt. Wer möchte sich da wohl erkühnen und sagen, welche dieser Schönheiten am schönsten sei. Der gute Paris hatte es mit seinen drei Grazien sehr viel einfacher. Denn jeder Mensch pflanzt in seinen Garten immer diejenigen Rosen, die ihm am besten gefallen. Dies habe ich vor fünfzehn Jahren gleichfalls getan, und weil ich alles aufgeschrieben habe, fiele es mir an sich leicht, die verschiedenen Sorten zu nennen, es waren etwa drei Dutzend. Nur gibt es die meisten von ihnen nicht mehr, weil die Züchter von der weitverbreiteten Ansicht leben, alles Neue sei zugleich immer das Bessere. So kommen jährlich teure Neuheiten auf den Markt, im Jahr 1975 sind es einhundertzwanzig gewesen, und da in den Katalogen nicht Tausende von Sortennamen aufgeführt werden können, verschwinden die Rosen allmählich von der Bildfläche. Es gibt meinen

schönen ›Wilhelm‹, obwohl er doch alle guten Tugenden eines Rosenstrauches besitzt, in keiner deutschen Baumschule mehr.
Es hätte also keinen Sinn, meine Rosen aus den ersten Gartenjahren zu schildern; auf einige ganz wenige Ausnahmen komme ich noch zurück. Dennoch kann ich zur Rosenauswahl im Zusammenhang mit dem Mehltau und dem Sternrußtau eine Empfehlung aussprechen. Es gibt – ein komisches Wort – die sogenannte *Alldeutsche Rosenprüfung*. Ein Züchter, der da meint, mit einer neuen Sorte besonders viel Ehre einlegen zu können, weil sie frosthart, schön belaubt, wüchsig, gesund, blütenreich und möglichst noch duftend ist, schickt eine bestimmte Anzahl dieser Rosen zur Alldeutschen Rosenprüfung ein. Die Prüfungen, von unbestechlichen Fachleuten vorgenommen, die aufgrund vorher angebrachter Kennziffern keine Ahnung von den Einsendern haben, finden in sechs verschiedenen Gärten der Bundesrepublik statt, die zwischen dem Alpenrand und der Nordseeküste über die klimatisch unterschiedlichsten Gebiete verteilt sind. Alle Rosen behandelt man hinsichtlich Düngung und Schnitt ganz gleichmäßig, in keinem der Gärten erfolgen irgendwelche Spritzungen gegen Schadpilze oder Insekten. Es sind im Vergleich zu den Einsendungen nicht sehr viele Sorten, die diesen durch mehrere Jahre laufenden Test bestehen. Eine Rose, die alle diese Härten überstanden hat, ist dann aber auch ihren Preis wert.
Nun spricht niemand das Wort von der Alldeutschen Rosenprüfung gern aus, denn es klingt nach Walküre und Waberlohe. Dafür gibt es das Zeichen mit den drei Buchstaben A D R und einer Krone darüber. Wo hinter den einzelnen Sorten der Rosenkataloge dieses Zeichen steht, hat man es mit einer, im Vergleich zu anderen Sorten, optimalen Rose zu tun; und sie wird stets eine Widerstandskraft gegen den Mehltau und den Sternrußtau haben. Die verantwortliche Koordination der Testergebnisse und die Auswertung der in sechs Gärten vorgenommenen Rosenprüfungen nimmt Professor Dr. Josef Sieber in Freising-Weihenstephan vor, der mir freundlicherweise die gesamte Liste der ADR-Rosen zur Verfügung gestellt hat (Sie finden diese Liste auf den Seiten 260–262).
Keine Regel aber ohne Ausnahme, besonders im Garten, ich muß es immer wieder sagen. Wo die Rosen nicht nach den Weisheiten Konrad Adenauers gepflanzt sind und wo sie eng, auf Beeten also, zusammenstehen, da ist man selbst bei gepriesenen Gesundheitshelden nie vor Überraschungen sicher, es kommt auf das Wetter an. Mit dem Mehltau ist es nicht ganz so schlimm, den bekommt man auch noch weg, wenn er sich einmal eingestäubt hat. Anders mit den Sternen des Sternrußtaus, die erst untergehen, wenn die befallenen Blätter von den Büschen heruntergefallen sind. Wer also ganz sicher gehen möchte, der kommt um das Spritzen mit den geeigneten Mitteln

Über kaum ein Gartenthema gibt es so unterschiedliche Ansichten wie über den Rosenschnitt. Ohne Zweifel erhält derjenige am frühesten einen Rosenflor und die meisten Blüten, der gar nichts schneidet oder doch nur schwächliches, krankes oder erfrorenes Holz entfernt, wie es links geschehen ist. Wer jedoch auf niedrige Rosen mit längeren Blütenstielen aus ist, kommt um einen Schnitt im März nicht herum.

nicht herum. Ich möchte hier keinem der verschiedenen Präparate das Wort reden, sondern wie bei den Düngemitteln einen Wechsel von Jahr zu Jahr empfehlen.

Das Spritzen sollte man ab Anfang Juni in Abständen von zehn Tagen vornehmen, wobei man das Spritzrohr so zu halten hat, daß die versprühte Flüssigkeit vor allem die Unterseiten der Blätter trifft. Wer nicht zu viele Rosen hat, kann auf das Spritzen verzichten. Es gibt auch Pilzbekämpfungsmittel in Pulverform. Man schüttet es in einen alten oder neuen Perlonstrumpf, hält mit der einen Hand den Strumpf zwischen die Büsche, und mit der anderen Hand schlägt man das Pulver durch die Maschen.

Weitere Tips zum Schneiden

Schließlich das Schneiden, von dem so viele Leute meinen, sie könnten es nie erlernen, weshalb sie ganz und gar auf Rosen verzichten. Am einfachsten

Die ADR-Rosen
(zusammengestellt von Prof. Dr. J. Sieber)

Da Rosensorten, wie der Leser erfahren hat, oft sehr schnell aus der Mode kommen, werden nicht alle der hier aufgeführten Sorten überall zu erhalten sein.

Zeichenerklärung: TH: Teehybride, Fl: Floribundarose, Kl: Kletterrose, PH: Polyantha-Hybride, Str: Strauchrose Zw: Zwergrose

Sorte	Gruppe	Farbe
Aenne Burda	TH	blutrot
Alec's Red	TH	kirschrot
Alexander	TH	zinnoberlachs
Alexandra	TH	kupfrig-bernsteinfarben
Amsterdam	Fl	leuchtendrot
Andenken an Rudolf Schmidt	Fl	samtrot
Anneke Doornbos	Fl	fleischfarben
Atombombe	PH	scharlach-feuerrot
Attraktion	Fl	innen pfirsichrosa, außen gelb
Baronne E. de Rothschild	TH	karminrosa
Benvenuto	Str	leuchtend lachsrosa
Bischofsstadt Paderborn	Str	zinnober-orangerot
Caramba	TH	(i) rot, (a) weiß
Carina	TH	rosarot
Charivari	Str	gelb/orange
Dirigent	Str	blutrot
Dortmund	Kl	scharlachrot
Duftwolke	TH	korallenrot
Edelweiß	Fl	weiß
Elmshorn	Str	hellrot
Erotika	TH	dunkel-blutrot
Escapade	Fl	hellrosa, Zentrum weiß
Ferry Porsche	TH	leuchtend blutrot
Feuermeer	PH	feuerrot
Fidelio	PH	lachsorange
Finale	PH	orangelachs
Flammentanz	Kl	rot
Florentina	TH	samtig blutrot
Fontaine	Str	leuchtendrot
Frau Gertrud Schweitzer	TH	aprikosen-kupfrigrosa
Freude	TH	(i) lachskarmin, (a) gelb
Friesia	Fl	gelb
Fritz Thiedemann	TH	ziegelmennigrot
Geisha	Fl	reinrosa
Gelbe Holstein	PH	hellgelb
Goldkrone	TH	satt goldgelb

Sorte	Gruppe	Farbe
Goldtopas	Fl	bernsteinbraun
Gruß an Bayern	PH	leuchtend dunkelrot
Gruß an Berlin	TH	leuchtendrot
Gruß an Heidelberg	Kl	feurigrot
Gruß an Koblenz	Kl	feurig blutrot
Gütersloh	Str	lachsrosarot
Hansestadt Bremen	Fl	hellrot
Happy Wanderer	PH	dunkel-blutrot
Hartina	Fl	lachsrosa
Herzog von Windsor	TH	leuchtend lachsrot
Honigmond	Fl	sattgelb
Horrido	PH	blutrot
Inge Horstmann	TH	(i) kirschrot, (a) zartrosa
Insel Mainau	Fl	blutrot
Jydepige	PH	karminrosa
Kommodore	Fl	leuchtend blutrot
Konfetti	TH	(i) samtrot, (a) rahmweiß
Königin der Rosen	TH	(i) lachsorange, (a) gelb
Lagerfeuer	PH	samtig blutrot
Lampion	PH	blutrot
Letkiss	Fl	blutrot
Lichtkönigin Lucia	Str	goldgelb
Lilli Marleen	Fl	samtigrot
Lolita	TH	kupfriglachs-aprikosen
Ludwigshafen am Rhein	TH	rosarot
Lustige	TH	(i) rosa, (a) gelb
Mainauperle	TH	dunkel-blutrot
Mainzer Fastnacht	TH	fliederfarben
Maria Callas	TH	kräftig karminrot
Marlena	PH	blutrot
Melina	TH	leuchtend blutrot
Meteor	Fl	scharlach-zinnoberrot
Mme. Louis Laperrière	TH	dunkelrot
Molde	Fl	blutorangerot
Montana	Fl	blutorange
Morning Jewel	Kl	karminrosa
My Fair Lady	TH	(a) gelb, (i) rosa
Neue Revue	TH	gelblichweiß mit rot
Neues Europa	Fl	rotorange
Nordkap	PH	blutrot
Nordstern	PH	leuchtend lachsrot
Olala	PH	blutrot
Pariser Charme	TH	reinrosa
Parkdirektor Riggers	Kl	samtig blutrot
Ponderosa	Fl	blutorangerot

Sorte	Gruppe	Farbe
Praise of Jiro	Fl	zinnoberrot
Princesse Margaret of England	TH	rosa
Prominent	Fl	ziegellachsrot
Pußta	Fl	leuchtend samtigblutrot
Rebecca	TH	(i) rosenrot, (a) gelblich
Reinold's Reingold	Fl	gelb
Rodeo	Fl	zinnoberblutrot
Sahara	Fl	hell-goldgelb
Sangria	PH	orangeblutrot
Schloß Mannheim	Fl	leuchtendrot
Schneewittchen	Str	reinweiß
Schweizer Gruß	Fl	dunkelrot
Shannon	TH	rosa
Signalfeuer	Fl	orangerot
Silva	TH	rosa mit gelb
Sophia Loren	TH	blutrot
Spaeth's 250	Fl	lachsorange
Sparrieshoop	Str	lachsrosa
Stadt Rosenheim	Str	lachsorange
Starina	Zw	lachsorange
Susan	TH	gelb mit rosa
Sympathie	Kl	dunkelkarmin
Taora	Fl	lachsorangerot
Tornado	PH	leuchtend blutrot
Travemünde	Fl	dunkel-karminrot
Walzertraum	Fl	leuchtend blutrot
Westerland	Str	lachsaprikosenfarben
Wiener Walzer	Fl	leuchtend blutrot

beantwortet diese Frage der wohl größte Rosengärtner unserer Zeit, Wilhelm Kordes. Er schneide seine Rosen überhaupt nicht, sagte der Fachmann. Im Frühjahr käme alles weg, was erfroren sei oder einen zu schwächlichen Eindruck mache, und das wäre bereits die ganze Kunst. An diese Regel habe auch ich mich anfangs gehalten, als noch Platz genug in unserem Garten war, und ich muß dem berühmten Mann aus Holstein recht geben: Wer sich an diese Anweisung hält, der wird den zeitigsten, reichsten und längsten Rosenflor in seinem Garten haben.
Ich kann auch sagen, daß man seine Rosen nicht mit der Schere schneiden soll, sondern mit dem Kopf. In meinem Gemüsegarten steht dicht am unteren Zaun eine Reihe von zwanzig Rosen. Dort kommt im Frühjahr die Sonne am zeitigsten hin, auch im Sommer ist es hier am hellsten. Vor drei Jahren habe ich versucht, Edelrosen aus Stecklingen zu ziehen. Die Zweige schnitt ich im

Mancher wird es schon erlebt haben. Zerschnittene Triebe der *Rosa multiflora* wurden im Herbst mit den daran befestigten Etiketten neuer Tulpen in den Boden gesteckt, und im Frühjahr hatten sie Wurzeln. Eigene Versuche ergaben, daß sich auch Edelrosen – Teehybriden, Floribundas, Polyanthas und Kletterer – durch Steckhölzer vermehren lassen.

August und steckte sie in ein Gemisch aus Erde, Torf und Sand. Alle haben Wurzeln bekommen. Ob diese aus Stecklingen gezogenen Rosen, wie die Spezialisten sagen, weniger widerstandsfähig gegen den Frost sind, kann ich noch nicht sagen, denn die bisherigen Winter bei uns waren, von wenigen Frosttagen abgesehen, nur etwas kühlere Sommer. Allenfalls wage ich von den Stecklingspflanzen zu behaupten, daß sie keine so starke Wuchskraft besitzen, wie es bei veredelten Rosen der Fall ist. Aber auch dies bleibt erst noch abzuwarten.

Und nun sehen Sie sich meine ›Queen Elizabeth‹ mit ihren drei Meter hohen Trieben an. Sie sehen deutlich, daß die oberste Knospe am dicksten ist, sie kann kaum noch warten, loszuwachsen. Wir wissen, daß jede Rose erst einen mehr oder weniger langen, grünen, beblätterten Trieb wachsen lassen muß, ehe sie blüht. Es ist eben anders als beispielsweise bei der Kirsche, der Forsythie, der Azalee und vielen anderen Gehölzen, deren Blütenknospen schon im Herbst fertig sind; sie blühen am alten Holz, sagen die Gärtner. Die Rose indessen – jegliche Rose ohne Ausnahme – blüht am jungen Holz. Das kann wie bei den im Mai blühenden Wildrosen ganz kurz sein, kaum fingerlang, aber es muß im Frühjahr erst aus dem alten Holz herauswachsen, ist also jung und grün.

Zurück zu meiner ›Queen Elizabeth‹. Der dicken Knospe ganz oben an dem vorjährigen Trieb ist die Schubkraft für den grünen Austrieb schon anzuse-

hen. Belasse ich diese Knospe, wächst die Queen ab April flott los, sie hat bald grüne Blätter, die den ganzen Busch in Bewegung bringen, daß auch die daruntersitzenden, kleineren Knospen gut ernährt werden und austreiben können, um sich nach entsprechender Zeit zum Blühen anzuschicken.
Schneide ich die Knospe weg, treibt die nächstuntere Knospe natürlich ebenfalls aus, nur eben später, und auf die erste Blüte muß ich zwei Wochen länger warten. Je weiter unten die Knospen sitzen, ich sagte es bereits beim Abschnitt über das Einpflanzen, um so länger brauchen sie, sich zu entwikkeln. Das ist übrigens nicht nur bei Rosen so, sondern bei allen Pflanzen, auch bei Obstgehölzen, bei denen die ganze Kunst des Gärtners darin besteht, die Zweige möglichst in die Waagerechte zu bringen, damit keine Triebknopse am höchsten sitzt und sie alle gleichzeitig austreiben, blühen und Äpfel tragen oder Birnen oder Quitten.

Beetrosen

Dies hört sich freilich einfacher an, als es in Wirklichkeit ist, denn nicht alle Rosen sind geneigt, zu harmonischen, gleichmäßig von unten her verzweigten Büschen heranzuwachsen. Die vielen Sorten haben recht unterschiedliche Eigenarten. Vor allem kann man dies nur auf einfache Weise machen, wenn die Rosenbüsche weit genug voneinander entfernt stehen. Wo man sie mit acht Pflanzen, wie das empfohlen wird, auf einen einzigen Quadratmeter setzt, kommt man ohne einen schärferen Rückschnitt im Frühjahr nicht aus. Es entstünde sonst ein stacheliger Stangenwald, und man kann seine Rosenpracht nur von einer hohen Leiter aus betrachten. Auf eine reiche Verzweigung der einzelnen Sträucher und auf einen besonders frühen Flor muß ich ebenfalls verzichten, aber zumindest die Blütenfülle durch die acht Büsche je Quadratmeter macht das wieder wett.
Das Zurückschneiden der Beetrosen ist das eigentliche Thema des Rosenschnittes, den zu erlernen sich so viele Leute nicht zutrauen. Dabei ist auch dies die einfachste Sache der Welt, wenn man dabei nicht so sehr die Schere als seinen Kopf strapaziert. Aus den am Strauch verbleibenden Augen sollen junge, grüne, beblätterte Triebe herauswachsen, die an ihrem Ende Knospen treiben und blühen. Zwei Ziele möchte ich erreichen. Einmal sollen die Rosenblüten so zahlreich wie möglich sein, es müssen also so viele Augen austreiben als irgend möglich. Dann sollen die Rosen niedrig bleiben, sie sollen unter keinen Umständen über meine Augenhöhe hinauswachsen. Meterhoch wäre am besten. Schneide ich die Triebe vom vorigen Jahr zu weit zurück, so daß vielleicht nur zwei oder drei Knospen oder schlafende Augen – ich erklärte das schon – verbleiben, kann der Rosenstrauch an

diesem Vorjahrestrieb nur drei neue Triebe wachsen lassen. Schneide ich zu wenig zurück, bleibt der Trieb also lang, so wird die obere, kräftige Knospe den jungen Trieb wie eine Rakete in die Höhe bringen, und der Flor ist nicht niedrig genug. Ich kann aber auch, wenn ich die Rosen in enger Pflanzung zu lang lasse, etwas anderes erreichen, was nachteilig ist. Der arme Strauch, bedrängt durch seine Nachbarn, die ihm mit ihren Wurzeln in den Futternapf hineinwachsen und das Licht wegnehmen, ist vielleicht viel zu schwach, um alle nach dem Schnitt an seinen Trieben verbleibende Knospen zum Austrieb zu bringen. Er schafft es nur mit den oberen zwei oder drei Augen, darunter bleibt er kahl. Auf diese Weise kann dann die Gleichmäßigkeit des Rosenflors, sofern sie angestrebt wird, durcheinanderkommen.

Jetzt also die Schere her, die scharf sein soll, am besten eine moderne Schere, deren Mechanismus bewirkt, daß die beiden Messer beim Schneiden gegeneinanderziehen. Verglichen mit dem Wurstschneiden wird hierbei die Scheibe vom Messer nicht wie von einem Hackbeil abgetrennt, sondern ich ziehe das Messer mit einem gewissen Händedruck über die Wurst, so daß die Scheibe besonders glatt auf das Frühstücksbrett fällt. Nur daß bei dieser modernen Rosenschere beide ziehende Messer gegeneinander schneiden.

Sehen Sie sich die Rose einmal an, es ist die ›Erotica‹, ich habe sie besonders gern, und sie wächst sogar bei mir in meinem inzwischen rosenungeeigneten Garten ganz gut. Hier unten, zwei handbreit über dem Erdboden, sehen Sie an jedem der fünf holzigen, stacheligen Triebe die Stelle, an welcher die Rose im letzten Frühjahr zurückgeschnitten worden ist. Kurz darunter, mit einem ganz leichten Bogen nach außen, sind dann die Triebe des letzten Jahres entstanden. Sehen Sie zwischen den Stacheln die Pünktchen, also die Triebknospen; bis oben sind es schätzungsweise zwanzig. Die im letzten Sommer gewachsenen Triebe sind an der untersten Stelle so dick wie mein Daumen, und ich habe nicht gerade dünne Finger. Der Busch als solcher macht einen zuverlässigen, kraftvollen Eindruck. Die Frage, auf wie viele Austriebe es der Rosenstrauch je Trieb bringt, kann keine Regel und kein Buchschreiber beantworten, die muß jeder nach dem Gefühl entscheiden, das er sich als Gärtner für seine Pflanzen anzueignen hat. Wie diese ›Erotica‹ dasteht, möchte ich meinen, daß man ihr an jedem der fünf vorjährigen, inzwischen verholzten Triebe sechs Augen belassen sollte. Wären die Triebe nur so dünn wie mein kleiner Finger, so beließe ich wahrscheinlich nur drei Augen. Hätte es die Rose nur auf bleistiftdünne Triebe gebracht, würde ich sie ausgraben und wegwerfen, sofern es sich nicht um eine von ihrer Natur her schwächlich wachsende Sorte handelte, die diesen Nachteil durch den doppelten Charme ihrer Blüten wieder wettmacht, wie das beispielsweise bei der weißen ›Virgo‹ der Fall ist, der »Jungfrau«.

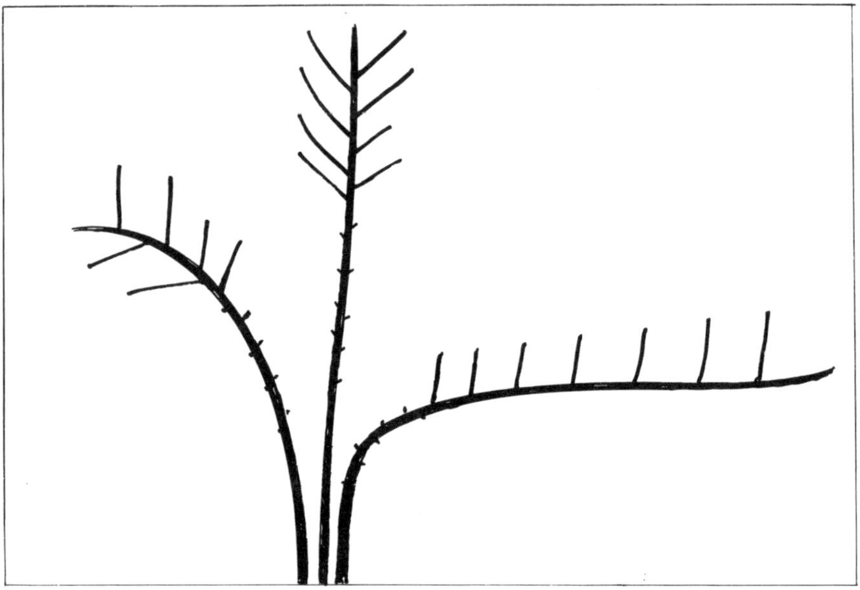

Rosen und Weinreben, aber auch andere Pflanzen bilden immer diejenigen Triebknospen am zeitigsten und kräftigsten aus, die höhenmäßig am weitesten vom Erdboden entfernt sind. Man versucht deshalb bei Kletterrosen, Weinstöcken und vor allem auch beim Zwergobst, die Verzweigungen in eine fischgrätenartige Schrägstellung oder in eine fast waagerechte Haltung zu bringen, damit möglichst viele Triebknospen annähernd in gleicher Höhe stehen und infolgedessen gleichmäßig austreiben.

Wenn ich mir darüber klar bin, wie viele Augen die Rose wohl schaffen kann, wird geschnitten. Und zwar etwa einen halben Zentimeter über dem obersten Auge, das nach außen weist. Dann wächst auch der neue Trieb mehr nach außen als nach oben oder gar nach innen. Das aber muß ich beim obersten Austrieb, der ja das ganze Gerüst des Busches bestimmt, unbedingt vermeiden. Dies ist bei den anderen Austrieben nicht möglich, denn ich kann ja die Knospen nicht einfach an die andere, äußere Seite setzen. Und so ist die zweite Maßnahme beim Rosenschnitt im Frühjahr, daß ich alle Verzweigungen wegnehme, die nach innen in den Busch hineinwachsen, weil sonst im Laufe des Sommers ein heilloses Durcheinander entsteht. Das aber ist auch schon alles, was man vom Rosenschnitt wissen muß.
Noch ein Wort zu den Hochstämmen, die ich gleichfalls einmal gehabt habe. Bei ihnen macht man es im Prinzip ebenso. Handelt es sich doch um Rosen, bei denen lediglich die Veredlungsstelle höher liegt. Sonst sind es Büsche wie alle anderen. Ich habe Hochstammrosen nie gemocht, wenn sie nur mit

einigen Trieben in die Höhe geschossen sind. Wenn schon Kronenbäumchen, sollen sie auch eine runde Blütenkrone bilden. Die erzielt man durch das Pinzieren, das Einkürzen der grünen Triebe, die bis Anfang Mai gewachsen sind. Dadurch verzögert sich zwar der Blütebeginn, aber man bekommt schöne Bäumchen.

Strauchrosen sind besonders schön

Hätte ich einen kalkreicheren Boden, genug Platz und viel Sonne, pflanzte ich nicht mehr so viele Beetrosen, zu denen ich die Teehybriden, die Polyantha- und Floribundarosen zähle; eine ungeschickte Rubrizierung übrigens, weil sich zumindest die Floribunda von den Teehybriden so gut wie gar nicht mehr unterscheiden lassen. So wird beispielsweise die Sorte ›Duftwolke‹ mal unter der einen und mal unter der anderen Rubrik von den Baumschulen angeboten. In unserem Garten wechselte meine Liebe allmählich zu jenen groß werdenden Rosen über, die – ebenfalls törichterweise, weil es sich bei allen Rosen um Sträucher handelt – als Strauchrosen bezeichnet werden. Wer einmal auf der Insel Mainau die Straße der Wildrosen durchwandert hat, die durchaus nicht alle wild, sondern teilweise auch gezüchtet sind, der wird derartige Schönheiten ebenfalls in seinem Garten haben wollen.
Ein Rosenbeet mit gleichmäßig hohen Blüten, wer seine Freude daran hat, soll es sich gönnen. Für mich aber geht nichts über einen mannshohen, breit hingelagerten Rosenstrauch mit Hunderten von Blüten den Sommer über; da möchte ich lieber fünf solcher Sträucher als die fünffache Anzahl von Beetrosen haben. Am liebsten sind mir – es mag altmodisch klingen – die alten Zentifolien und die Moosrosen mit ihren großen, dichtgefüllten Blüten und ihrem Duft, an den keine moderne Rose herankommt. Zwar blühen sie

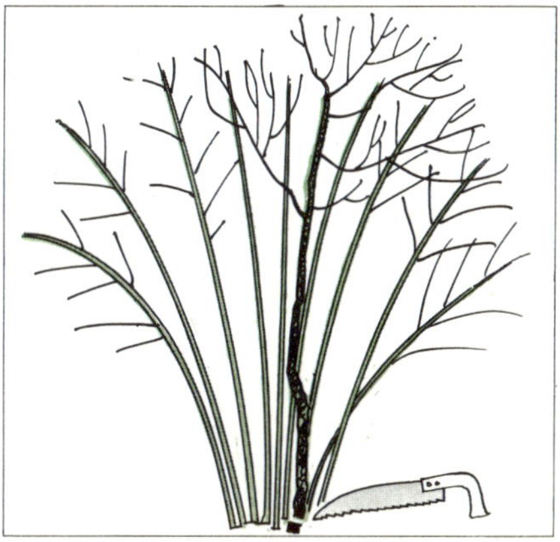

Das Schneiden der Strauchrosen – wie überhaupt der meisten Ziersträucher – ist höchst einfach. Alle zwei bis drei Jahre nimmt man das alte Holz weg, so tief sich die Säge ansetzen läßt.

nur ein einziges Mal im Sommer, aber was soll's, auch die Rhododendronsträucher und Japan-Kirschen blühen nur ein einziges Mal, und auch meine Flasche Riesling Spätlese aus Durbach kann ich nicht zweimal trinken.

Ich habe jahrelang Zentifolien und Moosrosen, Damaszener- und Moschusrosen sowie einige Züchtungen gehabt, die schon in der Mitte des 19. Jahrhunderts entstanden sind. Leider mußte ich sie später ausroden, es ist mir schwer genug gefallen, aber es fehlte zusehends an Sonne, und da die Luftfeuchtigkeit bei uns sehr hoch ist, haben es die Rosen nicht immer geschafft, ihre hundert Blütenblätter auseinanderzufalten. So vertrauerten ihre ganzen Hoffnungen im halbknospigen Zustand. Wer jedoch über Sonne, Wind und Platz verfügt, der sollte nicht zögern, sich einige dieser Rosenbüsche zu pflanzen. Es gibt wieder Baumschulen, die sie heranziehen.

Der Umgang mit diesen Rosen ist einfach. Nur muß man etwas von ihrem Wachstum wissen. Alle abendländischen Rosen – zu ihnen gehören unsere Heckenrosen ebenso wie die Gallische Rose, die Zentifolie, die Damaszenerrose und wie sie alle heißen – haben eine ganz bestimmte Eigenart. Säe ich von diesen Rosen ein Samenkorn aus, wächst der Sämling im ersten Jahr zu einer mehr oder weniger langen Rute heran, ohne daß eine Blüte kommt. Erst im nächsten Jahr bringt die Rute kurze Verzweigungen hervor, an denen die Blüten erscheinen. Entsprechend muß ich meine Zentifolien und Moosrosen behandeln, im Grunde alles groß werdende Rosensträucher oder Strauchrosen, wie man sie gewöhnlich nennt. Ich lasse also die aus dem Boden kommenden Triebe wachsen, so hoch sie wachsen wollen. Bei einer eingewurzelten Zentifolie kann die Rute zwei Meter hoch werden. Im nächsten Jahr verzweigt sich diese Rute, sie treibt seitlich kurze Triebe mit Knospen, und weil wie bei allen Pflanzen, auch bei den in die Höhe gewachsenen Zentifolien, die obersten Knospen am kräftigsten treiben, ziehen diese Triebe mit ihrem zunehmenden Gewicht – vor allem wenn sich die dicken Knospen bilden – die lange Rute bogenförmig nach unten. Daraus schon geht hervor, daß man viel Platz für diese Rosen braucht und den sollte man ihnen auch unbedingt bieten.

Sie blühen also an den Verzweigungen des alten Holzes. Diese Verzweigungen kürzt man nach der Blüte um die Hälfte ein – aber man muß das nicht unbedingt machen –, wodurch sich auch im nächsten und im übernächsten Jahr noch ein Flor ergibt. Inzwischen aber sind aus dem Boden so viele junge Ruten gewachsen, daß man die alten, verholzten, dunkelrindig gewordenen Triebe wegschneidet, und zwar mit der Baumsäge und so tief über dem Boden, wie es irgend geht. Das Wegschneiden des alten Holzes ist die einzige Arbeit, die man mit diesen Rosen hat – und das ist wahrlich wenig genug.

73 Einfache Schalennarzisse als sehr schöne Vertreterin einer Frühlingsblume.

74 Die Christrose, *Helleborus niger*, deren Sorte ›Praecox‹ sehr früh ist und zuweilen bereits an Allerheiligen blüht.

75 Das Schneeglöckchen sollte man stets in dichteren Horsten und dorthin pflanzen, wo es im Sommer keine Hacke zu fürchten braucht.

76 Manchmal überrascht der Schnee selbst die späten Gartenkrokusse.

77 *Tulipa-Greigii*-Hybriden mit getupftem Laub.

74△ 75▽ 76▷

Von den Chinesen gezüchtet

Das Blühen an den Verzweigungen erst im zweiten Jahr ist eine Eigenart der abendländischen Rosen, zu denen auch die aus Vorderasien bis zum Kaukasus etwa zählen. Anders ist es bei den Rosen aus China und Ostasien, die Mitte des 18. Jahrhunderts nach Europa gekommen sind. Durch zahllose Kreuzungen im Laufe der Zeit sind unsere sommerlang blühenden Beetrosen und die groß werdenden Rosensträucher entstanden, die mehrmals im Sommer blühen.

Es gibt eigentlich nur einen einzigen Nachteil, den diese Sträucher haben: ihre Steifbeinigkeit. Die von der Natur erschaffenen Rosen – Zentifolien oder unsere Heckenrose – sind stets harmonisch in ihrem Wuchs, elegant beinahe mit ihren bogig überhängenden Ruten. Doch die meisten immerblühenden Strauchrosen stehen steif. Für mich besteht kein Zweifel, daß diese Steifbeinigkeit noch überwunden wird, bei der Sorte ›Schneewittchen‹ ist es ja bereits erreicht. Kluge Stadtgärtner pflanzen das ›Schneewittchen‹ und dahinter die herrlich rote ›Bischofsstadt Paderborn‹, deren Steifbeinigkeit man hinter dem weißen Blütenflor nicht mehr sieht.

Bei mir kommt ein ›Schneewittchen‹ an die Stelle der Kletterrose ›Feuertanz‹, die zwar großartig ist, mir aber mit ihrer roten Farbe nicht an die Stelle paßt, an welcher sie jetzt steht. Möglicherweise entscheide ich mich aber für die unsterbliche ›New Dawn‹ in ihrem zarten Rosa, die dort oben als freier Blütenstrauch nach allen Seiten sich entfalten kann.

Mit Kletterrosen an Wänden und Zäunen habe ich zwar eigene Erfahrungen nicht sammeln können, doch weiß ich sehr wohl, daß man sie nach Möglichkeit gegen die Ostwinde des Winters schützen soll. Im übrigen behandelt man sie wie die Zentifolien und anderen Strauchrosen. Alle paar Jahre kommt so tief wie möglich das alte Holz weg. Die jungen Triebe bindet man möglichst fischgrätartig nach oben, man bringt sie also aus ihrem aufrechten Wuchs in eine Schräge, damit möglichst alle Augen austreiben und nicht nur die, welche ganz oben sitzen und am kräftigsten sind.

Die schönste – besser gesagt tüchtigste – Strauchrose in unserem Garten heißt, der Name fiel bereits öfter, ›Wilhelm‹. Dieser über zwei Meter hohe Strauch steht zwar ungünstig, denn der Wald und die in seiner Nähe gepflanzte Hemlockstanne machen ihm immer mehr Licht und Luft streitig. Ganz früh am Morgen im Sommer und nachmittags bekommt unser ›Wilhelm‹ auch seinen Anteil am Sonnenschein, aber etwa ab Oktober steht er bis auf zwei Stunden am Spätnachmittag völlig im Schatten. Die Langblütigkeit im Herbst hängt freilich stark vom Wetter ab. Doch gibt es von Mitte Juni bis Ende September so gut wie keinen einzigen Tag, an dem ich von diesem

Rosenstrauch nicht zumindest ein Blütenbüschel schneiden *könnte.* Täte ich es, bliebe allerdings von dem Rosenstrauch bald nichts mehr übrig. Und es hat Jahre gegeben, in denen der Flor bis in den Dezember hinein angedauert hat.

Ein Anlaß zum Nachdenken

Zum Abschluß möchte ich Ihnen noch etwas erzählen, was, in anderen Worten, im *Jahrbuch 1975 des Vereins deutscher Rosenfreunde* zu lesen ist. Man hat in diesem Jahrbuch versucht, die neunzigjährige Geschichte des Vereins deutscher Rosenfreunde und damit die Geschichte der neueren Rosenkultur mit Dokumenten zu belegen. Zu diesen Dokumenten gehörte auch ein Bericht, der 1942 geschrieben worden ist, jedoch infolge der kriegsbedingten Papierknappheit nicht gedruckt werden konnte. In ihm geht es um die Rosen des berühmten Hamburger Parks Planten un Blomen. Der damalige Gartendirektor Fritz Nobis beschreibt und preist in dem ausführlichen Text die Rosensorten dieses Parks, es sind genau 137 verschiedene Namen. 1975 nahm der Bearbeiter des Jahrbuchs den neuesten Katalog der Rosenschule Wilhelm Kordes' Söhne zur Hand, die zweifelsfrei über das größte Sortiment in Europa verfügt. In diesem Katalog bietet die Firma Kordes 298 Rosensorten an. Darunter befinden sich aber nur noch zehn von den

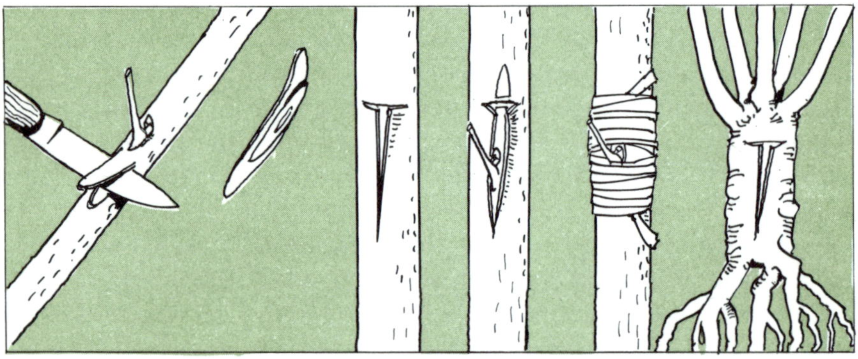

Wer seltenere Rosen haben möchte, die keine Baumschule mehr führt, der kommt um das Veredeln nicht herum. Unterlagen kann man kaufen, oder man gräbt sich ein paar Hundsrosen am Rand einer Kiesgrube aus. Beste Veredlungszeit ist Ende Juli, wenn sich die grüne Rinde leicht vom Holz löst. Ganz *links* ist zu sehen, wie man das Edelauge schneidet. Oben in den grünen Stamm des Wildlings macht man sodann einen T-förmigen Schnitt, löst die beiden Rindenlappen, schiebt das vorher geschnittene Rindenstück mit dem Edelauge hinein und umwickelt alles fest mit Bast. Bei Buschrosen wird die Veredelung am Wurzelhals durchgeführt (ganz *rechts*).

Sorten, die Fritz Nobis 1942 beschrieben hat. Es sind, und das spricht für ihre Qualität: ›Kardinal‹, ›Joseph Guy‹, ›Orange Triumph‹, ›Frau Astrid Späth‹, ›Frühlingsgold‹, ›Betty Prior‹, ›C. F. Meyer‹, ›Paul's Scarlet Climber‹, ›New Dawn‹, ›F. J. Grotendorst‹. In einer Zeit so schneller Vergänglichkeit also leben wir.

Die Geschichte geht aber noch weiter. Es wird von einem Buch berichtet, das die auch heute noch bekannte Rosenfirma Schultheiß 1889 herausgegeben hat. Diese Rosenschule hatte damals eine ganz einfache Rosenabstimmung durchgeführt. Man ging die Bestellungen der letzten drei Jahre durch und zählte, welche Sorten wie oft und in welcher Zahl gefragt waren. So ergaben sich als Spitzenreiter die zwanzig gesuchtesten Rosen des Jahres 1889. Von den 1942 beschriebenen Rosen kann man heute noch zehn Sorten kaufen. Von den zwanzig Spitzenreitern von 1889 aber kann man das ebenfalls, es sind ›Maréchal Niel‹, ›La France‹, ›John Hopper‹, ›Magna Charta‹, ›Paul Neyron‹, ›Général Jacquimont‹, ›Triomphe de l'Expansion‹, ›Prince Camille de Rohan‹.

Ich finde, daß dies sehr zum Nachdenken anregt. Zumindest werden Sie, lieber Leser, begreifen, weshalb ich Ihnen außer den ADR-Rosen keine Sorten empfehlen möchte; ganz abgesehen davon, daß ein lateinisches Sprichwort noch immer seine Gültigkeit hat: *de gustibus non est disputandum.*

Rasen

Meine Frau, die Ilsebill ... Aber auch das Gras will nicht so wachsen, wie ich's will.

Auf das Saatbeet kommt es an

Die sattgrüne Rasenfläche ist für den Gärtner eine Art von Meisterbrief. Grün auf grün wird durch den Rasen bescheinigt, daß der Mensch seinen Willen gegen die Natur durchgesetzt hat. Denn die Erde selbst hat ganz andere Ideen, die sie mit ihren Pflanzen verwirklichen möchte. Gleichförmige Teppiche aus Gräsern kommen in der Natur nicht vor. Rasen ist etwas Kunstvolles, und er bedarf deshalb einer ständigen Pflege. Vergleichsweise könnte man an einen Pudel denken, der gefüttert, von Läusen freigehalten, gebadet, immer wieder getrimmt und in seiner Gelehrigkeit gefördert werden muß, soll er ein Pudel nach unserer menschlichen Vorstellung bleiben. Wie dieser Hund am leichtesten zu pflegen sein wird, wenn er von klein auf als gesundes Tier heranwuchs, so kommt auch der ersten Anlage eines Rasens die größte Bedeutung zu. Die Aussaat der Gräser ist eine Kleinigkeit. Aber auf die Vorbereitung des Saatbeetes kommt es an. Hierbei darf weder mit Zeit noch mit Geld, nicht mit Arbeit und mit Aufwand geknausert werden. Das Beet ist für den Rasen so wichtig wie das gutgemachte Bett für die Nacht, der Schlaf kommt dann von allein.

Rasen wird von lebendigen Gräsern geknüpft, die zertreten, zerdrückt, von der Mähmaschine kleingeschnitten werden und doch immer wieder wachsen sollen. Wir verlangen von den Gräsern eigentlich mehr als von anderen Gewächsen des Gartens. Deshalb braucht der Rasen auch in vermehrtem Maße Licht, Luft, Wasser und etwas zum Beißen, wenn er gedeihen soll. Lagerverwalter für Luft, Wasser und Nährstoffe aber ist der Boden, ihm allein hat die erste Fürsorge zu gelten.

Das Schlaraffenland für den Rasen ist schwarz von Humus, gelb gesprenkelt von zerbröseltem Lehm, durchglitzert von scharfem Sand und so feucht wie ein ausgedrückter Schwamm. Der Boden soll also genügend Feuchtigkeit halten, doch darf er sich nicht gleich bei jedem Regen patschnaß vollsaufen, er muß auch in der Lage sein, ein Zuviel an Wasser in tiefere Erdschichten ablaufen zu lassen. Mit Hilfe des Sandes soll der Rasenboden stets gut durchatmen können, bei aller angestrebten Festigkeit soll er doch etwas locker und nach Möglichkeit ein bißchen sauer sein.

Die Gräser des Rasens haben nicht viel Zeit, sich mit ihren Wurzeln zu beschäftigen, denn sie müssen ja unentwegt die grünen Blätter nachwachsen lassen. Die Wurzeln reichen also nicht tief in den Erdboden hinein, und hat man es bei der ersten Anlage mit dem Boden falsch gemacht, darf man im Sommer nicht in die Ferien fahren, oder aber der Klee feiert fröhliche Urständ. Klee nämlich könnte die Wappenblume der Bergleute sein, denn er gräbt sich mit seinen Wurzeln metertief in die Erde. Während der Rasen also bei lebendigem Leibe zu Heu vertrocknet, pumpt sich der grüne Klee voll Wasser, das er in größerer Bodentiefe immer zur Genüge findet. Sie dürfen daraus ruhig folgern, daß es zu keinem nennenswerten Kleewuchs kommt, wenn der Rasen in der Zuversicht leben kann, stets genug Wasser erwarten zu können.

Ich darf Sie, sofern eine vierwöchige Reise nach Teneriffa ansteht, insofern trösten, als ich noch keinen vertrockneten und vergilbten Rasen gesehen habe, der nicht binnen kurzer Zeit wieder grün geworden wäre, wenn er nach den Ferien das ihm zustehende Maß an natürlichem oder künstlichem Regen erhielt. Hat sich der Klee aber breitgemacht, ist die Geschichte nicht mehr ganz so einfach. Jedoch zeichnet er sich wie das Gänseblümchen durch großen Familiensinn aus und lebt mit seinen Nachkommen in einem engen Klan. So kann man seine Kolonien mit dem Spaten leicht herausstechen. Bei mir hat sich diese Praxis im Laufe der Jahre noch am besten bewährt, vor allem bei den Gänseblümchen. Ich fülle die flachen Löcher mit dem bewährten Torfkultursubstrat I und streue wieder Rasensamen aus. Schon nach acht Wochen ist von den Flickstellen nichts mehr zu sehen.

Ähnlich ist es mit dem Moos. Es gibt aber im Schatten oder an bodenfesten Hanglagen in Waldnähe verschiedene Situationen, die dem Moos bekömmlicher sind als dem Rasen. Ich kann die Leute nicht verstehen, wenn sie sich deshalb die Haare raufen. Sicher ist das Moos mit allerlei Mitteln zu vernichten, aber es wird sich immer wieder einstellen. Weshalb beläßt man es nicht von vornherein. Wir schwärmen allemal davon, wie weich es sich über das Moos des Waldbodens gehen läßt. Beim Moos im Garten ist es nicht weniger angenehm. In unserem Garten gibt es einige Stellen, die wir sorgfältig behüten, damit dem Moos nichts geschieht. Der unachtsame Umgang mit dem Stahlbesen könnte bereits aus dem grünen und gleichmäßig glatten einen räudigen Pelz machen.

Der Rasen braucht, weil er mit seinen Wurzeln nicht in die Tiefe wächst, gleichbleibende Feuchtigkeit. Es gehört wasserspeichernder Humus in den Boden, also Kompost oder Torf in ausreichenden Mengen. Humus und Torf, ich sagte es schon, haben die unangenehme Eigenschaft, allmählich abzubauen beziehungsweise sich von den Bodenbakterien verspeisen zu lassen. In meinem eigenen Garten mit seiner schweren Erde stellten sich diese Probleme anfangs nicht. Es gibt indessen Böden, durch die das Wasser so schnell hindurchläuft wie durch die Maschen eines Einkaufsnetzes. Für diese Zwecke gibt es, darüber habe ich auf Seite 122 geschrieben, neuerdings Hygromull, das alle erreichbare Feuchtigkeit in sich aufnimmt und dadurch gleichzeitig die Nährstoffe unserer Gräser vor dem Abschwemmen bewahrt. Der gepufferte Reis schmeckt den Bodenbakterien nicht, er wird also niemals abgebaut, so daß jedes Körnchen einen Wassertank für die Ewigkeit darstellt. Mit Hygromull wurden ausgezeichnete Erfahrungen gemacht.

Die Rasenmischung ist alles

Ein Rasenteppich wird immer dann am besten, wenn ihn verschiedene Grasarten weben und knüpfen. Alle Gräser haben unterschiedliche Eigenarten und Talente, und erst aus dem Zusammenwirken der verschiedenen Begabungen entsteht ein Rasen. Der gelernte Grassamengärtner weiß das genau und wird für den Garten stets handelsübliche Mischungen herstellen, wie man sie für die unterschiedlichsten Böden und klimatischen Verhältnisse braucht. Sie sollten also dem Samenfachhändler sagen, welche Erwartungen Sie an den Rasen stellen. Man denke immer daran, daß es sich um ein Gewebe aus lebendigen Pflanzen handelt, das wir gegen den Willen der Natur künstlich herstellen. Wenn ich die dornige Wildrosenhecke ausschneide, kann ich zwar eine Strickjacke aus weicher Angorawolle anziehen, aber sie ist bald kaputt. Daher nehme ich für diesen Zweck eine alte Jacke aus Tweed; es kommt mir manchmal vor, als befinde sich Draht im Gewebe.
Ähnlich ist es mit dem Rasen, der sich nicht gerade nach Fußballstiefeln sehnt, wenn er überwiegend aus angoraweichen Blauschwingelgräsern besteht. Da sät man besser einen grünen Tweed, in dessen Gewebe sich viel Weidel- oder Raygras befindet, der Gärtner bezeichnet es als *Lolium perenne*. Nicht, daß in einem angoraweichen Rasen Weidelgras gänzlich fehlen sollte, trägt es doch ungemein zu jener Festigkeit bei, die auch ein feiner Teppich haben muß, aber es ist nicht so stark in Feinrasenmischungen vertreten.
Ich halte wenig davon, hier verschiedene Rasenmischungen mit ihren Prozentzahlen festzuhalten. Es gibt schließlich eine Rasenliteratur, die man nach laufenden Metern messen könnte, sogar eine spezielle Zeitschrift nur

für den Rasen ist auf dem Markt. Es hat auch keinen praktischen Sinn, verschiedene Grasarten aufzuzählen oder gar zu beschreiben, die sich in den verschiedenen Mischungen befinden. Zwar kann ein Rasenspezialist an den Samenkörnern die jeweiligen Arten erkennen, sofern ihm ein gutes Vergrößerungsglas zur Verfügung steht, aber Sie und ich können es keinesfalls. Ich muß mich also auf den Samenfachhändler genauso wie auf den Apotheker verlassen, daß er mir kein Strychnin in den Hustensaft mischt. Und dies kann man auch unbesorgt tun, denn es handelt sich um einen erfahrenen und angesehenen Berufsstand. Nur so viel sei gesagt, daß ein Rasen, je feiner er ist, um so langsamer wächst. Dies hat seine Vorteile und seine Nachteile.
Nehmen wir wieder den grünen Tweed zum Vergleich, der einen großen Anteil Weidelgras hat. Wenn ich diese Mischung aussäe, geht das Gras bereits nach neun Tagen auf, und die im Boden vorhandenen Unkrautsamen haben kaum Chancen, das Rennen um Licht und Luft zu gewinnen. Dafür ist der Rasen dann gröber in seinem Gewebe, und weil er schnell wächst, muß ich ihn oft schneiden. Mein angoraweicher Rasen aus Schwingelgräsern dagegen läßt sich Zeit zu keimen und zu wachsen. So geschieht es, daß sich vorher ein munteres Völkchen aus dem Reich der Botanik einfindet, das auf der für meinen Gräserteppich vorgesehenen Fläche gar nicht erwünscht ist. Mache ich mir aber die Mühe, die ungebetenen Gäste immer wieder zu vertreiben, bis sich der Rasen mit seinen Horsten und Ausläufern fest ineinander verflochten hat, brauche ich diesen Teppich, eben weil er langsamer wächst, auch nicht so oft zu mähen.

Ganz einfach: das Anlegen des Rasens

Das Schlaraffenland für den Rasen ist schwarz von Humus, gelb gesprenkelt von zerbröseltem Lehm, durchglitzert von scharfem Sand und so feucht wie ein ausgedrückter Schwamm. Aber die Wirklichkeit sieht meistens anders aus. Niemand kann erwarten, seinem Rasen schnell einen idealen Boden bieten zu können. Bei mir war es nicht anders. Ich habe erst einmal alles umgegraben, dann Torf verteilt, so viel ich mir gerade leisten konnte. Das mache ich immer sorgfältig, weder Quecken noch Wurzelunkräuter entgehen meinen Augen. Es war Ende März Anfang April gewesen. Zwei Wochen später habe ich die gegrabene Fläche ordentlich mit dem Krail durchgewalkt, wobei gleichzeitig die erste Angriffswelle der Unkräuter eine Niederlage erlebt hat. Der zweite grüne Aufmarsch wurde vernichtet, als ich nach abermals vierzehn Tagen daranging, den zerkrailten Boden mit dem Rechen ordentlich glatt zu kämmen. Im Kapitel über Gartengeräte erzählte ich bereits, daß ein Rechen gar nicht breit genug sein kann, wenn man das Rasensaatbeet als

ungeübter Mensch schön glatt bekommen will. Ich harkte die Fläche mit dem Rechen über Kreuz, und schließlich sah die Erde aus, als wäre sie mit Sandpapier geschmirgelt worden.
Selbstverständlich gibt es Maschinen, mit denen die gleichmäßige Aussaat von Rasensamen ein Kinderspiel ist. Neuerdings kann man sich derlei Maschinen in einigen Gartencentern sogar ausleihen. Ich finde aber, daß sich zumindest für etwas größere Rasenflächen und für Menschen, die zwei linke Hände haben, die Anschaffung lohnt. Man kann nämlich mit einigen Maschinen auch Rasendünger ausbringen, die mit sogenannten Unkrautvernichtern durchsetzt sind, und wenn man diese Gemische mit den erwähnten linken Händen ausstreut, kommt es leicht zu Löchern im Rasen.
Bei mir indessen wurde mit der Hand gesät. Ich wußte, daß es ratsam ist, sich mit Schnüren ein Gitternetz aus Quadratmetern über die Saatfläche zu ziehen. Je nachdem, ob auf der Packung der Samenmischung 30 oder 40 Gramm für den Quadratmeter empfohlen werden, probiere ich einmal kurz aus, wieviel Samen ich etwa mit meiner Hand greifen muß, um diese Vorschrift zu erfüllen. Habe ich die ganze Fläche in Quadratmeter eingeteilt, ist die gleichmäßige Verteilung des Saatgutes eine Spielerei. Ich habe auf einem abgegrenzten Quadratmeter getestet, wie es aussieht, wenn ich dreißig Gramm des hellen, auf dem dunklen Boden gut sichtbaren Samens verteile. Danach ging es, einen Eimer mit der Grassamenmischung schräg vor dem Bauch, gemessenen Schrittes über die ganze Fläche.
Nach dem Ausstreuen des Saatgutes nimmt man üblicherweise einen Rasenigel zur Hand. Das ist nichts weiter als eine breite Rolle aus Holz, die ringsherum mit Nägeln bespickt ist. Diesen Igel schiebt man langsam über das Saatbeet, wodurch die Samenkörner – zumindest der größere Teil von ihnen – flach in den Boden gedrückt werden. Mir hat ein derartiger Igel gefehlt, und so igelte ich mit dem eisernen Rechen. Man darf aber die eisernen Zähne nicht gierig in den Boden einhauen lassen, sie sollen nur ganz leicht und allenfalls zentimetertief eintupfen. Das macht man Strich um Strich und mit viel Humor über sich selbst, daß ein verständiger Mensch sich als roboterhaft hackender Automat betätigt.
Sobald das Einigeln oder Einhäckeln beendet ist, muß man die ganze Fläche abwalzen. Man kann sich auch mit zwei Brettern behelfen, die man mit langen Kokosstricken gegen die Sohlen der Stiefel zieht.
So ist unser Rasen entstanden, und er ist noch heute da. Ich habe nie den Ehrgeiz gehabt, ihn angoraweich zu bekommen, denn bei der Hanglage unseres Gartens muß er gelegentlich auch als Rollbahn für den Schubkarren dienen. Viele Probleme gab es nicht, weil die sich irgendwann einstellenden Schäden leicht zu beheben sind. Nur als bei einem Sommernachtsfest eine

Am gleichmäßigsten läßt sich die Rasensaat mit einem Säwagen ausbringen. Wer es von Hand und ganz genau machen will, der muß die Saatfläche in quadratmetergroße Stücke aufteilen. Hinterher wird die Saat eingeigelt und schließlich gewalzt bzw. mit Brettern festgetreten.

halbe Stunde im Kreis Letkiss getanzt wurde, hat er uns an dieses fröhliche Fest noch ein Jahr lang erinnert.

Oft kommt es anders, als man plant

Man merkt an der Anlage meines Gartens, daß ich alles andere als ein Rasenfanatiker bin. So weiß ich wirklich nicht, wie es vier Jahre später geschehen konnte, daß ich zur Gründungsfeier der Deutschen Rasengesellschaft e. V. in Bad Godesberg den Festvortrag halten mußte. Bei ihm habe ich über meine Rasenerfahrungen berichtet.
Zu dieser Zeit hatte ich mit meinem Gartenrasen bereits Frieden geschlossen. Die Auseinandersetzungen zwischen der Natur und mir fanden nur noch auf diplomatischer Ebene statt. Alles drehte sich um mehligen Kuhmist und etwas Sand. Die Jagd auf den Löwenzahn ging lautlos vor sich, ich hatte mir dafür ein rotgestrichenes Hohlmesser von gehöriger Länge gekauft. Rot deshalb, weil man es im grünen Rasen leichter findet. Die chemischen Kampfstoffe wurden abgeschafft. Lediglich die Mähmaschine mußte der Rasen alle acht Tage ertragen.
Freilich habe ich keinen ganz weichen Rasen aus grünen Daunen, auf dem man nur englisch sprechen darf. Ich lasse ihm seine Kurzweil mit ein paar Butterblumen und etwas Klee. Auch den Regenwürmern wurde das Bürger-

recht nicht aberkannt. Manchmal veranstaltet die Wacholderdrossel ein Tauziehen mit ihnen. Dann möchte sie sich am liebsten auf die Zehenspitzen stellen, um dem Gras einen immer länger werdenden Wurm zu entreißen. Freilich ist der Regenwurm im Gras ein Schädling, aber im Rosenbeet daneben und zwischen dem Knollensellerie hat man den nützlichen Wurm sehr gern.
Nach der Gräsermischung, die ich ausgesät habe, müßte sich mein Rasen in grünen Bahnen zusammenrollen und an einen englischen Lord verkaufen lassen. Ich habe noch immer die Rechnung als Legitimation der Vornehmheit meines Rasens. Er bestand aus beiden Rotschwingelarten, dem Straußgras, der Wiesenrispe und etwas Weidelgras. Doch was kann der Rasen dafür, daß sich der Wind weder durch den Maschendrahtzaun noch durch die Hainbuchenhecke daran hindern läßt, den Garten zu betreten. Und jenseits von Zaun und Hecke gibt es andere Gärten und Wiesen und Waldränder. Dort blühen gewöhnliche Kuhweidengräser, Glockenblumen und Schafgarben.
So kam es ganz von selber, daß der Wind im Laufe der Zeit meinen vornehmen Rotschwingelrasen gleichgeschaltet hat. Nun verfügt er über Geduld und das dicke Fell eines Bernhardiners. Man kann alles mit und auf ihm machen, und saftig grün sieht er außerdem aus.
Übrigens hat die kurzgehaltene Schafgarbe in Hanglagen ihre Vorteile. Wer zum Zwecke der Kreislaufförderung frühmorgens barfüßig durch den Tau läuft, wird das bald feststellen. Da wirkt ein bißchen Schafgarbe wie ausgestreuter Sand bei Glatteis. Auf reinen Gräsern rutscht man leicht aus. Und das Tautreten findet schließlich mit den Füßen statt.

Stauden

Von der alljährlichen Wiederkehr der schönsten Blütenpflanzen der ganzen Welt.

Freude durchs ganze Jahr

Unter Stauden versteht man krautige Pflanzen. So ganz genau stimmt's auch wieder nicht, denn man zählt den Lavendel, das Sonnenröschen und andere ebenfalls dazu, obwohl sie ihrer holzigen Beschaffenheit nach zu den Sträuchern gehören. Weiter heißt es in den Vorschriften für Stauden, daß sie sich mit dem Winter – wenigstens einigermaßen – vertragen müssen. Sie haben also in jedem Jahr wiederzukehren, wobei sie sich tunlichst ringsum bestockt oder durch Ausläufer vergrößert haben sollten, was einige von ihnen leider etwas übertreiben.

Aus diesem Satz von der Wiederkehr geht bereits hervor, daß die meisten Stauden im Herbst verschwinden, indem sie sich mit allen Lebensgeistern in ihre Wurzelfilze, Rhizome, Knollen und Zwiebeln zurückziehen. Denn auch Gewächse mit solcherart beschaffenen unterirdischen Organen, wie sie beispielsweise bei Lilien, Tulpen, Narzissen, Herbstzeitlosen und dem Safran anzutreffen sind, gehören – streng genommen – zu den Stauden. Viele Stauden bleiben aber auch im Winter grün oder silbergrau, wobei es sich zumeist um niedrigere Arten handelt, ich denke an mancherlei Polster und Rosetten, die von den Gebirgen der ganzen Welt stammen und es ohnehin gewohnt sind, von Schnee zugedeckt zu werden: Was sollen sie sich also erst ins Erdreich zurückbegeben.

Obwohl diese Vorschriften auch von manchen Gemüsepflanzen erfüllt werden, wozu vor allem der Meerrettich, der Rhabarber und manche Würzkräuter zählen, versteht man unter Stauden doch ganz allgemein Pflanzen, die wir ihrer Schönheit wegen schätzen. Weil es mit ihnen möglich ist, beinahe während des ganzen Jahres seine Freude zu haben, gehören die Stauden zu den wichtigsten Gartenpflanzen überhaupt.

Bei mir sind in fünfzehn Jahren zwei Stauden siegreich geblieben, die zu den Lippenblütlern und zur vornehmen Gevatterschaft unserer gewöhnlichen

Taubnessel gehören. Das ist einmal die Goldnessel mit gelben Blüten und silbergefleckten Blättern, unter Gärtnern als *Lamium galeobdolon* ›Florentinum‹ bekannt. Zum anderen die rötlich blühende, an den Blättern weiß verzierte Gefleckte Taubnessel alias *Lamium maculatum* ›Argenteum‹. Um mich mit dem vielen Gärtnerlatein nicht zu übernehmen, will ich weiterhin kurz und bündig von Lamium sprechen. Dieses hübsche Kraut also hat eine Lebenskraft und einen Vermehrungsdrang, daß man sich letztlich nur mit der Gewalt des scharfen Spatens seiner erwehren kann. Es wächst im tiefsten Schatten ebenso freudig wie in der Sonne, nirgendwo im Garten ist es dem Lamium zu naß oder zu trocken, kein Hang ist ihm zu steil. Ich habe zwar schon erlebt, wie diese Staude nach wochenlanger Dürre die Blätter hängen ließ, aber der kürzeste Regen hat sie immer wieder zuversichtlich gemacht.
Wenn es da und dort zu hoch wurde, habe ich das Kraut niedergesichelt, und wenn ich oben an der wilden Hecke den Boden bewachsen haben wollte, brauchte ich nur irgendwo ein paar junge Lamium auszureißen und dort oben hinzuwerfen, alles andere geschah von alleine. Dieses *Lamium galeobdolon* hat nur den einen Fehler, jedes andere Kraut zu erwürgen und umzubringen, ausgenommen vielleicht einen besonders robusten Farn oder aber Stauden mit ungeheurer Ellenbogenkraft, wie sie beispielsweise der Waldgeisbart besitzt, den ich mit seinen spireenartigen Blüten in Mannshöhe beinahe zu den Sträuchern zählen möchte. Aber es ist eine vorschriftsmäßige Staude, die in jedem Herbst ihre Blätter einzieht und deren daumendicke Stiele man dann abschneiden muß.
Ich habe oben hinter den Hemlockstannen fünf dieser Kerle, die vor fünfzehn Jahren als kleine, bewurzelte Stengelchen in unseren Garten eingezogen sind. Wenn ich sie jetzt im Winter herunterschneide, bleibt von jeder Pflanze ein rundes Stoppelfeld im Durchmesser von einem halben Meter zurück. Diesem Waldgeisbart geht es angesichts des Lamiums ähnlich wie dem Mond, den ein Hund anbellt, er macht sich nichts draus. Ansonsten macht das – wohlgemerkt hübsche – Lamium so ziemlich alles kaputt, selbst die robusten Narzissen haben es nur fünf oder sechs Jahre ausgehalten. Nunmehr gibt es aber eine tolerantere, weniger wilde und sehr viel hübschere Neuzüchtung unter dem Namen ›Silberteppich‹.
Der Gedanke an die Narzissen bringt mich auf den zweiten Renner in unserem Garten, der zur Grundausstattung des Rhododendronhanges vor meinem Schreibstubenfenster gehört, das Lungenkraut *Pulmonaria angustifolia* ›Azurea‹. Dieses rauhblättrige Kraut mit seinen enzianblauen Blüten besaß zwar nicht den Mut, gegen das Lamium anzugehen, aber es wuchs sich doch zu einem dichtgeschlossenen Teppich aus, unter dem sich die Narzissenzwiebeln wirklich wohl zu fühlen scheinen, denn sie vermehren sich von

Jahr zu Jahr, und die gelben und weißen Osterglocken über dem blauen Flor des Lungenkrautes ergeben einen wunderschönen Anblick.
Zwei weitere bekannte Stauden habe ich rechtzeitig aus dem Paradies verwiesen. Ganz und gar ist mir dies bei einer von ihnen allerdings nicht gelungen, deren Nachkommen, was mir kein sonderliches Behagen bereitet, unter Malias Schutz stehen. Sie hat ja ganz recht, daß es gut aussieht, wie diese mit ihren fingernagelkleinen Blättern sich zwischen den Stufen unserer Treppe aus Eisenbahnschwellen entlangspinnt, außerdem bringt sie noch unentwegt dottergelbe Blüten hervor. Es ist das Münzkraut, *Lysimachia nummularia*, aber man darf es nur dort pflanzen, wo dem Rennen dieser sich über den Boden hinwegspinnenden Pflanze durch Mauern oder Wegeplatten Einhalt geboten wird. Ich passe genau auf, daß Malias Schützlinge nicht über die Treppenfugen hinaus in die Schneeheide hineinwachsen, wo sie eigentlich hin möchten, denn dort bekäme ich das Münzkraut nicht mehr weg. Ähnliches könnte ich über den niedrigen, teppichartig wachsenden Knöterich *(Polygonum affine)*, sagen, der restlos weg ist, Gott sei Dank. Wo allerdings, wie schon beim Münzkraut erzählt, dem Knöterich eine Zwangsjacke aus Stein angezogen werden kann, da soll man ihn ruhig pflanzen, denn mit seinen lanzettförmigen Blättern und den rosa Blütenähren ist es ein wirklich schönes Kraut.

Kein Garten ohne Stauden

Es reizt mich, die Geschichten der über hundert verschiedenen Stauden zu schreiben, die durch unseren Garten gewandert sind und teilweise ihre Bleibe bei uns gefunden haben, aber dann hätte ich auf der ersten Seite dieses Buches damit anfangen müssen und wäre jetzt ungefähr bei der Hälfte angelangt. Diesen Pflanzen bin ich in besonderem Maße zugetan, denn, wie schon gesagt, man hat fast während des ganzen Jahres seine Freude an ihnen. Von den wilden Krokussen und anderen Zwiebelblumen, von neapolitanischen Alpenveilchen und Winterlingen einmal abgesehen, geht es mit den Christrosen, Primeln, Veilchen, Gemswurzen, Akeleien und dem Tränenden Herzen los. Die Blütenkissen von Steinphlox, Gänsekresse, Aubrietien und dem gelben Steinkraut sind im Frühling noch immer die schönste Wegbegleitung, die sich denken läßt. Ohne Margeriten, Schwertlilien und Päonien fände im Mai ein Gartenfrühling überhaupt nicht statt. Und was wäre die Zeit der Sommersonnenwende ohne die blauen Blütentürme des Rittersporns, den weithin ziehenden süßen Duft der Königslilien und ohne Glockenblumen.
Dann der Phlox mit seinem Wohlgeruch und den vielen sommerfröhlichen Farben, das bernsteinbraune Helenium mit seinem unaufhörlichen Bienenge-

summm – die Büsche sehen in jedem Sommer bei uns aus, als hätte jemand bei Nacht körbeweise neue Blüten über ihnen ausgeschüttet. Wie würde jemand auf die blauen Halbkugeln der Sommerastern verzichten können, womit Stauden gemeint sind, also winterharte Pflanzen, von denen eine Sorte wie ›Sternkugel‹ fast den Lebensraum eines Quadratmeters braucht. Dann geht es weiter mit den verschiedenen Sonnenblumen, den höheren Herbstastern, während noch immer die Margeriten in vollem Flor stehen, bis, manchmal erst im Dezember, das Brokat der koreanischen Chrysanthemen im ersten Frost erlischt. Doch zu Allerheiligen kommt es oft schon vor, daß die erste Staude des Jahres, die Christrose, voll erblüht. Ich habe sie leider nur wenige Jahre halten können, sie hat erst schwarze Flecke auf den Blättern bekommen, dann ist das ganze Laub abgestorben. Freilich wußte ich, daß es sich um eine Pilzerkrankung handelte, gegen die ich mit Orthocid hätte vorgehen können. Aber ich mag auf die Dauer keine Pflanzen, denen ich ansehe, daß sie sich in einem ungeeigneten Boden herumquälen, um am Leben zu bleiben. Unserer Erde fehlt nun mal der Kalk.
Solange die Christrosen aber da waren, hatten wir in jedem Herbst unsere Freude daran, wie sich die weißen Blüten aus dem gelben Nadelfall der Lärchen herauskugelten, so daß man meinte, Vogeleier vor sich zu haben. Es waren zeitig blühende Christrosen der von den Gärtnern gezüchteten Sorte ›Praecox‹, die es in jeder Staudengärtnerei gibt. Man kann sie auch im Herbst in Blumentöpfe pflanzen, um auf alle Fälle zu Weihnachten blühende Christrosen zu haben. Übrigens stehen Christrosen, sofern der Boden und das Wasser geeignet sind, unter Lärchen ganz ausgezeichnet. Die Bäume geben ihnen im Sommer einen lichten Schatten, im Herbst oder im frühen Frühling, wenn sie blühen wollen, nehmen sie ihnen nichts von der erforderlichen Helligkeit weg.

Wer denkt schon an Wildkaninchen

Ich kann mir keinen rechten Garten ohne viele dieser während des ganzen Jahres blühenden Stauden vorstellen. Die Staudengärtner haben in ihren Katalogen allerlei Kennzeichen für Pflanzplätze in Sonne, Halbschatten und Schatten, wie auch aus den Signaturen hervorgeht, wann die Blütezeit ist und welche Pflanzen sich als Schnittblumen und welche als Bienenfutter eignen. Es fehlen jedoch zwei stilisierte Hasenohren als Zeichen für Stauden, die von Wildkaninchen entweder bevorzugt oder gemieden werden. Weil wir in unserem Bergwiesengarten am Wald jahrelang eine Wildkaninchenplage hatten – jetzt hat sie aufgehört –, ist aus unseren Träumen vom blühenden Staudengarten nie etwas Rechtes geworden. Ich will keine Gerüchte in die Welt setzen, aber bei mir haben die Kaninchen vor allem bevorzugt, was in den Katalogen üblicherweise unter Beetstauden ausgewiesen ist. Lediglich die Iris, die Taglilie, die Päonie und das Tränende Herz wurden verschont, und selbstverständlich haben die Langohren nichts vom Waldgeisbart und vom Lamium gefressen, das ich ihnen gern zur Verfügung gestellt hätte.

Es gibt ein Kuriosum in diesen Kaninchengeschichten. Für mich ist der hohe Sommerphlox diejenige Staude, auf die ich am wenigsten verzichten möchte. Das hat mit meiner Kinderzeit und mit meiner Verehrung für Karl Foerster zu tun, den ich bis zu seinem Tode im 95. Lebensjahr einen väterlichen Freund nennen durfte. Wer würde als Gartenfreund von diesem Mann nicht zumindest schon gehört haben, der 1917 mit seinem Buch »Vom Blütengarten der Zukunft« den damals noch recht unbekannten Stauden zum stärksten Durchbruch verhalf. Die meisten der noch heute attraktivsten Rittersporne und Phloxe – ich komme gleich darauf – sind im Endmoränensand von Bornim in der Mark Brandenburg bei Karl Foerster entstanden. Als ich kurz nach dem letzten Krieg, gerade verheiratet, mit der Straßenbahn durch das zertrümmerte Potsdam fuhr, hatte meine junge Frau einen wahrhaft riesigen Strauß verschiedener Phloxe im Arm, die ihr der große Gärtner von Bornim auf seinen Feldern geschnitten hatte. Nicht nur für mich, sondern auch für die übrigen Fahrgäste, die so armselig und halbverhungert wie wir gewesen sind, dürfte das ein herrlicher Anblick gewesen sein.

Vielleicht ist dieses Erlebnis der stärkste von vielen Gründen dafür, daß mir der Phlox über alle anderen Blütenstauden geht. Entsprechend pflanzte ich gleich im ersten Gartenjahr alle Sorten an, die ich bekommen konnte. Sie sind samt und sonders von den Kaninchen aufgefressen worden. Abwehrende Spritzmittel wie heute gab es damals noch nicht. Unmöglich war es, in den wilden Grenzwuchs unseres Grundstückes halbmetertief einen Maschendraht einzugraben. Eine Bauersfrau auf dem Markt sagte mir, ich solle Schmalzpapier auslegen. Daraufhin ist nur unser Hund immer fetter geworden, die Kaninchen kamen dennoch, um meine Phloxe aufzufressen. Seltsamerweise gab es nun unter den lilablühenden Phloxen eine Sorte, die jedes Kaninchen mied; kein Mensch wird mir sagen können, warum. Dieser lila Phlox, er wird fast meterhoch und blüht fleißig, steht noch heute auf dem schmalen Erdstreifen vor dem breiten Fenster des Wohnzimmers. Es ist gewiß nicht die schönste lila Sorte, aber die mit der schönsten Geschichte.

Ein Staudengarten ist nichts Fertiges

Auch ich habe einen Fehler gemacht, den so gut wie alle Menschen machen, die einen Garten anlegen. Ich schrieb bereits in einem früheren Kapitel,

man soll doch um der jahrelangen Freude willen den Garten nie als etwas Fertiges ansehen. Ich kann den Hobel weglegen und sagen, daß der Stuhl fertig ist, geschreinert, gestrichen und lackiert. Wenn ich auf ähnliche Weise aber im Garten etwas rundum fertig haben möchte, was irgendwie mit dem Boden und mit den Pflanzen zu tun hat, dann wird es verhängnisvoll.
Da sieht man die Staudenpflanzungen auf Ausstellungen und liest in den grünen Zeitungen die Erklärungen der Pläne, die von Gartenarchitekten erstellt werden. Pflanzt viele Stauden, heißt es, denn sie sind winterhart, kommen immer wieder, man hat keine Last und Mühe mit ihnen, streut vielleicht etwas Torf auf den Rabatten aus, wenn es Winter wird, und im Frühling möglicherweise eine Handvoll Blaukorn je Quadratmeter, es ist sozusagen ein Blütengarten für die Ewigkeit. Genauso, es sei zugegeben, habe ich es am Anfang gemacht. Und das war falsch. Viele Pflanzen dachten auf die Dauer nicht daran, sich mit dem Boden abzufinden, der ihnen von mir zugemutet wurde. Wenn sie aber erst einmal gepflanzt sind, ist es so gut wie unmöglich, am Boden etwas zu verändern, es sei denn nur an der Oberfläche, was nicht immer genügt.

Einjahrsblumen sind manchmal besser

Angenommen, ich könnte alles wiederholen. Dann läge der rötliche, zähe, von Bauschutt durchsetzte Boden abermals vor mir. Gewiß bekäme ich wieder eine Fuhre alten Mist, und an Torf sowie an Kompost sollte es nicht fehlen. Umgegraben, zergrubbert, glattgeharkt läge das Land vor mir. Nur dächte ich im Traum nicht daran, gleich langlebige Stauden zu pflanzen. Einjahrsblumen, ausgesät und gepflanzt, wären zunächst meine Favoriten. Diese Einjahrsblumen sind aus den meisten Gärten – zumindest aus denjenigen, die von Profis gestaltet werden – so gut wie verschwunden, weil weder Gärtner noch Gartenarchitekten viel an ihnen verdienen können. Dabei kann man doch wahrlich mit einer Handvoll Samentüten den ganzen Sommer bunt machen. Viele von ihnen, wie einjährige Rittersporne, Mohnarten, Clarkien und Ringelblumen, kann man getrost schon im Herbst aussäen. Kluge Gärtnersleute machen das gern auf ihren Blumenbeeten, nachdem sie Tulpenzwiebeln gesetzt haben. Dann stehen die Tulpen nämlich im Frühling in einem feinen, grünen Teppich heranwachsender Einjahrsblumen.
Dutzende von wunderschönen Blumen lassen sich freiweg im März draußen auf das gegrabene und geharkte Land streuen, wie Rasensaat mit dem eisernen Rechen einhäckeln und wachsen heran, daß ich nur noch die meisten von ihnen herausziehen muß, weil sie sonst zu eng stehen. Frostempfindliche Arten wie Straußenfederastern, Löwenmäulchen, Tagetes und

79△ 80▽ 81▷

82 △ 83 ▽

78 Niedrige Dahlien in einem Teppich des weißen, duftenden Steinrichs, *Alyssum benthamii.* Nach dem ersten Flor zurückgeschnitten, blüht er bald wieder auf.

79 Die *Dahlia variabilis* trägt ihren Namen zu recht, denn kaum eine andere Pflanze ist derart veränderlich. Es gibt Dahlien in Daumennagel- und in Suppentellergröße.

80 Sommerblumenpflanzung aus der gelben, in diesem Fall großblumigen *Tagetes* und der Spinnenpflanze, *Cleome spinosa.*

81 Knollenbegonien in gefüllten Sorten, die sich gut für Pflanzungen im Schatten eignen, aber im Herbst herausgenommen und frostfrei überwintert werden müssen.

82 Margerite, die es als winterharte, ausdauernde Staude wie auch als Einjahrsblume gibt, die man in jedem Jahr neu, aber auf einfachste Weise heranzieht.

83 Auch die Flockenblume, *Centaurea* – meist als Kornblume bekannt –, gibt es als ausdauernde Staude und als Einjahrsgewächs.

84 *Cosmea,* auch Schmuckkörbchen genannt, eine Einjahrsblume. Je mehr Sträuße man schneidet, um so reicher blüht sie.

84 ▽

Zinnien gibt es im Mai auf dem Markt, beim Gärtner, oder man zieht sie selber heran.
Mit diesen Blumen würde der Boden für meine künftige Staudenrabatte überhaupt erst einmal in Gang gebracht, er finge zu leben an, die Wurzeln zerkrümelten ihn, es stellten sich Regenwürmer ein, und ich wäre im Herbst oder Winter veranlaßt, nochmals alles umzugraben. Wahrscheinlich wiederholte ich den sommerlangen Blütenzauber im nächsten Jahr.
Mit dieser Laudatio auf die Einjahrsblumen will ich nichts gegen die Stauden sagen, gewiß nicht. Der besondere Reiz der Stauden liegt darin, daß sie allmählich zu meiner Familie gehören, daß ich ihnen in jedem Jahre wiederbegegne, guten Morgen, Tränendes Herz, wie schön, daß du wieder da bist. Aber die Einjahrsblumen, ganz abgesehen von der massierten Pflanzung während der ersten beiden Gartenjahre, sofern der Boden zäh ist, gehören dazu. Auch in der perfektesten Staudenrabatte, wenn man sie sommerlang und unablässig blütenreich haben möchte, ist auf Verbenen, großblütige Tagetes und Kosmeen nicht zu verzichten. Sogar in dem berühmtesten aller Staudengärten, dem von Weihenstephan, macht man das so. Bei dieser Gelegenheit möchte ich bemerken, daß ich ohnehin kein Verständnis für Leute habe, die sich Gärten ausschließlich mit Stauden, mit Rosen oder mit Lilien bepflanzen, von Rasengärten ganz abgesehen.

Der Boden muß vorbereitet sein

Ein Boden muß also in Gang sein oder in Gang gebracht werden, wenn Stauden gedeihen sollen. Gerade weil sie viele Jahre an demselben Platz stehen, brauchen sie einen Wurzelgrund, in dem sie sich wohl fühlen. Deshalb ist es angebracht, zunächst einmal nach dem kräftigen Frühstück mit Speck und Spiegeleiern in die Hände zu spucken und den Boden zwei Spatenstiche tief aufzugraben. Dabei erfreue ich die Mikroben des Bodens mit sehr viel rohem, nur halb verrottetem Kompost, mit altem Mist wenn möglich, mit Torf und mit jenen stickstoffhaltigen Düngern, die erst umgewandelt werden müssen, also mit Hornspänen, Blutmehl, Knochenmehl oder mit fertigen Gemischen wie Oscorna, Hornoska usw., in denen diese Stoffe enthalten sind. Es ist schwer zu sagen, wieviel man nehmen soll. Das hängt vom Boden ab, ob Mist zur Verfügung steht, doch läßt sich mit diesen organischen Düngern kaum etwas falsch machen. In einen derartig vorbereiteten Boden kann ich alle ausdauernden Stauden pflanzen, und wenn ich entweder mit Kalk oder mit Torf und mit Hilfe des Pehameters die Reaktion auf den Bereich zwischen 6 und 7 eingependelt habe, kann gar nichts mehr passieren. Man pflanze aber die Stauden nicht zu eng, kann ich nur raten. Ich habe viele

Pflanzungen gesehen, aber immer auf Ausstellungen, wo sie schon im ersten Jahr voll wirken sollten. Infolgedessen ist bei mir auf den Staudenrabatten nach zwei Jahren, noch ehe die Kaninchen auf den Geschmack kamen, ein heilloses Gedränge zu beklagen gewesen. Man glaube auch nicht, daß nach dem Pflanzen nichts mehr zu tun sei. Was die Mühe und Arbeit betrifft, so ist sie in der Staudenpflanzung nicht geringer als sonstwo im Garten. Um das Gedränge zu vermeiden, würden bei mir Stauden etwa in der Größe von Phlox, Rittersporn, Helenium und Herbstastern stets in Abstände von einem Meter gepflanzt. Dazwischen kämen für die ersten Jahre, bis sich die Stauden richtig bestockt haben und mächtig geworden sind, Einjahrsblumen.
Eine Ausnahme können Pflanzen bilden, die man üblicherweise zu den Wildstauden rechnet. Der Gärtner kennt einmal die als Beetstauden bezeichneten, zumeist züchterisch bearbeiteten und mit Sortennamen ausgestatteten Pflanzen und dann diejenigen, die sozusagen noch wild sind. Dabei gibt es vielerlei Übergänge, so daß ganz klare Abgrenzungen nicht möglich sind. Denken Sie nur an meine Erfahrungen mit dem Lamium, das man wahrlich, und nicht nur seinem Temperament nach, zu den Wildstauden zählen kann, doch auch von ihm gibt es bereits durch Züchtung entstandene Sorten.
Mein eigener Versuch mit zumindest halbwilden Stauden ist jämmerlich gescheitert. Wollte ich doch unten vor den Kinderzimmern auf der Fläche, die jetzt mit Gras bewachsen ist, einen Teppich anlegen, wie man ihn auf den Bundesgartenschauen oft sieht. Der beste Teppichknüpfer mit niedrigen, halbwilden Stauden ist übrigens der Gartenarchitekt Gottfried Kühn in Köln. Es sieht prächtig aus, wie sich das braunblättrige Stachelnüßchen mit dem Fiederblatt verwebt, dazwischen sind noch andere, in die Breite gehende Pflanzen eingeknüpft. Dann und wann gibt es ruhig wirkende Inseln von vier oder fünf silberhalmigen Gräsern, mal eine einzelne Rose – meist ›Sarabande‹ –, und im Frühling blühen Krokusse und Wildtulpen aus dem Teppich heraus, der je nach Jahreszeit und Tageslicht in den wundersamsten Farben schillert.
Genau dies habe ich in unserem Garten versucht, und es ist auch im ersten Sommer ganz schön gewesen. Aber als ich dann nicht mehr die Zeit hatte, dauernd das Stachelnüßchen und das Münzkraut zu bändigen, setzte ein Kampf zwischen den verschiedenen Pflanzen ein, bis aus der ganzen Wiese eine Goldmünzerei wurde, weil sich das Münzkraut alias *Lysimachia nummularia* mit seinen gelben Blüten gegen alle anderen durchgesetzt hatte. So rupfte ich die Pflanzen aus und säte Gras. Gewiß ist ein Staudenteppich eine feine Sache, aber nur derjenige soll ihn in seinem Garten ausrollen, der die Zeit hat, die stärkeren Pflanzen immer wieder auf ihren Platz zurückzuverweisen. Was der Natur an ähnlichen Pflanzungen gelingt, schaffen wir im

Garten nie: Es entsteht bei uns keine Wiese des Friedens, sondern in jedem Fall eine Kampfarena.

Pflanzpläne müssen individuell sein

Von Pflanzplänen für Stauden halte ich gar nichts. Ich meine damit Pläne als Konfektionsware, die ohne Beziehung auf eine wirkliche Situation manchmal gedruckt und verbreitet werden. Etwas anderes sind Pflanzpläne für einen ganz bestimmten Garten, von dem man den Boden, die klimatischen Verhältnisse und die Bedürfnisse der Bewohner kennt. Mir haben es die Päonien und türkischen Mohnarten übelgenommen, wenn ich sie verpflanzt habe. Man sollte diese beiden Gewächse tunlichst gleich dorthin setzen, wo sie bleiben können. Alles andere pflanzt sich leicht um, wenn man nicht gar zu ungeschickt vorgeht. Auf diese Weise kommt man noch immer am ehesten zu einer vernünftigen, seinen Wünschen und Erwartungen entsprechenden Staudenpflanzung. Hinten stehen die höheren Arten, vorn am Wegrand die polsterartigen Gewächse wie Nelken, Blaukissen, Gänsekresse, Schleifenblumen und wie sie alle heißen. Und es sollte hier und dort eine weißblühende Gruppe zwischen den bunten Farben sein, weil das stark zur Harmonisierung beiträgt.
Was soll ich nun, da die Kaninchenplage aufgehört hat, für Stauden pflanzen? Wie bekommt man die unendliche Fülle – es sind mehr als tausend Namen, die in den Katalogen stehen – in den Griff. Diese Kataloge der Staudengärtner sind übrigens die besten Nachschlagewerke, die es gibt. Viele führen die Stauden nicht nur in alphabetischer Ordnung auf, sondern auch, welche nach Habitus und Blütenfarbe zusammenpassen. Auch die langlebigen Gräser gehören zu den Angeboten der Staudengärtner. Das geht bei dem kleinen Bärenfellgras und dem Blauschwingel los und endet beim Pampasgras und dem bis drei Meter hoch wachsenden, auch in trockenem Boden gedeihenden Riesenschilf aus China. Über diese Staudengräser und über die Farne, die man gleichfalls zu den Stauden zählt, hat Karl Foerster ein ganzes Buch geschrieben. Es gibt Wucherer unter den Gräsern, so daß es eine Kleinigkeit ist, sich binnen weniger Monate völlig eingrasen zu lassen.
Weiter werden die Pflanzen aus Sumpf und Wasser einschließlich der Seerosen von fast allen Staudengärtnereien angeboten. Erst dieser Tage bekam ich einen Katalog, der sogar Baupläne für Wasserbecken aus Stein und aus Folie enthielt. Meine erste Empfehlung an Sie ist, sofern Sie sich einen kurzweiligen, erlebnisreichen, mit vielen Stauden bepflanzten Garten anlegen wollen, sich einige Kataloge anzuschaffen. Gewiß gibt es dicke Bücher über Stauden, aber sie sind schnell veraltet.

Staudensichtung, die beste Empfehlung für Stauden

Ich habe mir nun für Sie, liebe Leser, eine andere Empfehlung ausgedacht, und ich glaube, daß es keine bessere gibt. Der bereits mehrmals erwähnte Karl Foerster, von dem die Staudenbegeisterung dieses Jahrhunderts ausging, hat unablässig gemahnt, Sichtungsgärten anzulegen, um die verschiedenen Gattungen, Arten und vor allem die vielen und immer neu entstehenden Sorten in ein Dauerverhör nehmen zu können, wie er das nannte. Es ist keineswegs so, daß alle Sorten des Rittersporns oder des Phloxes gleichermaßen in der Lage sind, reich zu blühen, Sturm, Regen, Sonnenbrand und dem Mehltau zu trotzen oder sich gegen den Winter zu behaupten. Einem der Schüler des großen Gärtners von Bornim ist es dann gelungen, die Ideen seines Meisters zu verwirklichen und die Staudensichtung – ähnlich wie bei den ADR-Rosen – in den verschiedensten Gebieten unseres klimatisch so unterschiedlichen Landes zu organisieren. Es ist Professor Dr. Richard Hansen, Leiter des Instituts für Stauden, Gehölze und angewandte Pflanzensoziologie an der Fachhochschule Weihenstephan. Dieser tüchtige Mann und leidenschaftliche Gärtner koordiniert die verschiedenen Prüfungsergebnisse, die in dem größten Staudengarten, dem von Weihenstephan bei Freising in Bayern, aus ganz Deutschland zusammenlaufen.

Sobald nach jahrelangem Dauerverhör, um mit Karl Foerster zu sprechen, die Sorten einer bestimmten Art und Gattung auf Herz und Nieren geprüft worden sind, gibt Professor Hansen die Ergebnisse über die Gärtnerzeitungen bekannt. Mir sind die Listen der Sichtung von Beetstauden – die Prüfung der Wildstauden erfolgt erst noch – bis zum Stand Herbst 1975 freundlicherweise zugeschickt worden. Vor den einzelnen Sortennamen sind Zeichen. Drei Sterne bezeichnen eine vorzügliche Sorte, zwei Sterne eine voll empfehlenswerte und ein Stern eine nur noch empfehlenswerte Sorte. Dann kommen noch Signaturen für Liebhaber- und Lokalsorten, also für Pflanzen, die nicht gleichermaßen robust und überall anpflanzungswürdig sind. Ich meine, Ihnen die mit drei und zwei Sternen bewerteten Sorten nennen zu müssen, weil es objektiv bessere Empfehlungen nicht geben kann. Soweit die eine oder andere Sorte in den Katalogen unserer Staudengärtner nicht mehr zu finden war, habe ich sie weggelassen. Bei den Beschreibungen hat mir meine Tochter Katrin, eine gelernte Staudengärtnerin, geholfen.

Die besten Beetstauden (Stand Herbst 1975)

Achillea – Schafgarbe –, benannt nach Achilles, dem Helden des Trojanischen Krieges.

*** *Achillea filipendulina* ›Coronation Gold‹ ist ein recht anspruchsloser Dauerblüher an sonnigen Standorten mit humosem Boden. Die im Durchmesser bis zu 10 cm erreichenden goldgelben Blüten auf den 80 bis 100 cm hohen, grau belaubten Stielen eignen sich hervorragend zum Schnitt. Die gleichen Ansprüche an Boden und Standort stellt

** *Achillea filipendulina* ›Parker‹. Die Blütezeit reicht ebenfalls von Juni bis September. Sie erreicht eine Höhe von 120 bis 150 cm. Die Blüten sind geeignet für den Schnitt und als Trockenblumen.

Die Heimat der Art A. filipendulina ist der Kaukasus. Widersprüchlich sind die Angaben über die Heimat der

** *Achillea clypeolata.* Sie hat 25 bis 30 cm lange, graugrüne Grundblätter. Die goldgelben Blüten haben einen Durchmesser von 5 cm, die Blütezeit ist von Juni bis Juli. Mit einer Nachblüte kann im September gerechnet werden, wenn die Pflanze rechtzeitig nach der ersten Blüte zurückgeschnitten wird. Standortbedingungen wie A. filipendulina.

Es gibt rund 100 verschiedene Arten, doch die drei genannten haben sich von den bei uns am häufigsten anzutreffenden Formen am besten bewährt.

Aconitum – Eisenhut oder Sturmhut genannt – enthält das tödliche Gift Akonitin, das die Inder als Pfeilgift benutzt haben. Er gehört zu der Familie der Hahnenfußgewächse *(Ranunculaceae)* und war im Tertiär von der Arktis bis zum nördlichen Wendekreis beheimatet.

*** *Aconitum wilsonii (Aconitum carmichaeli var. wilsonii).* Die violettblauen Blüten erscheinen von September bis Oktober an 150 cm langen Blütenstielen. Der Blütenstand baut sich locker auf. Die Blätter sind dreilappig und tief eingeschnitten, die Blütenstiele sind rötlich. Diese Art des Aconitum kommt aus China.

Aconitum napellus – Blauer Eisenhut oder Bergeisenhut – hat randförmige, 5- bis 7teilige Blätter. Von Juli bis August blüht der Bergeisenhut in großen Rispen. Wie alle anderen Aconitum auch, braucht er einen halbschattigen Standort und frischen, humosen Boden. Dieser Eisenhut hat Wurzeln in Form kleiner Rüben, daher die Artbezeichnung *napellus.*

** *Aconitum napellus cv.* ›Bicolor‹ wird wegen seiner blauweißen Blüten Bayrischer Eisenhut genannt. Er wird 120 cm hoch.

** *Aconitum napellus* ›Spark‹ wird 120 bis 150 cm hoch, die violettblauen Blüten sind in großen, locker verzweigten Rispen angeordnet.

Die genannten Arten und Sorten des Aconitum sind geeignete und sehr beliebte Schnittblumen, besonders deshalb, weil es zu ihrer Blütezeit –

von Juli bis in den Oktober hinein – nur sehr wenige blaue Schnittblumen gibt, schon gar nicht in so intensiver, dunkler Farbe wie der des Aconitum.

Anemone – Windröschen – hat ihren Namen aus dem Griechischen. Die Blütenblätter werden leicht vom Wind hin und her bewegt, und Wind heißt griechisch *anemos*. Die Anemonen gehören zu den Hahnenfußgewächsen *(Ranunculaceae)*.
Anemone japonica – Herbstanemone – ist eine Kreuzung zwischen *Anemone hupehensis* × *Anemone vitifolia*.
*** *Anemone japonica* ›Honorine Jobert‹ ist eine reinweiße, nicht gefüllte Herbstanemone. Sie wird etwa 80 cm hoch und blüht von August bis Oktober. Diese Sorte wurde bereits vor 125 Jahren in Verdun erfolgreich gezüchtet.
*** *Anemone japonica* ›Königin Charlotte‹ wird ebenfalls 80 cm hoch, Blütezeit auch von August bis Oktober. Die Blüten sind lilarosa und halb gefüllt. Diese Sorte ist schon seit fast 80 Jahren im Handel.
** *Anemone japonica* ›Prinz Heinrich‹ hat halbgefüllte, purpurrote Blüten und wird 60 bis 80 cm hoch.
Anemone hupehensis gleicht in ihrem Aussehen der Herbstanemone. Sie ist in China beheimatet, Provinz Hupeh.
*** *Anemone hupehensis* ›Septembercharme‹ wird etwa 70 cm hoch und hat dunkelrosa, gefüllte Blüten in der Zeit von August bist Oktober.
** *Anemone hupehensis* ›Splendens‹ wird 50 bis 60 cm hoch, blüht in den Monaten September–Oktober mit hellroten bis violetten einfachen Blüten.
*** *Anemone tomentosa* ›Robustissima‹ stammt aus Nordchina. Bei dieser Sorte sind die Blüten rosa, außen mehr rötlich. Die Blütenstiele werden bis 100 cm hoch. Ihre Blüten erscheinen vor denen der Herbstanemonen, manchmal bereits Ende Juli, und bleiben bis in den September. Die Blätter sind grob gezähnt und unterseits stark filzig.
Anemonen bevorzugen einen halbschattigen Standort. Sie brauchen einen humosen, frischen Boden und Winterschutz durch trockenes Laub o. ä.

Aquilegia – Akelei – gehört zu den *Ranunculaceae*.
Über die Bedeutung des botanischen Namens gibt es mehrere Ansichten. Entweder werden die Blüten mit Vogelklauen oder aber mit einem Trinkhorn verglichen. Von den etwa 120 Arten, die allesamt in der nördlichen gemäßigten Zone beheimatet sind, soll hier nur die Art

Aquilegia caerulea beschrieben werden. Deren Heimat sind die Rocky Mountains. Die Pflanzen wollen einen etwas sauren Boden haben, der Standort sollte leicht schattig sein.

** *Aquilegia caerulea* ›Olympia Rot Gold‹ wird etwa 75 cm hoch und hat große, innen goldgelbe, außen scharlachrote Blüten, die in aufrechtstehenden Rispen in der Zeit von Mai bis Juni blühen.

Armeria – Grasnelke – *Plumbaginaceae.*
Die Grasnelke – es gibt etwa 50 Arten – ist beheimatet in Europa und in den Anden in Südamerika. Man benutzt sie viel für Steingärten und Trockenmauern. Der Standort sollte sonnig, der Boden leicht sein. Um jederzeit schöne dichte, grüne Polster zu haben, sollten die Pflanzen alle drei Jahre verpflanzt werden.

Armeria maritima. Diese Art wurde in den Dünen Europas und Nordamerikas gefunden, das drückt auch der botanische Name aus. Ar mar heißt im Keltischen »am Meer«, die gleiche Bedeutung hat das lateinische *maritima.*

*** *Armeria maritima* ›Düsseldorfer Stolz‹. Über dunkelgrünen Polstern von etwa 10 cm Höhe erheben sich auf etwa 25 cm langen Blütenstielen sehr zahlreich purpurrosa Blüten von Mai bis Juli.

Aster gehört zu der Familie der Korbblütler *(Compositae).* Die sternförmigen Blüten gaben dieser Pflanze ihren Namen – *aster* = Stern –, den sie bereits in der Antike trug.

Aster amellus – die Bergaster – wurde zuerst in Oberitalien am Fluß Mella beobachtet. Sie wächst wild in Mitteleuropa, im Kaukasus und auch in Westasien. Es gibt bei uns zahlreiche bemerkenswerte Gartenformen. Die besten davon sind die folgenden:

*** *Aster amellus* ›Sternkugel‹ wird 40 bis 50 cm hoch. Die Blütenblätter dieser lavendelblau blühenden Sorte sind besonders feinstrahlig. Blütezeit ist von August bis September.

*** *Aster amellus* ›Veilchenkönigin‹ wird 40 cm hoch und blüht – ebenfalls von August bis September – dunkelblau.

** *Aster amellus* ›Blütendecke‹ trägt ihren Namen zu Recht, denn die silberblauen Blüten erscheinen so zahlreich, daß sie sich wie eine Decke in 50 bis 60 cm Höhe auf die Pflanze legen.

** *Aster amellus* ›Breslau‹ ist eine besonders starkwüchsige Sorte, die aber nur 40 cm hoch wird. Die Blüten sind blauviolett, sehr feinstrahlig und erscheinen sehr zahlreich. Blütezeit ist ebenfalls von August bis September.

** *Aster amellus* ›Dr. Otto Petschek‹ hat große, lavendelblaue Blüten und wird etwa 60 cm hoch.

** *Aster amellus* ›Lady Hindlip‹ hat große, purpurrosa Blüten, wird 60 cm hoch und blüht, wie alle anderen genannten Sorten, von August bis September.

Alle Aster-amellus-Sorten eignen sich zum Schnitt. Sie gehören zu der Gruppe der Pracht- und Beetstauden, die einen sonnigen Standort und guten, humusversorgten Gartenboden beanspruchen.

Aster × frikartii ist benannt nach dem Schweizer Gärtner Karl Frikart, der Aster amellus und Aster thomsonii miteinander kreuzte.

** *Aster × frikartii* ›Wunder von Stäfa‹ hat große, lavendelblaue Blüten mit gelber Mitte. Die Pflanze unterscheidet sich von Aster amellus durch einen höheren (bis 90 cm) und breiteren Wuchs, da sich die Blütenstiele stark verzweigen. Die starkwüchsigen Pflanzen blühen von August bis September.

Aster dumosus ist eine Herbstaster mit kriechenden Rhizomen, deren Heimat das östliche und südöstliche Nordamerika ist. Durch Kreuzungen dieser Art mit Aster novi-belgii entstanden die Kissenastern, um die es hier geht.

*** *Aster dumosus* ›Prof. A. Kippenberg‹ ist wohl die beste Sorte dieser Gruppe. Sie wird etwa 40 cm hoch und hat lavendelblaue Blüten von September bis Oktober.

*** *Aster dumosus* ›Herbstgruß vom Bresserhof‹ hat leuchtend rosarote Blüten im September und wird 40 bis 50 cm hoch. Sie zählt zu den besonders reichblühenden Sorten.

*** *Aster dumosus* ›Kassel‹ wird ebenfalls 40 cm hoch. Sie hat halb gefüllte, karminrote Blüten von August bis September.

** *Aster dumosus* ›Jenny‹ – ebenfalls 40 cm hoch – hat gefüllte, lilarote Blüten im September.

** *Aster dumosus* ›Lady in Blue‹ wird nur etwa 25 cm hoch, hat halb gefüllte, sattblaue und in großer Zahl erscheinende Blüten.

** *Aster dumosus* ›Silberblaukissen‹ blüht so üppig, daß man in der Tat von einem Kissen sprechen kann. Sie bildet einen etwa 25 cm hohen Busch. Die Blüten sind hell silberblau und erscheinen von September bis Oktober.

** *Aster dumosus* ›Wachsenburg‹ blüht zur gleichen Zeit wie die oben genannten. Sie wird etwa 50 cm hoch und hat leuchtendrosa Blüten.

Wie alle Asternarten verlangen auch diese einen sonnigen Standort und guten, humusversorgten Gartenboden.

** *Aster ericoides* – die Myrtenaster – wird in ihrer Heimat Nordamerika bis zwei Meter hoch. In Deutschland erreicht sie eine Höhe von 100 cm. Zur Blütezeit im September–Oktober ist die Pflanze mit unzähligen gelb-weißen Blüten besetzt. Als beste Sorte – schon seit 50 Jahren – wird die Sorte *Aster ericoides* ›Herbstmyrte‹ angesehen.

Aster novae-angliae ist, wie es der Name sagt, in Nordamerika (Neuengland) beheimatet. Die deutsche Bezeichnung dieser Pflanze ist Rauhblattaster, denn sie hat behaartes Laub. Es sind sehr stark wachsende Pflanzen, deren Triebe unten an der Basis verholzen können. Bei großer Trockenheit müssen sie gewässert werden, da sie sonst schnell gelbe Blätter bekommen.

*** *Aster novae-angliae* ›Rudelsburg‹ wird etwa 120 cm hoch, hat lachsrote Blüten und blüht von September bis Oktober.

** *Aster novae-angliae* ›Andenken an Paul Gerber‹ blüht karminrot von September bis Oktober. Sie wird 140 cm hoch.

** *Aster novae-angliae* ›Barr's Blue‹ blüht im September, wird 150 cm hoch und hat tiefblaue Blüten.

** *Aster novae-angliae* ›Rubinschatz‹ hat rubinrote Blüten, ebenfalls im September und wird 120 cm hoch.

Aster novi-belgii stammt ebenfalls aus Nordamerika (Virginia). Sie heißt Glattblattaster, da, wie der Name sagt, ihr Laub unbehaart ist. Diese Art ist nicht so starkwüchsig wie die vorige Art. Vorsicht ist auf schweren Böden geboten, denn es besteht dann leicht die Gefahr eines Pilzbefalls *(Verticillum)*. Die einfachste Bekämpfungsmethode besteht im starken Rückschnitt der Pflanze und dem Verbrennen des Abfalls.

*** *Aster novi-belgii* ›Dauerblau‹ hat dunkellila Blüten, Blütezeit von September bis Oktober, sie ist ausgesprochen lang- und reichblühend. Sie wird etwa 150 cm hoch.

** *Aster novi-belgii* ›Blaue Nachhut‹ trägt ihre hell-lavendelblauen Blüten in Form langer, schmaler Rispen. Sie wird bis 120 cm hoch. Blüte im Oktober.

** *Aster novi-belgii* ›Crimson Brocade‹ hat gefüllte rosarote Blüten von September bis Oktober. Die Pflanze wächst sehr buschig und wird etwa 80 bis 100 cm hoch.

** *Aster novi-belgii* ›Royal Blue‹ hat große, tiefblaue, halb gefüllte Blüten im September–Oktober und wird etwa 120 cm hoch.

** *Aster sedifolius* ist in Süd- und Osteuropa beheimatet. Die Blätter sind schmal, lanzettlich und etwa 4 cm lang. Von dieser Form ist die Varietät *Aster sedifolius* ›Nanus‹ erwähnenswert, die nur etwa 30 cm hoch wird und ab August lilarosa kleine, aber sehr zahlreiche Blüten hervorbringt.

Aster tongolensis wurde um 1900 im Himalaja gefunden. Die Art wird kaum kultiviert, dafür verschiedene Formen dieser Frühlingsaster:

** *Aster tongolensis* ›Leuchtenburg‹ hat leuchtend violettblaue, große Blüten in den Monaten Mai–Juni. Die Blüten stehen einzeln auf straffen, etwa 50 cm hohen Blütenstielen.

Astilbe – Prachtspiere – ist eine Pflanze, die man an halbschattigen Standorten wegen ihrer prachtvollen Blütenrispen nicht missen sollte. Die Astilben gehören zu der Familie der Steinbrechgewächse *(Saxifragaceae)*. In Deutschland hat sich besonders der Züchter Georg Arends (1863–1952) um die Astilben-Züchtung verdient gemacht. Nach ihm ist auch ein Großteil des heute angebotenen Astilben-Sortiments benannt. Etwa seit der Jahrhundertwende wurde durch Kreuzung vier verschiedener Arten eine Anzahl prächtiger Sorten gefunden. Die zur Zeit besten *Astilbe* × *arendsii*-Sorten sind die folgenden:

*** *Astilbe* × *arendsii* ›Brautschleier‹ hat weiße, überhängende Blütenrispen. Sie wird etwa 70 cm hoch und blüht im Juli.

*** *Astilbe* × *arendsii* ›Cattleya‹ wird bis zu 1 m hoch, hat rosa Blüten von Juli bis August.

*** *Astilbe* × *arendsii* ›Feuer‹ hat lachsrote Blüten im August und wird etwa 80 cm hoch.

*** *Astilbe* × *arendsii* ›Glut‹ hat feuerrote Blüten und auffallend dunkles Laub. Blütezeit ist August–September, die Pflanze wird 80 bis 100 cm hoch.

** *Astilbe* × *arendsii* ›Anita Pfeifer‹ trägt ihre Blüten in besonders breiten Rispen, wird ca. 70 bis 80 cm hoch und blüht von Juli bis August.

** *Astilbe* × *arendsii* ›Obergärtner Jürgens‹ blüht im Juli karminrot und wird etwa 50 bis 60 cm hoch.

** *Astilbe* × *arendsii* ›Spinell‹ hat breitbuschige, rote Rispen und blüht in den Monaten Juli–August. Sie wird bis zu 100 cm hoch.

Astilbe simplicifolia, die in Japan beheimatet ist, hat im Gegensatz zu den anderen Astilben-Arten ungeteilte, 3- bis 5lappige Blätter. Durch die Kreuzung mit Astilbe × arendsii kam es zu bemerkenswerten Sorten:

*** *Astilbe simplicifolia* ›Aphrodite‹ hat bronzefarbenes Laub und hellrote Blüten.

** *Astilbe simplicifolia* ›Atrorosea‹. Sie trägt ihre dunkelrosa Blüten an überhängenden Rispen. Beide Formen blühen im August und werden etwa 40 cm hoch.

** *Astilbe simplicifolia* ›Praecox Alba‹ hat, wie der Name sagt, weiße Blüten, wird 50 cm hoch und blüht ebenfalls im August.

Astilbe thunbergii wurde vor etwa 100 Jahren in Ostasien entdeckt. Sie wächst dort wild. Einige Kulturformen haben sich bei uns gut bewährt:

*** *Astilbe thunbergii* ›Straußenfeder‹ wird etwa 100 cm hoch, blüht lachsrosa, die Blütezeit ist Juli–August. Die Rispen sind breit verzweigt und dadurch etwas überhängend.

** *Astilbe thunbergii* ›Van der Wielen‹ blüht reinweiß an ebenfalls überhängenden, bis 120 cm hoch werdenden Rispen. Blütezeit Juli–August.

Astilbe chinensis stammt, wie schon der Name sagt, aus China, und zwar aus Nordchina.

*** *Astilbe chinensis* ›Pumila‹ ist ein ausgezeichneter, Ausläufer treibender Bodendecker für halbschattige Standorte. Sie wird nur 30 cm hoch und trägt ihre lilarosa Blüten in kompakten Rispen. Die Blütezeit dauert von August bis September.

Die beiden folgenden Sorten sind wieder Hybriden der Astilbe × arendsii-Gruppe mit Astilbe chinensis ›Pumila‹.

*** *Astilbe chinensis* ›Finale‹ wird 50 cm hoch und blüht in den Monaten Juli–August in einem frischen, rosaroten Farbton.

** *Astilbe chinensis* ›Serenade‹ wird 40 cm hoch und blüht – ebenfalls in den Monaten Juli–August – rosarot.

Aubrieta – Blaukissen – ist eine immergrüne, ausläufertreibende Polsterstaude, die von Süditalien bis Persien beheimatet ist. Es gibt etwa ein Dutzend Arten, wertvoll sind jedoch nur die Aubrieta-Hybriden, d. h. das *Aubrieta × cultorum*-Sortiment.

Der Name Aubrieta leitet sich von dem des französischen Malers Claude Aubriet her.

Von März bis April sind die flach auf dem Boden liegenden oder über Mauern herunterhängenden Polster über und über voll mit den kleinen, sternförmigen Blüten in verschiedenen Rot- und Blautönen. Die Blaukissen gehören zu der Familie der Kreuzblütler *(Cruciferae)*.

Die Aubrieta verlangt einen vollsonnigen Standort und einen durchlässigen, nahrhaften Boden. Nach der Blüte sollte sie stark zurückgeschnitten werden, damit die Pflanze die Möglichkeit hat, ein dichtes, festes Polster zu bilden. Einige Sorten blühen auch ein zweites Mal im Sommer, dazu gehören vor allem:

*** *Aubrieta × cultorum* ›Schloß Eckberg‹ mit großen, blauvioletten Blüten.

** *Aubrieta × cultorum* ›Blue Emperor‹ hat ebenfalls blauviolette Blüten, sie sind aber kleiner als bei der vorgenannten Sorte.

** *Aubrieta × cultorum* ›Dr. Mules‹ ist die älteste Sorte in diesem Sortiment, es gibt sie bereits seit 80 Jahren. Auch ihre Blütenfarbe ist blauviolett.

** *Aubrieta × cultorum* ›Neuling‹ hat große lilarosa Blüten. Sie hat eine gute Nachblüte.

** *Aubrieta × cultorum* ›Tauricola‹ hat kleine, blauviolette Blüten. Diese Sorte blüht nur im Frühjahr.

Bergenia – Bergenie – *Saxifragaceae.*

Hier handelt es sich um Pflanzen, die überall zu gebrauchen sind. Sie wachsen auf allen Böden, im Schatten sowie in voller Sonne. Die Blütezeit dieser so vielseitig zu verwendenden Pflanzen ist von April bis Mai, aber in allen anderen Monaten wirkt die Pflanze durch ihre interessante Belaubung. Der Name dieser Gattung wurde von einem Botaniker-Namen abgeleitet, von Karl August von Bergen, der vor etwa 200 Jahren lebte. Von den Bergenien gibt es etwa 10 Arten, die alle in den Gebirgen Asiens beheimatet sind.

Bergenia × hybrida, unter dieser Bezeichnung faßt man alle Sorten zusammen, die durch Züchtung entstanden sind.

*** *Bergenia × hybrida* ›Morgenröte‹ ist eine starkwachsende Sorte mit etwa 30 cm hohen Blütenstielen und kräftigrosa, stark verzweigten Rispen. Wie bei allen anderen Sorten ist die Blütezeit dieser Sorte April–Mai, allerdings erscheinen noch bis zum Herbst einzelne Blütenrispen.

*** *Bergenia × hybrida* ›Silberlicht‹, die Blütenrispen ragen etwas höher über das große Laub hinaus als bei der vorigen Sorte, die weißen Blüten werden von einem rosa Hauch überzogen.

** *Bergenia × hybrida* ›Admiral‹ ist eine neuere Sorte mit karminroten Blüten, die etwa 25 cm hoch werden. Die großen Blätter haben im Winter eine interessante Färbung.

** *Bergenia × hybrida* ›Abendglut‹ hat ebenfalls die Hauptblüte in den Monaten April und Mai, jedoch kommen im Laufe des Sommers hin und wieder noch einzelne Blütenrispen zum Vorschein. Die Blüten sind leuchtendrot und teilweise halb gefüllt. Die Blätter verfärben sich zum Winter bronzefarbig.

Campanula – Glockenblume – *Campanulaceae.*

Von dieser Gattung gibt es etwa 250 Arten, die überwiegend in der nördlichen, gemäßigten Zone beheimatet sind. Die nachfolgend aufgeführten Sorten gehören zu der Art *Campanula carpatica*, die, wie es der Name sagt, aus den Karpaten stammt. Es handelt sich dabei um niedrige, bis 30 cm hoch werdende Pflanzen, die einen möglichst sonnigen Standort beanspruchen. Sie eignen sich gut für Trockenmauern und Steingärten.

*** *Campanula carpatica* ›Blaue Clips‹ mit recht großen, himmelblauen Blüten.

*** *Campanula carpatica* ›Weiße Clips‹ entsprechend mit weißer Blütenfarbe. Beide Sorten werden etwa 20 cm hoch.

** *Campanula carpatica* ›Karpatenkrone‹ blüht silberblau und wird ebenfalls 20 cm hoch.

** *Campanula carpatica var. turbinata* ›Alba‹ ist eine schöne, weiße Form von nur 15 cm Höhe.

** *Campanula poscharskyana* ›Stella‹ ist eine schöne, niedrige, kleine Polsterstaude, nur etwa 15 cm hoch und mit dunkellila Blüten. Sie wird verwendet für Steingärten, Trockenmauern und ähnliche Zwekke. Beheimatet ist sie in Jugoslawien.

Alle genannten Glockenblumen blühen von Juni bis August.

Chrysanthemum hat bei uns den Namen Wucherblume, sie gehört in die Familie der Korbblütler *(Compositae)*.

Im Griechischen bedeutet chrysos »Gold« und *anthemon* »Blume«, also heißt die Chrysantheme Goldblume. Allerdings wurde so zuerst die Art *Chrysanthemum coronarium* genannt, der Name trifft aber durchaus auf die Gattung mit ihrer ungeheuren Vielfalt zu. Es gibt etwa 160 Arten, überwiegend in der nördlichen gemäßigten Zone, und von diesen wiederum sehr viele beachtenswerte Züchtungen.

Chrysanthemum coccineum ist die bunte Straußmargerite. Diese Art ist beheimatet im Kaukasus, sie wird noch heute als Grundstoff für ein Pflanzenschutzmittel gebraucht, das den gleichen Namen hat wie diese Pflanze früher: Pyrethrum. Die bunte Margerite zählt mit zu den besten Freiland-Schnittstauden. Hier nun 3 Sorten:

*** *Chrysanthemum coccineum* ›Alfred‹ hat dunkelrote, gefüllte Blüten, wird etwa 60 cm hoch und blüht im Juni.

*** *Chrysanthemum coccineum* ›Eileen May Robinson‹ hat einfache, rosa Blüten, die einen Durchmesser von bis zu 7 cm erreichen. Diese Sorte blüht bereits ab Mai und wird etwa 80 cm hoch.

*** *Chrysanthemum coccineum* ›Regent‹ entspricht der zuvorgenannten Sorte, nur die Blütenfarbe ist rot.

Chrysanthemum × *hortorum*. Die Gartenchrysanthemen sind bereits 500 Jahre vor unserer Zeitrechnung in China schriftlich erwähnt worden. Sie werden also schon sehr lange gärtnerisch kultiviert und es ist daher auch schwierig, die einzelnen Sorten und Hybriden mit Sicherheit einer bestimmten Art zuzuordnen. Die Sorten der drei Arten *Chrysanthemum indicum*, *Chr.* × *koreanum* und *Chr.* × *rubellum* sind deshalb zu der Gruppe Gartenchrysanthemen oder Winterastern, *Chrysanthemum* × *hortorum*, zusammengefaßt worden.

** *Chrysanthemum* × *hortorum* ›Clara Curtis‹ hat einfache, mittelgroße Blüten (Durchmesser etwa 4 cm). Sie zählt zu den frühblühenden Sorten, also von Ende August bis Ende September. Die Höhe beträgt etwa 60 cm, die Blüte ist leuchtendrosa.

** *Chrysanthemum* × *hortorum* ›Citrus‹ wird bis zu 100 cm hoch, hat zitronengelbe, halb gefüllte, mittelgroße Blüten und zählt zu den mittelspäten Sorten, die von Ende September bis Mitte Oktober blühen.

** *Chrysanthemum* × *hortorum* ›Fellbacher Wein‹ ist ebenfalls eine halb gefüllt blühende Sorte, die Blütenfarbe ist weinrot. Sie erreicht eine Höhe von etwa 70 cm und ist eine mittel- bis spätblühende Sorte, also von Ende September bis in den November hinein.

** *Chrysanthemum* × *hortorum* ›Goldmarianne‹ ist eine reichblühende, tiefgelbe Sorte mit einfachen Blüten. Sie wird etwa 80 cm hoch und gehört zu der spätblühenden Gruppe, die von Mitte Oktober bis November blühen.

** *Chrysanthemum* × *hortorum* ›Hebe‹, eine ebenfalls einfach blühende Sorte mit rosa Blütenfarbe. Sie wird 60 cm hoch und gehört zu den Frühblühenden.

** *Chrysanthemum* × *hortorum* ›Nebelrose‹ ist eine hellrosa spätblühende Sorte, die 100 cm hoch wird.

** *Chrysanthemum* × *hortorum* ›Ordensstern‹ hat goldbraune, gefüllte Blüten und wird 80 cm hoch. Es ist eine mittelspäte Sorte.

** *Chrysanthemum* × *hortorum* ›Schwabenstolz‹ hat braunrote, gefüllte Blüten und wird etwa 60 cm hoch. Ebenfalls eine mittelspäte Sorte.

** *Chrysanthemum* × *hortorum* ›Schweizerland‹ hat rosa gefüllte Blüten im Oktober und wird 80 cm hoch.

Alle *Chrysanthemum* × *hortorum*-Sorten eignen sich hervorragend als Schnittblumen, vorausgesetzt, sie werden regelmäßig, aber nicht zu stark gedüngt. Besonders wenn im späten Frühjahr die Spitzen ausgebrochen werden, verzweigen sich die Pflanzen stark und bringen weitaus mehr Blüten. Hohe Luftfeuchtigkeit führt leicht zu einem Befall durch Mehltau.

Auf jeden Fall brauchen diese Chrysanthemen einen leichten Winterschutz!

*** *Chrysanthemum leucanthemum* ist die Frühlingsmargerite. Die beste Sorte ist *Chrysanthemum leucanthemum* ›Maistern‹. Sie hat bereits in den Monaten April–Mai große weiße Blüten. Auch sie ist eine ausgezeichnete Schnittsorte. Die Blütenstiele erreichen eine Höhe von 60 bis 80 cm.

Wie auch bei den anderen Chrysanthemen sollte der Boden leicht alkalisch sein.

Chrysanthemum maximum ist die Sommermargerite. Auch diese enorm großblütige Gartenmargerite darf in keinem bunten Staudenstrauß fehlen. Zu beachten ist, daß diese großblumigen Sorten anspruchsvoller in bezug auf Bodenvorbereitung und Düngung sind als die kleinblumigen. Die Blüten erreichen nur in den ersten beiden Jahren nach dem Pflanzen ihre volle Größe. Bleiben sie dann länger stehen, werden die Blüten kleiner. Es ist also angebracht, die Pflanze alle zwei bis drei Jahre zu teilen und zu verpflanzen.

*** *Chrysanthemum maximum* ›Harry Pötschke‹ ist zur Zeit die Margerite mit den größten Blüten. Der Blütendurchmesser erreicht bis zu 15 cm! Die Höhe der Blütenstiele beträgt etwa 100 cm.

** *Chrysanthemum maximum* ›Beethoven‹ hat ebenfalls sehr große, im Durchmesser 15 cm erreichende, reinweiße Blüten. Blütezeit der bis zu 80 cm hoch werdenden Pflanze sind die Monate Juli und August. Es ist eine besonders bewährte Schnittsorte.

** *Chrysanthemum maximum* ›Christine Hagemann‹, ebenfalls eine ausgezeichnete Schnittsorte, hat sehr lockere, gefüllte Blüten. Beim Aufblühen zeigt sie eine grünliche Mitte. Blütezeit ist Juni bis Juli und die Höhe beträgt 80 cm.

** *Chrysanthemum maximum* ›Gruppenstolz‹ wird nur etwa 60 cm hoch und ist aus diesem Grunde gut als Gruppenpflanze zu gebrauchen.

** *Chrysanthemum maximum* ›Julischnee‹ – der Name sagt, wann sie blüht – ist ebenfalls zum Schnitt geeignet. Sie hat halb gefüllte Blüten auf etwa 80 cm langen Blütenstielen.

Delphinium – der Rittersporn – gehört zu der Familie der Hahnenfußgewächse *(Ranunculaceae)*. Von dieser Gattung gibt es etwa 420 Arten, die überwiegend in der nördlichen gemäßigten Zone vorkommen. Da diese Pflanzen aufgrund ihrer Schönheit und besonderen Eignung für den Schnitt schon seit langem kultiviert und gezüchtet werden, gibt es auch hier eine Vielzahl von Hybriden und Sorten, die aus der Kreuzung verschiedener Arten hervorgegangen sind. Diese durch Kreuzung entstandenen Sorten werden verschiedenen Gruppen zugeordnet.

*** *Delphinium × belladonna* (Belladonna-Gruppe). Die wichtigsten Eltern dieser Hybriden sind *Delphinium cheilanthum* und *Delphinium grandiflorum*. Als beste Sorte dieser Gruppe sei *Delphinium × belladonna* ›Völkerfrieden‹ genannt. Durch die enzianblauen, leuchtenden Blüten hat diese Sorte eine besondere Fernwirkung. Die Blütenstiele werden bis zu 100 cm hoch, die Blütezeit reicht von Juni bis Oktober, vorausgesetzt, sie wird gleich nach dem ersten Flor zurückgeschnitten. Es ist eine gute Schnittsorte.

Delphinium × cultorum. Als wichtigste Elternsorte ist *Delphinium elatum* zu nennen, daher auch die Zuordnung der nun folgenden Sorten zur Elatum-Gruppe. Besonders bezeichnend für diese Gruppe sind die schlanken, aufrechten Blütenrispen. Werden sie rechtzeitig nach der Blüte zurückgeschnitten, so bringen sie ebenfalls einen zweiten Flor im September–Oktober.

Die ersten Sorten der Elatum-Gruppe wurden in Frankreich und dann in England gezüchtet. Jedoch ließen sich diese Sorten nicht auf deutsche Klimaverhältnisse übertragen. So wurden dann auch in Deutschland Anstrengungen unternommen, diese hervorragenden Pflanzen zu akklimatisieren. Besonders hervorgetan hat sich hierbei der in Fach- und Liebhaberkreisen wohlbekannte Staudenzüchter aus Potsdam-Bornim, Karl Foerster. Von den folgenden 15 Sorten, die sich nach der letzten Überprüfung in Weihenstephan als die bewährtesten gezeigt haben, stammen allein 11 von diesem Züchter.

*** *Delphinium × cultorum* ›Abgesang‹ ist, wie es der Name ausdrückt, die zuletzt blühende dieser Gruppe. Die gefüllten Blüten sind leuchtend azurblau, die Blütenrispen erreichen eine Höhe von beinahe 180 cm.

*** *Delphinium × cultorum* ›Jubelruf‹ wird ebenso hoch. Die Blütenfarbe ist leuchtendblau.

*** *Delphinium × cultorum* ›Lanzenträger‹, hat enzianblaue Blüten mit weißer Mitte. Diese Sorte bildet fast 2 m lange, ausgesprochen standfeste Rispen.

*** *Delphinium × cultorum* ›Sommernachtstraum‹. Eine Blüte mit einem wirklich funkelnden Enzianblau um ein schwarzes Auge herum. Die Einzelblüte ist groß. Höhe des Blütenstiels etwa 150 cm.

** *Delphinium × cultorum* ›Adria‹, die enzianblauen Blüten mit weißem Auge haben einen Blütendurchmesser von fast 4 cm. Die Höhe der Pflanze beträgt etwa 140 cm.

85 Die Kugeldistel, *Echinops ritro,* ist mit ihren fiederspaltigen Blättern und den stahlblauen Blütenköpfen eine beliebte Staude.

86 Eine der mehreren Sorten des alljährlich neu aus Samen heranzuziehenden *Chrysanthemum carinatum.*

87 Sommerblumenpflanzung aus Studentenblumen, der *Tagetes* also, und roten Verbenen.

88 *Agave americana,* im Garten ausgepflanzt, doch muß sie im Herbst herausgenommen und an einem frostfreien Platz überwintert werden.

89 Gladiolen in zahllosen Farbsorten brauchen unbedingt einen freien, sonnigen Platz.

90 Schalenbepflanzung mit Knollenbegonien, die man auch in Balkonkästen halten kann.

85 △ 86 ▽

87△ 88▽ 89▷

** *Delphinium* × *cultorum* ›Berghimmel‹ hat hellblaue Blüten mit weißer Mitte, die Rispen werden etwa 180 cm hoch.

** *Delphinium* × *cultorum* ›Blauwal‹ wird bis zu 2 m hoch. Er hat dunkelblaue Blüten mit einem braunen Auge. Er zählt zu den frühblühenden Sorten.

** *Delphinium* × *cultorum* ›Fernzünder‹ hat leuchtendblaue Blüten mit einem weißen Auge auf etwa 140 cm hohen Stielen.

** *Delphinium* × *cultorum* ›Finsteraarhorn‹ wurde lange Zeit als die beste Sorte bezeichnet. Die großen Einzelblüten sind dunkelblau mit blauschwarzem Auge. Die Rispen werden etwa 170 cm hoch.

** *Delphinium* × *cultorum* ›Frühschein‹ ist, wie der Name sagt, eine frühblühende Sorte. Bereits Anfang Juni erscheinen die hell-lilablauen Blüten mit dunklem Auge. Die Höhe der Blütenrispen beträgt etwa 180 cm.

** *Delphinium* × *cultorum* ›Merlin‹ bildet bis zu 180 cm lange Rispen mit hellblauen, leuchtenden Blüten mit weißem Auge. Blütezeit ist Juni–Juli.

** *Delphinium* × *cultorum* ›Traumulus‹ hat enzianblaue Blüten mit weißem Auge. Die Rispen werden etwa 180 cm hoch. Die Standfestigkeit dieser Sorte läßt etwas zu wünschen übrig, aber sie gleicht diesen Mangel durch die herrlichen Farben aus.

** *Delphinium* × *cultorum* ›Zauberflöte‹ hat sehr große Einzelblüten, sie haben einen Durchmesser von fast 6 cm. Die Blütenfarbe ist hellblau mit weißem Auge, Höhe 160 cm.

* *Delphinium* × *cultorum* ›Ouvertüre‹ ist mit der Blütezeit Anfang Juni eine frühe Sorte, wird etwa 140 cm hoch, hat hellblaue Blüten mit rosa Flügeln und ein schwarzes Auge.

Bei der Anpflanzung von Delphinium – gleich welcher Gruppe sie angehören – muß beachtet werden, daß die Pflanzen einen sonnigen, einigermaßen windgeschützten Standort benötigen. Nur zu leicht können die meist schwer mit Blüten beladenen Blütenschäfte, die innen hohl sind, vom Wind umgeknickt werden, und dann ist die Freude an den schönen Pflanzen hin. Der Boden muß tiefgründig sein und nicht zu nährstoffarm. Rittersporne werden sehr leicht von Mehltau befallen, es gibt einige gute Fungizide für dessen Bekämpfung. Bei Auftreten der ersten Krankheitsbilder – weißlicher Belag auf Blattober- und -unterseite – müssen die befallenen Pflanzenteile sofort entfernt und verbrannt werden.

Die zarten Blätter des frisch ausgetriebenen Rittersporns sind eine ganz besonders geschätzte Speise für Mäuse und Schnecken!

Erigeron – Feinstrahlaster oder Berufskraut – gehört zur Familie der Korbblütler *(Compositae)*. Von dieser asternähnlichen Gattung gibt es ungefähr 250 Arten, die in Europa, Amerika und Australien beheimatet sind. Durch Kreuzung verschiedener Arten, hauptsächlich *E. aurantiacus, E. speciosus* und *E. macranthus*, ist es auch hier zu hervorragenden Züchtungen gekommen. Sie werden als Erigeron-Hybriden oder Erigeron × hybridus bezeichnet. Folgende Sorten haben sich am besten bewährt:

*** *Erigeron × hybridus* ›Adria‹ hat halb gefüllte, große Einzelblüten in einem hellvioletten Farbton. Die Blütenstiele werden etwa 70 cm hoch, die Blütezeit ist, wie auch bei den folgenden Sorten, in den Monaten Juni und Juli.

*** *Erigeron × hybridus* ›Dunkelste Aller‹ hat halb gefüllte, violettblaue Blüten mit gelber Mitte. Die Blütenstiele werden etwa 70 cm hoch.

*** *Erigeron × hybridus* ›Sommerneuschnee‹ ist von den genannten die einzige, die etwas früher, nämlich von Mai bis Juni, blüht. Sie hat einfache weiße Blüten, die sich später rosa verfärben.

** *Erigeron × hybridus* ›Strahlenmeer‹ hat sehr feinstrahlige blaue Blüten auf 80 cm hohen Blütenstielen.

** *Erigeron × hybridus* ›Wuppertal‹ blüht blaßlila mit halb gefüllten Blüten. Sie werden etwa 60 cm hoch.

Alle Feinstrahlastern sind sehr gute Schnittblumen. Es muß beim Schneiden allerdings darauf geachtet werden, daß die meisten Blüten aufgeblüht sind. Sie halten sich gut zwei Wochen in der Blumenvase. Nach rechtzeitigem Rückschnitt der Frühjahrsblüte kann im Herbst mit einer schwächeren zweiten Blüte gerechnet werden. Der Standort sollte sonnig und trocken sein und der Boden etwas kalkhaltig, da sonst die Blütenstiele nicht die nötige Standfestigkeit erhalten.

Geum – Nelkenwurz – *Rosaceae*.

Der deutsche Name mag wohl daher stammen, daß man Wurzeln einer Geum-Art früher als Ersatz für Gewürznelken brauchte. Geum möchte in der Regel einen sonnigen Standort mit humosem, durchlässigem Boden haben. Nach einigen Jahren müssen sie umgepflanzt werden, da sie von innen braun werden und absterben.

** *Geum coccineum* ›Feuermeer‹. Diese Art ist im Kaukasus und auf dem Balkan beheimatet. Der Name *coccineum* weist auf die scharlachroten Blüten hin. Die Sorte ›Feuermeer‹ blüht in den Monaten Juni und Juli orangerot. Sie wird etwa 30 cm hoch und bringt später eine gute Nachblüte.

** *Geum* × *hybridum* ›Georgenberg‹. Die Sorte hat orangegelbe Blüten von April bis Juni. Sie haben eine besonders gute Leuchtkraft. Die Blütenstiele werden nur etwa 30 cm hoch.

Helenium – Sonnenbraut – gehört in die Familie der Korbblütler *(Compositae)*. Rund 40 verschiedene Arten von Helenium gibt es. Sie sind beheimatet auf dem gesamten amerikanischen Kontinent, wo sie wild vorkommen.
Die Geschichte der durch Züchtung entstandenen Hybriden ist nicht bekannt. Auch hier hat sich der schon erwähnte Staudenzüchter Karl Foerster verdient gemacht.

*** *Helenium* × *hybridum* ›Baudirektor Linne‹ hat rote Blüten mit brauner Mitte. Sie wird etwa 100 bis 120 cm hoch, ist verhältnismäßig großblumig und spätblühend, das heißt von Ende August bis Anfang Oktober.

*** *Helenium* × *hybridum* ›Moerheim Beauty‹ wird 100 bis 140 cm hoch, die Blütenblätter zeigen an den Spitzen einen bronzenen Farbton, zur Mitte hin sind sie karminrot. Die Mitte der Blüte ist braun. Die Sorte ist frühblühend, also von Juli bis Mitte August.

*** *Helenium* × *hybridum* ›Waltraut‹, ebenfalls eine frühblühende Sorte, wird etwa 100 cm hoch. Die Blütenfarbe ist gelb mit Bronze.

** *Helenium* × *hybridum* ›Kanaria‹ hat, wie aus dem Namen hervorgeht, gelbe Blüten, die Mitte ist hellgelb. Sie wird bis zu 120 cm hoch. Sie blüht in den Monaten August–September.

** *Helenium* × *hybridum* ›Kupfersprudel‹ hat kupferfarbene Blüten mit gelb. Es ist eine mittelspäte Sorte, Blütezeit also von September bis Anfang Oktober. Sie wird bis 150 cm hoch.

** *Helenium* × *hybridum* ›The Bishop‹ wird nur bis 60 cm hoch. Die Blütenfarbe ist gelb mit braunem Kopf.

** *Helenium* × *hybridum* ›Zimbelstern‹ ist eine besonders groß werdende Sorte. Sie erreicht 160 cm. Auch die Blüten sind ungewöhnlich groß. Ihre Farbe ist altgold und sie haben eine braune Mitte. Sie zählt zu den mittelspäten Sorten.

Alle Helenium wünschen einen sonnigen Standort in kräftigem, humusreichem Boden. Sie sollten im allgemeinen nicht länger als drei bis maximal vier Jahre an einem Standort stehen, denn sie neigen dazu, den Boden an Nährstoffen so auszulaugen, daß auch eine gründliche Düngung nichts mehr nützt.
Wegen ihrer kräftigen, leuchtenden Farben und der hübschen Blütenform – die Blütenblätter sind außen abgerundet und im Laufe der

Blütezeit wölben sie sich nach unten, so daß sie mit der dunklen Mitte der Blüte fast einen Halbkreis bilden – sind die Helenium beliebte und bewährte Schnittblumen.

Helianthemum – Sonnenröschen – ist ein Zistrosengewächs, botanisch *Cistaceae*. Eigentlich gehören die Sonnenröschen nicht mehr zu den Stauden, sondern wegen ihrer verholzenden und ausdauernden Triebe halb zu den Sträuchern; man nennt diese Gruppe von Pflanzen darum Halbsträucher. Die Gattung Helianthemum umfaßt rund 80 Arten, die in der Hauptsache im Mittelmeergebiet beheimatet sind. Die durch Kreuzung entstandenen Hybriden sind die im Handel befindlichen Gartenformen. Nachfolgend die Besten:

*** *Helianthemum × hybridum* ›Golden Queen‹, eine recht großblumige, goldgelb blühende Sorte.

*** *Helianthemum × hybridum* ›Sterntaler‹ wächst flacher als die anderen Sorten und hat außerdem dunkleres Laub. Die Blütenfarbe ist goldgelb.

** *Helianthemum × hybridum* ›Cerise Queen‹ hat gefüllte, rosarote Blüten.

** *Helianthemum × hybridum* ›Gelbe Perle‹ hat ebenfalls gefüllte Blüten und, wie der Name sagt, eine gelbe Blütenfarbe.

** *Helianthemum × hybridum* ›Lawrenson's Pink‹, auch hier sagt's der Name, die Blüte ist kräftig rosa mit etwas hellerer Mitte.

** *Helianthemum × hybridum* ›Rubin‹ hat wieder gefüllte Blüten in einem kräftigen Purpurrot.

** *Helianthemum × hybridum* ›Wisley Primrose‹ ist eine großblumige, gelbe Sorte.

Alle Helianthemum werden etwa 20 cm hoch, sie blühen während des ganzen Sommers, von Juni bis in den September hinein. Ihr Standort sollte auf etwas kalkhaltigem Boden in voller Sonne sein.

Helianthus, die Sonnenblume, gehört zur Familie der Korbblütler *(Compositae)*. Diese Gattung weist rund 100 Arten auf. Am bekanntesten sind die einjährigen Sonnenblumen. Sie waren bereits im 12. Jahrhundert bei einem südamerikanischen Indianerstamm Symbol des Sonnengottes.

Zwei Sorten der mehrjährigen *Helianthus decapetalus* haben bei der Prüfung eine besonders gute Wertung erhalten.

** *Helianthus decapetalus* ›Capenoch Star‹ ist eine reichblühende, bis zu 150 cm hoch werdende Sorte. Die Blüten sind groß, sie haben einen

Durchmesser bis zu 8 cm, sie sind ungefüllt und haben eine zitronengelbe Farbe.

** *Helianthus decapetalus* ›Meteor‹ hat halb gefüllte, goldgelbe Blüten und erreicht ebenfalls eine Höhe von 150 cm.

Heliopsis – Sonnenauge –, ebenfalls ein Korbblütler, stammt aus Nordamerika. Dort gibt es 7 verschiedene Arten. Ihr Aussehen gleicht dem der Sonnenblume. Als Gartenpflanzen werden die Sorten der Züchtung Heliopsis scabra verwendet.

*** *Heliopsis scabra* ›Goldgefieder‹ hat große, im Durchmesser 9 cm erreichende Blüten, die stark gefüllt und goldgelb sind.

*** *Heliopsis scabra* ›Karat‹ hat einfache, ebenfalls goldgelbe Blüten. Der Blütendurchmesser erreicht bis zu 11 cm.

*** *Heliopsis scabra* ›Sonnenschild‹ blüht dunkelgelb und hat gefüllte Blüten, auffallend ist die grüne Mitte.

*** *Heliopsis scabra* ›Spitzentänzerin‹ wirkt durch die feinstrahligen Blütenblätter etwas zierlicher. Die Blüten sind ebenfalls dunkelgelb und halb gefüllt.

** *Heliopsis scabra* ›Hohlspiegel‹ ist eine reichblühende, orangefarbene Sorte mit halb gefüllten, besonders großen Blüten.

Die Heliopsis beansprucht einen sonnigen Standort. An den Boden stellt sie keine großen Ansprüche, natürlich verträgt auch sie weder allzu große Trockenheit noch Staunässe. Die Pflanzen können über viele Jahre an einem Standort stehen bleiben, vorausgesetzt, die Düngung wird nicht vergessen. Alle Heliopsis werden etwa 120 cm hoch und blühen in den Monaten Juli und August. Es sind gute Schnittblumen.

Hemerocallis – Taglilie – führt ihren Namen, weil die einzelnen Blüten bei den meisten Sorten an einem Tag auf- und auch verblühen. *Hemera* ist das griechische Wort für Tag und *kallos* heißt Schönheit. Beheimatet sind die meisten der 25 Arten in Ostasien. Unter der Bezeichnung Hemerocallis-Hybriden hat man die durch Kreuzungen und Züchtungen entstandenen Sorten zusammengefaßt. Besonders die Amerikaner haben sich sehr viel mit der Züchtung neuer Sorten befaßt. So gibt es Tausende verschiedener Sorten, unter denen natürlich eine sorgfältige Auswahl der besten und schönsten Sorten vorgenommen wurde:

*** *Hemerocallis × hybrida* ›Atlas‹, wird 110 cm hoch, hat riesige Blüten in schönstem Hellgelb mit leicht gewellten Rändern und ist von bester Substanz.

** *Hemerocallis × hybrida* ›Crimson Pirate‹ ist eine hervorragende Sorte von leuchtendem, klarem Rot. Der Schlund ist ein wenig orangefarbig, eher kleinblumig und von sterniger Form, reich und lange blühend, wird 70 cm hoch.

** *Hemerocallis × hybrida* ›Felice‹ hat große Blüten von schmaler, sterniger Form in mittelgoldgelber Farbe mit orangem Ton. Wuchshöhe 110 cm.

** *Hemerocallis × hybrida* ›Frans Hals‹ ist eine zweifarbige Sorte von großer Leuchtkraft. Die Petalen sind orangerot, die Sepalen rahmgelb. Es ist eine starkwüchsige und reichblühende Pflanze. Wuchshöhe 90 cm.

** *Hemerocallis × hybrida* ›Jake Russell‹ ist eine hervorragende Sorte mit breiten Blütenblättern in reinem Goldgelb.

** *Hemerocallis × hybrida* ›Luxury Lace‹, eine 70 cm hohe Staude. Das Rosa dieser Sorte ist bläulich, also mit wenig gelb und darum sehr neuartig. Noch auffallender ist der grüne Schlund. Die Blüten sind eher klein, aber von reizender Form. In USA lange eine der beliebtesten Spitzensorten, die dort 1965 die höchste Auszeichnung für Stauden bekam.

** *Hemerocallis × hybrida* ›Pamela‹ ist eine großblumige, 100 cm hohe Staude. Die Blütenfarbe ist ein weiches Butterblumengelb mit dunkler Rückseite. Die Blumenform ist rund, dic dunklen, starken Stiele sind bestens verzweigt.

** *Hemerocallis × hybrida* ›Resplendent‹ hat samtige, rotbraune Blüten von sterniger, spitzer Form. Alle Blütenblätter haben einen goldgelben Mittelnerv. Wuchshöhe 100 cm.

*** *Hemerocallis × hybrida* ›Shooting Star‹ hat große, wohlgeformte Blüten in blassem, grünlichem Gelb. Die Verzweigung ist gut, Wuchshöhe 100 cm.

** *Hemerocallis × hybrida* ›War Eagle‹ hat große, ochsenblutrote Blüten. Wuchs sehr niedrig.

** *Hemerocallis × hybrida* ›Wideyed‹. Die Blüte ist hellgelb und hat eine kontrastreiche, leuchtend mahagonirote Bebänderung, wirkt sehr farbig und blüht stark nach. Wuchshöhe 80 cm.

Heuchera – Purpurglöckchen – hat seinen deutschen Namen seiner Blütenform zu verdanken. Die kleinen Einzelblüten sehen aus wie Glöckchen. Sie gehören zu der Familie der Steinbrechgewächse. *Saxifragaceae.* Beheimatet sind diese Pflanzen in Nordamerika. Es gibt zahlreiche verschiedene Arten, doch die bei uns am häufigsten anzutreffenden Gartenformen sind entstanden durch Kreuzungen und sind somit Hybriden, die auch unter dieser Bezeichnung zusammengefaßt werden.

*** *Heuchera × hybrida* ›Gracillima‹ wird bis zu 50 cm hoch und hat hellrosa Blüten. Die feinverzweigten Rispen wirken sehr zierlich.

*** *Heuchera × hybrida* ›Red Spangles‹ blüht in einem leuchtenden Scharlachrot. Sie wird etwa 60 cm hoch, die Rispen sind etwas gedrungen und wirken dadurch besonders schön.

*** *Heuchera × hybrida* ›Scintillation‹ wird ebenfalls 60 cm hoch. Die Blütenglöckchen sind leuchtendrosa mit karminroten Punkten.

** *Heuchera × hybrida* ›Rakete‹ wird bis zu 70 cm hoch und hat leuchtende, zinnoberrote Blütenglöckchen.

** *Heuchera × hybrida* ›Weserlachs‹ ist eine 50–60 cm hoch werdende Sorte mit kräftig lachsrosa Blüten.

Alle Heuchera-Sorten bevorzugen einen schattigen bis halbschattigen Standort, aber auch in der Sonne gedeihen sie, wenn sie einen tiefgründigen, lockeren und frischen Boden haben.

Die zierlichen Blütenstiele sind auch zum Schnitt geeignet. Die Purpurglöckchen blühen in der Zeit von Juni bis Juli.

Heucherella ist eine Pflanze, die aus der Kreuzung von *Heuchera* und *Tiarella* hervorgegangen ist. Tiarellae sind flachwachsende, bodenbedeckende Pflanzen für schattige Standorte. Ihre Blüten sind in Form von Traubendolden angeordnet. Die Blütenfarbe ist weiß.

* *Heucherella tiarelloides* gleicht vom Blatt her der Heuchera, während die Traubendolden mit den rosa Blüten nur etwa 25 bis 30 cm hoch werden, wie die Blüten der Tiarella. Auch sie brauchen einen schattigen bis halbschattigen Standort und frischen, lockeren Boden.

Iberis – Schleifenblume – *Cruciferae*. Die etwa 40 Arten dieser Gattung sind überwiegend in Südeuropa und Kleinasien beheimatet. Da sie aber bereits seit beinahe 400 Jahren kultiviert werden, erstreckt sich ihr Verbreitungsgebiet über einen größeren Teil der Erde.

Iberis sempervirens. Sempervirens heißt immergrün, und das ist auch dieser kleine, nur 30 cm hoch werdende Zwergstrauch. Von dieser Art gibt es verschiedene Kulturformen:

** *Iberis sempervirens* ›Findel‹ bleibt noch etwas niedriger als die Art und hat sehr viele kleine, weiße Blüten in der Zeit von April bis Mai–Juni. Beinahe in jedem Steingarten findet man diese herrliche Pflanze. Je sonniger der Standort, desto schöner und gedrungener wird sie. Ist die

Pflanze nach längerer Standzeit nicht mehr schön anzusehen, sollte sie kräftig zurückgeschnitten werden.

Iris – Schwertlilie – *Iridaceae.*
Den Namen Iris trug eine griechische Göttin, er bezeichnet aber auch den Regenbogen. Das deutet an, daß auch die Blume Iris in so vielfältigen Farben prangt. Nur die Farbe Rot fehlt noch.
Es gibt etwa 200 Arten von dieser Gattung, welche hauptsächlich über die nördliche gemäßigte Zone verbreitet sind. Einzelne Arten werden bereits seit Jahrhunderten, andere erst seit Jahrzehnten gezüchtet. Außer Orchideen gibt es keine Pflanzengruppe, mit der so erfolgreich gezüchtet wurde wie mit der Schwertlilie. Um eine bessere Übersicht zu ermöglichen, wurde die Gattung in 16 Sektionen eingeteilt. Zu der Sektion *Apogon* mit 70 Arten gehört *Iris sibirica.* Heimat dieser Pflanze ist Mitteleuropa bis nach Sibirien. Alle Sorten dieser Art blühen von Juni bis Juli. Die Sorte ›My Love‹ bringt etwa zwei Wochen später noch einen zweiten Flor. Iris sibirica möchte einen sonnigen Standort. Im Frühjahr bis zur Blütezeit darf der Boden ruhig feucht, anschließend sollte er etwas trocken sein. Sie passen hervorragend zu Wildstauden. Hier die besten Sorten:

*** *Iris sibirica* ›Caesar's Brother‹, tief dunkelblau und großblumig.

** *Iris sibirica* ›Mountain Lake‹ hat klarblaue Blüten an verzweigten Blütenstielen, die bis zu 100 cm hoch werden.

** *Iris sibirica* ›My Love‹ hat ebenfalls verzweigte Blütenstiele, die über 100 cm hoch werden. Violettblaue Blüten, die, wie oben bereits erwähnt, kurze Zeit nach der ersten Blüte ein zweites Mal blühen.

** *Iris sibirica* ›Snow Queen‹ (Schneekönigin) hat weiße Blüten mit einem leichten gelben Hauch. Sie wird etwa 60 cm hoch.

Bei den Sichtungsergebnissen von Weihenstephan gibt es verständlicherweise nur diese Sorten der Iris sibirica. Es dürfte auch schlechthin unmöglich sein, die Sortenfülle der übrigen Gruppen zu prüfen, zumal jährlich neue Züchtungen hinzukommen. Bei den meisten Staudengärtnereien werden zunächst die züchterisch bearbeiteten Iris geführt. Das sind an erster Stelle die teilweise phantastischen Sorten der üblichen Schwertlilie, wie sie jedermann bekannt ist, bei den Gärtnern unter Iris × barbata-elatior geführt. Die zweite Gruppe, die Sorten der Iris × barbata-media, sind etwas früher mit der Blüte. Sodann folgen die Namen der Iris × barbata-nana, die niedrig sind und ganz früh blühen. Schließlich folgen die Arten der japanischen Sumpfiris, vor allem Iris kaempferi, und dann die Iris sibirica. Damit aber nicht genug, gibt es noch reine Wildarten in stattlicher Anzahl, wozu noch die aus Zwiebeln wachsenden Vorfrühlingsiris kommen, die man im Herbst pflanzt.

Lavandula gehört in die Familie der Zungenblütler *(Labiatae)*. Die deutsche Bezeichnung Lavendel ist bekannt. Von dieser Gattung gibt es etwa 25 Arten, die meisten treten im Mittelmeerraum auf, einzelne auch in Indien. Früher durfte diese Pflanze wegen ihrer vielseitigen Verwendbarkeit in keinem Garten fehlen, und auch heute hat sie noch einen hohen Verbreitungsgrad.
Die Pflanze enthält ätherische Öle, die für verschiedene Zwecke verwendet werden, z. B. als Heilmittel, als Zusatz für Tee, Seife und Parfüm. Werden die verblühten Blütenstände abgeschnitten, getrocknet und in kleinen Beutelchen zwischen die Wäsche gelegt, so verbreiten sie dort einen angenehmen, frischen Duft. Die im folgenden beschriebenen Sorten gehören zu der Art *Lavandula angustifolia* und sind eigentlich Halbsträucher. Sie sind aber in dem Sortiment jeder Staudengärtnerei zu finden. Der Lavendel ist ein besonders dankbarer Blüher, wenn er einen etwas kalkhaltigen Boden hat. Er blüht in den Monaten Juli und August.

*** *Lavandula angustifolia* ›Hidcote Blue‹ hat dunkelviolette Blüten über graugrünem Laub. Die Pflanze bleibt buschig und wird 30 cm hoch.

*** *Lavandula angustifolia* ›Munstead‹ hat blaue Blüten und wird etwa 40 cm hoch. Das Laub ist wie bei den anderen Sorten graugrün.

** *Lavandula angustifolia* ›Rosea‹ ist ebenfalls 40 cm hoch und hat rosa Blüten.

Lythrum – Weiderich – *Lythraceae. Lythron* ist das »vergossene Blut«, und diese Bezeichnung spielt auf die Blütenfarbe dieser 30 Arten umfassenden Gattung an.
Lythrum salicaria ist der Blutweiderich. Die durch Züchtung entstandene Sorte

** *Lythrum salicaria* ›Feuerkerze‹ hat leuchtendrote Blütenrispen und wird bis 150 cm hoch. Der Wuchs der Pflanze ist buschig, Blütezeit von Juli bis September. Der Standort für Lythrum sollte sonnig bis halbschattig, der Boden feucht und humos sein. Sie kann sogar an ausgesprochen nassen Standorten stehen. Die Pflanze, deren Blüten bei Bienen und Schmetterlingen sehr beliebt sind, können jahrelang an einem Standort bleiben. Ein Rückschnitt der abgetrockneten Blütenstände sollte im Frühjahr erfolgen.

Monarda – Etagenblume oder Indianernessel – gehört zu der Familie der Zungenblütler, *Labiatae*. Der Name Indianernessel läßt erkennen, daß diese Pflanze aus Nordamerika kommt. Dort gibt es etwa 15 Arten. In Kultur sind jedoch nur Kreuzungen der Arten *Monarda didyma* und *Monarda fistulosa*, die dann als *Monarda × hybrida* bezeichnet werden.

*** *Monarda × hybrida* ›Präriebrand‹ hat leuchtend lachsrote Blüten, die auf 120 cm hohen Stielen in Etagen angeordnet sind.

** *Monarda × hybrida* ›Adam‹ ist etwas niedriger als die vorige Sorte und hat karminrote Blüten.

** *Monarda × hybrida* ›Croftway Pink‹ hat rosa Blüten und wird 120 cm hoch.

** *Monarda × hybrida* ›Prärienacht‹ hat sehr hohe (150 cm) und stark verzweigte Blütenstiele. Die Blütenfarbe ist dunkellila.

Monarda ist anspruchslos in bezug auf Boden und Standort. Wegen der flachen Wurzeln muß bei allzu großer Trockenheit gewässert werden. Alle Pflanzen haben einen eigentümlichen, würzigen Duft. Als Blumenstrauß in eine Vase gestellt sehen sie mit ihrer interessanten Form sehr schön aus.

Oenothera – Nachtkerze – *Onagraceae*. Am verbreitetsten sind die zahlreichen Arten dieser Gattung in Nordamerika. In Europa gibt es über 15. *Oenothera tetragona* bildet aufrechte, geschlossene Büsche von etwa 60 cm Höhe. Eine gute Sorte ist

** *Oenothera tetragona* ›Hohes Licht‹. Die zwar kurzlebigen, aber um so zahlreicher erscheinenden Blüten sind leuchtend gelb. Sie wachsen einzeln aus den Blattachseln heraus. Die Blüte ist in den Monaten Juni–Juli.

Paeonia – Pfingstrose – *Ranunculaceae*.

Die rund 33 Arten, die diese Gattung umfaßt, sind beheimatet in Europa, im gemäßigten Nordamerika und in Teilen Asiens. Im 18. Jahrhundert kam die Art *Paeonia lactiflora* aus Japan und China nach Europa. Die Wildart wird nicht kultiviert. Von den durch Züchtung entstandenen Paeonia lactiflora-Hybriden gibt es jedoch Hunderte von Sorten. Nachfolgend eine Auswahl:

*** *Paeonia lactiflora* ›Avalanche‹ hat gefüllte, weiße Blüten, die am Grunde leicht ins Gelbliche übergehen. Es ist eine mittelfrüh blühende Sorte, sie wird etwa 80 cm hoch.

*** *Paeonia lactiflora* ›Inspecteur Lavergne‹ wird zwischen 70 und

100 cm hoch und hat rote, gefüllte Blüten. Es ist eine spätblühende Sorte.

** *Paeonia lactiflora* ›Angelika Kauffmann‹ ist eine ungefüllte Sorte, deren Blüten weiß mit einem leichten Anflug von Lila sind. Sie ist im Verhältnis zu den anderen Sorten niedrigwachsend.

** *Paeonia lactiflora* ›Bunker Hill‹ hat sehr große, halb gefüllte, kirschrote Blüten und wird 80 cm hoch.

** *Paeonia lactiflora* ›Felix Crousse‹ ist eine sehr reich blühende, spätere Sorte, mit nicht ganz so großen, karminroten, gefüllten Blüten. Die Pflanze hat einen kräftigen, etwas gedrungenen Wuchs und erreicht eine Höhe von etwa 70 cm.

** *Paeonia lactiflora* ›Holbein‹ ist eine ungefüllte Sorte. Die Blüten sind hellrosa. Besonders auffällig bei den ungefüllten Sorten sind die zahlreichen Staubgefäße, bei dieser Sorte sind sie leuchtend gelb. Die Pflanzen werden zwischen 60 und 100 cm hoch.

** *Paeonia lactiflora* ›Karl Rosenfield‹, eine dicht gefüllte, dunkelrote Sorte. Sie ist starkwüchsig, wird zwischen 80 und 100 cm hoch und blüht mittelfrüh.

** *Paeonia lactiflora* ›Lady Alexander Duff‹ ist eine frühblühende Sorte. Die Blüten sind weißlichrosa, sehr groß und locker gefüllt. Sie hat einen kräftigen Wuchs. Es ist ebenfalls eine starkwüchsige, bis 90 cm hohe Sorte.

** *Paeonia lactiflora* ›Mme. de Verneville‹ hat einen etwas breiteren Wuchs und wird 70 bis 80 cm hoch. Die Blüten sind weiß, nur die Petalen haben anfangs einen rosa Farbschimmer. Es ist eine frühblühende Sorte.

** *Paeonia lactiflora* ›Noémie Demay‹ ist ebenfalls eine frühblühende Sorte. Sie wird nur etwa 60 cm hoch. Die Blüten sind gefüllt, die Blütenfarbe ist silbrigrosa.

** *Paeonia lactiflora* ›Reine Hortense‹ wird 80 bis 100 cm hoch. Die Blüten sind groß und dicht gefüllt. Die mittleren Petalen der ansonsten rosa blühenden Sorte sind oft dunkelrot gesäumt. Es ist eine gut duftende mittelfrühe Sorte.

** *Paeonia lactiflora* ›Solange‹ ist eine spätblühende Sorte. Sie wird 90 cm hoch. Den fehlenden Duft macht die Blüte durch ihr schönes Farbenspiel von tiefem Gelb bis hin zu lachsrosa wett.

Die Pfingstrosen gehören wohl zu den attraktivsten Schnittblumen, die man im Freiland heranziehen kann. Um eine gute Blüte zu haben, muß beachtet werden, daß Päonien einen vollsonnigen Standort benötigen. Der Boden kann ruhig etwas schwerer sein, er sollte leicht zum sauren

Bereich neigen, außerdem darf er nicht zu trocken werden. Pfingstrosen können bis zu 10 Jahre an einer Stelle stehen bleiben. Läßt die Blühwilligkeit nach, wird es Zeit, daß sie verpflanzt und geteilt werden. Es ist dann besser, die Pflanze nicht mehr an den alten Standort zu setzen, sondern ihr einen neuen Platz im Garten zu geben. Beim Pflanzen muß darauf geachtet werden, daß das Auge, das schon ab August am Wurzelstock zu erkennen ist und das die Blüte für das Folgejahr enthält, höchstens 5 cm tief unter die Erde kommt. Aber auch nicht höher, da sonst der Frost die Knospe gefährdet.
Schneiden kann man Pfingstrosen am besten in sehr knospigem Zustand, aber die Knospe muß auf jeden Fall bereits Farbe zeigen.

Papaver – Mohn – *Papaveraceae.*
Man sollte nicht glauben, daß diese phantastischen Pflanzen mit ihren wie Signale weit und breit sichtbaren großen Blüten von kräftiger Farbe schon so viel Ärger bereitet haben. Schuld daran ist der Schlafmohn, *Papaver somniferum*, aus dessen unreifen Samenkapseln Opium gewonnen wird.
Papaver orientale, der sogenannte Türkenmohn, der im Kaukasus und im Nordiran beheimatet ist, gekreuzt mit dem ihm ähnlichen *P. bracteatum*, ergab die im nachfolgenden aufgezählten Gartenformen:
*** *Papaver orientale* ›Beauty of Livermere‹ hat sehr große, leuchtend dunkelrote Blüten auf 100 cm langen, behaarten Stengeln. Alle Sorten blühen von Mai bis Juni.
** *Papaver orientale* ›Catharina‹ hat lachsrosa, am Grunde schwarze Blüten auf 80 cm langen Stielen.
** *Papaver orientale* ›Feuerriese‹ ist eine starkwüchsige Sorte mit ziegelroten Blüten. Höhe ebenfalls 80 cm.
** *Papaver orientale* ›Sturmfackel‹ wird nur 50 cm hoch und hat feurigrote Blüten. Diese Sorte ist besonders zum Schnitt geeignet. Geschnitten wird dann, wenn die Knospe ihr erstes Blütenblatt hinausschiebt.
Mohn ist anspruchslos an den Boden, nur Staunässe kann er nicht vertragen, aber welche Pflanze kann das schon. Etwas hartnäckig ist der Mohn, wenn er nicht mehr erwünscht ist, denn aus seinen dicken, fleischigen Wurzeln, von denen beim Ausgraben sehr leicht Stücke abbrechen, treibt er immer wieder neu aus.

Pennisetum – Federborstengras – *Gramineae.* Die meisten Arten dieser Gattung sind in den Tropen Afrikas beheimatet. Eine Art wurde

bereits vor 4500 Jahren als Getreidepflanze in China angebaut. In Deutschland werden nur 2 bis 3 Arten gepflanzt, da den anderen das Klima nicht zuträglich ist.
Die Namengebung ist etwas verwirrend. Für die Art *Pennisetum alopecuroides* sind außerdem noch die Namen *P. compressum, P. japonicum* gebräuchlich.
Alopecuroides heißt »fuchsschwanzähnlich« und bezieht sich auf die walzenförmigen Blütenähren.

*** *Pennisetum alopecuroides* ›Hameln‹ blüht bereits im Juli. Die Blütenstände bleiben bis weit in den September hinein schön. Je älter die Pflanze ist, desto größer und wirkungsvoller ist sie. Im Heidegarten, an Wasserbecken und zwischen niedrigen Sträuchern kommt dieses Gras besonders zur Geltung. Auch in Blumensträußen wirken die Blütenstände sehr schön.

Phlox – Flammenblume – *Polemoniaceae* (Sperrkrautgewächse). Die Gattung Phlox ist mit ihren rund 60 Arten in Nordamerika heimisch. Als Gartenphlox verwendet und züchterisch bearbeitet wurde seit Beginn des 19. Jahrhunderts die Art *Phlox paniculata*. Heute gibt es davon ein riesiges Sortiment.
Bei der folgenden Aufzählung werden die Blütezeiten mit früh, mittel und spät angegeben. Früh bedeutet Blüte ab Anfang Juli, mittel entspricht Blüte ab Mitte Juli und spät Blüte ab Mitte August.

*** *Phlox paniculata* ›Aida‹ wird 70 bis 90 cm hoch, die Blüten sind rotviolett und haben eine dunklere Mitte. Die Einzelblüte wird etwa 3,5 cm breit. Spät.

*** *Phlox paniculata* ›Frauenlob‹ hat frühe, rosa Blüten mit dunklem Auge. Sie wird etwa 100 cm hoch.

*** *Phlox paniculata* ›Landhochzeit‹ wird bis 120 cm hoch. Die mittelfrühen Blüten sind rosa und haben ein rotes Auge.

*** *Phlox paniculata* ›Orange‹ ist eine mittel- bis spätblühende Sorte. Die Blütenfarbe ist, wie der Name sagt, orangerot. Die Blütenstiele werden bis 80 cm hoch. Es ist eine besonders reich blühende Sorte.

*** *Phlox paniculata* ›Pax‹, eine gute, reinweiße Sorte, die sehr buschig wächst und etwa 80 cm hoch wird. Sie blüht spät.

*** *Phlox paniculata* ›Sommerfreude‹ hat außerordentlich große, kräftigrosa Blütendolden. Die Pflanze blüht früh bis mittelfrüh und wird 80 cm hoch.

*** *Phlox paniculata* ›Starfire‹ hat große, leuchtendrote Blüten, die mittelspät und auf 90 cm hohen Blütenstielen blühen.

*** *Phlox paniculata* ›Violetta Gloriosa‹ ist eine starkwüchsige, 120 bis 130 cm hohe Sorte. Die Einzelblüten sind groß, die Blütenfarbe hellviolett, die Blütezeit spät.

*** *Phlox paniculata* ›Wilhelm Kesselring‹ wird 80 cm hoch, die früh erscheinenden Blüten sind purpurviolett mit weißer Mitte.

*** *Phlox paniculata* ›Württembergia‹ ist eine mit nur 60 cm Höhe verhältnismäßig niedrige Sorte. Die karminrosa Blüten haben ein helleres Auge. Blütezeit ist früh.

** *Phlox paniculata* ›Abenddämmerung‹ blüht, wie sich denken läßt, spät, wird 80 bis 90 cm hoch und hat dunkelviolette Blüten.

** *Phlox paniculata* ›Bornimer Nachsommer‹, ebenfalls eine spätblühende Sorte, wird bis 100 cm hoch und hat lachsrosa Blüten.

** *Phlox paniculata* ›Dorffreude‹ wird bis 120 cm hoch, blüht spät, die Blüten sind rosalila mit dunklem Auge.

** *Phlox paniculata* ›Düsterlohe‹, eine früh bis mittelspät blühende, 80 cm hoch werdende Sorte mit dunkelvioletter Blütenfarbe.

** *Phlox paniculata* ›Frau A. v. Mauthner‹ hat ziegelrote Blüten mit karminrotem Auge. Die Sorte wird etwa 90 cm hoch und blüht mittelspät.

** *Phlox paniculata* ›Furioso‹ wird etwa 100 cm hoch. Die in großen Dolden erscheinenden dunkellila Blüten haben einen Durchmesser von etwa 3,5 cm. Eine auffallende, mittelspät blühende Sorte.

** *Phlox paniculata* ›Kirmesländler‹, eine besonders späte Sorte. Sehr hübsch ist der Kontrast der weißen Blütenblätter zu dem leuchtendroten Auge. Die Sorte wird bis zu 120 cm hoch.

** *Phlox paniculata* ›Nymphenburg‹, eine starkwüchsige, reinweiße Sorte mit einer langen, spät beginnenden Blütezeit. Sie wird etwa 120 cm hoch.

** *Phlox paniculata* ›Pastorale‹ wird bis 100 cm hoch, die mittelspät erscheinenden rosa Blüten bilden große Rispen.

** *Phlox paniculata* ›Schneeferner‹ ist, wie die anderen genannten weißen Sorten, recht starkwüchsig. Sie wird etwa 100 cm hoch, die mittelspät erscheinenden Blüten halten sehr lange.

** *Phlox paniculata* ›Schneerausch‹ wird etwa 100 cm hoch, die mittelspät erscheinenden, reinweißen Blüten haben einen Durchmesser von 4 cm.

** *Phlox paniculata* ›Sommerkleid‹ wird 90 cm hoch, die mittelspäte weiße Blüte hat ein rotes Auge.

** *Phlox paniculata* ›Spätrot‹, die lachsroten, spät erscheinenden Blüten haben einen Durchmesser von 4 cm. Die Sorte wird bis 100 cm hoch.

** *Phlox paniculata* ›Sternhimmel‹ hat lavendelblaue Blüten mit weißem Auge. Sie wird 100 cm hoch und blüht mittelfrüh.

Phlox paniculata bevorzugt sonnige Standorte. Im Halbschatten wird er höher und die Blütezeit verzögert sich um einige Zeit. Der Boden muß tiefgründig, durchlässig und gut nährstoffversorgt sein.

Phlox subulata, der Moos- oder Teppichphlox, stammt ebenfalls aus Nordamerika. Es gibt zahlreiche schöne, durch Züchtung entstandene Sorten. Sie eignen sich gut für Steingartenpflanzungen oder in und auf Trockenmauern sowie als bodenbedeckende Blütenteppiche im Staudenbeet. Der Standort sollte ebenfalls sonnig sein. Nachfolgend einige gute Sorten:

** *Phlox subulata* ›Atropurpurea‹ wird 10 bis 15 cm hoch. Die Blüten sind dunkelrot. Die Blütezeit aller Teppichphloxe ist April–Mai.

** *Phlox subulata* ›Daisy Hill‹ ist eine sehr wüchsige Sorte. Die lachsrosa Blüten haben ein rotes Auge. Sie wird etwa 15 cm hoch.

** *Phlox subulata* ›G. F. Wilson‹ ist die einzige blaublühende Sorte, die Blütenfarbe ist schieferblau. Es handelt sich hierbei ebenfalls um eine starkwachsende Sorte.

** *Phlox subulata* ›Lindenthal‹ ist eine reichblühende, rosarote Sorte.

** *Phlox subulata* ›Sprite‹ gleicht der Sorte ›Lindenthal‹. Die dunkelrosa Blüten haben ein karminrotes Auge.

** *Phlox subulata* ›Temiscaming‹ ist ebenfalls eine sehr wüchsige Sorte, die etwa 15 cm hoch wird. Blütenfarbe: ein leuchtendes Karminrosa.

Physostegia – Etagen-Erika oder Gelenkblume – *Labiatae*. Von dieser Gattung gibt es fünf Arten, die allesamt in Nordamerika beheimatet sind. In Kultur sind bei uns nur Sorten der *Physostegia virginiana*. An aufrecht wachsenden, vierkantigen Trieben erscheinen von Juli bis September aus jeder Blattachsel heraus kleine Rispen mit kleinen, glokkenförmigen Blüten. Die Pflanzen sind gut als Schnittblumen zu verwenden. Im Garten blühen sie im ersten Jahr nach der Pflanzung nicht so stark wie in den folgenden Jahren. Die Ansprüche an den Standort sind gering, er kann sonnig oder auch schattig sein, nur der Boden muß humusreich sein. Ist der Boden sehr durchlässig, sollte man darauf achten, daß er nicht zu trocken wird, gegebenenfalls wird gewässert.

** *Physostegia virginiana* ›Bouquet Rose‹ wird etwa 80 cm hoch und hat rosarote Blüten.

** *Physostegia virginiana* ›Vivid‹ hat weinrote Blüten und wird etwa 60 cm hoch.

Platycodon – Ballonblume – *Campanulaceae.*
Die Pflanze hat breite, glockenförmige Blüten, und genau das heißt *platycodon* auf griechisch. Von dieser Gattung gibt es nur eine Art, *Platycodon grandiflorum.* Eine ausgezeichnete Sorte ist die

*** *Platycodon grandiflorum* ›Perlmutterschale‹. Auch hier sagt der Name etwas über die Blütenfarbe aus, die bläulichrosa ist. Die Pflanze wird etwa 60 cm hoch und blüht von Juni bis August.

Primula – Primel, Schlüsselblume – *Primulaceae.*
Es gibt mehr als 500 Arten und unzählige Sorten. Primula kann man mit »der kleine Erstling« übersetzen. Dies sind die vielen Frühlingsblüher dieser Gattung.

Primula-Juliae-Hybriden werden auch als *Primula × pruhoniciana* bezeichnet.

** *Primula-Juliae*-Hybride ›Blütenkissen‹ wird nur etwa 10 cm hoch und blüht hellrot von März bis April.

** *Primula-Juliae*-Hybride ›Frühlingsbote‹ hat purpurrote Blüten, ebenfalls von März bis April. Bei schattigem Standort verschiebt sich der Blütetermin etwas.

Rudbeckia – Sonnenhut – *Compositae.* Vor etwa 300 Jahren wurden diese Pflanzen aus Nordamerika nach Europa eingeführt. Es gibt einjährige und ausdauernde Arten, zusammen etwa 40. Der Name des schwedischen Botanikers Olaf Rudbeck stand für diese Pflanzen Pate. Die Rudbeckia gehört sicher zu den verbreitetsten Stauden Deutschlands. Sie sind anspruchslos an den Boden. Die beiden nachstehend beschriebenen Sorten ›Goldsturm‹ und ›The King‹ wollen einen sonnigen Standort, während die anderen auch Halbschatten sehr gut vertragen. Alle Rudbeckia-Sorten sind sehr gut zum Schnitt geeignet.

*** *Rudbeckia fulgida var. sullivantii* ›Goldsturm‹ wird häufig in Gruppen angepflanzt. Sie wird etwa 50 bis 60 cm hoch, hat goldgelbe Blütenblätter und in der Mitte einen stark auffallenden schwarzen Hut. Die Einzelblüten sind sehr groß, 12 cm im Durchmesser. Die Blütezeit dauert von August bis Oktober.

Rudbeckia nitida eignet sich nicht für den Garten, nur Sorten von ihr:

** *Rudbeckia nitida* ›Herbstsonne‹ bevorzugt etwas feuchte und halbschattige Standorte. Mit ihren großen, gelben Blüten bringt diese Pflanze wirklich die Herbstsonne in den Garten. In der Mitte haben diese Blüten eine grünliche Scheibe. Die Blütezeit dauert von August bis Oktober, die Blütenstiele werden bis zu 2 m hoch.

92 △

91 Japanischer Ahorn und Waldreben in einem Kübel, wie man sie vielfach zur Begrünung von Straßen und Plätzen verwendet.

92 Hübsche Begonienpflanzung in einem Faß. Es handelt sich diesmal um eine herabhängende Art mit vielen kleinen Blüten.

93 Halbiertes Faß, in den Boden eingesenkt und mit Wasserpflanzen besiedelt.

94 Durchlöcherter Tuffstein mit Alpenstauden.

95 Ein Gemüsegarten läßt sich am bequemsten bearbeiten, wenn die Wege aus Trittplatten bestehen.

93△ 94△ 95▽

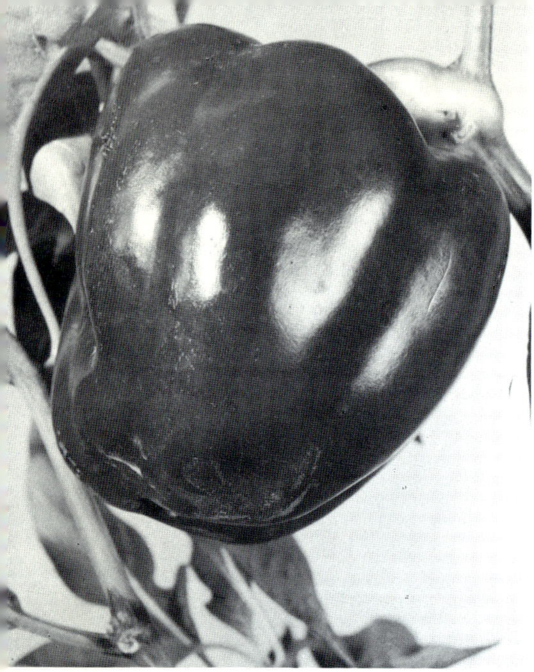

96 Paprika – und die pfefferscharfen Peperoni gehören dazu – läßt sich ohne weiteres im Garten ziehen. Man sät sie mit den Tomaten aus und zieht sie auf gleiche Weise heran, doch brauchen sie im Sommer viel Sonne und einen stets feuchten Boden.

97 Schwarzwurzeln werden oft als Spargel des kleinen Mannes bezeichnet. Die Heranzucht in jedem Jahr ist einfach, wenn der Boden tief gelockert ist, weil sie sonst krumm werden. Das Ernten im späten Herbst erfolgt am besten mit der Grabegabel.

98 Porree oder Lauch ist ein ideales Gemüse, weil es von ihm winterfeste Sorten gibt, die man bis zum Frühling stehenlassen und jederzeit ernten kann. Man setzt die grasdünnen Pflänzchen im Mai in tiefe Rillen, die allmählich Regen und Gießwasser zuspülen. So gibt es bleiche Stangen.

96 △ 97 ▽

98 ▽

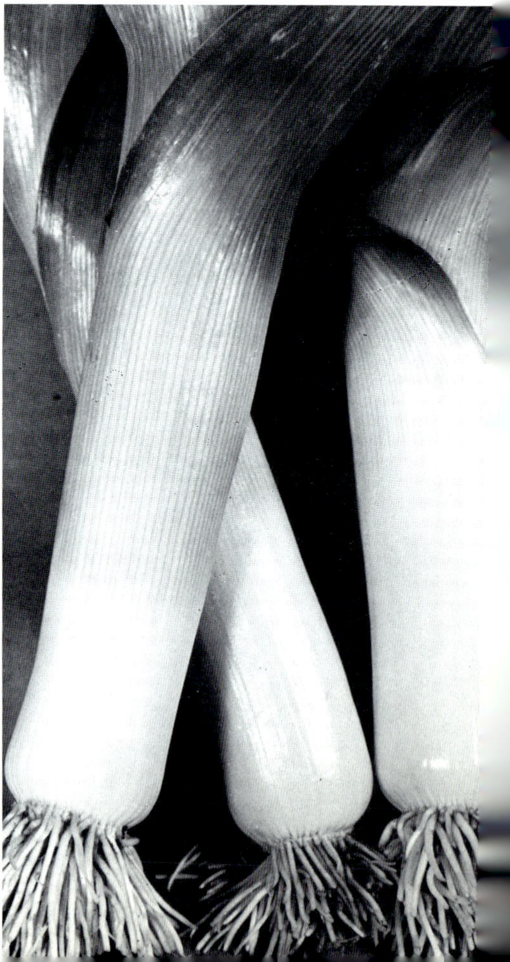

** *Rudbeckia nitida* ›Juligold‹ ähnelt der vorigen. Sie wird ebenfalls beinahe 2 m hoch, blüht aber bereits ab Juli.

** *Rudbeckia purpurea* ›The King‹ hat große dunkelrote Blüten. Sie wird etwa 80 cm hoch und blüht von Juli bis September. Die großen, strahlenförmigen Blüten mit der dunklen Mitte wirken sehr interessant, besonders durch die schöne, dunkle Farbe. Während der Blüte neigen sich die Blütenblätter langsam nach unten. Als Schnittblume ist diese Rudbeckia nicht so gut zu gebrauchen, da sie in der Vase schnell verblüht.

Salvia – Salbei – *Labiatae*. Seit vielen Jahrhunderten wird der Salbei als Heilpflanze verwendet. Es gibt ca. 700 Arten der Gattung Salvia, von denen die meisten beiderseits des Äquators in den Tropen und Subtropen beheimatet sind. Es werden von Salbei ein- und mehrjährige Arten kultiviert. Hier sollen nur die Sorten der mehrjährigen Art *Salvia nemorosa* genannt werden. Sie wünschen einen sonnigen, durchlässigen, trockenen Boden, können dann aber ohne große Pflege an diesem Ort bleiben. Die Blüten erscheinen in Form von langen, schmalen aufrechten Ähren, die sich an ihrer Basis wieder verzweigen.

*** *Salvia nemorosa* ›Mainacht‹ blüht von Mai bis September. Die tiefblauen Blüten sitzen an 50 cm langen Ähren.

*** *Salvia nemorosa* ›Ostfriesland‹ wird etwas höher als die vorige Sorte und blüht etwas später. Die Farbe der Blüte geht etwas ins Violette. Blütezeit ist von Juli bis Oktober.

Scabiosa – Skabiose – *Dipsacaceae*. Die von kleinen, schmarotzenden Milben hervorgerufene Krätze hieß im Lateinischen *scabies*. Teile der Skabiose wurden früher als Heilmittel gegen Krätze verwandt, daher der Name. Von der Gattung Scabiosa gibt es etwa 80 Arten, die meisten sind im Mittelmeerraum beheimatet. Hier sollen auch nur wieder die Sorten der ausdauernden Art *Scabiosa caucasica* behandelt werden, die aus dem Kaukasus stammt. Die folgenden Sorten sind die derzeit empfehlenswertesten:

** *Scabiosa caucasica* ›Blauer Atlas‹ hat dunkelviolette Blüten, die einen Durchmesser von 7 cm erreichen. Die Blütenstiele werden bis 70 cm hoch. Die Blütezeit dauert von Juni bis Juli.

** *Scabiosa caucasica* ›Clive Greaves‹ hat sehr große, hellviolette Blüten. Sie ist hervorragend für den Schnitt geeignet, erreicht eine Höhe von 80 cm und blüht ebenfalls von Juni bis Juli.

** *Scabiosa caucasica* ›Miss E. Willmott‹ ist ebenfalls eine hervorragende

Schnittsorte mit rahmweißen Blüten, die 100 cm hoch wird. Dies ist zur Zeit die einzige Sorte dieser Art, die sich durch Samen rein vermehren läßt.

** *Scabiosa caucasica* ›Nachtfalter‹ hat dunkelblaue, flache Blüten auf 80 cm hohen Stielen. Die Blüten sind mittelgroß, sie erreichen einen Durchmesser von 7 cm.

** *Scabiosa caucasica* ›Perfecta‹ hat mittelgroße, lavendelblaue Blüten, ebenfalls von Juli bis August, wie alle nachfolgenden auch.

** *Scabiosa caucasica* ›Prachtkerl‹ im wahrsten Sinne des Wortes! Die Blütenstiele werden bis 90 cm hoch und sind sehr fest. Die Blüten sind sehr groß und leuchtendblau. Es ist ebenfalls eine gute Schnittsorte.

** *Scabiosa caucasica* ›Stäfa‹ ist, wie die *Aster × frikartii*, eine Züchtung des Schweizers Frikart. Die dunkellaubige Pflanze, die etwa 90 cm hoch wird, hat große, dunkelviolette Blüten.

Sedum – Fetthenne – *Crassulaceae.* Die meisten der etwa 500 Arten dieser Gattung sind nördlich des Äquators beheimatet. Es gibt Sedum als Kräuter und Halbsträucher und in Mittelamerika sogar als Sukkulenten. Kaum ein Steingarten oder eine Trockenmauer kommt ohne Fetthenne aus. Auch als pflegeleichte Bodendecker eignen sich einige Sorten und Arten.

Sedum telephinum ist in Europa und Asien zu Hause. Wegen ihres Formenreichtums wird sie in 4 Sektionen geteilt.

*** *Sedum telephinum* ›Herbstfreude‹ ist entstanden aus einer Kreuzung von *S. telephinum* und *S. spectabile.* Sie hat auf etwa 50 cm langen Stielen braunrote Blütendolden. Die Blütezeit dauert von September bis Oktober. Die abgetrockneten Blütenstände sehen auch im Winter noch sehr interessant aus.

Solidago – Goldrute – *Compositae,* mit etwa 130 Arten, von denen einige auch wild in Deutschland wachsen, die meisten sind jedoch in Nordamerika beheimatet. Die Wildpflanzen wachsen häufig auf Ödland und sehr unterschiedlichen Böden, genauso anspruchslos sind die Züchtungen, die unter dem Begriff *Solidago × hybrida* zusammengefaßt werden.

Das Vorurteil gegen die Goldrute beruht auf den stark Ausläufer treibenden Arten, die häufig an Straßenrändern und Bahndämmen zu sehen sind. Für den Garten sind diese Formen ungeeignet, denn sie lassen sich nur sehr schwer wieder entfernen. Beachtung jedoch für den Garten verdienen die durch Züchtung entstandenen Sorten, die durchaus liebenswerte Schmuck- und Schnittstauden sind. Nachfolgend einige gute Sorten:

*** *Solidago × hybrida* ›Strahlenkrone‹ hat goldgelbe Blüten auf dunkelgrün belaubten, 60 cm hohen Stielen. Sie blüht von Juli bis August.

** *Solidago × hybrida* ›Federbusch‹ wird 70 cm hoch und blüht zur gleichen Zeit.

** *Solidago × hybrida* ›Goldstrahl‹ hat ihren Namen durch die strahlenförmig aufgebaute Blütenrispe.

** *Solidago × hybrida* ›Golden Gate‹ ist eine höherwachsende Sorte (ca. 90 cm) mit überhängenden Rispen und hellgelben Blüten.

** *Solidago × hybrida* ›Golden Mosa‹ hat hellgelbe, sehr feine, an Mimosen erinnernde Blüten. Die Sorte wird 80 cm hoch.

** *Solidago × hybrida* ›Golden Shower‹ ist eine Schwestersorte der zuvor genannten, nur noch etwas feiner.

** *Solidago × hybrida* ›Spätgold‹ ist, wie der Name andeutet, die späteste Sorte mit der Blütezeit im September. Sie wird etwa 70 cm hoch.

Solidago cutleri ist ebenfalls eine in Nordamerika beheimatete Art, die aber viel niedriger bleibt als die genannten.

** *Solidago cutleri* ›Robusta‹ ist eine empfehlenswerte Sorte, die gelbe Blütenteppiche in etwa 30 cm Höhe bildet. Die Blütezeit dieser hübschen Staude ist im September.

Tradescantia – Dreimasterblume – *Commelinaceae*. Die Tradescantia ist vielen Pflanzenliebhabern auch als Zimmerpflanze bekannt. Sie wurde zu Ehren des englischen Gärtners Tradescant benannt. Die Heimat der etwa 100 Arten ist Nordamerika bis in die Tropen hinein. In Deutschland werden ausschließlich Sorten der Art *Tradescantia × andersoniana* kultiviert, die aus Kreuzungen der Arten *T. ohiensis, T. subaspera* und *T. virginiana* hervorgegangen sind.

** *Tradescantia × andersoniana* ›J. C. Weguelin‹ hat sehr große, himmelblaue Blüten, die in Trugdolden zusammensitzen. Die Blütezeit erstreckt sich von Mai bis September.

** *Tradescantia × andersoniana* ›Karminglut‹ blüht von Juni bis September karminrot. Die Pflanze wird etwa 50 cm hoch.

** *Tradescantia × andersoniana* ›Zwanenburg Blue‹ zeichnet sich durch sehr große, blaue Blüten aus.

Beachtet werden muß, daß die Tradescantien nicht zu trocken stehen, da sonst die Blüten nur sehr kurze Zeit erscheinen. Der Standort darf sonnig bis halbschattig sein.

Trollius – Trollblume – *Ranunculaceae*. Diese Gattung umfaßt beinahe 30 Arten, die alle in der nördlichen gemäßigten Zone auftreten. Für Deutschland sind wichtig die Arten *T. europaeus, T. chinensis* und *T. × cultorum*.

Die Formen *T. × cultorum* sind entstanden durch Kreuzungen von *T. europaeus, T. chinensis* und *T. asiaticus*.

*** *Trollius × cultorum* ›Goldquelle‹ hat große, orangegelbe Blüten auf kräftigen, 70 cm hohen Stengeln.

*** *Trollius × cultorum* ›Orange Globe‹ hat ein etwas dunkleres Orange als die zuvor genannte Sorte. Sie wird 90 cm hoch und blüht ab Juni.

** *Trollius × cultorum* ›Earliest of All‹ wird nur etwa 50 cm hoch, auch die Blüten sind etwas kleiner und mehr hellgelb. Die Blütezeit beginnt bereits im Mai.

*** *Trollius chinensis* ›Golden Queen‹ hat große, gelborange Blüten auf beinahe 1 m hohen Blütenstielen. Die Blüten sind nicht so kugelig wie bei den vorgenannten Formen. Die Blütezeit dauert von Juni bis Juli.

Trollius eignen sich für halbschattige Lagen und auch für feuchte bis sumpfige Standorte. Die Blüten sind sehr gut zum Schnitt zu gebrauchen.

Veronica – Ehrenpreis – *Scrophulariaceae*. Es sind etwa 150 Arten, die in der nördlichen und südlichen gemäßigten Zone als Kräuter und Halbsträucher auftreten. Einzelne Arten wurden auch als Heilkräuter verwendet.

Veronika longifolia ist in Europa und Asien beheimatet. Sie kommt dort meist auf feuchten Standorten vor. Die Sorte

** *Veronica longifolia* ›Blauriesin‹ blüht von Juli bis Oktober. Sie hat kräftigblaue Blütenkerzen auf etwa 80 cm hohen Blütenstengeln und ist sehr gut zum Schnitt geeignet.

Zwiebelgewächse und Einjahrsblumen

Blütenpracht in Schnee und Sonne.

Vom Lebensrhythmus der Zwiebeln

Ich hatte beim Bau unseres Hauses einen Freund in Holland, der inzwischen leider gestorben ist. Dieser Freund beschäftigte sich, wie so viele Menschen zwischen Haarlem und Amsterdam, mit Tulpen, Narzissen und sonstigen aus Zwiebeln und Knollen wachsenden Blumen. Und das ist nicht verwunderlich, ist doch ganz Holland ein Zuchtgarten für diese Blumen.

Ich habe mich oft mit der Frage beschäftigt, weshalb eigentlich die Holländer so große Tulpenzüchter geworden sind. Von verschiedenen anderen Gründen abgesehen, sollten uns hier diejenigen interessieren, die zu kennen für die Pflege der Tulpen und Narzissen im Garten wichtig ist. Da ist erst einmal der leichte Boden aus Moor und Sand. Wichtiger aber noch scheint mir der kühle Wind, der während des ganzen und eben dieses Windes wegen langen Frühlings von der See her über das Land streicht.

Sie wissen, daß in einer Pflanze nur dann etwas vor sich geht, wenn sie grüne Blätter hat. Ohne diese grünen Blätter kann auch die Zwiebel im Boden nicht wachsen, sie schläft nur und träumt vor sich hin, bis es Herbst wird. Um nicht immer neue Pflanzennamen nennen zu müssen, nehmen wir als Vertreterin der ganzen frühlingsblühenden Sippschaft die Tulpe. Wieder ließe sich ein dickes Buch nur über diese eine Pflanze schreiben, doch ich beschränke mich auf die Bemerkung, daß sie aus steppenartigen, gebirgigen Gebieten des vorderen Asien stammt. Dort wird es im Sommer so heiß, daß selbst die Disteln im glühenden Sand verzweifeln möchten. Für andere Pflanzen wäre es hoffnungslos. Deshalb zieht sich die Tulpe beizeiten in den Schutz des Erdreichs zurück. Dort träumt die Zwiebel, ich nehme den Faden wieder auf, still vor sich hin. Erst wenn es Herbst wird, heizt die Sonne nicht mehr so stark ein, dann kommen im Westwind auch Wolken angefahren, die ausgiebigen Regen mitbringen.

Jetzt wacht die Tulpenzwiebel auf, sie beschäftigt sich voller Eifer damit,

Wurzeln wachsen zu lassen. Die Zwiebel, bereits trächtig vom Frühling, der in ihrem Leibe sitzt, quillt mächtig auf und bringt ihren Sproß, aus dem einmal Blätter und Blüten wachsen sollen, in Alarmstellung; sie befindet sich kurz unter der Erdoberfläche. Doch wird es erst einmal Winter, und der wird entsetzlich kalt. An ein pflanzliches Leben über der Erde ist, zumindest für die Tulpe, nicht zu denken. Bis die feuchte Erde von der Frühlingssonne aufgeheizt wird und unsere Tulpe sofort zur Stelle ist. Sie kann so schnell Blätter und Blüten hervorbringen, weil in ihrer Zwiebel bereits die eiserne Ration dafür gespeichert ist; das hat die Pflanze vorsorglich im vergangenen Frühjahr getan, als sie grüne Blätter hatte.

Nun läßt die Tulpe die Blätter noch größer werden, damit das Chlorophyll seine Aufgabe erfüllen kann und die junge neue Zwiebel kräftig ernährt wird, die seitlich am Mutterleib der blühenden Tulpenzwiebel sitzt, deren Leben mit der Blüte vergeht. Es ist nicht bei allen Blumenzwiebeln so, sondern nur die Tulpen blühen lediglich ein einziges Mal, aber das Prinzip der Zwiebelernährung durch die grünen Blätter ist immer dasselbe. Sobald unsere hoffentlich recht dick gewordene Tulpe merkt, daß die Sonne anfängt, das Land ringsum erbarmungslos auszudörren, zieht sie die grünen Lebensgeister aus den Blättern in die Zwiebel zurück, und sie träumt abermals bis zum Herbst vor sich hin.

Es kommt also bei allen Zwiebelgewächsen darauf an, daß sie im Frühjahr so lange wie möglich ihr grünes Laub behalten, denn sie leben alle noch in der Erinnerung an den Lebensrhythmus ihrer asiatischen Vorfahren. Es ist zwar pure Einbildung, daß es bei uns so heiß werden könnte wie in der turkestanischen Steppe, aber wenn die Sonne im Mai tagelang ohne kühlenden Wind auf die Tulpen niederbrennt, vergilben ihre Blätter, und der Sommerschlaf beginnt. Da aber in Holland ständig der kühlende Wind von der See her über die Tulpenfelder weht, bleiben die Blätter lange grün, werden die Zwiebeln gut ernährt und konnten die Holländer die berühmtesten Tulpenzüchter der Welt werden.

Ich brauchte eigentlich über den Umgang mit frühlingsblühenden Blumenzwiebeln weiter nichts mehr zu schreiben. Denn Sie wissen jetzt erstens, daß man sie im Herbst zeitig pflanzen muß, weil sie ja noch Gelegenheit haben müssen, aufzuquellen, ihre Wurzeln wachsen zu lassen und ihren Sproß in Alarmstellung zu bringen. Über die Pflanztiefen werden oft genaue Angaben in Zentimetern gemacht, aber ich habe noch niemanden gesehen, der beim Pflanzen von Tulpen einen Zollstock bei sich gehabt hätte. Doch fast immer pflanzt man zu flach. Versuchen Sie einmal, beispielsweise in einem Weinberg, unsere Wildtulpe, *Tulipa sylvestris*, auszugraben. Sie geben es bald auf, so tief sitzt die Zwiebel. Halten wir uns also an die Faustregel für alle diese

Blumenzwiebeln, und die Lilien mit Ausnahme der Madonnenlilie gehören dazu: dreimal so tief, wie sie dick sind. Was im Frühling mit den Blumen zu geschehen hat, das geht aus meiner Geschichte ebenfalls hervor. Düngen, wenn die Blätter treiben. Und selbstverständlich darf man die Blätter nicht abschneiden, wenn es mit dem Blühen vorbei ist, denn sie haben ja noch etwas zu tun, um die jungen Zwiebeln zu ernähren und viel Nährstoffe für den Blütenalarm im nächsten Frühling in ihnen zu speichern.

Ich hatte also einen guten Freund im Bloembollenland, und weil ich stets meine Freude an der Vielfalt hatte, pflanzte ich damals wohl so ziemlich alles

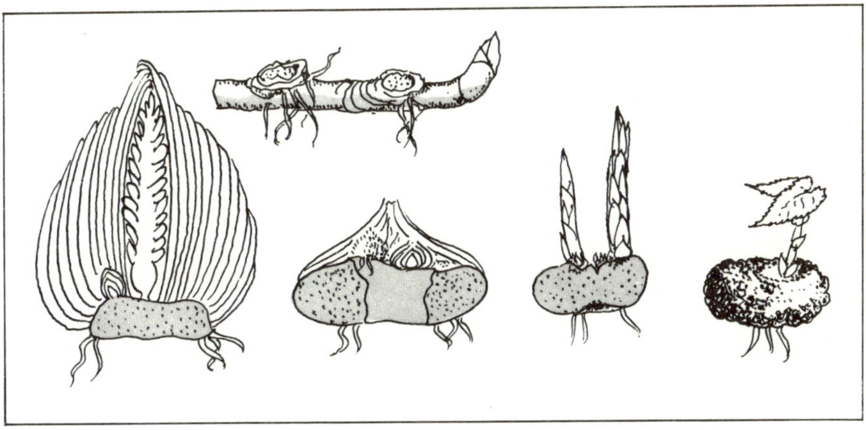

Über die Frage, ob es sich um ein Zwiebel- oder ein Knollengewächs handelt, wird bei manchen Pflanzen heftig diskutiert. Tatsächlich gibt es Übergangsformen, die zuweilen auftretende Bezeichnungen wie Zwiebelknolle berechtigt erscheinen lassen. Klar ist allerdings der Unterschied zwischen Zwiebel und Knolle.

Die Zwiebel (Hyazinthe, Tulpe, Lilie, Speisezwiebel) hat unten den sogenannten Zwiebelkuchen, aus dem die Wurzeln herauswachsen und auf dem, mehr oder weniger eng aneinanderliegend, die blätterartigen Zwiebelschuppen sitzen. Der Blütensproß wächst von unten, also vom Zwiebelkuchen her, in die Höhe *(links)*.

Die Knolle (Krokus, Begonie) ist dagegen recht vielfältig in der Gestalt, ein verdickter unterirdischer Stamm ohne irgendwelche blattartigen Strukturen. Der Sproß einer Knolle entwickelt sich nicht von unten her, sondern er sitzt obenauf. Am besten sieht man dies beim Durchschneiden einer Krokusknolle. Sie besteht aus einer festen, strukturlosen, weißgelblichen Masse, und der einem Vogelschnabel ähnelnde Sproß sitzt obenauf (zweite Abbildung von *rechts,* austreibende Doppelknolle; zweite von *links* Gladiolenknolle, ganz *rechts* Begonie).

Oben ein Stück vom kriechenden Wurzelstock (Rhizom) des Salomonssiegels. Die knotigen Narben, aus denen im letzten und im vorletzten Jahr die Pflanze aufgewachsen ist, haben ein siegelähnliches Aussehen: daher der Name. In diesem Jahr wächst das Salomonssiegel aus der Knospe auf und hinterläßt dann wiederum eine Narbe.

an, was es an Blumenzwiebelpflanzen gibt. Übriggeblieben sind, bis heute, die Narzissen, und an manchen Gartenstellen haben sie sich vorzüglich vermehrt. Übriggeblieben ist außerdem eine bestimmte *Scilla*, die sehr zeitig, fast im Winter noch, mit ihren porzellanblauen, großen Glockenblüten zur Stelle ist, sie heißt *Scilla tubergeniana*. Übriggeblieben ist hier und dort auch eine Wildtulpe, die *Tulipa kaufmanniana*. Alles andere verabschiedete sich nach und nach. Weshalb es die vielen Arten von frühen Wildkrokussen, die Winterlinge und der Schneestolz, die Tulpen der verschiedensten Arten und die höheren Gartentulpen nicht bei mir ausgehalten haben, weiß ich nicht.

Moden auch bei Blumen

Über Blumenzwiebeln zu schreiben ist ein unerfreuliches Thema, und es gibt auch kaum Bücher darüber, weil sie nur wenige Menschen kaufen würden. Diese Blumen, ebenso die Dahlien, Gladiolen und selbst die Iris, sind derart schnellen und häufigen modischen Geschmacksveränderungen unterworfen, daß ein Buch über sie bei seiner Fertigstellung schon veraltet wäre. Zumindest trifft dies für die Hauptdarsteller des Blütenfrühlings zu, für die große Zahl der sogenannten Gartentulpen, für diejenigen Tulpen also, die im Laufe der Zeit durch züchterische Beeinflussungen entstanden sind.

Wie sich die Mode in verschiedenen Zeitschriften und in den Katalogen der Versandhäuser widerspiegelt, so ist es auch mit den Blumen. In jedem Herbst flattern uns die Angebote der Holländer und der deutschen Versandgärtnereien ins Haus, deren Reichtum an Farbbildern und sonstigen Informationen kaum überbietbar ist. Vom Schneeglöckchen und vom Winterling, von der anscheinend aus dem Schnee herausblühenden *Iris histrioides* ›Major‹ bis hin zu den Darwintulpen ist alles in ihnen vertreten, und was man sich möglicherweise in einem Botanischen Garten als Seltenheit notiert hat, das bekommt man ohnehin nicht. Es ist zwar traurig, weil auf diese Weise die Vielfalt der Gartenblumen immer mehr abnimmt, aber die Mode zumindest bei diesen soeben genannten Pflanzen wird mehr und mehr von den Großversandfirmen und ihrer Werbung bestimmt.

Ich habe eine Vorliebe für zwei Pflanzen aus der Blumenzwiebelgruppe. Das ist einmal die im Sommer blühende Abessinische Gladiole. Sie ist in den Katalogen als *Acidanthera murielae* verzeichnet und überall erhältlich. Man muß die Knollen freilich im Herbst aus dem Boden nehmen, weil sie erfrieren würden, aber das bereitet ebensowenig Schwierigkeiten wie das erneute Einpflanzen im Mai. Mit dem Handspaten wird ein Loch im Blumenbeet gemacht, nach Möglichkeit an einer recht sonnigen Stelle, die kleine Knolle hineingelegt, Erde darübergedeckt und bis zum Herbst hat man nichts mehr mit ihr zu tun. Es entwickelt sich eine in Laub und Habitus gladiolenähnliche Pflanze mit dunkelherzigen, ansonsten aber weißen, fast etwas dreieckig auseinandergefalteten Blumen, die vor allem in der Abenddämmerung von starker Leuchtkraft sind. Das Blühen der *Acidanthera*, das im Juli einsetzt, hört den ganzen Sommer über nicht auf. Schon eine einzige Blüte kann im Umkreis von mehreren Metern mit ihrem Duft verzaubern.

Meine zweite Vorliebe gilt der Tuberose, die früher in Frankreich felderweise zur Parfümgewinnung angebaut wurde. Ich möchte die im allgemeinen unbekannte Pflanze als eine in die Länge gezogene Hyazinthe beschreiben, sie wird etwa halbmeterhoch, und wahrlich hinreißend ist ihr Wohlgeruch; botanisch heißt sie *Polianthes tuberosa*. Als ich vor zwei Monaten einige Bemerkungen über diese Blume in einer Zeitschrift veröffentlichte, kamen Hunderte von Anfragen, wo man sie kaufen könne. Es ist uns jedoch nicht gelungen, in Deutschland eine Bezugsquelle ausfindig zu machen. Ich rief also van Tubergen in Haarlem/Holland an, wo sich noch immer das umfangreichste Sortiment von Blumenzwiebelpflanzen auch seltenster Arten befindet, und da man auch dort die Tuberose nicht führte, mußte ich einen bekannten Pflanzenimporteur – Albrecht Hoch in Berlin – darum bitten, doch einige Tausend Knollen aus Amerika einzuführen, wo die Tuberose zu den Selbstverständlichkeiten des Sommerblumenflors gehört.

Es ist also gut, sich an die herbstlichen Angebote der Samenfachgeschäfte und Gartencenter zu halten, sofern man noch nicht in die Computer der Versandgärtnereien eingespeichert ist. Ich muß zugeben, daß die Vielfalt an Gattungen, Arten und Sorten, soweit man nicht botanisch extreme Sonderwünsche hatte, in den letzten Jahren auch für anspruchsvolle Gartenfreunde recht groß war. Hat man die Blumenzwiebeln beim Einpflanzen mit Toxaphen bestäubt, so daß die Mäuse nicht herangehen, blühen sie im ersten Frühling so sicher, wie sich ein Stehaufmännchen wieder aufrichtet, wenn man es umwirft, da spielt der Boden überhaupt keine Rolle. Ist er gar von jener holländischen, eher zu leichten als zu schweren sandig-humosen Beschaffenheit, werden sich viele von ihnen, beispielsweise die Schneeglöckchen, Winterlinge, Blauglöckchen, einige Vorfrühlingskrokusse wie der *Crocus tomasinianus* und selbstverständlich die Narzissen, die es nach meiner eigenen Erfahrung ja auch mit einem schweren Boden aufnehmen, reichlich vermehren.

Bei den ostereierbunten Zuchtformen des üblichen Frühlingskrokus und bei den Tulpen dürfte dies nur dann geschehen, wenn sie optimale Lebensbedingungen vorfinden, und selbst *dann* lassen sie von Jahr zu Jahr nach, bis sie allmählich ganz verschwinden, auch wenn keine Mäuse – was allerdings selten ist – ihren Hunger an ihnen gestillt haben. Eine alte Faustregel, die mir ein Holländer einmal verraten hat, besagt, daß man in jedem Herbst ein Drittel aller Zuchtformen von Blumenzwiebeln, insbesondere von Krokussen und Tulpen, nachpflanzen muß, will man in jedem Frühling die gleiche Blütenüppigkeit im Garten haben.

Was heißt »botanisch«?

Ich möchte Ihre Aufmerksamkeit, lieber Leser, auf einen etwas sonderbaren Begriff lenken, den Sie in den einschlägigen Geschäften und in allen Katalogen finden, die Ihnen als Gartenbesitzer ins Haus flattern. Sie finden dort Formulierungen wie »Botanische Krokusse« oder »Botanische Tulpen«. Man will damit ausdrücken, daß es sich um Pflanzen handelt, die noch ganz der botanischen Systematik entsprechen, noch ganz ursprünglich, also Wildarten sind. Zwar stimmt dies nur in den wenigsten Fällen. Aber soviel ist richtig, daß die unter »Botanisch« angebotenen Frühlingsblumenzwiebeln noch am ehesten die Grazie der Wildarten besitzen, wenngleich sie größtenteils züchterisch verändert worden sind.

Am bekanntesten unter den »Botanischen Krokussen« ist der *Crocus chrysanthus,* und das zu Recht. Handelt es sich doch um einen meist schon im Februar in dichten Horsten blühenden, niedrigen Krokus von größtem Liebreiz. Von ihm gibt es, durch Kreuzungen entstanden, eine ganze Reihe von Farbsorten, denen jedoch samt und sonders noch das Ursprüngliche anhaftet. Von den »Botanischen Tulpen« kann man sagen, daß sie gerade noch reizvoll sind. Es ist allerdings zu befürchten, daß man sie in der Sucht, alles immer größer, bunter und möglichst noch gefüllt zu machen, bald in einer unerträglichen Weise aufgemästet haben wird. Ich bedaure sehr, die reine, ursprüngliche *Tulipa kaufmanniana*, die es vor zwanzig Jahren noch gab, heute nicht mehr zu bekommen. Mit ihren handtellergroßen, weißlichgelben, weit geöffneten Blüten gefällt mir diese Urart viel besser als alle prächtigen Hybriden, wie sie heute auf dem Markt sind. Dennoch kann man an ihnen, die schon zeitig, meist bereits im März, mit ihrem Flor beginnen, seine helle Freude haben; einige haben auch bei mir ausgehalten.

Dasselbe gilt für eine andere Gruppe der »Botanischen Tulpen«, die braun gestrichelte Blätter haben und aus Kreuzungen mit der *Tulipa greigii* entstanden sind, man führt die zahlreichen Sorten unter der Bezeichnung Greigii-Tulpen oder Greigii-Hybriden. Die dritte, blütengewaltigste Gruppe der »Botanischen Tulpen« stellen die sogenannten Fosteriana-Hybriden dar. Am bekanntesten von ihnen wurde die feuerrote Sorte ›Madame Lefeber‹ oder ›Red Emperor‹, die im April blüht und zur Kühlung des wirklich feuerroten Blütenbrandes eine Unterpflanzung von weißen Schleifenblumen, Gänsekresse oder Stiefmütterchen braucht; sie hat sich übrigens von den Tulpen in unserem Bergwiesengarten, von der *Tulipa kaufmanniana* abgesehen, am längsten gehalten.

Man sollte bei Betrachtung der Kataloge auf die »Botanischen Tulpen« den größten Wert legen, denn sie passen schön an den Rand von Staudenpflanzungen, an Gehölzränder und in den Steingarten, vor allem verlängern sie mit ihrer zeitigen Blütezeit den Frühling beträchtlich. Ihnen folgen dann die »Gartentulpen«, also diejenigen Sorten, die bereits seit Jahrhunderten, vor allem in Holland – zeitweilig aber auch in größerem Umfang im märkischen Sand von Berlin –, in Kultur sind. Es geht mit den niedrigen einfachen und gefüllten, päonienhaft anmutenden Tulpen los, denen die mittelhohen Mendeltulpen, dann die immer etwas strammstehenden Triumphtulpen und die Darwintulpen folgen, denen sich nacheinander der Flor der Darwin-Hybriden, Breeder-Tulpen, lilienblütigen Tulpen, Cottage-Tulpen, Rembrandttulpen, Papageientulpen und der Späten Gefüllten Tulpen – unverkennbar pfingstrosenähnlich aussehend – anschließt.

Theoretisch kann man also, angefangen bei der Sorte ›The First‹ unter den Kaufmanniana-Hybriden, von Mitte März bis Anfang Juni blühende Tulpen im Garten haben. Nur richtet sich selten ein Frühling nach den theoretischen Vorstellungen, die wir Menschen von den Blütenfolgen unserer Tulpenklassen – wie man sie nennt – haben. Von Mitte März bis Mitte April läuft meist alles nach Vorschrift ab. Dann aber kann es passieren, daß eine plötzliche, längere und stärkere Erwärmung die ganze, auf Wochen disponierte Frühlingspracht wie ein einziges Brillantfeuerwerk abbrennt.

Ich sprach von dem ständigen modischen Wandel. So waren in den letzten Jahren die Darwin-Hybriden am meisten gefragt; sie haben Blüten in leuchtenden Farben und in Größen, die fast schon an kleinere Luftballons heranreichen, wie sie die Kinder auf dem Jahrmarkt bekommen. Nur verblühen sie schnell, wenn die Sonne scheint, und das ist recht nachteilig. Für mich ist jedenfalls die alte, einfache Darwintulpe mit ihrer edlen Blütenform und ihrer relativ langen Haltbarkeit auch bei sonnigem Wetter noch die idealste aller hohen Tulpen.

Sehr stark in Mode kommen zur Zeit die verschiedenen Sorten der Rembrandttulpen, die so ganz in unsere Erinnerungsseligkeit an die guten, alten Zeiten passen. Sie muten tatsächlich altmodisch an, diese geflammten, gestrichelten und gebänderten Blüten, und ich gestehe, im Herbst einige Zwiebeln der Sorten ›Mayblossom‹ und ›Absalon‹ gepflanzt zu haben. Beliebt sind ebenfalls die neuen Crispa-Tulpen mit ihren Pastellfarben und den ausgefransten Blütenblatträndern. Dasselbe gilt für die Viridiflora-Tulpen, die einen grünen Schimmer in den Blütenfarben haben. Empfehlen möchte ich sodann noch die elegantesten unter den hohen Gartentulpen, nämlich die Lilienblütigen, die sich, abgesehen von den »Botanischen«, noch am ehesten dafür eignen, zwischen Stauden gepflanzt zu werden.

Sommerblumen nicht ohne Probleme

Mir hat es am besten gefallen, als unsere Tulpen in einem Teppich aus Stiefmütterchen standen. Wenn schon prächtig, dann so prachtvoll wie möglich. Die Pflanzen hatte ich im Herbst zuvor gekauft, denn die Heranzucht aus Samen ist gerade bei Stiefmütterchen ein mühseliges Geschäft. Wer sich nicht wenigstens jeden zweiten Tag um die Anzuchten kümmern kann, der soll die Finger davon lassen. Dasselbe gilt für Einjahrsblumen, sofern man sie nicht im Herbst oder im Frühjahr direkt ins freie Land säen kann.

Freilich gibt es in allen Samenfachgeschäften und Gartencentern die wunderschönsten Anzuchtgefäße; es sind zumeist Schalen aus Kunststoff in unterschiedlichen Größen mit einem abnehmbaren Überbau aus glasartigem, durchsichtigem Material. Wer es ganz besonders gut machen will, legt ein paar Mark drauf und kauft sich eine Schale mit thermostatisch gesteuerter Bodenheizung. In diese füllt man eine dreifingerdicke Schicht Sand ein, damit die Wärme gleichmäßig verteilt wird, und auf diesen Sand werden die Schalen mit den Aussaaten gestellt. Ebensogut ist es möglich, die Schale sogleich etwa mit Torfkultursubstrat 1 zu füllen, dann braucht man die Aussaat nicht erst in gesonderten Gefäßen vorzunehmen. All dies ist leicht und macht Spaß. Mit einem der vielen Wassersprüher, die sich mit leichtem Handdruck betätigen lassen, wird auf einfachste Weise für die richtige Keimfeuchtigkeit gesorgt.

Sobald aber die Pflänzchen da sind, geht das Theater los. Die armen Sämlinge müssen geradezu Kreuzschmerzen bekommen, weil sie sich unentwegt schräg stellen, um mit den kleinen Blättchen das einseitig auf sie zukommende Licht zu erwischen. Dies mag alles noch angehen, wenn man die Aussaat der frostempfindlichen Arten nicht zu zeitig vornimmt, also erst in der Monatsmitte des März. Bald aber ist es nötig, die kleinen Sommerblumen in einen weiteren Stand zu bringen. Dazu kann man eine zweite und dritte Schale nehmen, so viel Platz hat man für gewöhnlich an seinen Fenstern. Es dauert dann aber nur vierzehn Tage oder drei Wochen, und die Pflanzen müssen in Blumentöpfe gesetzt werden, damit sie einen ordentlichen Wurzelballen bilden, bis sie nach den Eisheiligen im Mai in den Garten kommen. Wohin aber nun mit den vielen Töpfen?

Im April kann es schon ziemlich warm, ja geradezu heiß werden, so daß die Pflänzchen unbedingt ins Freie müssen, um sich abzuhärten und zu kräftigen,

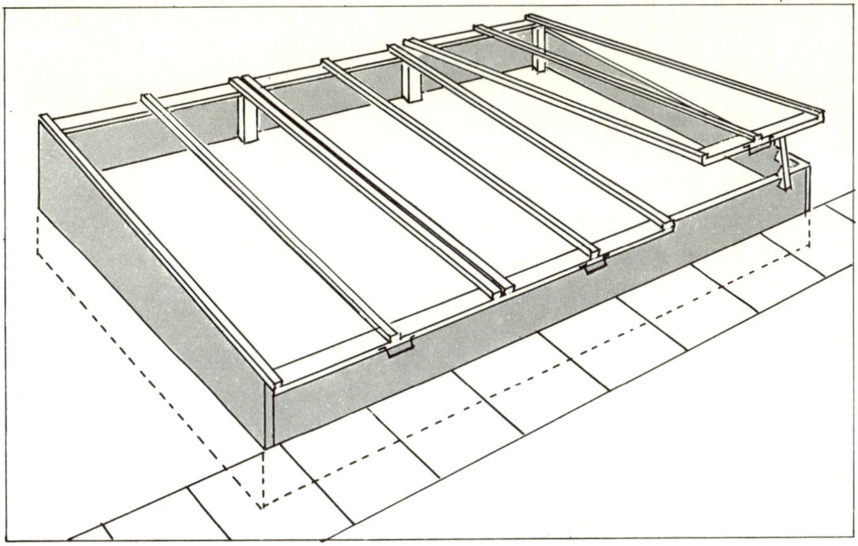

Die Abmessungen eines Frühbeetes richten sich nach den Abmessungen der Fenster, die man am besten fertig kauft. Es gibt »Deutsche Fenster«, sie sind 100 cm breit und 150 cm lang und haben eine Mittelsprosse. »Holländer Fenster« sind ebenso lang, aber nur 80 cm breit. Beim Bau des Frühbeetes achte man darauf, daß sich an den Längsbrettern Widerlager befinden, damit die Fenster beim Lüften nicht abrutschen können. Am meisten hat man von einem Frühbeet mit elektrischer Bodenheizung, die Gemüse- und Blumenaussaaten schon ab Anfang Februar ermöglicht.

was bei hohen Temperaturen und dem zu geringen Licht am Fenster nicht möglich ist. Was aber, wenn es dann nachts zu kalt wird?

Sofern man nicht nur zwei Dutzend Sommerblumen haben will, gibt es allein zwei vernünftige Möglichkeiten, zu guten Pflanzen zu kommen. Entweder kauft man sie nach den Eisheiligen im Mai auf dem Markt, bei einem Gärtner oder in Gartencentern. Dort erhält man sie mit festem Wurzelballen in kleinen, meist viereckigen Töpfen aus schwarzem Kunststoff, und der ganze Spaß, problemlos wie nur irgendwas, kostet ein paar Mark. Oder aber man legt sich ein regelrechtes Frühbeet mit abnehmbaren Fenstern und mit einer Bodenheizung zu – sofern es nicht möglich ist, an dampfenden Pferdemist zu kommen. Am meisten hat sich das von Blei ummantelte Heizkabel bewährt, das man in den Boden des Frühbeetes einbringt. In einem derartigen Frühbeet mit möglichst zwei Fenstern lassen sich alle Einjahrsblumen und Gemüsepflanzen heranziehen. Im Sommer nimmt man es für Gurken oder für Melonen, denen es draußen im Garten nicht immer warm genug ist. Ein wettergeschützter Thermostat steuert die gewünschte Bodentemperatur.

Obwohl mir bis vor kurzem ein Frühbeet mit drei Fenstern zur Verfügung stand, habe ich nur wenige Sommerblumen selber herangezogen, weil es uns für diese Gewächse an Sonne mangelt. Ohne vollen Sonnenschein wird aus den meisten Einjahrsblumen nichts.
Wie bei den Tulpen ist es bei den Einjahrsblumen am einfachsten und am besten, sich von Samenfachhandelsgeschäften die Kataloge geben oder schikken zu lassen, die voller Bilder, Beschreibungen und Pflegehinweise sind. Besonders gut haben es die Gartenfreunde in der Schweiz. Bei ihnen gibt es Mauser in Zürich und Vatter in Bern, deren Kataloge, auch mit den Angeboten von Sämereien der meisten alpinen Gewächse, prächtige Nachschlagewerke sind, wie man sie sich als Gartenfreund nicht besser vorstellen kann. Bei Mauser hat man die zwölf verschiedenen Methoden der Aussaat, Heranzucht und Pflanzung in ebenso vielen exakten Kulturbeschreibungen festgehalten. Hinter jeder Pflanze des dicken Kataloges steht eine Ziffer. Man braucht hinten nur nachzuschlagen und weiß dann, wie man mit der jeweiligen Pflanze umzugehen hat, und zwar von A bis Z, von Aster bis Zinnie.

Hänge

Mit Bedacht bepflanzt, ist – fast – jeder Hang zu bändigen.

Erfahrungen mit der Rosa multiflora

Unser Garten klettert, wie Sie wissen, über die Stufen von drei Bodenwellen zum Waldrand hinauf. Es ist, man möchte es kaum glauben, ein Höhenunterschied von acht Metern. Mit dem untersten Hang, zwischen der schmalen Straße und unserer Autoauffahrt, haben wir die meiste Last gehabt. Ich möchte sagen, daß ein Böschungswinkel von 30 Grad gerade noch zu verkraften ist; da kann man, wie hier neben meinem Schreibstubenfenster unter den Lärchen, allerlei kleinbleibende Azaleen, Farne, Astilben, Lilien und schattenverträgliche Stauden pflanzen und in pfleglichem Zustand halten. Der Böschungswinkel zur Straße hinunter beträgt aber mehr als vierzig Grad.

Dieser Hang beginnt ganz niedrig an unserer Einfahrt, wo die Eiche steht, und an der im Fliedergebüsch nicht mehr erkennbaren Grundstücksgrenze hat er eine Höhe von fast drei Metern. Weil der Steilhang schon immer da war und er beim Bau unseres Hauses nur im oberen Bereich ein wenig höher geworden ist, besteht sein Bewuchs aus Wiesengras, in das sich von Jahr zu Jahr mehr Schierling einschmuggelt. Vor fünfzehn Jahren hatten wir einen schönen Hund, einen Hovawart, der üblicherweise nicht wegläuft. Doch sicher ist sicher, sagten wir uns damals, was unser Schlossermeister mit dem Vorschlag bestätigte, daß wir auch aus anderen Gründen einen stabilen Maschendrahtzaun haben müßten, den in kürzester Zeit zu bauen er imstande und bereit sei.

Wäre ich damals nur auf den Gedanken gekommen, diesen Zaun, etwas niedriger vielleicht, oben entlang dem Wiesenhang errichten zu lassen. Zwischen dieser Hangkante und unserer Auffahrt ist immerhin ein zwei Meter breiter Erdstreifen, und da hätten wir hinter den ohnehin bald angepflanzten und herangewachsenen Buchsbäumen und der inzwischen allzu mächtig gewordenen Bergkiefer den Zaun gar nicht mehr gesehen. Auch wäre es verhältnismäßig einfach gewesen, das Wiesengras auf dem Steilhang zweimal im Sommer abzumähen. Aber nein, wir ließen den Zaun unten entlang der Straße ziehen. Nun ist es sowieso ein Kunststück, mit der Sense umzugehen. Meine Versuche mit ihr finden immer dann statt, wenn ich sicher bin, daß mir niemand zusieht. Und jetzt erst ein Wiesenhang von vierzig Grad, der unten von einem Maschendrahtzaun begrenzt ist. Da wird die Sense nicht vom Gras stumpf, sondern vom Draht, in den sie mit ihrer Spitze dauernd hineinhaut wie der Specht in den Baum. Denn am schlimmsten ist unten der spitze, schluchtartige Winkel zwischen Hang und Zaun, wo der Schierling sein Schlaraffenland findet und es die meterhohen Brennesseln sogar verstehen, sich mehrmals durch die Maschen des Drahtes zu winden, damit es dem geplagten Gärtnersmann um so schwerer fällt, sie wieder wegzubekommen.

Das sei alles ganz einfach, sagte mein Freund Kork damals, ich müßte auf den Hang nur Rosen einer bestimmten Wildart, der *Rosa multiflora*, pflanzen. Diese wüchsige und lebensstarke Rose, bin ich belehrt worden, siedle man in Amerika an den Hängen der Schnellstraßen an, weil sie bereits zwei Jahre nach der Anpflanzung in der Lage sei, von der Bahn abgekommene Autos aufzufangen; es gebe zwar ein paar Schrammen im Lack, aber sonst passiere nicht viel. Nur ließ ich damals unbeachtet, daß es sich vor unserem Steilhang nicht um eine Autobahn, sondern um eine ganz schmale, private Fahrstraße handelt. Kurzum, ich befolgte den Rat und pflanzte an die zwölf bis fünfzehn Stück dieser *Rosa multiflora*, von welcher ich erst später erfuhr, daß sie als japanische Kletterrose im vergangenen Jahrhundert nach Europa gebracht worden ist.

Bei der Vermehrung unserer Gartenrosen spielt die *Rosa multiflora* noch immer eine wichtige Rolle, indem sie als Unterlage für vielblütige Edelrosen dient, aber bei mir wurde sie ja nicht für diesen Zweck gepflanzt, sondern sie sollte einen sonst nur schwer in Ordnung zu haltenden Steilhang begrünen. Und das machte sie auch. Ich glaube, diese Rose kann man in Asphaltfugen setzen, und dann wächst sie immer noch. Später mußte ich die Büsche ausroden, was nur mit meiner schwersten Kreuzhacke ging, die dann beim vorletzten Wurzelruck zerbrochen ist. Ich hatte angesichts des gewaltigen Wurzelwerks den Eindruck, als wolle die japanische Kletterrose durch den Erdball in ihre angestammte Heimat zurückwachsen. Zwei, drei Jahre ging es, und wenn sie im Juni ihre kleinen, weißen Blüten bekamen – es müssen Tausende gewesen sein –, dann machten die riesig gewordenen Rosenbüsche morgens den Eindruck, als sei bei Nacht ein verspäteter Schnee gefallen.

Bis die vorbeifahrenden Nachbarn dann die ersten Schrammen an ihren Autos hatten. Zwar paßte ich auf wie ein Schießhund. Aber es gab doch

99 Bei der Süßkirsche muß man aufpassen, daß in der Nähe weitere Kirschbäume stehen, da diese Art selbstunfruchtbar ist.

100 Nach der Ernte die Himbeerruten abschneiden, um dem Neutrieb Platz zu machen.

101 Johannisbeeren in roten, weißen und schwarzen Sorten, wer möchte sie im Garten missen.

102 Blätter der im Winter blühenden Zaubernuß, die den botanischen Namen *Hamamelis japonica* trägt.

103 Rotes Ahornlaub des *Acer palmatum* ›Atropurpureum‹, einer sehr bekannten Sorte.

104 Herbstlaub des Wilden Weins, er heißt *Parthenocissus quinquefolia* ›Engelmannii‹.

99 ▽

100 ▽ 101 △

102 △ 103 ▽ 104 ▷

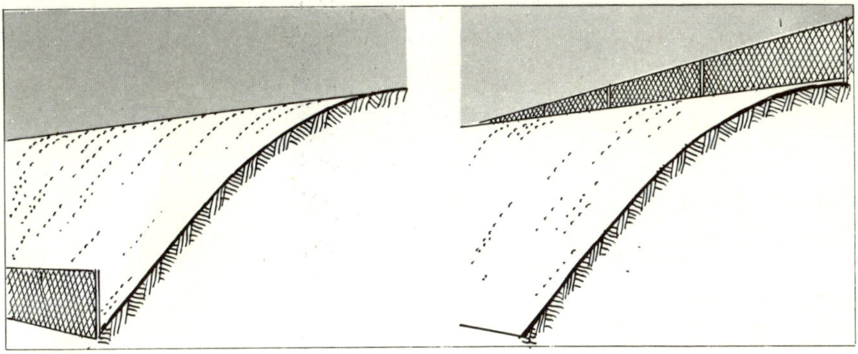

In einer derartigen Situation ist es unklug, den Maschendrahtzaun unten an die Böschung zu setzen. Die Bearbeitung der Hanglage wird erschwert, was immer man auch anzubauen beabsichtigt. Besser ist es – wenn er sich nicht überhaupt vermeiden läßt –, den Zaun oben auf den Hang zu setzen.

Sommerzeiten, in denen wir Haus und Garten mal für zwei Wochen allein lassen mußten, was die japanischen Kletterrosen dann weidlichst ausgenutzt haben. Legte gelegentlich ein schwerer Gewitterregen die langen Ruten über den Zaun, gab es Ärger. Zwar ist diese Japanerin nicht sonderlich bestachelt, aber Kratzer im Autolack entstanden dennoch. Schließlich kamen die Rosen weg, denn sie wuchsen schneller und wilder, als ich sie mit der Schere bändigen konnte.

Zwei ideale Hangrosen

Zusammen mit der *Rosa multiflora* hatte ich mir zwei andere Wildrosen gekauft. Und akkurat diese beiden Rosen hätte ich auf den Steilhang an der Straße pflanzen sollen. Es mag zwar sein, daß man die *Rosa multiflora* in Amerika neben die Schnellstraßen pflanzt. Es mag zwar sein, daß sie mit ihren ungebärdigen Wuchs binnen kurzer Zeit in der Lage ist, von der Bahn abgekommene Autos wie in einem Netz aufzufangen. Ein bestimmtes Talent jedoch, das Pflanzen an Steilhängen haben müssen, besitzt diese Rose auf keinen Fall. Ich meine die Fähigkeit, mit Ausläufern und immer wieder neu aufwachsenden Jungrosen, die dann gleichfalls mit ihren Ausläufern anfangen, den ganzen Hang allmählich mit einem dichten Netz zu überziehen, um jegliches Abschwemmen von Humus zu verhindern.
Meine beiden Wildrosen, die ich damals mitgekauft und nur an die falschen Stellen gepflanzt hatte, können das. Es handelt sich einmal um die etwa meterhohe *Rosa virginiana*, die recht hübsche, einfache, rötliche Blüten und im Herbst gut aussehende, rote Blätter bekommt. Ich habe die *Virginiana*

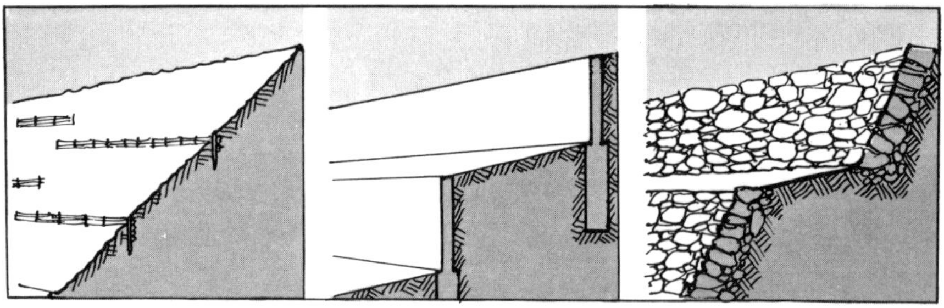

Es gibt mehrere Möglichkeiten, steile Böschungen und Hänge zu sichern. Am einfachsten ist es mit Faschinen, also mit flach in den Boden gegrabenen und mit Pflöcken gesicherten Zweigbündeln beispielsweise von Weiden, Pappeln und Erlen, die allmählich austreiben und mit ihren zahlreichen Wurzeln den Boden festhalten. Gärtnerisch nutzen lassen sich derartige Hänge am besten, wenn man sie mit Stützmauern aus Beton oder aus Findlingssteinen terrassiert. Die besten Vorbilder sind unsere Weinberge.

damals zwischen die noch kleinen Hainbuchen neben dem Eingang gesetzt, und einige Pflanzen kamen oben auf den Erdstreifen zwischen dem Hang und unserer Autoauffahrt. Das Wuchern mit den Ausläufern war ungeheuer. Man kann wohl auch mit dieser Rose machen, was man will, ohne sie kleinzukriegen. Alle Versuche, die *Rosa virginiana* loszuwerden, sind bis heute gescheitert. Man denkt, daß sie mit ihren stacheligen Ruten nun endlich weg ist. Und plötzlich habe ich nach dem Abschneiden von zwei Farnwedeln eine zerkratzte Hand. Das wäre also genau die richtige Rose für unseren unteren Steilhang gewesen.

Als geradezu ideal möchte ich die zweite Wildrose bezeichnen, die *Rosa rugosa* mit ihren vielen Stacheln und dem stets etwas runzlig wirkenden, frischgrünen Laub. Man bezeichnet sie auch, möglicherweise wegen ihrer großen, roten, vitaminhaltigen Hagebutten, als Kartoffelrose. Dieser ebenfalls aus Asien gekommene Wildling verträgt so ziemlich alles, was die Zivilisation den Pflanzen zumutet. Beispielsweise wächst sie in Köln zu Zehntausenden auf Plätzen und Flächen neben den Straßen, und die Abgase der Autos machen ihr anscheinend gar nichts aus. Außerdem blüht diese Rose wunderschön in einem etwas dunkleren Rot oder aber weiß, und das nicht nur einmal im Sommer, sondern unentwegt. Weil sie von Natur aus kaum mannshoch wird, man sie jederzeit und überall kurzschneiden kann, da sie von unten her wieder austreibt, ist es eine ideale – die idealste – Rose für steile Hänge. Denn die wichtigste Vorschrift für Hangpflanzen, mit Ausläufern ein sicherndes Netz durch den Boden zu ziehen, erfüllt sie voll und ganz.

Auch Gräser haben sich nicht bewährt

Nachdem ich die *Rosa multiflora* ausgerodet hatte, startete der zweite Versuch einer dauernden, pflegeleichten Hangbegrünung. Hatte mir doch 1957 Karl Foerster sein damals brandneues Buch vom »Einzug der Gräser und Farne in die Gärten« geschickt. Anfällig, wie ich bin, sind ein paar Jahre später auch viele dieser ausdauernden Staudengräser in meinen Garten eingezogen. Einige sind darunter, die ich leider nicht mehr zum Auszug bewegen kann, und zu ihnen gehört das Silberfahnengras alias *Miscanthus sacchariflorus* ›Robustus‹. Ohne jeden Zweifel ist es eine wunderschöne Pflanze, besonders im frühen Herbst, wenn die Blütenähren wie wirkliche Silberfahnen im Winde wehen. Nur hat dieses Gras eine geradezu wollüstige Vermehrungsgier.

Man grabe einmal ein Stück dieser Pflanze aus und betrachte die fast fingerdicken, sich mit ihren Spitzen wie mit Meißeln durch die härteste Erde bohrenden Ausläufer, es sieht geradezu furchterregend aus. Dieses Silberfahnengras ist unter den Plattenwegen durchgewachsen, um an der anderen Seite fröhlich weiterzuwuchern, und sogar das Betonfundament meines ersten Gewächshauses ist von ihm unterwandert worden, wohl weil es einmal ausprobieren wollte, wie es sich unter Glas leben läßt; und es lebt, immer wieder herausgerissen, noch immer dort.

Ähnliches, wenn auch nicht ganz so schlimm, erlebte ich mit dem Goldleistengras, *Spartina michauxiana* ›Aureomarginata‹; es wird über meterhoch, hat hellgrüne, gelb gestreifte Blätter, die elegant überhängen. Weiter hatte ich den Zwergbambus, *Sasa pygmaea*, ein etwas niedrigeres, nur halbmeterhohes Gras mit lanzettlichen Blättern, das seine Stellung rund um den Wasserhahn vor dem kleineren meiner beiden Treibhäuser eisern verteidigt. So klein es ist, dieses Bambusgras, hat es doch eine wilde Gier, sich auszubreiten, sich zu vermehren, und es überzieht dabei den Boden in einer Dichte und Festigkeit, die sich gar nicht beschreiben läßt. Zum Weihnachtsfest besuchte uns ein Freund, der von diesem Zwergbambus ein paar Ausläufer mitnehmen wollte, weil ihm das Gras so gut gefiel. Aber die Ausläufer ließen sich nicht so einfach herausreißen, obwohl der Boden feucht und weich war, sondern wir mußten den Spaten holen.

Diese Gräser – dazu kamen noch andere – müssen wohl geglaubt haben, daß unser Garten eigens für sie geschaffen worden ist, denn sie wuchsen – und wachsen noch immer – überall, wohin ich sie gepflanzt habe. Und wehe, es ging bei der Schubkarrenfahrt zum Kompost ein kleines Rhizom verloren, wohin es auch fiel, es wuchs wieder ein Silberfahnengras, ein Goldleistengras oder ein Zwergbambus heran. Wie schön müßte es aussehen, dachten

Malia und ich, wenn die Silberfahnen und Goldleisten auf dem Steilhang zur Straße hinunter stünden. Dort könnten sie sich austoben, sie hätten Platz genug, machten keine Schrammen in den Lack vorbeifahrender Autos, ließen kein Unkraut aufkommen und würden sicherlich auch bald dem Schierling das Dasein verleiden. Gedacht, getan! Denn überall wucherten diese Gräser bei uns. Nur auf dem Hang unten, da wuchsen sie nicht.

Retter in der Not: Rhododendronsträucher

Letztlich erwies sich der bei uns immer brave Rhododendronstrauch als Retter in der Not. Ich habe ja bereits erzählt, daß ich diesem schönen Blütenstrauch mit seinen immergrünen Blättern verfallen bin. So kam ein Dutzend von ihnen auf den steilen Hang unten an der schmalen Straße. Meine Frau hat in den ersten sonnigen Wochen gut aufgepaßt, daß die frisch verpflanzten Sträucher genug Wasser hatten und dann und wann einen künstlichen Schatten bekamen. Eine ganz kleine Bitternis ist dabei. Hier oben ums Haus herum, wo viele Seltenheiten wachsen, stehen große und sehr schöne Rhododendronsträucher. Die schönsten Sorten aber stehen unten, und ich muß auf die Straße gehen, um sie während der Blütezeit zu betrachten. Zwar ist noch nicht der ganze Hang begrünt, doch wird es in längstens drei Jahren soweit sein. Die Pflanzlöcher in dem steinigen Hang habe ich nicht selbst gemacht. Damit ist ein richtiger Landschaftsgärtner beauftragt worden. Er hat auch gleich die Pflanzung der von mir ausgestochenen Sträucher übernommen.
Der nächste Hang rund um die Lichtung vor den beiden unteren Zimmern, gleich rechts vorn neben dem Tor gelegen, hat keinen sonderlichen Verdruß bereitet. Sie wissen schon, daß es sich um die Fläche handelt, auf welcher ich vergeblich versucht hatte, einen in vielen Farben schillernden Teppich aus Stauden zu knüpfen. Oben auf dem im Halbrund verlaufenden Hang stehen die beiden Schwarzkiefern, und als es noch kleine Kieferchen gewesen sind, wuchs dort noch manches Gehölz und manche Staude, doch inzwischen haben die mächtigen Nadelbäume das Regiment übernommen. Auf dem recht steilen, aber niedrigen Hang gleich neben dem Haus wachsen Farne und kleinblättrige Rhododendronarten, und die vordere Schwarzkiefer ist gänzlich von unserem nimmermüden *Lamium* unterwachsen. Schwierigkeiten machte ein Grasstreifen zwischen dieser vorderen Kiefer und dem Hainbuchenwäldchen am Zaun neben dem Tor. Dieser Streifen führt ziemlich steil in die Höhe, aber ich konnte dort keine Farne und Lungenkräuter hinpflanzen, weil ich oft mit dem Schubkarren herunterfahren muß. Es war ziemlich schweißtreibend, dort alle zwei Wochen das zu lang gewordene Gras zu mähen. Inzwischen hat sich das Problem von selbst gelöst, weil im

tiefen Schatten der großgewordenen Bäume ohnehin kein Gras mehr wachsen kann, es ist ein Pfad aus weichem Moos entstanden, das aber empfindlich wie ein weiches Tuch ist. Wir müssen mit dem Schubkarren nun vorsichtig umgehen.
Anders, dramatisch geradezu, ist die Geschichte des mittleren, ebenfalls an die vierzig Grad steilen Hanges, über den jetzt die mit Donnerwurz, Fetthenne und anderen Polstern umwachsene Treppe aus Eisenbahnschwellen nach oben führt. Da ahnt man wirklich nicht, was für Schweiß geflossen ist. Wenn ich jetzt im Wohnzimmer im Sessel sitze und durch das breite Fenster hinaussehe, erblicke ich links vorn den Katsurabaum, rechts dahinter, die hölzerne Treppe etwas verdeckend, den großgewordenen *Cornus* aus Florida; stellen Sie sich diesen Baum einmal mit seinen Hunderten von rosaroten Blüten vor, und das gleich neben dem hellen, rötlichen Laub des Katsura! Vom Rasen unten, der von zwei Reihen inzwischen unsichtbarer, in den Boden eingelassener Pflastersteine gebändigt wird, zieht sich ein Teppich aus rotblühender und weißer Schneeheide nach oben. Rechts stehen dort vor der kissenartig niedrigen Bergkiefer, die mir ein glücklicher Zufall in den Garten gebracht hat, die rundblättrigen, niedrigen Rhododendronsämlinge von Dietrich Hobbie. Sie stehen dort seit zehn Jahren und sind doch nicht höher geworden, und ihre blanken Blätter haben sich zu einem dichten Dach verflochten. Die Blüte gleicht einem Feuerbrand. Weiter links an der Treppe wachsen weitere kleinblättrige und sogar silberblättrige Rhododendronarten, einige von ihnen mit blauen Blüten.
Da bedarf es keiner Phantasie, sich dieses Bild in vollem Flor vorzustellen, und selbst im Winter ist es schön. Da gibt es ein Gewimmel von Knospen an den niedrigen Heidebüschen, und hier und dort glimmt es bereits rot auf. Gewiß ist vieles falsch gemacht worden in unserem Garten, ich gebe es unumwunden zu, damit Sie es von Anfang an richtig machen, aber dieses Stück Hang ist gut gelungen, ich würde damit auf jeder Gartenschau einen Preis holen.

Rasen ist rutschig

Angefangen hat es mit der – ziemlich abwegigen – Idee, den grünen Rasen von oben, wo jetzt die Hemlockstannen stehen, über diese Bodenwelle bis herunter an das Haus zu führen. Gewachsen ist das Gras gut, ja fast zu schnell. Unser erster Rasenmäher stammte von einer Firma, die Jacobsen hieß, er war rot wie ein Feuermelder und hieß Toro. Es ist aber falsch, in der Vergangenheit zu sprechen, denn wir haben ihn noch immer, diesen nicht umzubringenden Toro, und obgleich er verbeult und zerschunden ist,

schneidet er das Gras wie eh und je. Sein Unterleib – gewissermaßen – besteht aus einer kreisrunden, bei laufendem Motor sich mit rasender Geschwindigkeit drehenden Scheibe. An vier Stellen dieser Scheibe, jeweils von zwei Schrauben mit Muttern festgehalten, befinden sich flache Dreiecke aus Stahl, deren drei Kanten scharf geschnitten sind. Beim ersten Mal bin ich natürlich mit dem Schraubenschlüssel abgerutscht, und während dies dem Toro gar nichts ausgemacht hat, konnte ich vierzehn Tage lang nur linkshändig Klavier spielen. Dann hatte ich es aber heraus, und wenn die Messer an den drei Seiten stumpf waren, kam die Reserve zum Einsatz, die alten Dreiecke warf ich in die Mülltonne und die blitzblanken, neuen, scharfen Rasenbeißer schraubte ich fest. Der gute alte Toro hatte und hat nur eine einzige schlechte Eigenschaft: Sein Motor springt schlecht an. Man muß den roten Mäher schräg halten, um das Phlegma des Motors zu bezwingen, und dazu mehrmals ruckartig die Anlasserleine ziehen.
So schafften wir uns später einen leichteren, vervollkommneten Rasenmäher an, einen Motodux, unter welchem sich keine Scheibe dreht, sondern ein dünner, messerartiger Balken, aber man muß ihn genauso schräg halten, wenn er anspringen soll. Das geschah aber erst, nachdem ich längst vor den Schwierigkeiten kapituliert hatte, den Rasen auf diesem Hang zu mähen.
Gras ist nämlich voller Saft. Und wenn es gerade abgeschnitten ist, kommt der Saft oben aus den Halmen heraus wie die Milch aus dem Strohhalm, wenn man an ihm saugt. Da ich an dem recht hohen Hang stets hinter dem Mäher laufen mußte, gestaltete sich das Unternehmen jedesmal zu einer Rutscherei, die noch nicht einmal ungefährlich war, weil sich ja der Motor mit den kreisenden Messern nicht abstellt, wenn ich unten am Hang auf die Nase falle und es mir mißlingt, den roten Toro zugleich festzuhalten. Außerdem versuchen Sie einmal, einen rutschigen Rasenhang seitwärts zu mähen! Das ist eine Komödie, aber keine Arbeit mehr.
Das Gras kam also weg, zumal ich mir ausgemalt hatte, wie prächtig es sein würde, wenn dieser Hang, der gewissermaßen den eigentlichen, von den beiden Hausflügeln umschlossenen Gartenhof begrenzt, sommerlang voll blühender Rosen wäre. Aber sie sind nicht gewachsen, die drei Dutzend Floribundarosen, und bis Ende August hatte der Sternrußtau ihre wenigen Blätter gnadenlos weggefressen, da konnte ich spritzen, was und wieviel ich wollte. Da die Rosen nicht gewachsen sind, hatten die Unkräuter natürlich ein Schlaraffenland, denn mit Kompost und gar mit altem, abgelagertem, fast schon wieder zu schwarzer Erde gewordenem Kuhmist ist auf diesem Rosenhang nicht gespart worden. Helles Licht hatten der Löwenzahn und die Brennesseln, die Disteln und Franzosenkräuter jede Menge, denn die Rosen machten nur wenige Blätter, und dies, siehe oben, nur bis August. Der

Das Fundament einer Stützmauer soll frostsicher, also 80 bis 100 cm tief, gegründet sein. Die armierte Mauer selbst hat eine Stärke von 20 bis 25 cm. Eine derartige Mauer läßt sich entweder mit Natursteinen verblenden (zweites Bild von *links*), oder aber man baut die Mauer lediglich aus Natursteinen auf. Dann aber muß sie, um dem Erddruck standzuhalten, eine entsprechend schräge Lage bekommen (drittes Bild von *links*). Am einfachsten sind Stützmauern aus handelsüblichen Mauerscheiben zu bauen, die man in Höhen von 50 cm bis 150 cm und dem entsprechend langen unteren Winkelstück bekommt. Als Fundament genügt eine 20 cm starke Betonschicht.

Grund: Die Floribunda konnten am Hang mit ihren Wurzeln nicht tief genug in den Boden hineinwachsen, er bestand aus zwar bröckeligem und morschem, letztlich aber undurchdringlichem Gestein. Drei Jahre sah ich mir das an, weil man im Garten nie die Hoffnung aufgibt, daß sich etwas bessern könnte. Doch dann waren die Rosen nach drei Stunden verschwunden, wobei diesmal keine Kreuzhacke und noch nicht einmal die Grabegabel zerbrochen ist, weil die Pflanzen nur kümmerliche Wurzeln hatten.
Es blieben also für meinen Hang nur Gewächse übrig, die es gewohnt sind, im Gebirge auf dünnen Erdschichten zu wachsen, die der Wind im Laufe der Zeit über die Felsen geweht hat. Eine derart dünne Bodendecke sind die Schneeheide und auch der Rhododendronstrauch in gewissem Maße gewohnt, und so ist die jetzige Bepflanzung des Hanges entstanden. Ich hätte eigentlich früher drauf kommen können, wenn ich die Wuchseigentümlichkeiten der Pflanzen bedacht hätte.

Obst und Gemüse

Auch in Ihrem Garten wachsen Artischocken, Brokkoli und Pfefferschoten.

Der Spindelbaum war Schwindel

Als wir unser Grundstück kauften, wuchsen auf ihm zwei Zwetschenbäume; jetzt haben wir nur noch einen. Sie waren beide von derselben, frühen, wässerigen Sorte; auf dem Kuchenblech schwimmen die Zwetschen regelrecht davon, aber ihr Geschmack ist dennoch vorzüglich. Der verbliebene Baum sieht vor allem im Frühling schön aus, wenn er zur Blütezeit wie von Kreide überstäubt vor dem dunklen Wald steht; und seine Ernten sind reich. Wenn auch Sie einen Zwetschenbaum haben wollen, sollten Sie die späte, festfleischige ›Hauszwetsche‹ nehmen, die sich im übrigen selbst befruchten kann, was durchaus nicht bei allen Pflaumen der Fall ist; bei den Kirschen haben wir dieselbe Kalamität, es ist eine verzwickte Sache.
Den gleichfalls mitgekauften großen Apfelbaum – unserem Haus gegenüber vor der Grenze zum Nachbarn – schätzen wir nach wie vor mit seiner Blüte im Frühling, seinem Schatten im Sommer und mit seinen vielen, vielen Früchten im Herbst; er trägt zwei verschiedene Sorten. Die eine hält sich bis Ende Januar, aber es hat mir noch niemand sagen können, wie sie heißen.
Das aber genügte mir damals nicht, weil nach meiner Vorstellung ins Paradies sehr viel mehr und verschiedene Früchte hineingehörten, desgleichen allerlei Gemüsearten. Ich erzählte bereits von meinem Vergnügen an den schnurgerade ausgerichteten Beeten und Saatreihen, weil die Träumerei beim Pfeifenrauch die Reihen über den Zaun hinausführt und aus dem Gärtlein einen Acker macht. Ich legte damals also, *en miniature* zwar, eine Obstplantage an.
Wo jetzt das Gemüse wächst, standen drei Reihen mit je vier Spindelbäumen, dazwischen hatte ich Johannisbeeren und Stachelbeeren gepflanzt. An die Birnen kann ich mich noch erinnern, es waren die ›Frühe aus Trévoux‹, ›Williams Christbirne‹, ›Gute Luise‹ und die ›Gräfin aus Paris‹. Was es für Apfelsorten waren, habe ich vergessen. Hier kann ich aber eine interessante

Auskunft einfügen, die Karl Ley, der Präsident der deutschen Berufsgärtner, der im Obstbau ganz besonders bewandert ist, im vergangenen Jahr gegeben hat. Wir fragten ihn für unsere Zeitschrift, welche Apfelsorten er für den Hausgarten empfehlen würde. Hier die Antwort:
›Cox Orange‹, ›James Grieve‹, ›Berlepsch‹, ›Roter Boskoop‹, ›Delicious‹, ›Discovery‹, ›Weißer Klarapfel‹, ›Melrose‹ und ›Goldparmäne‹.
Ich pflanzte also Spindelbäume oder Spindelbüsche, wie man sie gleichfalls nennt, weil sie kaum über drei Meter hinausgehen, und mit den nach oben immer kürzeren Verzweigungen sehen sie ja wirklich wie Spindeln aus. Richtiger gesagt *sollten* meine Bäume wie Spindeln aussehen, aber sie hatten etwas anderes im Sinn. Bereits im zweiten Jahr, in welchem ein braver Spindelbaum gelegentlich daran denkt, seinen Gärtnersmann mit einer Kostprobe der ›Cox Orange‹ oder der ›Guten Luise‹ zu bedenken, gingen meine Bäume mächtig ins Holz und in die Höhe, als ob sie den Ehrgeiz von Pyramidenpappeln hätten. Ich wußte zwar, wie man dieses Zwergobst zu behandeln hat. Geht es doch darum, das Seitenholz des Stammes in eine mehr waagerechte Stellung zu bringen, weil das den Blütenansatz und damit die Frucht-

Es gibt für den Hausgarten Obstbäume, die auf typisierte, schwachwachsende Unterlagen veredelt sind und oft schon im zweiten oder dritten Jahr nach der Pflanzung fruchtbar werden. Der Umgang mit diesen Gehölzen ist einfach. Man schneidet nur den Konkurrenztrieb der Stammverlängerung und alle Verzweigungen weg, die ins Innere der Krone hineinwachsen. Im übrigen ist man bemüht, durch Abspreizen und Herunterbinden die Verzweigungen in eine mehr waagerechte Haltung zu bringen.

barkeit fördert. Zu steil wachsende Verzweigungen spreizt man also vom Stamm ab; man nimmt entsprechend lange Stücke vom Baumschnitt und klemmt sie der Länge nach zwischen die Verzweigungen. Oder es werden die Zweige mit Bastfäden heruntergebogen.
Bei mir wäre aber bereits im dritten Jahr das Abschleppseil meines Autos unnütz gewesen, weil die Äste viel zu dick waren und sich nicht mehr hätten biegen lassen. Jede der drei Reihen mit jeweils vier Bäumen im Abstand von drei Metern war ein holziger Stangenwald geworden. Es blieb nichts anderes übrig, als die zu Riesen herangewachsenen Zwergbäume auszuroden. Ich sagte es bereits zu Anfang und komme bald nochmals darauf zurück, daß wir in unserem Garten nicht über Mangel an Holz zu klagen hatten. Aufgrund dieser Erfahrung kann ich nur den dringenden Rat geben, Obstgehölze nur dann zu kaufen, wenn sie das Markenetikett des Bundes deutscher Baumschulen e. V. tragen. Die Betriebe dieses Bundes stehen unter ständiger, freiwilliger Selbstkontrolle, und bei ihnen – und den mit ihrem Markenetikett versehenen Bäumen in Gartencentern und von Versandgeschäften – hat man noch am ehesten die Gewähr, die *richtigen* Bäume und Sträucher zu bekommen. Bei mir nämlich waren sie falsch.

Auf die Wurzel kommt es an

Ob es sich um Spindeln, Schnurbäume oder Spalierformen handelt – ich spreche der Einfachheit halber von Zwergobst –, diese Obstsorten müssen auf Unterlagen veredelt sein, die von Natur her einen schwachen Wuchs haben. Das ist bei Birnen die Quitte, und bei den Äpfeln sind es ganz bestimmte, vegetativ vermehrte Typen, die einstmals in East Malling in England entstanden sind, weshalb man gelegentlich auch noch die Bezeichnung EM findet, immer im Zusammenhang mit einer römischen Zahl, meist IV, VII und IX. Diese Unterlagen – Wurzeln also – haben einen unterschiedlich schwachen Wuchs, der sich auf die Edelsorte auswirkt, deren jugendliches Temperament bald zur Ruhe kommt und in den Zustand der Reife übergeht, so daß man bestimmt im dritten Jahr nach der Pflanzung die ersten Früchte erwarten kann. Es ist verständlich, daß diese frühreifen und mäßig wachsenden Bäume kein so langes Leben haben wie etwa der große Apfelbaum, wie wir ihn kennen.
Dieser große, übliche Apfelbaum – bei der Birne ist es ebenso – steht auf Wurzeln, die aus einem Samenkorn herangewachsen sind. Es handelt sich also nicht um Vermehrungen mittels Steckhölzern, die man von Mutterpflanzen geschnitten hat, deren Abstammung von den bereits erwähnten, ausgelesenen, langsam wachsenden Typen bekannt ist. Man bezeichnet die

aus Samen herangezogene Unterlage als Wildling. Und wild ist das Gewächs wirklich, von dem bald nach der Veredlung nur noch die Wurzeln oder der Stamm übrig bleiben, deren Wildheit sich auf die Edelsorte wie die Schubkraft einer Trägerrakete auf das Mondschiff auswirkt. Ein solcher Baum wächst erst einmal eine Zeitlang kräftig, und ehe er nicht seine sechs bis sieben Jahre auf der Krone hat, ist an Ernte nicht zu denken. Genau solche Bäume hatte man mir als Spindelbüsche angedreht. Kein Wunder also, daß aus Zwergobstreihen Wälder wurden.

Alsdann pflanzte ich ebenso viele Äpfel und Birnen als Spindelbüsche, die ich nun aber aus einer Markenbaumschule holte. Diesmal hatte ich Glück. Die Zweige der Bäumchen, sofern sie es nicht von selber machten, ließen sich leicht abspreizen und herunterbinden. Wegschneiden braucht man bei ihnen immer nur den Konkurrenztrieb der Stammverlängerung und diejenigen Verzweigungen der dünnen Seitenäste, die nach innen, also dem Stamm entgegen, wachsen und die Krone in Unordnung bringen könnten. Malia und ich hatten viel Spaß an den jetzt wirklich braven Obstgehölzen, die auch im dritten Jahr reichlich Fruchtholz gebildet hatten. Vorschriftsmäßig zog ich ihnen im Herbst, weil wir zumal im Winter vor Kaninchen und Waldhasen nicht sicher sind, engmaschige Drahthosen an.

Den traurigen Morgen nach dreitägigem Tauwetter im März werde ich nie vergessen, als ich hinauf in meine Zwergobstplantage ging und meine Spindelbüsche über den Drahthosen ganz weiß, nackt und ohne Rinde dastanden. Du liebe Güte, dachte ich erschrocken, unsere Hasen haben doch keine Flügel. Bis mir einfiel, daß der Schnee zeitweilig meterhoch gelegen hat, so daß die Langohren vergnügt in die Kronen meiner Plantage hineinspazieren und ohne sonderliche Bemühungen die wohlschmeckende Rinde von meinen Obstbäumchen abnagen konnten. Mir war die Lust vergangen, ich riß die nackten Bäume bald heraus und pflanzte keine neuen Spindeln mehr an. Dafür setzte ich oben ins Eck einen ›Roten Berlepsch‹ als Hochstamm auf Sämlingsunterlage, er ist inzwischen voll im Ertrag, und wir sind beide froh, nur diesen Berlepsch und den großen Apfelbaum vor der Grenze zum Nachbarn zu haben. Die Hälfte der jedes Jahr in Mengen anfallenden Äpfel ist ohnehin wurmstichig, sie dienen zum Backen von Blechkuchen und zur Herstellung von Apfelmus, das wir infolge der anfallenden Übermengen kaum noch essen können.

Kronenbäumchen sind bequemer

In den drei Reihen hatte ich zwischen die Äpfel und Birnen Beerenobststräucher gesetzt, also Stachelbeeren und Johannisbeeren. Die Himbeeren kamen

an andere Stelle, Brombeeren wachsen bei uns oben an der Hecke wild. Außerdem gibt es genug im Wald.
Zunächst einmal zu den Johannisbeeren. Der Umgang mit diesen Sträuchern ist nicht schwer. Man muß darauf achten, daß ein solcher Busch aus sechs, sieben, acht Hauptästen unterschiedlichen Alters besteht. Jedes Jahr kommen neue Triebe aus dem Boden heraus, von denen man vielleicht zwei hochgehen läßt, und entsprechend werden im Winter zwei der ältesten Triebe, die an ihrer Stärke und am dunklen Holz zu erkennen sind, entfernt. Eigentlich soll man dies gleich nach der Ernte machen, aber das tut ja niemand. Unsere Johannisbeeren sind trotz Stangenwaldentwicklung der Obstplantage gut gewachsen. Doch aus ihrer Absicht, uns mit roten und weißen Beeren zu erfreuen, ist niemals was Rechtes geworden, so sehr wir uns auch darauf gefreut haben.
Zuerst pickten die Vögel – hier am Waldrand haben wir viele – im März die Knospen ab. Mögen sie es tun, sagte ich mir, denn in den Knospen muß ja viel Kraft stecken; leben und leben lassen. Die Vögel waren aber so schlau, nicht sämtliche Knospen wegzufressen, weil sie schließlich im Sommer auch noch die Beeren haben wollten. Und diese Beeren bekamen sie, samt und sonders, denn die heute überall erhältlichen Abwehrnetze aus Kunststoff gab es damals noch nicht. Und hüllen Sie mal zwölf allein stehende, nicht in dichter Kolonne gepflanzte Johannisbeerbüsche in Netze ein.
An die Stachelbeeren sind die Vögel bei uns noch niemals gegangen. Auch der Umgang mit diesen Büschen ist einfach, es ist wie bei den Johannisbeeren. Nur muß man bei den Stachelbeeren noch mehr darauf achten, nicht zu viele Leittriebe und keine nach innen in den Busch hineinwachsenden Verzweigungen zu bekommen. Wenn ich, mit einiger Vorsicht zwar, den Busch innen an allen Stellen mit der nackten Hand berühren kann, ohne mich zu kratzen, dann habe ich ihn gut gezogen. Die ersten Ernten waren, im Gegensatz zu den Johannisbeeren, sehr gut. Letztlich gab es aber doch eine Katastrophe, die vom Unkraut verursacht wurde, insbesondere von Disteln, Brennesseln und Ackerwinden. Man nimmt sich zwar vor, die Büsche in jedem Jahr mit der Schere zu bändigen, aber dann kommt etwas dazwischen, die Arbeit wird verschoben, und im nächsten Winter, heißt es, geht es ja auch noch.
Manche Stachelbeeren neigen dazu, in die Breite zu gehen, sich mit den Ellenbogen ihrer Äste auf den Boden zu stützen. Da das Herausreißen von Unkraut aus den Stachelbeerbüschen ganz und gar keinen Spaß macht – und mit der Hacke geht es nicht immer –, können Sie sich leicht vorstellen, wie lustig die Ackerwinden bald an allen Zweigspitzen geblüht haben. Nun entfernen Sie mal Hunderte von Ackerwinden aus Stachelbeerbüschen! Das

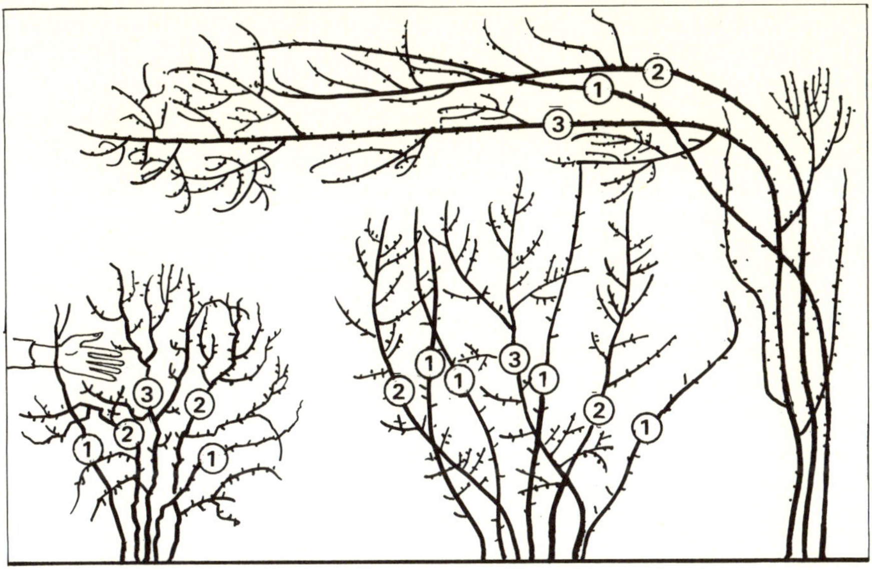

Beim Schnitt von Stachelbeeren, Johannisbeeren und Kletterrosen sollte man darauf sehen, daß sich an den Sträuchern stets Haupttriebe unterschiedlichen Alters befinden; man erkennt dies an den Färbungen des Holzes sehr leicht. Die stärksten der aus dem Boden aufwachsenden Neutriebe läßt man in die Höhe gehen und nimmt die Triebe mit dem ältesten Holz nach der Ernte oder im darauffolgenden Winter weg.

geht überhaupt nicht, und wenn es mit viel Geduld gelingen sollte, einige Büsche freizukämpfen, dann blühen sie am ersten Strauch bereits wieder, ehe ich beim fünften angelangt bin. Ich pflanze daher keinen einzigen Stachelbeerbusch mehr, sondern nur noch Kronenbäumchen auf halbhohen und höheren Stämmen.

Ich muß also im Garten mein Beerenobst vor dem Unkraut und vor den Vögeln schützen. Es gibt nur eine einzige praktikable Möglichkeit, beide Ziele zu erreichen. Das sind Hochstämme, so eng wie möglich zusammengepflanzt. Genau dies habe ich getan. Es entstand ein Geviert aus vier mal fünf Metern in Nähe des Wildkirschenbaumes am Kompost, und auf dieser Plantage stehen in vier Reihen genau zwölf Kronenbäumchen von Johannis- und Stachelbeeren. Es ist leicht, unter diesen Büschen den Boden zu bearbeiten. In einem Jahr pflanze ich Kartoffeln, dann säe ich blaue Lupinen, im vergangenen Sommer machte ich einen – allerdings mißlungenen – Versuch mit Meerrettich, in diesem Jahr riskiere ich es mal mit Erdbeeren. Wenn die Erntezeit herannaht, grabe ich an den vier Ecken der Plantage jeweils einen hohen Pfahl ein, verbinde die Pfähle oben mit Dachlatten, die in der Mitte nochmals abgestützt werden, und umhülle alles mit einem grünen, knotenfreien Perlonnetz.

Die Pflege von Beerenobststräuchern

Seit jeher haben wir Himbeeren, an die bis jetzt noch keine Vögel gegangen sind. Wo sie jetzt stehen, unterhalb der »Beerenobstplantage« und außerhalb des grünen Schutznetzes, läßt sich die Reihe allerdings nicht verlängern. So werde ich an anderer Stelle weitere Himbeeren pflanzen, zumal es neuerdings aus England gekommene Sorten gibt, die bis in den Herbst hinein Früchte tragen. Auch der Umgang mit Himbeeren ist einfach. Ich gebe ihnen im Winter – so vorhanden – Mist. Weiter bekommen sie jedes Jahr eine gehörige Portion Kompost und, wie es gerade anfällt, ein paar Hände voll Oscorna oder Hornoska, also organische Handelsdünger. Aber auch Blaukorn reicht. Zu lang aufschießende Ruten binde ich an den meterhohen Spanndraht, und wenn die Erntezeit vorbei ist, schneide ich die ganzen Ruten weg, so tief sie mit der Schere zu fassen sind. Dann sind bereits wieder neue Ruten dabei, sich zu entwickeln, die im kommenden Jahr pflichtgemäß ihre Himbeeren tragen. Wachsen zu viele auf, schneide ich die schwächsten weg. Bei der Himbeere wächst in einem Jahr die Rute, im nächsten Jahr verzweigt sie sich, um zu blühen und Früchte zu tragen. Dann sterben sie ohnehin, um den nachwachsenden Ruten Platz zu machen.

Bei der Brombeere, die zu derselben Pflanzengattung *(Rubus)* gehört, ist es ebenso. Nur gehört es zu den Unarten der Brombeere, schon im ersten Jahr des Ruten- oder Rankenwachstums völlig wertlose dünne, sogenannte Geiztriebe zu bilden, die den Strauch in heillose Unordnung bringen können. Man muß also aufpassen und diese Geiztriebe immer wieder wegschneiden, um seine Freude an den Sträuchern zu haben.

Brombeeren ohne Dornen?

Neuerdings wird viel von den dornenlosen Brombeeren gesprochen und geschrieben. In manchen Katalogen – aber nicht in denjenigen der Markenbaumschulen – preist man sie mit Superlativen, doller geht's gar nicht. Ich selbst habe noch keine Erfahrungen mit dornenlosen Brombeeren gesammelt, weiß aber von Professor Maurer, der jahrzehntelang Direktor des Instituts für Obstbau an der Fachhochschule in Geisenheim war, daß die Geschichte mit den dornenlosen Brombeeren möglicherweise keine Dornen, aber einen Haken hat. Diese Brombeeren, sagte mir der weithin anerkannte Fachmann, sind nämlich irgendwann aus Mutationen entstanden. Man ver-

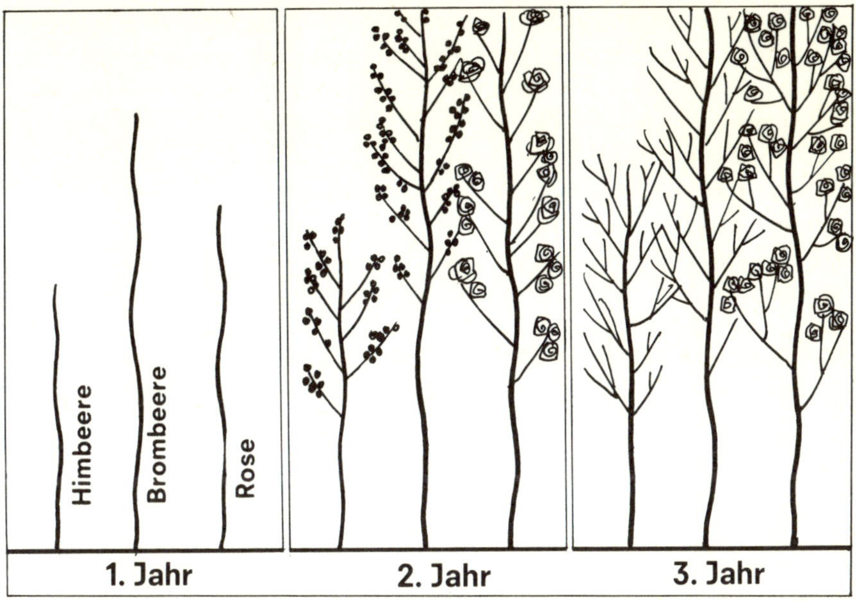

Wer sich über die Lebensgesetze der Gartenpflanzen im klaren ist, der braucht für den Umgang mit ihnen kaum noch Regeln und Pflegeanleitungen. Das sei an drei Gehölzen, die zur Familie der Rosengewächse gehören, gezeigt. Der Einfachheit halber wollen wir die modernen, mehrmals während des Sommers blühenden Rosensorten ausklammern und etwa die ältere Kletterrose ›Paul's Scarlet Climber‹ nehmen. Himbeere, Brombeere und Rose treiben im ersten Jahr eine lange, beblätterte Rute aus dem Boden. Im zweiten Jahr verzweigen sich diese Ruten, sie blühen und tragen Früchte, also Himbeeren, Brombeeren und Hagebutten. Bei den Himbeeren und Brombeeren, die beide zur Gattung Rubus gehören, sterben die Ruten mit den Verzweigungen hinterher ab, wenn man sie nicht gleich mit der Schere entfernt. Die Rose dagegen kann mehrere Jahre Blüten und Früchte, also Hagebutten, tragen. Man kürzt daher die Verzweigungen ein, um sie immer wieder zu einem kräftigen Austrieb anzuregen. Die Blühfreudigkeit läßt allerdings – je nach Sorte – im Laufe von drei, vier Jahren nach. Dann entfernt man die ganzen Triebe, so tief sie sich mit der Säge fassen lassen, denn in der Zwischenzeit ist ein reicher Nachwuchs erfolgt.

steht darunter plötzliche und ohne erkennbaren Grund vor sich gehende Veränderungen in den Erbanlagen der Pflanzen. Besonders häufig sind diese Veränderungen, beispielsweise der Blütenfarbe, bei Chrysanthemen; aber auch bei Rosen kommen sie gelegentlich vor. Eigentümlicherweise bezeichnet der Gärtner das Ergebnis einer derartigen Mutation als Sport.
Machen wir uns dies einmal an einem ausgedachten Beispiel klar. Es kann sein, daß eine weißrosablütige Rose – sagen wir ›New Dawn‹ – plötzlich an

einer einzigen Verzweigung gelbe Blumen hervorbringt. Nehme ich mit den Triebknospen – Augen – dieses Zweiges einige Veredlungen vor, dann wachsen lauter gelbe Rosen heran. Ich könnte dieser neuen Rose einen Namen geben, vielleicht ›Malias Liebling‹, und dazu gehörte korrekterweise der Vermerk: Sport von ›New Dawn‹.
So etwa ist irgendwann auch eine Brombeere entstanden, die dornenlos war. Aus den Stecklingen dieser Mutation wachsen immer wieder Brombeeren ohne Dornen heran. Nun aber zu dem Haken der Geschichte. Professor Maurer sagte mir, daß nicht immer die ganze Pflanze einschließlich ihrer Wurzeln mutiert. Es komme durchaus vor, daß die Veränderungen nur in den oberirdischen Teilen vor sich gingen, nicht aber in den Wurzeln. Bekomme ich also eine dornenlose Brombeere, die durch Stecklings- oder Steckholzvermehrung entstanden ist und von einer Mutterpflanze stammt, deren Wurzeln noch auf dornig programmiert sind, dann würden bei mir alle aus dem Wurzelbereich dieser Brombeere aufwachsenden Ruten wieder Dornen haben. Es soll aber eine Sorte geben, die zuverlässig und ganz und gar, also auch in den Wurzeln, mutiert ist. Sie heißt ›Thornless Evergreen‹; man bekommt sie in jeder Markenbaumschule. Also auch hier wieder: aufgepaßt und das Richtige pflanzen.
Der Traum unserer kleinen Obstplantage war bald ausgeträumt. Die ersten Zwergbäume hatten, weil sie falsch veredelt waren bzw. nicht auf den richtigen Wurzeln standen, den Ehrgeiz von Pyramidenpappeln. Die zweite, nunmehr richtige Pflanzung, ist den fliegenden Hasen zum Opfer gefallen. Tomaten hatten wir auf diesem Stück schon vom ersten Jahr an gehabt, Zwiebeln und Würzkräuter desgleichen, und nun pflanzte ich erst einmal Kartoffeln, und von oben her wurde meine kleine Rhododendronbaumschule immer stattlicher.

Von Möhrenfliegen und anderen Plagegeistern

Da geschah es, daß man in meinem Garten Fernsehaufnahmen machen wollte und man mich fragte, ob es in meinem Garten nicht möglich sei, ein paar seltenere Gemüsearten anzubauen. Da ich wegen der Pleite mit meiner Obstplantage gerade Platz hatte, stimmte ich zu, aber es mußte ein Zaun um das Stück Land gebaut werden, weil sonst die Kaninchen alles abgefressen hätten. Seitdem wird die Gemüsegärtnerei bei mir groß geschrieben, denn sie bereitet ein mächtiges Vergnügen, ganz abgesehen von ihrer Nützlichkeit.
Sie sollen aber wirklich nur dann Gemüse im Hausgarten anbauen, wenn Sie gleichfalls glauben, daran Spaß zu haben. Nur unter dieser Voraussetzung ist die Nützlichkeit etwas wert. Wenn Sie darangehen und die Kosten – gar noch

ihrer Arbeitszeit – gegen den Marktwert der Ernten aufrechnen, dann zahlen Sie drauf. Die Gemüsegärtnerei im Kleinformat ist vergleichbar mit der Sonntagsmalerei, mit der Hausmusik und dem Angeln, mit Vergnügungen also, die nicht unbedingt etwas einbringen, sondern noch Geld und Zeit kosten.

Ich habe schon erzählt, daß es kinderleicht ist, die Beete von Unkraut frei zu halten. Schwieriger ist es schon, das festgetretene Gras und Hirtentäschelkraut von den provisorischen Pfaden wegzubekommen, den breitblättrigen Wegerich und die Vogelmiere nicht zu vergessen. Da ist es schon besser, die Pfade einen halben Spatenstich tief auszuheben, mit Sand zu füllen und viereckige Trittplatten zu legen, eng an eng natürlich und fast ohne Fugen.

Dreimal habe ich schon im Januar, ehe es an die Bestellung von Saatgut ging, einen Anbauplan gemacht. Wie ein Eisenbahner kam ich mir jedesmal vor, der über dem Fahrplan seines Streckennetzes brütet. Welche Gemüsearten auf den Beeten reihenweise nebeneinanderstehen und sich zeitlich nach der Ernte ablösen sollten, das zeichnete ich genau auf. In der Praxis ist niemals etwas daraus geworden, weil sich entweder das Wetter nicht nach meinem Plan gerichtet hat, oder es haben mir die Stare alle Erbsen aus den Saatreihen gestohlen, so daß auf diese Weise der ganze Plan durcheinandergeriet. Inzwischen säe und pflanze ich, wie es mir gerade einfällt, nur nicht an Stellen, auf welchen die jeweilige Gemüseart bereits in den letzten beiden Jahren gewachsen ist.

Mit chemischen Pflanzenschutzmitteln bin ich bislang dem Gemüsegarten ferngeblieben, doch werde ich in Zukunft ohne mäßige Mengen von einigen dieser Mittel nicht auskommen. Malia ißt doch so gern Möhren. Ich habe sie selten im Sommer vom Gemüsegarten herunterkommen sehen, ohne daß sie eine rote Möhre aß. Sie wachsen sehr gut bei uns, nach meinen Erfahrungen ist ›Juwarot‹ zu empfehlen, aber hier gilt, was ich bereits im Kapitel über das Düngen erklärt habe: Es sind keine objektiven Wertungen, weil ich keine Versuchsreihen vornehmen kann. Doch sind unsere Möhren oft unappetitlich von den Maden der Möhrenfliege zerfressen. Immer wieder wird gesagt, daß sich die Möhrenfliege fernhält, sobald sie zum Einatmen von Zwiebelgeruch gezwungen sei. Nur bei mir ist das nicht so. Ich kann Steckzwiebeln an beiden Seiten meiner Möhrenreihe, Schulter an Schulter gewissermaßen, wie eine Leibgarde aufmarschieren lassen, der Möhrenfliege macht das gar nichts aus.

Ähnlich geht es mir mit dem Erdfloh. Er ließe meine Radieschen und Rettiche unberührt, sofern der Boden stets feucht sei, wird gesagt. Abgesehen davon, daß ich der Erdflöhe wegen nicht alle zwei Stunden mit der Brausegießkanne in den Garten hinaufrennen kann, muß sich bei mir wohl eine besonders wasserfreudige Rasse aufhalten. Und dann die Schnecken. Aber dafür brauche ich keine Chemie im Hausgarten, sondern ich lege ein paar Brettstücke hin, unter denen sie sich verkriechen; einsammeln und umbringen muß ich sie dann allerdings. Tatsächlich geht es auch mit Bier, ich habe es selbst ausprobiert. Schon etliche Jahre ist es her, da kam die Nachricht aus Amerika, daß zwei Gartennachbarn eine Wette abgeschlossen hätten, wer in einer Nacht die meisten Schnecken fangen würde. Der Sieger hatte sie mit Bier gefangen. Man braucht nur eine flache Schüssel randtief in den Boden zu drücken und sie mit Bier zu füllen, nach dem die Schnecken anscheinend so gierig sind, wie es früher die Kutscher waren. Es muß ein angenehmer Tod sein.

Der Umgang mit dem Gemüsegarten

Ältere Leute, zu denen ich mich wohl oder übel zählen muß, haben den Umgang mit dem Gemüsegarten meist so selbstverständlich erlernt wie das Sprechen und das Laufen. Man hat der Mutter zugesehen, die es wiederum von der Großmutter erlernt hat, und so wird es eben gemacht. Jüngere Menschen jedoch, die in den wunderlichen Nachkriegsjahren aufgewachsen sind, in denen selbst aus Laubengärten kleine Parks gemacht wurden, dürften sich schwerer tun. Ich meine, daß es am besten ist, sich von den gewünschten Gemüsearten die bekannten Samentüten zu kaufen und frisch-fröhlich mit der Praxis im Garten anzufangen. Um einige Großmutterweisheiten aber kommen sie nicht herum.
Nach wie vor ist die Beetbreite von 1,20 Meter am besten. Man langt einigermaßen bequem von beiden Seiten bis in die Mittelreihe, und außerdem ist 120 durch 10, 15, 20 und 25, auch durch 30 teilbar. Ich habe also jede Möglichkeit von Reihenabständen zur Verfügung. Die für die jeweiligen Gemüsearten günstigsten Reihenabstände könnte ich natürlich aufschreiben. Wozu dies aber, da sie erstens auf den Samentüten bei der Saatanweisung vermerkt sind, in der Praxis des Hausgartens aber selten gebraucht werden. Beispielsweise die Radieschen, denen bei mir – und nicht nur bei mir – eine Art Lotsenrolle zukommt, und zwar für die Möhren. Das von meiner Frau so geschätzte Wurzelgemüse säe ich gegen Mitte April. Woanders kann man und soll man dies sogar schon im März tun. Aber Sie wissen schon, der immer höher werdende Wald hindert die niedrige Sonne daran, den Boden im Gemüsegarten bei uns rechtzeitig zu erwärmen. Ich säe also gegen Mitte April zwei Reihen Möhren auf ein Normalbeet. Die Reihen sind jeweils 25 cm vom Beetrand entfernt. Im Abstand von 10 Zentimetern zum Beetrand stecke ich, falls sich doch noch die geruchsempflindliche Spielart

der Möhrenfliege bei mir einstellen sollte, Zwiebeln. In die Beetmitte kommen dann nach den Eisheiligen im Mai entweder Tomaten oder Paprika oder Jungpflanzen für den späteren Selleriesalat.
Entlang einer straff gespannten Schnur ziehe ich mit dem Stiel des eisernen Rechens eine Rille. In diese Rille kommen, so dünn wie möglich, die Samen der Möhren. Nun lassen sich gerade diese Samen viel Zeit, ehe sie keimen und aufgehen. Wenn es nach drei Wochen soweit ist, brauche ich die Brille, um das winzige Gefieder über dem Erdboden zu erkennen. Was aber tun, wenn sich Unkräuter einstellen und ich nicht genau weiß, wo genau vor drei Wochen die Rille gezogen worden ist, aus der die kleinen Möhren nun hoffentlich bald herauskommen. Also lege ich, bevor die Rille zugeschüttet wird, in etwa handbreiten Abständen noch Samenkörner von Radieschen aus. Diese Radieschen sind schon in wenigen Tagen zur Stelle, ich weiß also, wie die Möhrenreihe verläuft. Außerdem kann es nur nützlich sein, in diesen Abständen knackige Radieschen heranwachsen zu lassen.
Ich muß die Möhrenreihe sowieso eines Tages ausdünnen, damit die einzelnen Rüben Platz genug haben, zu Malias Freude recht dick zu werden. Wo aber ein Radieschen steht, kann keine Möhre hochkommen, es ist auf natürlichste Weise für den richtigen Abstand gesorgt. Nebenbei bemerkt, lege ich hier und da in die noch offene Möhrenreihe ein paar Dillsamen. Das sieht gut aus, und ohne Dill zum Salat und zu anderen Gemüsen kann doch ein normaler Mensch nicht leben.
Wenn es im Gemüsegarten Schwierigkeiten gibt, so liegen sie in der Heranzucht von wehleidigen, kälteempfindlichen Pflanzen wie Tomaten, Paprika, Pfefferschoten, Auberginen und Sellerie. Wer kein noch so winziges, im Notfall mit einem einfachen Heizlüfter zu temperierendes Gewächshaus hat, der sollte sich diese Pflanzen im Mai kaufen, sie werden überall auf dem Markt und in den Gartencentern, selbstverständlich bei vielen Gärtnern, angeboten. Und selbst mit einem kleinen Gewächshaus ist die Anzucht von Tomaten und den anderen genannten Gemüsearten nicht so ganz einfach. Je kleiner dieses Glashaus nämlich ist, um so mehr kann es bereits in der Monatsmitte des April die Sonne aufheizen. Man kommt also nicht umhin, die bis dahin eingetopften Pflanzen ins Freie zu stellen, damit sie kräftig und gedrungen bleiben. Abends aber heißt es wieder, die Töpfe ins geschützte Haus zurückzubringen, weil es bei Nacht ja kalt werden könnte.
Bei mir hatte sich zu Beginn meiner Gemüsegartenzeit schon das erste kleine, aus England importierte Minibrite-Treibhaus eingefunden. Es funktioniert mit seiner thermostatisch gesteuerten Elektroheizung heute noch, nur den Ventilator im hinteren Dachfirst mußte ich auswechseln. Da war es verhältnismäßig einfach – von der Einschränkung des Herausstellens der einge-

topften Pflanzen an zu heißen Tagen abgesehen –, alle möglichen Gemüsearten auszusäen, um sie Mitte Mai ins Freie setzen zu können.

Tomate ist nicht gleich Tomate

Am wichtigsten waren und sind mir die Tomaten, um bei ihnen nicht auf den Markt angewiesen zu sein. Sie können sich vielleicht noch erinnern, wie es vor einigen Jahren in London den Hausfrauen tatsächlich gelungen ist, einen Boykott zu organisieren. Es hieß, daß man statt der Tomaten auch Pingpongbälle essen könne. Vom Standpunkt des erwerbsmäßigen Tomatenanbauers ist es verständlich, daß die Tomaten eine einheitliche Größe und eine recht feste Haut haben, damit sie transportfähig und dauerhaft sind. Im Garten kann ich mir dagegen Sorten mit dünner Haut leisten, denn der Transportweg auf den Frühstückstisch ist nur wenige Meter weit. Malias und meine Vorliebe gelten den rippigen, breiten Gemüsetomaten, wie man sie in Frankreich schätzt; sie schmecken am besten, solange sie noch ein paar grüne Stellen haben.

Anscheinend ist die Nachfrage nach diesen Sorten größer geworden, denn es gibt von ihnen mittlerweile Saatgut beim Samenfachhandel. Ich selbst habe noch keine bessere Tomate in meinem Garten gehabt als im vergangenen Jahr die Sorte ›Pyros‹, eine F 1-Hybride. F 1 besagt, daß es sich um die erste Tochtergeneration handelt. Die Samen stammen also immer von den auserlesenen Elternstämmen ab; sie sind etwas teurer als andere Samen, aber man hat die Gewißheit, gute Qualitäten zu bekommen. Diese Tomate namens ›Pyros‹ brachte festfleischige Früchte, so groß wie eine starke Männerfaust, und die kraftvollen Pflanzen blieben den Sommer über kerngesund. Wie viel wir geerntet haben, vermag ich nicht zu sagen, aber die acht Pflanzen brachten viel mehr, als wir selber verbrauchen konnten.

Dann hat mir ein Mann aus Österreich geschrieben, daß wir in Deutschland gar keine Ahnung hätten, wie Tomaten schmecken, ich solle doch einmal die Sorte ›Ochsenherz‹ ausprobieren, sie würde besonders in Südtirol viel angebaut. Das machte ich auch, die Tomaten wurden gleichfalls riesig, und sie hatten tatsächlich einen noch würzigeren Geschmack als ›Pyros‹. Dennoch mochten wir die Früchte weniger gern. Nicht, daß uns der Sortenname gestört hätte, dem die großen Früchte mit ihrer eigenartigen Form durchaus entsprachen. Aber diese Tomaten hatten – bei uns wenigstens – eine an Burgunderwein erinnernde, mit etwas Blau vermischte rote Farbe, die nicht so appetitlich wirkte wie das frische, mehr gelbliche Rot von ›Pyros‹ und allen anderen Sorten.

Vor Jahren habe ich dann noch die auch heute in vielen Gärten hochgeschätzte Sorte ›Gartenwunder‹ angepflanzt, die den ganzen Sommer über und in großen Mengen ihre Früchte trägt, die allenfalls die Größe von Kastanien erreichen. Man ißt sie vom Strauch weg wie Johannisbeeren und Stachelbeeren, aber wir mochten die Frucht nicht, sie schmeckte uns zu süß.

Das Auspflanzen des Gemüses

Meinen Erfahrungen nach hat es wenig Sinn, Tomaten und andere Gemüsearten, die nach den Eisheiligen ausgepflanzt werden sollen, zu frühzeitig auszusäen. Wird nämlich das flotte Wachstum in den Blumentöpfen gebremst, weil die viel zu dichten Wurzelfilze keine frische Erde mehr finden, dann dauert es nach dem Auspflanzen ein Weilchen, bis wieder ein schnellerer Gang eingelegt wird. Mir reicht es, wenn ich die Aussaaten gegen Ende März vornehme. Ich mache das in einfachen Plastikschalen, gefüllt mit dem handelsüblichen Torfkultursubstrat I. Es befinden sich in diesem Substrat keine Samen von Unkräutern, die zwischen den Sämlingsreihen der winzigen Gemüsepflänzchen ärgerlich wären. Zur Aussaat kommen bei mir in jedem Jahr Tomaten, Paprika, Pfefferschoten, Sellerie und Lauch. Ich weiß, daß man Lauch ebensogut gleich ins freie Land säen kann, aber mir tun die zwirnsfadendünnen Sämlinge immer leid; sie kommen übrigens in geknicktem Zustand aus dem Boden und richten sich erst allmählich auf.
Wenn sich die Sämlinge in ihren Schalen gegenseitig bedrängen, werden sie

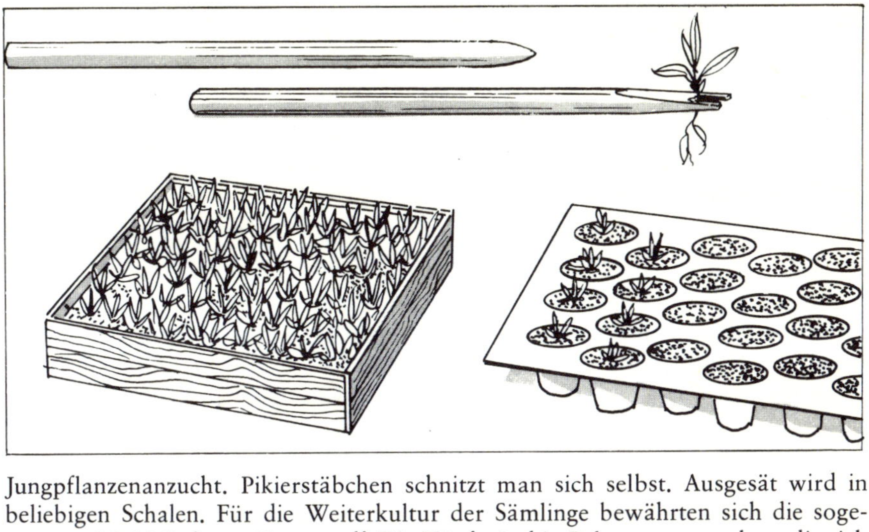

Jungpflanzenanzucht. Pikierstäbchen schnitzt man sich selbst. Ausgesät wird in beliebigen Schalen. Für die Weiterkultur der Sämlinge bewährten sich die sogenannten Multitöpfe aus Kunststoff. Die Töpfe sind in Paletten angeordnet, die sich leicht stapeln lassen, wenn sie über Sommer nicht mehr gebraucht werden.

pikiert. Zeitweilig habe ich sie in Torftöpfe gesetzt, von denen die Jiffy-Potts am bekanntesten sind. Es gibt diese Töpfe in runder und viereckiger Form, aber auch als kleine, wabenartige Paletten. Beim Auspflanzen kann man die bis dahin durchfeuchteten Paletten leicht auseinanderreißen, sie also in Einzeltöpfe zerlegen. Man pflanzt die jungen Setzlinge zusammen mit diesen Torftöpfen aus, die bis dahin meist schon von den Wurzeln durchwachsen sind und ohnehin, da es sich um reinen Humus handelt, im Boden zerfallen. Doch geht der Spaß mit den Torftöpfen auf die Dauer ins Geld, und deshalb verwende ich für die Pflanzenaufzucht die sogenannten Multitöpfe von Helfert. Das sind wiederum wabenartig zusammenhängende Blumentöpfe aus weißem Kunststoff, der unbegrenzt haltbar ist, sofern man ihn nicht zerquetscht. Die zusammenhängenden Blumentöpfe haben unten einen kleineren Durchmesser als oben und so lassen sich die Pflanzen mit ihren Wurzelballen leicht herausnehmen. Die konische Form der aneinanderhängenden Töpfe hat den weiteren Vorteil, daß sich die Paletten, wenn sie nicht mehr gebraucht werden, leicht ineinanderstecken und auf kleinstem Raum stapeln lassen. Zu diesen Multitöpfen gibt es flache Untersetzer aus dem gleichen Material, was einmal für die Wasserversorgung der Sämlinge und zum anderen für den Transport sehr günstig ist.
Ich sagte bereits, daß ein kleines Gewächshaus im April zuweilen mächtig von der Sonne aufgeheizt wird, das Thermometer klettert trotz Schattierung und trotz offener Lüftungsfenster bald auf vierzig Grad, was natürlich den Jungpflanzen nicht bekommt. Sie würden – schattiert und feucht gehalten – zwar nicht gleich eingehen, aber doch zu sehr in die Länge wachsen und verweichlichen. Man muß die Gemüseanzuchten – bei den frostempfindlichen Einjahrsblumen ist es ebenso – so früh wie möglich der vollen Sonne und der frischen Luft aussetzen, wenn es die Temperaturen zulassen. In den Multitöpfen hat man sie verhältnismäßig schnell am Morgen ins Freie gestellt und am Abend wieder ins Glashaus gebracht, wenn es den Anschein hat, daß die Nacht kalt wird. Nur bei meinen ›Pyros‹-Tomaten mußte ich im vergangenen Jahr die jungen Pflanzen, weil sie zu kräftig wuchsen, nochmals in etwas größere Tontöpfe umsetzen, da sie sonst verhockt wären – und das, obwohl ich Multitöpfe mit einem oberen Durchmesser von 9 Zentimetern habe. Die Sämlinge des Lauchs pikiere – verpflanze – ich ebenfalls in einen weiteren Stand, nicht aber in Multitöpfe, weil sie ohnehin keinen Ballen haben.
Nicht Ende März, sondern erst zwischen dem 20. und 30. April stecke ich in jedem Jahr Gurkenkerne in Multitöpfe, um einen Monat später schon kräftige Pflanzen ins Freie setzen zu können. Auf diese Weise komme ich im Sommer eher zu Gurkensalat und zu Salzgurken nach Spreewälder Art.

Ich will Sie aber nicht mit meinen Erfahrungen beim Allerweltsgemüsebau langweilen, worüber sich im übrigen ein eigenes Buch schreiben ließe. Ich will vielmehr auf Versuche mit etwas ausgefalleneren Arten eingehen.

Von Artischocken, Pfefferschoten und Zucchettis

Da wäre zunächst einmal, sowohl nach dem Alphabet als nach ihrem Wert für die feinere Küche, unsere gute Artischocke. Wie Tomaten, so habe ich Artischocken im Gewächshaus herangezogen und später, als keine Spätfröste mehr zu befürchten waren, ausgepflanzt. Die meisten Setzlinge habe ich aber wieder herausreißen müssen, weil sie zu viel Platz beansprucht haben. Man braucht pro Artischocke mindestens einen Quadratmeter. Es wuchsen bald mannshohe, silbriggrüne, gut aussehende Pflanzen heran, die viele Artischocken-Blütenköpfe bildeten. Ich esse das Innere der grünen Schuppen mit dem größten Vergnügen und trinke einen herben Weißwein dazu. Man kann nämlich zwei Stunden lang getrost Artischocken essen, ohne hinterher etwas gegessen zu haben.
Sie schmeckten auch sehr gut, die eigenen Ernten, nur waren die Blütenköpfe recht klein im Vergleich zu den französischen Artischocken, die man im Feinkostgeschäft erhält. Inzwischen weiß ich, daß man große Gemüseartischocken nur mit Setzlingen bekommt, die in vegetativer Vermehrung von bewährten Mutterpflanzen stammen. 1975 sind erstmals derartige, aus Frankreich importierte Jungpflanzen angeboten worden.
Mit den von Italien und Südfrankreich bekannten Zucchettis habe ich es gleichfalls probiert. Sie kennen sicher diese schlangenkürbisartige, auf verschiedenste Weise zuzubereitende Frucht. Die Heranzucht im Gewächshaus erfolgte zusammen mit den Gurken, und gegen Ende Mai kamen die bereits stattlichen Pflanzen ins Freie. Damals sind wir im Sommer vier Wochen im Urlaub gewesen. Als wir zurückkamen, schlugen Malia und ich die Arme über dem Kopf zusammen, und ich glaube, daß wir Reste dieses Zucchetti-Segens noch im nächsten Sommer aus der Kühltruhe geholt haben.
Üblicherweise erntet man die Früchte in ganz jungem Zustand, wenn sie eine Länge von vielleicht 20 Zentimetern haben. Unsere Zucchettis hatten aber die Länge meiner Arme, und ich konnte sie mit den gespreizten Daumen und Mittelfingern meiner Hände nicht umfassen, so dick waren sie. Daß derart große Früchte keinen Wohlgeschmack mehr haben, kann ich nicht bestätigen. Unsere vielen Mahlzeiten aus gewürfelten Zucchettis, Gurken, Tomaten, Paprika, Frühkartoffeln und gleichfalls gewürfeltem Fleisch sind mir noch in bester Erinnerung. Und an die ausgehöhlten, mit gewürztem Hackfleisch gefüllten und geschmorten Zucchettis denke ich ebenso gern zurück.

Sie können das ruhig nachmachen, es lohnt sich. Doch pflanzen Sie die Zucchettis nicht so eng, wie ich es anfangs getan habe, denn aus den harmlos aussehenden Pflänzchen werden Riesen mit gewaltiger Blätterkraft. Einen ganzen Quadratmeter sollte man jeder Pflanze gönnen.
Paprikas und Pfefferschoten ziehe ich wie Tomaten heran, auch die spätere Behandlung im Garten draußen ist die gleiche, nur daß sie keinen Meterabstand brauchen, sondern sich mit der Hälfte begnügen. Die Sommerszeit muß allerdings sonnig und der Gärtnersmann freigebig mit dem Wasser sein, wenn aus den Paprikas etwas werden soll. Wenn ich zwischen beiden Pflanzen wählen müßte, würde ich mich zweifellos für die Pfefferschote entscheiden, und zwar für die grüne Art, deren Früchte wie dünne Buschbohnen aussehen. Bitte aber vorsichtig damit umgehen, ein millimeterdünnes Stück je Tomatenscheibe genügt völlig, weil man sonst die ganze Riesling-Flasche braucht, um den Brand zu löschen. Unser Jahresbedarf an Pfefferschoten ist mit nur zwei Pflanzen zu decken. Auch mit dem Zuckermais habe ich es versucht, der sich bei mir völlig unproblematisch verhielt. Sicher ist sicher, dachte ich, und zog die Setzlinge ab Anfang April in Multitöpfen im Gewächshaus heran. Nach den Eisheiligen pflanzte ich sie in eine lange Reihe ganz oben im Gemüsegarten, an einer Stelle, wo am wenigsten die Sonne hinscheint. Es dauerte gar nicht lange, und die Reihe stand wie eine grüne Wand. Wenn sie auch nicht sonderlich groß gewesen sind, so konnten wir doch die halbreifen Kolben in Mengen pflücken, und sie haben, mit etwas Salz überstreut, köstlich geschmeckt.

Brokkoli und andere Fremdlinge

Gut sind auch meine Erfahrungen mit dem Brokkoli bereits aus der Zeit, als ich noch kein Gewächshaus hatte. Doch stand mir ein solides, aus Holz gebautes Frühbeet mit drei meterbreiten und anderthalb Meter langen Fenstern zur Verfügung. In diesem Beet vermehrte ich alle möglichen Pflanzen, auch Gemüsesetzlinge zog ich unter den Fenstern, die ich bei warmem Wetter herunternehmen konnte, heran. So säte ich eines Tages im April neben anderen Kohlarten auch den damals bei uns unbekannten Brokkoli aus: Mal sehen, was daraus wird, dachte ich mir. Nach dem Auspflanzen der flott herangewachsenen, in ihrem Blattgrün etwas blau schimmernden Setzlinge merkte ich bald, daß sie viel zu eng standen. Einen Meter voneinander entfernt müssen Brokkoli schon stehen, wenn sie nicht in eine zu enge Blattfühlung geraten sollen. Im Juli entwickelten sich dann in Meterhöhe die Blütenstände, die eine entfernte Ähnlichkeit mit dem Blumenkohl haben und einen verfrorenen Eindruck machen, so blau ist ihre Farbe.

Ich wußte, daß man diese Köpfe abschneiden muß, ehe die gelben Blüten aufbrechen. Sie erwiesen sich als ein delikates Gemüse. Wann immer vom Spargelkohl gesprochen und behauptet wird, dieses Gemüse schmecke nach Spargel, es stimmt nicht, es schmeckt nach *Brokkoli*. Dieser – wie mir scheint – völlig anspruchslose Kohl hat ferner die gute Eigenschaft, aus den unteren Blattachseln weitere, allerdings kleinere Blütenköpfe herauswachsen zu lassen, wenn die Haupternte vorbei ist; man hat also bis in den Herbst hinein stets etwas Brokkoligemüse zur Verfügung.

Lohnend für jeden Garten ist schließlich ein leicht nach Chicorée schmekkender Salat, der irgendwann in den sechziger Jahren als ›Vatters Zuckerhut‹ bekannt wurde und nunmehr lediglich ›Zuckerhut‹ heißt; Vatter ist eine weithin bekannte Saatzuchtfirma in Bern. Es hängt mit den Lichtverhältnissen zusammen, daß man diesen Salat erst anbauen darf, wenn er in die allmählich dunkler werdenden Zeiten des Sommers hineinwachsen kann, also nach der Sonnenwende im Juni. Ich machte es genau nach der Vorschrift auf der Samentüte und ließ in der acht Meter langen Reihe, nachdem die Saat aufgegangen und etwas herangewachsen war, nur alle 25 Zentimeter ein Pflänzchen stehen. Es hieß, dieser Salat würde lange, rübenartige Wurzeln machen, so daß man ihn nicht gut verpflanzen könne. Die weitere Entwicklung der Pflanzen war recht lustig, und sie ist es noch immer, in jedem Sommer.

Die schnell wachsenden und immer größer werdenden Blätter machen den Eindruck, als wäre dieser Zuckerhut irgendwie verrückt und wisse nicht, was mit dem Grün anzufangen sei. Eines Tages aber werden die Blätter zur Ordnung gerufen, sie drehen sich allmählich zusammen, bis dann im Herbst der spitzköpfige, tatsächlich an einen gedrungenen Zuckerhut erinnernde Salat im Garten steht. Man muß aber schon ein eifriger Salatesser sein, um mit einer – damals waren wir's noch – vierköpfigen Familie diesen Zuckerhut an zwei Mahlzeiten verzehren zu können. Doch getrost, es läßt sich der geerntete Zuckerhut bis Weihnachten frisch halten, sofern es im Keller nicht allzu warm ist.

Ersatz für ein Gewächshaus

Sie merken bereits, daß es viel Freude macht, sich mit dem Gemüse zu beschäftigen, wozu gelegentlich auch das Ausprobieren von Neuheiten oder Seltenheiten kommt. Am besten ist es, wie gesagt, ein kleines Gewächshaus zur Verfügung zu haben. Wenn es dazu nicht reicht oder es vielleicht an Platz fehlt, dauernd ein solches Haus im Garten zu haben, braucht man trotzdem nicht auf die Vorkultur empfindlicherer Gemüsearten zu verzichten. Die

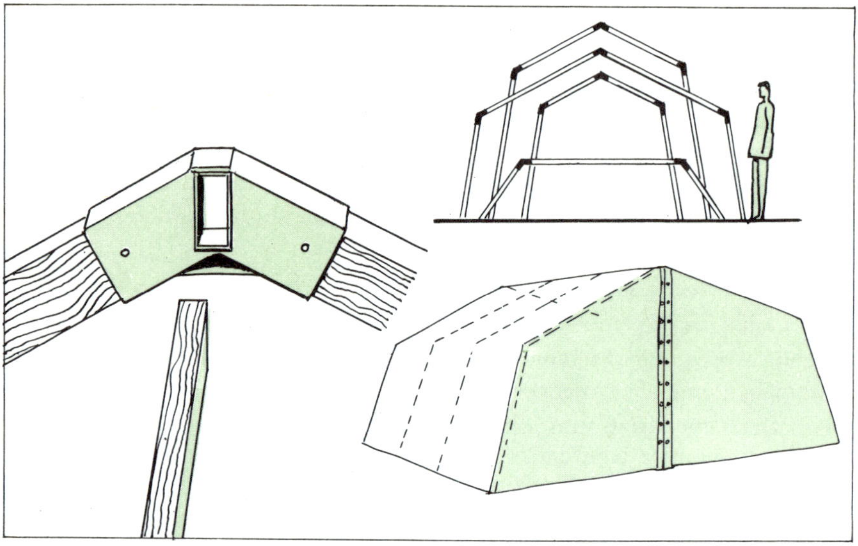

Fuß-Binder, Dachlatten, Nägel und Folie. Es gibt keine einfachere und billigere Möglichkeit, ein leichtes Gewächshaus oder einen Überwinterungsraum für empfindlichere Pflanzen zu schaffen. Dazu gehört allerdings noch eine Alarmheizung, die ein Absinken der Temperaturen unter den Gefrierpunkt verhindert. Am besten ist ein wassergeschützter Elektro-Lufterhitzer.

Industrie überschlägt sich geradezu mit Angeboten immer neuer Überbauungsmöglichkeiten, deren wichtigstes Material die Folie in verschiedenen Stärken ist. Ich selbst habe einmal die mit Nylonfäden verstärkte, also mit einem quadratzentimeterstarken Raster versehene Folie ausprobiert, die zwei Jahre hindurch allen Belastungen durch Sonne, Sturm und Schnee standgehalten hat; sie ist noch immer nicht kaputt, ich kann sie nur im Augenblick nicht brauchen, und so steht sie zusammengerollt in der Garage. Es wäre müßig, die Fülle der Angebote zu beschreiben. Es geht mit einfachen, nur handbreiten Halbrohren aus Plexiglas los, die man über die Saatreihen, beispielsweise von Erbsen, deckt, damit die Stare nicht herankönnen. Dann gibt es die sogenannten Tunnel, also mit Folie zu überspannende eiserne Bögen unterschiedlicher Größe, um bereits im zeitigen Frühjahr einen Gewächshauseffekt zu erzielen, so daß der Salat früher seine Köpfe bekommt oder die Erdbeeren zeitiger geerntet werden können.
Geradezu genial ist die Erfindung eines Bastlers in Ottersweier bei Bühl. Er heißt Otto Fuß. Von ihm stammt die Idee für den inzwischen überall erhältlichen Fuß-Binder, der jedoch keine Füße miteinander verbindet, sondern Dachlatten. Sie kennen bestimmt die vor allem am Niederrhein üblichen

Gemüsegewächshäuser mit ihren schrägen Glaswänden. Wenn Sie vor der Stirnseite eines solchen Hauses stehen, sehen Sie über den schrägen Seitenwänden und im First drei gleichgroße Winkel. Diese Winkel baute Otto Fuß nun aus Kunststoff, und zwar so, daß sich in die beiden Schenkel genormte Dachlatten einschieben und festnageln lassen; man bekommt sie für ein paar Mark in jeder Fachhandlung. Aber auch in der Winkelspitze selbst ist eine entsprechende Öffnung, daß man also mehrere dieser Binder auf eine längere Dachlatte aufschieben kann. Man braucht sechs dieser Binder, um mit Dachlatten und Nägeln ein kleines Gewächshaus bauen zu können. Besser jedoch ist es, man nimmt neun Binder, weil das die Stabilität des Gerüstes erhöht und die Dachlatten nicht durchhängen. Für welchen Preis die Fachgeschäfte diese Binder anbieten, das weiß ich nicht. Aber selbst ein etwa drei Meter breites und fünf Meter langes Haus dürfte auch bei Verwendung einer besseren Folie nicht teuer sein. Wenn ich die Nägel nicht völlig einschlage, sondern ein Stückchen herausgucken lasse, damit die Zange sie greifen kann, dann ist auch das Abbauen eines derartigen Folienhauses keine Affäre.
Ohne Heizung für den Fall der Fälle geht es nicht. Obwohl im Vergleich zu anderen Energien teuer, kommt dafür nur der elektrische Strom in Frage. Ich brauche die Heizung ja nur für kurze Zeiten im Frühjahr, und dann auch meistens nur bei Nacht und für niedrige Temperaturen. Sicher geht es in Ausnahmefällen mit dem Heizlüfter, wie er in Wohnungen verwendet wird. Besser ist ein spezielles, gegen die Einwirkungen der feuchten Luft abgesichertes Gebläse.
Ich selbst habe seit vielen Jahren den aus England importierten Turbo-Heizer mit einer Leistung von 2,5 kW, und er hat mich noch niemals im Stich gelassen.

Kübel und Tröge

Im Sommer eine Freude, doch wohin damit im Winter.

Der Balkon als Garten

Fuß-Binder also, Dachlatten, Folie und einen Heizlüfter für Alarmfälle! Dies und nichts anderes kann ich demjenigen empfehlen, der im Herbst rätselt, wohin mit den zu groß gewordenen Oleanderbüschen, Agapanthus, Agaven, Bougainvillien, mit den Fuchsien-Hochstämmen, mit Plumbago und Geranien. Fast alle diese sogenannten Kübelpflanzen brauchen über Winter einen möglichst hellen Standplatz, an dem sie nicht erfrieren können, wobei die Temperaturen jedoch, üblicherweise wenigstens, bei 8 Grad bleiben sollen. Wer kein kühl zu haltendes Gewächshaus, keinen Wintergarten und keinen sonstigen dafür geeigneten Raum besitzt, der kann sich nur mit einem primitiven Überbau – möglichst mit dem neuen, gekammerten Material – und mit einer Elektroheizung behelfen.

Wir hatten auf diesem Gebiet schon allerlei angestellt, ehe wir vor fünfzehn Jahren unser Haus bauten. Noch heute stehen die alten, viereckigen Eternitkübel der Kasseler Form bei uns im Garten, sie sind mit Küchenkräutern bepflanzt. Damals, vor beinahe zwanzig Jahren, haben wir uns mit Hilfe dieser Kübel einen Balkongarten angelegt; es war allerdings ein sehr großer Balkon. Einige meiner Rhododendronsträucher stammen noch aus jener Zeit, und auch ein paar Zwergkiefern durften in das freie Land des jetzigen Gartens übersiedeln, wo sie aber bald zu groß geworden sind. Sofern es nicht unbedingt auf die Blüten ankommt, lassen sich Gehölze viele, viele Jahre in Kübeln halten; sie bleiben allerdings, da die Wurzeln eines Tages nicht mehr weiterwachsen können, von kleiner Gestalt. Ich habe selbst gesehen, wie man in Köln 1957 etliche Bergkiefern in runde Betonkübel gepflanzt hat. Noch 1971 schienen sich die Bäume durchaus wohl zu fühlen, obwohl mir versichert worden ist, daß sie niemals frische Erde bekommen haben.

Mit den erwähnten Eternitkübeln, die man schon eher als Tröge bezeichnen muß, ging es bei mir gut. Bei zwei dieser Kübel habe ich einmal die Wasserabzugslöcher abgedichtet, weil mir einfiel, daß sich vor meiner Schreibstubentür und gleich neben der Regenwassertonne ein grüner Dschungel aus Pfeilblatt, Binsen, Froschlöffel und Miniatur-Seerosen gut ausnehmen würde. Es klappte ganz ausgezeichnet, der Dschungel war in drei oder vier Wochen da. Unten in die Tröge kam eine handbreite Schicht normaler Gartenerde, zwei Finger breit mit Sand abgedeckt. Die Pflanzen, mit Ausnahme der Miniatur-Seerose, fischte Franz Boerner in ein paar Minuten aus einem Tümpel des Botanischen Gartens in Darmstadt; sie gingen gut in eine kleine Plastiktüte.

Der alpine Mini-Garten

Ehe ich auf die Kübelpflanzen komme, will ich von den Trögen noch eine letzte Geschichte erzählen. Wir haben in der Nähe einen mit uns befreundeten Bauern, der eines Tages seinen Hof erneuerte, und da lagen zwei aus Sandstein gehauene, flache Futtertröge aus dem alten Schweinestall herum. Für den Kofferraum meines Autos wäre aber auch nur ein einziger dieser beiden Tröge zu schwer gewesen. Also ließ ich sie mit einem Lastwagen holen, bohrte in die Unterseite markstückgroße Löcher, damit überschüssiges Wasser ablaufen kann, füllte normale Gartenerde mit einigen Lehmstücken ein und bepflanzte beide Tröge mit alpinen Stauden. Es war eine

Kübel aus Eichen- oder Lärchenholz sowie Tongefäße in barocken Formen gibt es in fast allen Gartencentern. Besonders große Gefäße (Zeichnung *rechts*) macht man beweglicher, wenn man sie zu einem Drittel oder – je nach Bepflanzung – zur Hälfte mit Styroporflocken füllt.

winzige Alpenrose, ein Rosmarinseidelbast, eine Nelke, dazu Enzian, Dachwurze, Fetthenne und ein paar salzkrustige Steinbrecharten, Saxifragen also. Das ist mehr als sieben Jahre her. Die beiden alpinen Mini-Gärten stehen heute noch an derselben Stelle, und die Pflanzen, selbst der Rosmarinseidelbast, blühen in jedem Jahr. Nur der blaue Enzian hat es nicht fertiggebracht, uns in dieser ganzen Zeit mit mehr als einer einzigen Blüte zu erfreuen, obwohl er gut gewachsen ist und sich ausgedehnt hat.
Wenn ich keinen so großen Garten hätte und mich möglicherweise mit einem Balkon, einer Dachterrasse oder auch nur mit Fensterkästen begnügen müßte, so würde ich statt Geranien und Fuchsien wahrscheinlich alpine Kleingehölze und Stauden pflanzen. Man ahnt ja gar nicht, was es im Hochgebirge für eine Vielfalt an schönen Gewächsen gibt, die man mittlerweile in Spezialgärtnereien auch kaufen kann. Ich habe an meinen beiden Trögen wohl erfahren, worauf es ankommt. Einmal muß, wie ich schon andeutete, alles überschüssige Wasser ablaufen können, denn Alpengewächse eignen sich nicht zum Schwimmen. Zum anderen sind sie es gewohnt, den Winter unter einer dicken Decke aus Schnee zu verbringen. Diesen Schnee können wir den Pflanzen im Flachland nicht versprechen. Doch können wir ihnen versichern, den eigentlichen Effekt dieses Schnees bereitzuhalten.
Es ist nicht sosehr der dadurch bewirkte Schutz vor Kälte und rauhen

In meinem Garten wachsen Zwerggehölze und alpine Stauden in zwei alten Futtertrögen aus Sandstein. Es lassen sich aber auch in normalen Balkonkästen hübsche Miniatur-Gärten anlegen. Der beengte Wurzelraum führt von selbst zu einem zwergigen Wuchs. Wichtigste Voraussetzung für das Gedeihen von Pflanzen in derartigen Kästen ist ein funktionierender Wasserabfluß.

Einfachste und zugleich schöne Möglichkeit für die Ansiedlung von Seerosen und Wasserpflanzen: Eternitkübel, die es in mehreren Größen und Tiefen gibt, in den Boden einlassen und mit Steinen umlegen.

Ostwinden. Viel wichtiger ist die Gleichmäßigkeit der Temperatur und der Bodentrockenheit. Im Flachland gehen so viele alpine Stauden kaputt, weil sie es nicht vertragen, heute einzufrieren und morgen wieder aufzutauen, übermorgen im Regen zu ertrinken, um bald darauf abermals in Eis zu erstarren. Ein wenig läßt sich dies in unserem Klima stets zu erwartende Mißgeschick verhindern, wenn ich im Herbst über meine beiden Mini-Alpengärten ein paar Fichtenzweige lege und darüber, wenn längeres Regenwetter zu erwarten ist, ein Stück Dachpappe oder Folie. Wer gerne bastelt und in dem beschriebenen Sinn ein ganz niedriges, an den Stirnseiten offenes Folienzelt über die Alpengärten baut, wird am meisten Glück damit haben.

Wohin mit Kübeln und Trögen?

Dies alles ging also gut bei uns, doch was immer wir an Oleander, Agapanthus, Bleiwurz, Korallenbäumchen, Mini-Orangen und großmächtigen Töpfen mit Blattkakteen ins Haus geholt haben, es ist auf die Dauer nicht zu halten gewesen. Der Grund liegt einfach darin, daß wir für größere Pflanzen keine Überwinterungsmöglichkeiten haben. Ein, zwei Mal klappte es bei diesem und jenem Gewächs, es in der Autogarage über die kalte Zeit hinwegzubringen. Beim Feigenbaum ging das fünf Winter hindurch, bis er zu groß geworden war und ausgepflanzt werden mußte; ich erzählte Ihnen ja schon, daß er dann in einem ganz schlappschwänzigen Winter erfroren ist, weil sein Holz vermutlich im Spätjahr zuvor nicht richtig ausreifen konnte.
Auch als das erste Treibhaus da war, gingen die Überwinterungsversuche

schief, weil die meisten Dauerbewohner des Glashauses – anders als die Wintergäste – zu hohe Temperaturen beanspruchten. Erst jetzt haben wir mit dem kleinen Gewächshaus Erfolg, weil ich für die Orchideen ein neues, größeres Haus habe. Die entsprechend von mir eingestellte Elektroheizung schaltet sich immer dann ein, wenn die Temperatur unter 5 Grad absinkt. Doch ist das in diesem kleinen Haus, nur mit einfachem Glas abgedeckt, kein billiges Vergnügen.

Außerdem geht in dieses Gewächshaus nicht viel hinein, weil es ja ab März zur Heranzucht von Gemüsepflanzen dient. Am wichtigsten von den derzeitigen Überwinterern sind die Fuchsien, etwa zwei Dutzend stattliche Pflanzen in verschiedenen Sorten, die ich geschenkt bekam. Wir haben ja von Jahr zu Jahr mehr Schatten im Garten, und da ist es sehr schön, die fleißig blühenden Fuchsien auspflanzen zu können; sie sind sehr in Mode gekommen, man sammelt allenthalben die verschiedenen Sorten, von denen etwa dreißig verhältnismäßig leicht zu bekommen sind. Man soll Fuchsien nicht austopfen und dann in die Gartenerde pflanzen. Richtiger ist es, sie mit den Töpfen in den Boden einzusenken oder – noch besser – die Töpfe nur ein wenig in die Erde hineinzudrücken, damit sie fest stehen.

In das kalte Glashaus kommt auch eine ›Maréchal Niel‹-Rose. Sie wurzelt in einem Blumentopf, dessen oberer Durchmesser 20 Zentimeter beträgt, und in ihm kann sie gut und gerne sechs, sieben Jahre stehen. Anfang Februar geht es mit dem grünen Austrieb los, und im April sind die ersten, nickenden, cremefarbigen und edlen Duftblüten zu erwarten.

Abermals versuchen wir eine *Bougainvillea* und einen *Plumbago* nebst etlichen Geranien in dem kleinen Haus über den Winter zu bringen. Bei den Geranien geht es in jedem Herbst hin und her, wie man sie zu überwintern und – vor allem – zu beschneiden hat. Hier heißt es, sie sind auf Handbreite zurückzuschneiden. Dort steht in einer Zeitung, man muß die ganzen Pflanzen so belassen, weil sie erst im Frühjahr zurückgeschnitten werden dürfen. Wie man die Pflanzen über das kalte Halbjahr bringt, ist schon klar gesagt worden. Bei den Geranien ist es nicht so wichtig, ob sich ihr Winterschlaf in der Helligkeit vollzieht. Es kann, beispielsweise im Keller, ruhig etwas dunkel sein. Wichtig sind nur die erwähnten niedrigen Temperaturen, weil dann auch der Feuchtigkeitsgehalt der Luft entsprechend hoch ist. Ob man die Geranien kopfüber an die Decke hängt oder sie mit den Töpfen auf den Mauerrand unter dem Kellerfenster stellt, das ist bei kühlen Temperaturen und entsprechender Luftfeuchtigkeit völlig egal. Ebenso gleichgültig ist es, ob man die Pflanzen im Herbst zurückschneidet, weil sie dann leichter im Überwinterungsraum unterzubringen sind, oder ob man dies im März tut. Es regt sich über Winter ohnehin nichts in diesen Geranien.

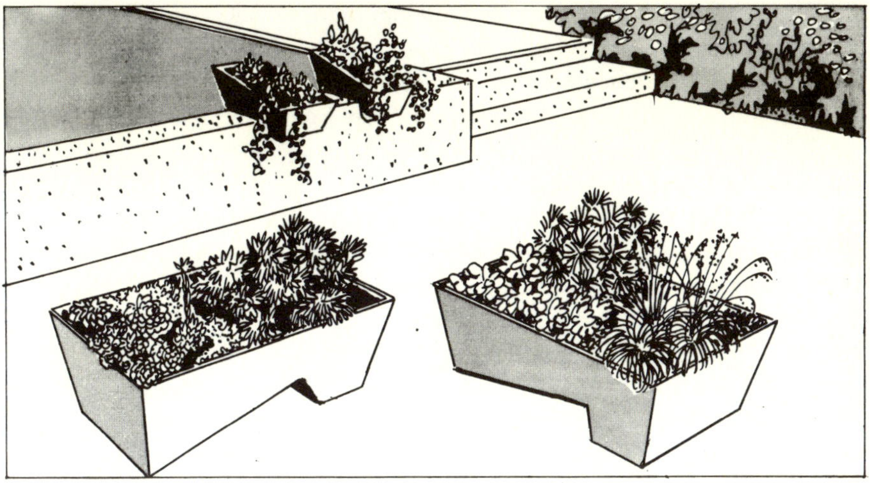

Eternitkästen der sogenannten Kasseler Form, wie sie erstmals auf der Bundesgartenschau Kassel 1955 zu sehen waren. Infolge der winkligen Ausbildung der Unterfläche lassen sich diese Kästen auch sicher auf Mauerbrüstungen stellen.

Was soll die Regel von dem Rückschnitt auf Handbreite! Es kommt darauf an, was ich mit meinen Geranien machen möchte, ob sie in den Fensterkasten kommen oder gar als Hochstämme heranwachsen sollen. Auch die Stärke der Pflanzen spielt bei der Entscheidung eine Rolle, wie tief das Messer anzusetzen ist. Immer muß ich davon ausgehen, daß der Austrieb an derjenigen Stelle am stärksten ist, die sich in der weitesten Entfernung vom Erdboden befindet. Wenn ich eine bleistiftdünne Geranie habe und einen gedrungenen Busch brauche, dann wären wahrscheinlich auch an der Handbreite zwei Finger zuviel. Es gibt aber Geranien mit daumenstarken und noch dickeren Stielen, aus denen man die Kraft geradezu herausriecht, mit der sie viel mehr Austriebe hervorbringen möchten, als ihnen eine Handbreite ermöglichte. Wie bei den Rosen, den Spindelbäumchen, den Beerenobststräuchern ist es auch bei den Geranien und sonstigen Überwinterungspflanzen: Man schneidet nicht mit der Schere oder dem Messer, sondern mit dem Kopf.

Was sich für Balkonkästen eignet

Selbstverständlich hatten wir in unserer früheren Wohnung Balkonkästen. Wir haben sie noch immer, nur daß sie sich, mit Geranien bepflanzt, nicht unter den Fenstern, sondern mal auf der niedrigen Mauerbrüstung unter dem

Rhododendronhang, mal auf den Steinplatten zwischen unseren beiden Hausflügeln befinden. Ich habe in Balkonkästen schon Duftwicken, wüst wuchernden Japanischen Hopfen, Studentenblumen, Nelken und alle möglichen Gewächse gezogen, selbst kleinblütige Rosen fehlten nicht. Richtig befriedigten mich, die Nachbarn und die vorübergehenden Menschen aber nur diejenigen Balkonkastenblumen, die auf dieses schwere Pflanzenleben schon seit jeher trainiert sind. Es handelt sich um Geranien, Petunien und vielleicht die Pantoffelblumen für sonnige Fenster, in schattigeren Lagen sind es die Fuchsien sowie die Knollenbegonien.

Mit Ausnahme der Pantoffelblumen gibt es alle diese Gewächse in buschigen, aufrechten sowie in herabhängenden Formen, so daß sich damit schon eine rechte Blütenpracht entfalten läßt. Man muß dabei bedenken, welchen Witterungseinflüssen die Pflanzen in vielen Balkonkästen ausgesetzt sind. Da kann die Sonne im Sommer oft mörderisch brennen, Sturm an den Blättern herumfetzen und tagelanger Regen die Wurzeln ersäufen; ganz abgesehen davon, daß es in mancher Straße zieht wie in einem Kamin. Mit den klassischen Balkonblumen sind alle diese Widerwärtigkeiten noch am ehesten zu überwinden. Hinsichtlich der Farbenpracht und Blütenfülle den ganzen Sommer über bis in den Herbst hinein können es keine anderen Gewächse mit ihnen aufnehmen.

Wir haben mittelgroße Kästen aus Eternit. Es gibt, wenn überhaupt, für Balkonkästen nur eine einzige Regel: Sie müssen so geräumig wie möglich sein. Je mehr Platz die Wurzeln in einem Kasten finden, um so stattlichere und entsprechend üppig blühende Pflanzen können sie aufwachsen lassen, mit Wasser und mit Nährstoffen versorgen. Je geräumiger ein Kasten ist, um so geringer ist die Gefahr, daß er austrocknet, wenn ich mal zwei Tage nicht da bin. Als Pflanzerde nimmt man, nachdem die Wasserabzugslöcher des Kastens mit Topfscherben abgedeckt worden sind, das übliche Torfkultursubstrat, diesmal jedoch mit der arabischen Ziffer 2. In manchen Jahren habe ich unter dieses Substrat noch gewöhnliche Gartenerde gemischt, um es etwas schwerer zu machen. Wichtig ist vor allem der Torf, weil er viel Wasser aufsaugt und in Reserve hält. Da pflanzt man die Geranien hinein, und fertig ist die Sache. Nach dem jeweiligen Bedarf wird gegossen, und wenn innerhalb von schätzungsweise acht Wochen die Nährstoffe des Pflanzbodens aufgezehrt sein dürften, gibt es öfter einen Dünger.

Inzwischen sieht man auf den Gartenmessen schon Blumenkästen, bei deren unteren Teilen es sich um Wassertanks handelt. Es soll möglich sein – so wird von ernstzunehmenden Fachleuten bestätigt –, die Pflanzen in derartigen Kästen zumindest für vierzehn Tage sich selbst überlassen zu können, auch wenn es nicht regnet. Was ich davon bis jetzt gesehen habe, wirkte allerdings recht plump und wenig schön. Aber auch Tröpfchenbewässerung ist bereits auf dem Markt, die einen ganzen Balkon aus dem irgendwo in der Ecke aufgehängten Tank mit Wasser versorgt, so daß man vier Wochen lang unbesorgt nach Teneriffa reisen kann, ohne daß man bei der Rückkehr alle Blumen vertrocknet vorfindet.

Gewächshäuser

Den Schneemann vorm Fenster und die Tropenpflanze in der Hand.

Mit einem Mini-Gewächshaus fing es an

Ein Esel geht so lange aufs Eis, bis es bricht. Bei mir indessen bestand das Eis der Waghalsigkeit aus Glas, und es ist tatsächlich manche Scheibe zerbrochen. Erst sollte es nur ein Versuch sein, daher baute ich das kleine Minibrite-Haus – es hat Abmessungen von nur zweieinhalb Metern an allen Seiten – auf dem Platz vor meiner Schreibstube auf. Wir hätten davor noch genug Platz für den Frühstückstisch im Sommer, sagte ich zu Malia, und vielleicht sei das im Herbst begonnene Experiment auch schon im Frühjahr vorbei. Das ist es aber keineswegs gewesen, sondern die Mini-Gärtnerei stand den ganzen Sommer und den nächsten Winter auf diesem Platz. Danach mochte ich mich von diesem wahrhaftigen Vergnügen nicht mehr zu trennen. Weil die Scheiben bei modernen Kleingewächshäusern nur über einem mitgelieferten Kittstreifen festgeklammert sind, nahm ich das Glas heraus und trug das ganze Haus mit seinen Heizrohren und Schalteinrichtungen bergauf, wo vorher ein solides Betonfundament gebaut worden war. Dort steht es heute noch, und, wie gesagt, es hat mit Heizung und Thermostaten noch nie versagt, nur den Ventilator mußte ich auswechseln.
Die Gärtnerei in Mini-Gewächshäusern war in den sechziger Jahren aus England zu uns gekommen und große Mode geworden. Mehr und mehr sah man die hübschen Glashäuser auf Ausstellungen, und die Leute fragten sich, was man alles anzustellen habe, um in einem Treibhaus Pflanzen heranzuziehen, angefangen vom Rettich im Nachwinter bis zur kostbaren *Cattleya labiata* mit ihren Orchideenblüten im Herbst. Weil ich noch nie gern über etwas geredet oder geschrieben habe, was nicht von mir selbst ausprobiert worden ist, kam es zu dem erwähnten Versuch. Was ich dabei erlebt, erlitten und gedacht habe, das steht in einem dicken Buch, »Sonntagsgärtner unter Glas«; es hat mir sogar den Buchpreis der Deutschen Gartenbau-Gesellschaft eingebracht.

Das Neueste vom Neuen

Viele der Pflanzen von A bis Z, von *Abutilon* bis *Zantedeschia*, die wir ihrer Schönheit wegen in Wintergärten und am Zimmerfenster halten, haben in diesem Gewächshaus ihre Gastrolle gegeben; Treibgurken über Sommer, auch Tomaten und Paprika kamen hinzu. Allmählich fesselte mich aber eine bestimmte Familie am meisten, diejenige der Orchideen. Diese Pflanzen leben nicht nur gemeinsam mit Pilzen, die sie in ihren Wurzeln mitbringen und von denen dann der ganze Humus infiziert wird, sondern sie infizieren offensichtlich auch Menschen, die mit ihnen umgehen und sie dann nicht mehr missen mögen. So ist aus zwei oder drei Pflänzchen am Anfang im Laufe der Jahre eine stattliche Sammlung entstanden, so daß es nötig wurde, jetzt ein zweites, größeres Gewächshaus zu bauen.

Es besteht aus einer aufgrund seiner Profile stark belastbaren, blanken und niemals rostenden Aluminiumkonstruktion in einer Breite von 3,21 m und einer Länge von 7,40 m und hat drei Räume. Zuerst komme ich in einen nur meterlangen Raum mit einem kleinen Arbeitstisch rechts und dem geradezu winzigen Ölheizkessel links. Er saugt das Öl aus dem Tank unten im Wohnhaus herauf. Nach diesem Vorraum geht es in die erste Glashausabteilung mit einer Mindesttemperatur von 20 Grad. Hier stehen vor allem meine inzwischen zahlreichen Malaienblumen, *Phalaenopsis* auf Latein, und oben auf den Hängebrettern unter dem Glasdach warten Vandeen und *Angraecum* auf die helle Sonne des Frühlings und des Sommers. Der nächste, größere Raum ist mit seiner Mindesttemperatur auf 16 Grad eingesteuert, weil dies den Frauenschuh-Orchideen am besten bekommt, die auf dem linken Tisch stehen. Den Platz an der rechten Seite nehmen die Cymbidien in Anspruch. Es sind kleinbleibende, größtenteils aus England gekommene Züchtungen, die sich auch mit etwas höheren Temperaturen abfinden und sehr blühsicher sind. Auf den Hängebrettern stehen Cattleyen, Laelien und viele andere Arten, von denen man sich gelegentlich eine Pflanze mitbringt, um zu probieren, ob sie sich in die bereits vorhandene Gesellschaft einfügt, was bei guter Behandlung und richtiger Temperatur zumeist der Fall ist. Ebenso hängen, teilweise mit langen Luftwurzeln und nur auf Holzstücke gebunden, allerlei Pflanzen an den beiden hohen Spanndrähten. Andere Gewächse, vor allem schöne Blattbegonien und aus streichholzkleinen Stecklingen herangezogene Tillandsien kommen hinzu, und unter den Tischen wuchern Farne sowie Maranthen mit ihren malerisch gezeichneten Blättern.

Bei dieser Gewächshauskonstruktion, die von Kuno Krieger stammt, fangen das Regenwasser zwei Regenrinnen auf, aus denen es in einen Kunststoffbehälter fließt, der unter dem Tisch des Frauenschuh-Hauses halb in den Boden

Mein neues Aluminiumgewächshaus.

eingelassen ist und 700 Liter fassen kann. Er läuft oft über, so daß ich das Wasser in einen ebenso großen Behälter im vorderen Teil des Gewächshauses pumpe. Dort steht der nicht ganz so tief eingegrabene Bottich mit seiner Breitseite unmittelbar neben dem Heizkörper der Zentralheizung, der das Wasser über Winter etwas erwärmt, was den Pflanzen angenehm ist. Zum Gießen, Spritzen und Sprühen, das über Winter stets mit dem erwärmten Wasser dieses vorderen Beckens erfolgt, dient mir eine Perrot-Elektropumpe. Sie macht zwar viel Lärm, erzeugt dafür aber einen starken Druck, der vor allem beim Sprühen und Einnebeln des Gewächshauses wichtig ist.
Am hinteren Becken, in das alles Regenwasser hineinläuft, habe ich eine ganz leise laufende, automatische Siemens-Pumpe; sie ist bei mir schon seit 1969 im Dienst und hat noch nie gestreikt. Die automatische Pumpe ist die wichtigere, weil an sie je ein elektrisch betriebener Luftbefeuchter in den beiden Treibhausräumen gekoppelt ist. Nach allem, was ich bisher gehört, gesehen und selbst erfahren habe, sind dies die leistungsfähigsten Luftbefeuchter, die es überhaupt gibt; sie stammen von der Firma Weidmann und Konrad in Echterdingen. Die Luftbefeuchter wiederum werden von zwei Hygrostaten gesteuert, die beliebig einstellbar sind; bei mir stehen sie meist auf 70 Pro-

zent, so daß die relative Luftfeuchtigkeit niemals unter diesen Punkt absinkt. Außerdem sind die Uhren im Schaltkasten des Vorraums so gestellt, daß die Luftbefeuchter morgens – im Sommer früher, im Winter später – eine halbe Stunde lang das Gewächshaus regelrecht einnebeln. Da sich außerdem vier Lüftungsfenster je nach Einstellung und Temperatur selber öffnen und wieder schließen, kann beinahe schon von einem automatischen Gewächshaus gesprochen werden.

So macht es gar nichts aus, im Winter und sogar im Sommer für drei Tage wegzufahren und die Orchideen sich selbst zu überlassen. Besser aber ist es schon, sich täglich, wenigstens am Morgen einmal, um die Pflanzen zu kümmern. Ich habe 370 Pflanzen in diesem Haus – von dem Unterwuchs aus Farnen und Maranthen abgesehen. Im Jahresdurchschnitt, ist dafür ein Pflegeaufwand von täglich einer halben Stunde und von zwei Stunden an jedem Wochenende erforderlich.

Dieses Haus ist auf die zur Zeit bestmögliche Art verglast. Es sind dauerhafte Plexiglas-Stegdoppelplatten, die ganz und gar von quadratzentimetergroßen Luftkammern durchzogen sind und einen starken Doppelfenstereffekt haben. Ich kann es in Ermangelung genauer Vergleichsmöglichkeiten nicht exakt prüfen, aber es dürfte nach meiner Erfahrung zutreffen, daß sich gegenüber normalen Verglasungen mit diesen Stegdoppelplatten annähernd die Hälfte an Heizkosten einsparen läßt.

Zumindest für mich und in meiner Gartenlage hat dieses Glas den Vorteil, daß es nicht zur Minderung der Intensität des Lichtes schattiert zu werden braucht. Verbrennungen an einigen Cattleyen sind bei mir nur vorgekommen, wenn die Blätter unmittelbar das Glas berührten. Ich möchte hieraus aber keine allgemeingültige Regel ableiten, weil eben bei mir das Gewächshaus auch im Hochsommer nicht während des ganzen Tages, sondern nur während einiger Stunden in voller Sonne steht.

Zwei Nachteile haben diese Plexiglas-Stegdoppelplatten allerdings. Am meisten bedrückt mich, nicht durch die Wände des Gewächshauses ins Freie gucken zu können. Dies ist nämlich ein Hauptspaß der Unterglasgärtnerei, daß man zugleich den Schneemann vor den Augen und die Flora der Südsee in den Händen haben kann. Außerdem soll dieses Glas schnell abbrennen, sofern man mit Feuer daran herumspielt. Im vergangenen Jahr ist in Österreich ein ganzer Glashausbetrieb abgebrannt. Ich bin daraufhin, mich selber belächelnd, in die Gärtner-Hagel-Versicherung eingetreten, die auch für Brandschäden aufkommt. Eine noch kleinere Gärtnerei in dieser berufsständischen Versicherung dürfte es nicht geben. Zwar bin ich immer sehr vorsichtig und nehme auch meine Tabakspfeife nicht in mein Gewächshaus mit, aber man kann ja nie wissen, was sonst noch alles passiert.

Einige beherzigenswerte Ratschläge

Wie gesagt, ich habe über dieses Thema ein dickes Buch geschrieben. Dennoch will ich Ihnen ein paar Ratschläge geben, denn inzwischen bin ich klüger geworden. Alle Kleingewächshäuser kommen per Bahnfracht, man kann sie nach den beigefügten Anleitungen selber aufbauen. Baugenehmigungen sind nicht überall erforderlich, doch ist es in jedem Fall richtig, sie einzuholen; dann bekommt man später keinen Ärger. Konstruktionen aus Aluminium würde ich stets den Vorzug geben, denn das in Profilen gezogene Material ist sehr tragfest, es sieht blank und schön aus, und weil sich kein Rost ansetzt, braucht man es nie zu streichen.

Sodann sollte ein Gewächshaus eher zu groß als zu klein sein. Je kleiner der Innenraum, um so größer ist im Verhältnis zum umschlossenen Raum die Wärmeabstrahlungsfläche des Glases; und Heizenergie wird immer teurer. Am günstigsten von allen Gewächshäusern ist das sogenannte Anlehnhaus. Es hat Pultform. Wenn es sich an eine der Wände des Wohnhauses anlehnen läßt, dann wird auf diese Weise viel Heizung gespart. Am allerwichtigsten aber ist es, das Gewächshaus an die Zentralheizung des Wohnhauses anschließen zu können. Dabei spielt die Entfernung nicht unbedingt die entscheidende Rolle, weil es ganz vorzügliches Isoliermaterial gibt. Bei gut isolierten, metertief liegenden Rohren gibt es auch bei Entfernungen von 15 Metern keine nennenswerten Wärmeverluste.

Sofern man Geld genug hat, ist die Erwärmung eines Gewächshauses kein Problem. Viel schwieriger ist es, ein derartiges Glashaus im Sommer, wenn die Sonne den ganzen Tag vom Himmel brennt, kühl zu halten. Man braucht also außer den Türen breite Fenster an den seitlichen Stehwänden und in den Dachschrägen, und zwar ganz oben. Dann kann die Außenluft eindringen und die überhitzte Innenluft immer wieder abfließen.

Theoretisch läßt sich in einem Gewächshaus vom Rettich bis zur *Cattleya labiata*, ich sagte es bereits, alles heranziehen. Man muß sich jedoch immer auf diejenigen Pflanzengruppen beschränken, die etwa die gleichen Ansprüche an Licht, Temperatur und Luftfeuchtigkeit haben. Um ein ganz einfaches Beispiel zu nehmen: Die von Gurken bevorzugte Luftfeuchtigkeit könnte den Tomaten schlecht bekommen.

Meine Vorliebe gilt den verschiedenen Züchtungen der *Phalaenopsis* mit ihrer Blühfreudigkeit und den vielen Farben. Sie kennen diese Orchidee gewiß, die mit ihren breiten grünen Blättern manchmal über den Topfrand hängt und meterlange Rispen bekommt, an denen die Blüten wie weiße, rosa oder buntfarbige Schmetterlinge sitzen. In besonderem Maße bin ich aber den tropischen Frauenschuhen zugetan. Es sei Ihnen jedoch zum Trost gesagt, daß es einiger Jahre bedurfte, ehe ich behaupten konnte, meine sechzig bis siebzig Pflanzen einigermaßen im Griff zu haben; doch immer wieder fault ein Schwächling dahin, weil es so oft in der Morgenfrühe an Zeit mangelt, etwas behutsamer zu gießen, besonders im Winter.

Schädlinge im Gewächshaus

Für die Bekämpfung der Schädlinge habe ich mir extra eine um das Zwanzigfache vergrößernde aplanatische Lupe gekauft. Seitdem ich sie habe, verfolgen mich riesige Krebse im Traum, und wenn ich ihnen im tiefen Dünensand entkommen will, rollt eine lange Kolonne von gefährlichen Panzern auf mich zu. Doch am Morgen waren die Krebse nur Spinnmilben, und die Panzer stellten Schildläuse dar. Unter meiner aplanatischen Lupe wird die Spinnmilbe wirklich ein unheimliches Krebsgetier und die Schildlaus zum Panzer, die in langen Reihen an den Rändern und Hauptadern der Blattunterseiten meiner *Phalaenopsis* sitzen.

Es ist aber meine größte Liebe, mit der aplanatischen Lupe die Lippe und die Zeichnungen sowie andere Einzelheiten genau zu betrachten, denn es ist schon ein Kunstwerk der Natur, diese Frauenschuhorchidee. Es waren mindestens drei Dutzend schöne Pflanzen in meinem Gewächshaus, die nach Neujahr blühten oder blühen wollten, und eines Morgens waren zwei Blüten abgefressen, sie lagen auf dem Blumentopfrand. Ein trauriger Anblick.

Dabei habe ich genau befolgt, was mir vom Pflanzendoktor geraten worden war. Er hatte auch ganz recht mit seinen Vermutungen, was da alles zum Angriff auf meine Frauenschuhorchideen antreten würde, denn ich habe manche dieser Kreaturen mit der aplanatischen Lupe erkannt.

»Da sind zunächst die Blattläuse«, hieß es, »die den Pflanzen ihren Saft aussaugen; sie sind allgegenwärtig und vermehren sich sogar durch Jungfernzeugung. Da müssen Sie das und das Präparat spritzen.«

Ich habe es auch regelmäßig getan, und doch war am nächsten Morgen wiederum eine Knospe abgefressen.

»Dann gibt es die noch gieriger saugende Blutlaus, sie vermehrt sich ebenfalls ungeschlechtlich, weil das schneller geht, gegen sie müssen Sie mit einem anderen Präparat vorgehen. Besonders gefährlich und hinterhältig aber sind die Spinnmilben, vor allem diejenigen unter ihnen, welche rot sind, und gegen dieses Untier hilft nur eine andere schwere Waffe.«

Alles habe ich getan. Daß an einem gar nicht schönen Morgen im Januar zwei Blüten abgefressen waren, erzählte ich schon. Am nächsten Morgen war es eine Knospe, und am Tage darauf ragten weitere fünf Stengel ohne Blüten aus den Pflanzen heraus. Trauriger ging's nicht.

Zu Versuchszwecken auf Balken gestelltes Aluminiumgewächshaus. Die Längen sind bei diesem System beliebig zu erweitern.

»Schließlich die Schnecken«, hatte der Pflanzendoktor mich belehrt, »von denen es ganz winzige Exemplare gibt, so klein wie Sonnenblumenkörner, doch sie fressen alles kaputt, und wenn sich keine Kröte im Gewächshaus aufhält, dann müssen Sie folgendes Präparat ausstreuen. Wenn Sie dies alles regelmäßig und sorgfältig nach Gebrauchsanweisung tun, kann den schönen Frauenschuhen nichts passieren.«
Wieder habe ich alles sorgfältig befolgt. Am nächsten Morgen waren weitere Blüten abgefressen, diesmal aber gleich neun, so daß es insgesamt siebzehn Pflanzen sind, auf deren Blüten ich nun ein ganzes Jahr warten muß. Beim Gießen habe ich den Räuber erschreckt. Ich brauchte keine aplanatische Lupe, um ihn zu erkennen. Es war eine Maus.

Ausklang

Ein Garten bringt nicht nur Blumen und Früchte.

Holz über Holz liefert ein Garten

Von dem neuen Gewächshaus behauptet meine Frau, daß es meine Kindereisenbahn sei, und als es endlich fertig war, bin ich unangenehm in der Nachbarschaft aufgefallen. Immerhin leben wir in einer ruhigen Gegend mit aufgelockerter Bebauung, hieß es ringsum, und da gehe es wirklich nicht, daß ein erwachsener Mann nichts anderes mehr macht als Holz zu hacken. Tatsächlich, auch unsere Nachbarin nach Norden hat ihre Hühner abgeschafft, weil laut Gemeindeverordnung kein Hahn mehr krähen darf, und ein so trauriges Leben wollte sie den Hennen nicht zumuten. Drei Grundstücke weiter nach Süden soll der Lehrer Petzold seine fünf Bienenvölker abschaffen, weil die Bienen an keinem Zaun halt machen und in fremde Gärten fliegen. Die Frau Kork behauptet, daß sich das Einfliegen der Bienen mit dem Immissionsschutzgesetz verbieten lasse. Das ist aber ganz falsch, wiewohl ein Imker zu Schadenersatz verpflichtet ist, wenn seine Bienen Schaden anrichten, wozu ein simpler Bienenstich aber nicht gehört.
Mein Ärger mit der Nachbarschaft entstand aber nicht durch Bienen und nicht durch einen krähenden Hahn, sondern durch Holz. Es war Lärchenholz, weil ich wegen des neuen Gewächshauses drei von meinen Bäumen fällen mußte. Ich habe bereits erzählt, wie wir diese Lärchen vor fünfzehn Jahren gepflanzt haben. Es sei ein Unsinn mit den Lärchen, hieß es damals, und es stimmte auch, denn wir hatten ja genug Wald ringsherum. Es ist aber doch etwas anderes, einen eigenen Lärchenhain zu haben, und wenn er nur aus zwölf Bäumen besteht. Jetzt sind es allerdings nur noch neun.
Soll ich das schöne Lärchenholz nun einfach auf den Müllplatz fahren lassen? Ich rate Ihnen, bei der Anlage Ihres Gartens einen Platz für das Feuer auszusparen. Gewiß, Sie haben recht, aber irgendwann sieht man bei den Behörden bestimmt ein, daß es für den Umweltschutz völlig egal ist, ob Holz nun im Kachelofen, im Kamin oder auf einem gepflasterten Feuerplatz

Es wäre eine Sünde, ausgerodete Wurzeln, Baumstämme und Äste auf den Müllplatz zu bringen. Feuerstellen sind leicht gebaut und fahrbare Kamine gibt es zu kaufen. Säge, Axt und Beil, Vorschlaghammer und Keile zum Auftrennen sehr verwachsenen Holzes gibt es in jedem Eisenwarengeschäft. Wegen des Hauklotzes muß man sich mit dem Förster verständigen. Leider gibt es bei uns keinen Sägebock zu kaufen, den man zusammenklappen und an den Haken hängen kann, wenn er nicht gebraucht wird. Hier ein Vorschlag zum Selbstbauen.

verbrannt wird: Es ist immer der gleiche Qualm, der in die Luft zieht. Einstweilen ist es – bei uns wenigstens – so, daß ich offenes Feuer nicht machen darf, doch wenn der Qualm dieses zumindest halboffenen Feuers durch ein Rohr nach oben geführt wird, dann ist es erlaubt.
Täuschen Sie sich nicht, was in einem Garten für Holz anfällt, kaum daß die Sträucher, Bäume und Hecken ein paar Jahre gewachsen sind. Sehen Sie nur, was von unseren beiden Apfelbäumen, der Zwetsche und dem ausgerodeten Taschentuchstrauch für ein Haufen zusammengekommen ist. Wenn ich nun noch die Hecken köpfe, was durchaus auf meinem Programm steht, dann brauche ich einen mittleren Lastwagen, um alles wegfahren zu lassen. Oder ich zersäge die dicken Äste, um sie danach zu Feuerholz kleinzuschlagen. Und das in unserer ruhigen Gegend mit aufgelockerter Bebauung, wie die Frau Kork zu sagen pflegt.
Für das Zersägen braucht man einen Sägebock, der aus vier Balken besteht, von denen jeweils zwei scherenartig übereinandergenagelt sind. Damit die Scheren nicht umfallen, werden sie mittels starker Latten in Meterabstand gehalten. Während der meisten Zeit des Jahres steht dieser sperrige Bock irgendwo hinter den Eiben versteckt herum und fault dort langsam vor sich

hin. In meiner Heimat gab es zusammenklappbare Sägeböcke, die sich in den Schuppen stellen ließen, wenn man sie nicht mehr brauchte. Doch läßt sich ein zusammenklappbarer Sägebock leicht selbst bauen.
Was man sonst außer der Axt zum Zerspalten des Holzes braucht, das wage ich gar nicht zu sagen. Sonst flattern mir eines Tages viele Briefe ins Haus, in denen nach Bezugsquellen für Hauklötze gefragt wird. Die Menschen stellen sich vor, daß sie für Geld alles kaufen können, und selbstverständlich soll ihnen das Erworbene auch noch ins Haus gebracht werden. Bei Hauklötzen aber geht das nicht, man muß sich mit einem Förster verständigen.

Einen Feuerplatz sollte man haben

Einen möglichst aus Basaltsteinen gepflasterten Feuerplatz müssen Sie unter allen Umständen haben, selbst wenn Sie das viele Holz in einem fahrbaren Kamin verbrennen. Der Rasen bekommt sofort eine Glatze ins grüne Haar, auch wenn sich die Feuersglut 30 cm über ihm in dem dreibeinigen oder sich auf Rädern fortbewegenden Kamin befindet. Ich habe den Kamin, um den Rasen zu schonen, einmal auf Eternitplatten gerollt, doch die Platten zerbarsten krachend, und der Rasen war hinüber. Sie brauchen also einen Feuerplatz, denn wer könnte es verantworten, das schöne Holz in unseren Zeiten der Energieverteuerung auf den Müllplatz zu bringen. Und weil nach Meinung der Behörden nicht Rauch gleich Rauch ist, brauchen Sie auch einen Kamin.
Unseren Kamin habe ich selbst erfunden, er hat sogar einen Namen, er heißt Anton. Von ihm gibt es inzwischen eine über die Zweitausend gehende Gevatterschaft, weil sich eine Ofenfabrik für ihn interessiert hat, von der ich als Gegengeschenk ein vollendeteres Exemplar von Anton I. bekommen habe. Dieser Anton II. hat hinter dem Feuerraum eine doppelte Wand, damit er nicht durchglüht, einen Funkenfang im kurzen Schornstein, zwei Räder und eine herausnehmbare Grillspinne nebst Drehspieß für Spanferkel und halbe Hammel. Es handelt sich um einen ganz und gar vornehmen Kamin, der sogar einen maßgeschneiderten, blauen Regenmantel hat, den ich nur über den Schornstein zu stülpen und dann unter dem Feuerbauch zusammenzubinden brauche.
Die festen Kamine werden meist falsch gebaut, weil sich die Platten einer Terrasse und die Mauern des Hauses bei Tage aufheizen wie Kachelöfen, und abends geben sie die gespeicherte Wärme wieder ab. Also muß ein Kamin mit seinem Rücken zur Nacht stehen, und mit dem Feuergesicht hat er auf die Terrasse zu gucken. Das alles macht Anton II., der mit seinem Gesicht überall hingucken kann.

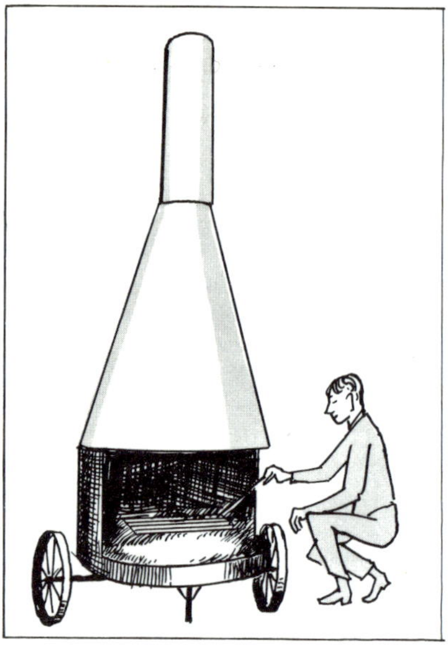

Selbsterfundener Kamin, er heißt Anton und ist inzwischen im Handel erhältlich. Bewegliche Kamine haben gegenüber fest eingebauten Feuerstellen mancherlei Vorteile im Garten.
Noch immer gibt es alte hölzerne Weinfässer, in Küstengegenden auch massive Eichenholzfässer, in denen Lachse importiert werden. Weniger schön – aber leicht beziehbar – sind die entsprechend großen Gefäße aus Kunststoff, die man außen mit Holz verkleidet. Dazu gehört eine Wasser-Fangvorrichtung in der Regengosse, die man hochklappt, wenn das Faß überläuft.

Mit Lampen verzaubern

Kommen Sie, helfen Sie schieben, dann bringen wir Anton II. ganz leicht über den Schubkarrenweg hinauf vor die dunkle Hemlockstanne, die Nacht zieht ja bereits herauf. Vorher strahlen wir noch den Katsurabaum und die Schwarzfichte an. Solche wassergeschützten Strahler, die man leicht in die Erde stecken kann, gibt es überall, man braucht nur ausreichend lange Gummikabel mit gleichfalls wassergeschützten Steckern. Es ist ein Vergnügen, das sich jeder in seinem Garten gönnen sollte, denn mit diesen beiden Lampen, Sie sehen es ja, wird die formlose Dunkelheit zu einer von Geheimnissen umwitterten Bühne. Nur Geduld, uns wird das Stück schon einfallen, das sich auf ihr spielen läßt, ich muß nur den Spätburgunder Weißherbst aus dem Keller holen und das Feuer anzünden. Holz ist genug da, viel zuviel.

Ein Wort zum Abschied von diesem Buch

Bitte lassen Sie sich von den vielen Farbbildern nicht entmutigen. Es sind einige tausend Aufnahmen verschiedener Fotografen gewesen, aus denen sie ausgewählt wurden. Die bei mir entstandenen Farbbilder lassen sich an den Fingern einer Hand abzählen. Gewiß gibt es bei mir und überall zu bestimmten Zeiten einzelne Motive, die in ihrer bildlichen Wirkung schön und überzeugend sind. Niemand aber weiß besser als ich, wie schwer es ist, einen ganzen Blütengarten instruktiv und zugleich schön mit Farbbildern vorzustellen. Schließlich habe ich als Zeitschriften-Redakteur tagtäglich mit diesem Problem zu tun. Sofern es sich um historische oder streng architektonische Gärten handelt, mag es noch angehen. Auch Gärten mit besonderen Liebhabereien – Rosen, Rhododendron, Lilien – sind im ganzen darstellbar. Aber ein meisterhaft gestalteter, kunterbunter Hausgarten modernerer Art ist – wenn überhaupt und wenn das Licht mitspielt – nur ein einziges Mal für kurze Zeit in einem farbfotogenen Zustand, und das dürfte im zweiten oder im dritten Jahr nach erfolgter Bepflanzung sein. Natürlich bestätigen auch in diesem Fall die Ausnahmen die Regel.
Verzagen Sie also nicht, wenn Sie die vielen Farbfotos in diesem Buch sehen, während bei Ihnen im Garten vielleicht nur ganz wenige, wirklich gute Bilder im Laufe der Jahre entstanden sind.

Bildquellennachweis

Die nach den Namen aufgeführten Zahlen sind die im Bildteil erscheinenden Bildnummern.

Umschlagfoto: Hannes Rosenberg

Agfa-Gevaert, Leverkusen, 33

J. E. Downward, Woodford Green, Essex, 73, 77

Florabild, Burda, Offenburg, 10, 13, 14, 15, 18, 19, 20, 21, 23, 26, 27, 28, 35, 36, 39, 44, 47, 49, 50, 51, 52, 53, 54, 60, 62, 69, 70, 71, 75, 76, 80, 81, 82, 83, 84, 85, 88, 90, 92, 95, 96, 97, 98, 99, 100, 101, 103, 104, 105

Foto Fürstenberg, Hamburg, 55, 78

K. H. Hanisch, Baden-Baden, 1, 2, 3, 4, 5, 6, 7, 8, 9, 25, 30, 31, 43, 45, 48, 56, 57, 58, 59, 67, 79, 86, 94

E. Hase, Frankfurt, 12, 24, 40, 41, 42, 63, 68, 87, 89, 102

Robert Holder, Urach/Württ., 61

Dr. Hans Jesse, Köln-Ehrenfeld, 72

Kuno Krieger, Gewächshäuser, Loerfeldstr. 8, 5804 Herdecke-Ende/Ruhr, 64, 65, 66

Siegfried Lauterwasser, Überlingen, 38

Klaus Meier Ude, Frankfurt, 16

Friedrich Reinert, Haagen, 46

Wilhelm Schacht, München, 37

Johanna Schmitz-Fabri, Köln-Marienburg, 91

S. Seidl, München, 74

Wolfram Stehle, Hamburg, 11, 17, 22, 29, 32, 93

Dr. Wolf & Tritschler oHG, Frankfurt, 34

Register

Kursive Zahlen kennzeichnen die Hauptverweise bei mehreren Angaben; ein Stern bei der Zahl verweist auf die Strichzeichnung auf der betreffenden Seite.

Wichtige Literatur

Bei der Erarbeitung der Tabellen und der Schreibung der Pflanzennamen wurde auf folgende Bücher zurückgegriffen:

Encke-Buchheim-Zander, Handwörterbuch der Pflanzennamen. 10. Aufl. Stuttgart 1972.

G. Krüßmann, Handbuch der Laubgehölze. 2 Bde. Berlin, Hamburg 1960/62.

Ders., Handbuch der Nadelgehölze. Berlin, Hamburg 1972.

L. Jelitto–W. Schacht, Die Freiland-Schmuckstauden. 2 Bde. Stuttgart 1963/66.

Herangezogen wurden auch folgende Kataloge:

Odenwälder Pflanzenkulturen Kayser & Seibert, Roßdorf bei Darmstadt.

Staudengärtnerei Gräfin von Zeppelin, Laufen über Müllheim, Baden.